中国改革研究报告 2018
Annual Report on China Reform 2018

动力变革

推动高质量发展的历史跨越

迟福林◎主编
匡贤明　方栓喜　夏　锋◎副主编

STRIVING for MORE ROBUST DRIVERS

A Historic Leap-forward to High-quality Development

中国工人出版社

我国经济已由高速增长阶段转向高质量发展阶段，正处在转变发展方式、优化经济结构、转换增长动力的攻关期，建设现代化经济体系是跨越关口的迫切要求和我国发展的战略目标。必须坚持质量第一、效益优先，以供给侧结构性改革为主线，推动经济发展质量变革、效率变革、动力变革，提高全要素生产率，着力加快建设实体经济、科技创新、现代金融、人力资源协同发展的产业体系，着力构建市场机制有效、微观主体有活力、宏观调控有度的经济体制，不断增强我国经济创新力和竞争力。

——习近平《决胜全面建成小康社会 夺取新时代中国特色社会主义伟大胜利——在中国共产党第十九次全国代表大会上的报告》（2017年10月18日）

前 言

中国特色社会主义进入新时代，我国社会主要矛盾已经转化为人民日益增长的美好生活需要和不平衡不充分的发展之间的矛盾。在这个特定背景下，我国经济发展进入新阶段，基本特征是由高速增长转向高质量发展。实现高质量发展，要坚持以供给侧结构性改革为主线，推动质量变革、效率变革、动力变革。

在三大变革中，质量变革是主体，效率变革是重点，动力变革是关键。动力变革既是高质量发展的关键，也是实现质量变革、效率变革的前提条件。要以加快“动力变革”促进“效率变革”，实现“质量变革”，由此提高全要素生产率，释放资源活力，激发高质量发展新动力。基于这一分析判断，我院在征求多方意见的基础上，反复斟酌，把“动力变革——推动高质量发展的历史跨越”作为“中国改革研究报告 2018”的主题。

每年年初推出一本改革研究报告，是我院努力打造“中国改革智库”的重要任务之一。过去几年，我院形成的年度改革研究报告，有的被作为政府规划和政策文件起草的重要参阅件；有的被指定为领导干部读物；有的成为年度畅销书，并被翻译成多种语言向全球出版发行，在国内外产生了广泛影响。

本书是以习近平新时代中国特色社会主义思想为指导，以“动力变革”为主题，研究新阶段推动高质量发展历史跨越的若干重大课题。我们期待本书对高质量发展阶段的转型改革研究具有参考价值，对推动高质量发展的实践产生积极影响，并且期待得到广大读者的厚爱。

2018 年是全面贯彻党的十九大精神的开局之年，并将迎来改革开放 40 周年。习近平总书记在 2018 年新年贺词中强调：“改革开放是当代中国发展进步的必由之路，是实现中国梦的必由之路。我们要以庆祝改革开放 40 周年为契机，逢山开路，遇水架桥，将改革进行到底。”本书是我院向改革开放 40 周年的一份献礼！

本研究报告是我院研究团队的集体创作。主要编写者有迟福林、匡贤明、方栓喜、夏锋、张飞、何冬妮、郭达、甘露、郭文芹等同志；陈所华、陈薇、危文锋、宋雪、曾瑶、李丽媛、刘铁奇、胡玉杰、张东生、贾弘睿、张瑾、宋玉瑶、范敏、汪振宇等同志参与了资料搜集、校对修改、编辑等工作。在本书的研究撰写中，张卓元、常修泽、曹远征、田雪原等专家提出了有价值的建议；中国工人出版社对本书的出版给予了大力支持，在此一并表示感谢！

本书成稿之时，正值 2018 年狗年新春佳节到来之际，恭祝广大读者新春快乐！

迟福林

2018 年 2 月 1 日

目 录 | Striving for More Robust Drivers *A Historic Leap-forward to High-quality Development*

总 论 以高质量发展厚植强国之基
——新时代动力变革的目标与任务

转向高质量发展，既取决于把握内外环境的趋势变化与第四次工业革命的历史机遇，又取决于顺应趋势实现新旧动能转换的实际进程。这就需要推动经济发展质量变革、效率变革、动力变革，并以动力变革促进质量变革、效率变革，提高全要素生产率。

第一章 新时代转向高质量发展的大国选择

新时代人民美好生活的需求发生变化，一是公共需求全面快速增长；二是服务型需求全面快速增长；三是新型需求全面快速增长。适应这个新变化，着力解决人民日益增长的美好生活需要和不平衡不充分的发展之间的矛盾，要以动力变革推动质量变革、效率变革，加快从高速增长向高质量发展的转变。

第二章　经济转型升级决定高质量发展进程

我国正处于经济转型升级的历史关节点。产业结构从工业主导向服务业主导转型升级，消费结构从物质型消费向服务型消费升级，城乡结构从规模城镇化向人口城镇化升级，开放结构从以货物贸易为主向以服务贸易为重点升级。经济转型升级蕴藏着巨大的增长潜力，是我国转向高质量发展的最大“底气”。关键在于以动力变革加快经济转型升级进程，夯实高质量发展的基础。

第三章　2020：转向高质量发展的历史关口

我国正处在转变发展方式、优化经济结构、转换增长动力的攻关期。从国内外形势看，2020 年是我国实现三大转变、转向高质量发展的历史关口。抓住经济转型开放大趋势，把握好 2020 年这个时间窗口期，以深化供给侧结构性改革为主线，推动高质量发展的历史跨越。

第四章　实体经济是高质量发展的根基

我国经济转向高质量发展新阶段，必须把发展经济的着力点放在实体经济上。振兴实体经济重点难点在制造业。要破解实体经济发展的突出矛盾，推动制造业优化升级，促进我国产业迈向全球价值链中高端。产权保护是振兴实体经济的最大激励。要以产权保护的制度化、法治化稳定企业发展预期，鼓励更多社会主体投身创新创业。

第五章　数字经济引领高质量发展

数字经济快速发展与经济转型升级交织融汇，不仅成为推动新时代经济创新发展的新动能，也日益成为引领我国经济转型升级与产业变革的重要推动力。加快推进大数据、云计算、物联网等数字技术与传统产业的深度融合，是实现由高速增长转向高质量发展的务实选择。

第六章　消费升级拉动高质量发展

我国进入“消费新时代”。高质量发展重在抓住近14亿人消费结构升级的历史机遇，深化供给侧结构性改革，加快完善促进消费的体制机制，把提高供给体系质量作为主攻方向，显著增强我国经济质量，以此破解消费需求增长与消费供给短缺的结构性矛盾，释放数十万亿级的消费需求。

第七章　乡村振兴释放高质量发展的巨大动能

面对城乡发展不平衡、农业农村发展不充分的突出矛盾，要按照“产业兴旺、生态宜居、乡风文明、治理有效、生活富裕”的总要求，以实施乡村振兴战略为总抓手，以推进农业供给侧结构性改革为主线，以完善产权制度和要素市场化配置为重点，加快建立健全城乡融合发展体制机制和政策体系，推进农业农村现代化进程。

第八章　绿色转型推动高质量发展

绿色转型是推动高质量发展的时代要求。以建设美丽中国为目标，以绿色转型为主线深化生态文明体制改革，以“绿水青山就是金山银山”的绿色发展理念为指导，推动形成绿色生产方式和生活方式。

第九章 创新是高质量发展的第一动力

创新在引领经济发展中的全局性、战略性地位日益凸显。发展新时代的动力变革，重在建设创新型国家，加快形成以创新为引领和支撑的现代化经济体系，让创新真正成为高质量发展的第一动力。

第十章　人才是高质量发展的第一资源

创新驱动，本质是人才驱动。实施创新型国家战略，要以建设人才强国为目标深化教育变革，切实转变教育发展方式，培育一大批创新型人才和世界一流人才，建设一支规模宏大、结构合理、素质优良的创新人才队伍。

Striving for More

Robust Drivers

总论

以高质量发展厚植强国之基

——新时代动力变革的目标与任务

转向高质量发展，既取决于把握内外环境的趋势变化与第四次工业革命的历史机遇，又取决于顺应趋势实现新旧动能转换的实际进程。这就需要推动经济发展质量变革、效率变革、动力变革，并以动力变革促进质量变革、效率变革，提高全要素生产率。

随着新时代社会主要矛盾的历史性变化，我国经济已由高速增长阶段转向高质量发展阶段。高质量发展，是以习近平新时代中国特色社会主义思想为指导，以不断满足人民日益增长的美好生活需要为目标的创新发展、绿色发展、包容性发展。高质量发展，已成为新时代经济发展的突出特点和基本追求。

创新发展。"创新是引领发展的第一动力，是建设现代化经济体系的战略支撑[①]。"创新引领发展，主要包含三大要义：在产业结构上，由资源密集型、劳动密集型产业为主向技术密集型、知识密集型产业为主转变；在产品结构上，由低技术含量、低附加值产品为主向高技术含量、高附加值产品为主转变；在经济效益上，由高成本、低效益向低成本、高效益的方向转变。

绿色发展。建设美丽中国，既是高质量发展的突出特点，又是人们对美好生活的普遍期望。以绿色转型推动高质量发展，就是要"加快建立绿色生产和消费的法律制度和政策导向，建立健全绿色低碳循环发展的经济体系"，尽快"形成绿色发展方式和生活方式"。

包容性发展。"增进民生福祉是发展的根本目的"。转向高质量发展，就是"坚持在发展中保障和改善民生"，"让改革发展成果更多更公平惠及全体人民，朝着实现全体人民共同富裕不断迈进"[②]。

一、转向高质量发展的时代需求

党的十九大报告提出，"中国特色社会主义进入新时代，我国社会主要矛盾已经转化为人民日益增长的美好生活需要和不平衡不充分的发展之间的矛盾"。

---

① 中国共产党第十九次全国代表大会文件汇编 [M]. 北京：人民出版社，2017.10.

② 中国共产党第十九次全国代表大会文件汇编 [M]. 北京：人民出版社，2017.10.

从现实情况来看，不平衡不充分的挑战突出表现在：以健康医疗服务为重点的公共服务需求全面增长，但实际公共服务供给不足，“有需求、缺供给”的矛盾比较突出；以绿水青山为重点的生态环境需求日益增强，但高污染高排放的经济增长方式尚未实质性转变，环境治理与经济增长不平衡问题依然存在；以缩小贫富差距为重点的公平正义需求普遍增强，但城乡之间、区域之间收入分配不平衡的矛盾依然突出；以民主、法治、文化、安全等为重点的社会需求日益增长，但社会发展明显滞后于经济发展的矛盾比较突出。

1. 新时代人民对美好生活的新需求

（1）公共需求全面增长。经过 40 年的改革开放，城乡居民私人产品需求总体得到满足，城乡居民的公共需求全面增长，尤其是对社会保障、医疗和养老、生态环境、教育公平、公共安全等问题的关注度不断提升，医疗、教育、社保等改革连续多年成为人民群众关注的热点问题。例如，随着人口老龄化进程的加快，我国居民对健康养老的需求快速增加。预计到 2020 年，我国老年产业的市场规模将达到 8 万亿元，到 2030 年将达到 22 万亿元[①]。居民的公共需求全面增长不仅体现在对公共服务数量提升的要求，还体现在对公共产品和公共服务供给的多样化、精准化提出更高的要求。

（2）新型消费需求明显增多。当前，我国开始进入“消费新时代”，突出表现在个性化、体验式等新型消费模式快速兴起，信息消费、数字消费等新的消费需求快速释放，“90 后”、“00 后”等更具消费意愿的消费主体逐渐成为消费的新主力。新型消费需求的形成与释放，将为建设现代化经济体系、跨越经济转型升级的关键节点、实现高质量发展提供重要动力。

（3）绿色发展需求日益增强。进入新时代，人民对清新空气、干净水质、优美环境等绿色发展的需求日益增强，转向高质量发展，既要创造更多物质财

① 鲍学全称 2030 年中国老年产业规模将达到 22 万亿 [EB/OL]. 中国新闻网，2014-12-07.

富和精神财富以满足人民日益增长的美好生活需要，也要提供更多优质生态产品以满足人民日益增长的优美生态环境需要。

2. 经济转型升级的新趋势

（1）以服务业为主导的产业结构升级新趋势。我国总体进入工业化后期，产业结构正由工业主导向服务业主导转型。2013—2016 年，我国服务业增加值年均增长 8.0%，超出 GDP 增速 0.8 个百分点[①]。与此同时，服务业领域的新业态、新模式、新产业不断涌现。预计到 2020 年，服务业比重有望从 2017 年的 51.6% 提高到 55% 以上，基本形成以服务业为主导的产业结构。

（2）以服务型消费为主的消费结构升级新趋势。我国开始进入消费新时代，城乡居民的消费需求全面快速增长。在这个背景下，消费结构正由物质型消费为主向服务型消费为主转型，突出表现在：消费需求多元发展，消费规模持续扩大，消费结构优化升级。2017 年，我国全社会消费品零售总额达到 36.6 万亿元，比 2016 年净增 3.4 万亿元，同比增长 10.2%[②]。预计到 2020 年，我国消费总规模有可能达到 50 万亿元左右，消费对经济增长的年均贡献率将稳定在 60% 左右，基本形成消费拉动经济增长新格局。

（3）以人口城镇化为主的城乡结构升级新趋势。总体看，改革开放 40 年来，我国走出了一条以规模扩张为重要特征的城镇化道路。进入新的发展阶段，城镇化的动力机制发生深刻变化，城镇化结构正由规模城镇化向人口城镇化转型。2017 年我国常住人口城镇化率达到 58.52%[③]，到 2020 年有望提高到 60% 以上，基本形成人口城镇化新格局。我国城镇化结构升级为新一轮科技革命与新

---

① 国家统计局. 新理念引领新常态 新实践谱写新篇章——党的十八大以来经济社会发展成就系列之一 [EB/OL]. 国家统计局网，2017-06-16.

② 国家统计局. 2017 年经济运行稳中向好、好于预期 [EB/OL]. 国家统计局网，2018-01-18.

③ 国家统计局. 2017 年经济运行稳中向好、好于预期 [EB/OL]. 国家统计局网，2018-01-18.

经济的创新、应用、推广提供了广阔空间。

（4）以服务贸易为重点的开放结构升级新趋势。在经济全球化背景下，经济转型与开放结构升级密切相关。近年来，我国货物贸易增速有所下降，而服务贸易的增长较快。我国开放结构正由货物贸易为主向服务贸易为重点转型。2013—2016 年，我国货物贸易、服务贸易年均增速分别为 -1.9%、7.1%[①]；世界贸易组织数据显示，我国服务贸易占全球比重由 2012 年的 5.5% 上升至 2016 年的 6.9%[②]。预计到 2020 年，我国服务贸易规模将超过 1 万亿美元，占外贸总额比重将达到 20% 左右。我国外贸结构的升级，不仅对转变自身经济发展方式有重要影响，也将给经济全球化注入新的活力。

3. 第四次工业革命的新机遇

（1）第四次工业革命到来。

——第四次工业革命已成为全球关注焦点。当前，各国都在抢抓新一轮科技革命的历史机遇。比如，2012 年美国发布《先进制造业国家战略计划》；2013 年德国《工业 4.0 战略》和日本《日本再兴战略》相继推出；2015 年日本《机器人新战略》推出；2015 年我国推出《中国制造 2025》行动纲领。

——第四次工业革命将对生产生活方式带来颠覆性影响。一是深刻改变生产方式。在物联网、大数据与云计算等技术应用的推动下，生产服务化、智能化、柔性化趋势明显；二是深刻改变产业结构和布局。在第四次工业革命中，生产者与消费者的互动不断加强，客户成为产业布局的核心，产业新形态不断涌现；三是深刻改变组织形态。以就业为例，第四次工业革命将导致就业形态的深刻变化，既取代一些自动化程度较高的职业，同时也将产生大量非自动化的新职业。

——第四次工业革命形成全球经济增长新动力。这个动力将显著提升全球

① 根据《中国统计年鉴 2017》相关数据计算得出。

② 根据世界贸易组织统计数据库数据计算得出。

的全要素生产率，扭转生产率持续下降的态势，并将引领全球新一轮经济增长。比如，随着交通和通信成本的下降，物流和全球供应链将更高效，贸易成本得以降低，这些都有利于打开新的市场，促进经济增长。麦肯锡公司预测，到2025年物联网一年将带来4万亿~11万亿美元的潜在经济收益①。

（2）数字经济引领产业变革。

——数字经济快速发展成为产业变革的突出亮点。2016年，我国数字经济规模达到22.6万亿元人民币，占GDP比重为30.3%，实际增速是GDP增速的3倍左右②，已成为全球第二大数字经济国。可以预见，随着红利的不断释放与数字技术的快速发展和应用，我国数字经济仍将保持快速增长。

——数字经济改造传统产业的大趋势。以出租车行业为例，在“互联网+交通”领域，为了解决打车难的问题，滴滴“大脑”会实时分析每一个地点15分钟以后的出行需求，并提前调度交通工具以满足用户需求，准确率超过85%③。

——数字经济催生了一大批包括流量经济、共享经济在内的新兴业态。2016年我国共享经济市场交易额达到3.45万亿元，参与分享经济活动的人数超过6亿人，共享经济企业融资规模达到1710亿元④。预计到2020年，共享经济对GDP的贡献率将突破10%⑤。

（3）第四次工业革命与我国经济转型升级的历史性交汇。目前，我国拥有第一大制造业国与第二大数字经济国的双优势，促进大数据、云计算、物联网等关键技术与制造业的深度融合，将形成巨大的规模效应、叠加效应和倍增效应，由此提升我国制造业在全球价值链中的地位和作用，推动我国制造业转型升级进程。一方面，大数据、云计算、物联网、移动互联网等新型技术的广泛

① Manyika J. et al. Unlocking the Potential of the Internet of Things[J]. McKinsey Global Institute, 2015.

② 中国信息通信研究院. 中国数字经济发展白皮书（2017）[R]. 2017-07.

③ 滴滴出行CEO程维：相信未来属于拼车[EB/OL]. 中国国际电子商务网，2017-12-04.

④ 根据国家信息中心统计数据计算得出。

⑤ 共享经济“中国模式”日渐成型[N]. 经济参考报，2018-01-15.

应用将加速我国产业变革与消费结构升级的进程；另一方面，我国经济转型升级为新技术的应用提供巨大空间。以在线教育为例，截至 2017 年 6 月，我国在线教育用户规模达 1.44 亿人，较 2016 年底增加 662 万人[①]。在线教育市场需求的快速增长客观上带动了与其相关的虚拟现实（VR）、大数据等技术的不断进步。

4. 建设现代化经济体系的新目标

进入发展新时代，我国经济开始步入高质量发展新阶段，正处在转变发展方式、优化经济结构、转换增长动力的攻关期。党的十九大报告提出，“建设现代化经济体系是跨越关口的迫切要求和我国发展的战略目标”。建设现代化经济体系，成为新时代经济发展的主要目标，为推动高质量发展奠定坚实基础。

（1）以供给侧结构性改革为主线。进入发展新阶段，经济增长转向更多地依靠国内消费需求的增长，更多地依靠现代服务业的发展，更多地依靠创新活力的释放，并由此使经济结构发生重大变化。在这个特定发展背景下，深化供给侧结构性改革，就是为了解决经济转型与发展的结构性失衡，就是要使供给与需求实现动态平衡。正如党的十九大报告提出的，“建设现代化经济体系，必须把发展经济的着力点放在实体经济上，把提高供给体系质量作为主攻方向，显著增强我国经济质量优势”。以建设现代化经济体系为主要目标，丰富了新阶段深化供给侧结构性改革的内涵。

（2）加快建设实体经济、科技创新、现代金融、人力资源协同发展的产业体系。我国进入高质量发展阶段，发展要求、发展内涵、发展理念正在发生深刻变化，要解决的发展问题也与以往有很大不同。以建设现代化经济体系为重点推进高质量发展，就要把各种要素调动好、配置好、协同好，积极构建结构合理、协同有力、运转高效的产业体系，提高供给体系质量和效益。

（3）着力构建市场机制有效、微观主体有活力、宏观调控有度的经济体制。加快完善社会主义市场经济体制是建设现代化经济体系的根本性要求。党的

---

① 中国互联网络信息中心．中国互联网络发展状况统计报告 [R]．2017-08-04．

十八届三中全会开创性地提出“使市场在资源配置中起决定性作用和更好发挥政府作用”；党的十九大进一步提出“经济体制改革必须以完善产权制度和要素市场化配置为重点，实现产权有效激励、要素自由流动、价格反应灵活、竞争公平有序、企业优胜劣汰”。这是新阶段深化供给侧结构性改革、完善社会主义市场经济体制的重要导向。

二、转向高质量发展的动力变革

我国是一个发展中的大国，更是一个转型中的大国。转向高质量发展不仅取决于能否把握内外环境的趋势变化与第四次工业革命的历史机遇，更取决于能否顺应趋势实现新旧动能转换的实际进程。这就需要推动经济发展质量变革、效率变革、动力变革，并以动力变革提高全要素生产率，促进并实现质量变革、效率变革。

1. 实现高质量发展的“三大变革”

（1）“三大变革”助推高质量发展。

——质量变革是主体。质量是经济发展的基本追求。目前，我国经济发展面临的主要挑战是质量不高，在关键性技术、产品质量等方面与发达国家仍有较大差距。例如，我国出口产品国内附加值比重仅为68%左右，明显低于美国、欧盟80%左右的水平[①]，仍处于全球价值链的中低端；2017年《世界品牌500强》榜单中，我国仅有37个品牌入榜，与美国233个品牌的数量差距较大。适应新时代人民群众需求变化，加快提升供给体系质量，促进经济迈向中高端水平，推动“中国制造”向“中国智造”、“中国速度”向“中国质量”、“中国产品”向“中国品牌”升级，已成为我国经济实现高质量发展的主要任务。

——效率变革是重点。效率是经济发展的永恒主题。当前，我国经济增长中的低效率问题仍然比较突出。2016年，我国创造的GDP占全球的14.8%，但

① 供给体系质量如何提高 [N]. 人民日报，2017-11-01.

能源消费占全球的比重达到23%；世界劳工组织数据显示，2017年，我国人均劳动产出为2.7万美元（按2011年不变价计算），是世界平均水平的77.5%，仅为高收入国家平均水平的28.7%。在金融领域，我国流动性总量并不短缺，但流动性的配置效率偏低。既存在资金配置结构不合理的问题，也存在融资渠道不通畅的问题，这是造成中小微企业融资困境的根本原因。推动效率变革，就是要填平各种低效率洼地，为高质量发展奠定一个稳固基础。

——动力变革是关键。动力是经济发展的不竭源泉。我们说“动力变革是关键”，这是因为：一方面，在要素成本上升、环境问题严峻、经济全球化不确定性加大的背景下，如果继续沿用政府主导、要素投入、投资拉动的传统增长模式，不仅无法保持经济中高速增长，而且会使高产能、高库存、高杠杆、高成本、低效率、低质量等结构性矛盾继续累积，进一步加大经济运行风险；另一方面，在新技术、新业态、新产品不断出现、国际经济竞争日益激烈的背景下，实现高质量发展必须把自主创新作为第一动力，以人才强国为第一资源，加快建设创新型国家。这是推进经济转型升级的必由之路，是推动质量变革、效率变革的必由之路，是释放资源活力、激发增长新动力的必由之路。

（2）提高全要素生产率是推动“三大变革”的核心目标。从国际经验来看，实现经济由高速增长阶段转向高质量发展阶段，必须依靠全要素生产率的持续提高，从而形成经济持续增长的动力源泉。同样，推动经济效率变革与动力变革，最终也要以能否提高全要素生产率及其对高质量发展的贡献为衡量标准。从现实情况看，以提高全要素生产率为目标推进“三大变革”，仍需在完善产权制度和要素市场化配置改革方面破题发力，充分发挥市场在资源配置中的决定性作用。

（3）以“动力变革”促进“效率变革”，实现“质量变革”。总体来看，动力变革既是高质量发展的关键，也是实现质量变革、效率变革的前提条件。实现质量变革，需要推动过度依赖资源环境的发展方式转向更多依靠人力资源与科技进步的发展方式，使创新成为提高供给体系质量的强大动能；实现效率变革，需要依靠体制变革与开放创新，着力发展高水平的实体经济，全面提升要素供给效率。推动高质量发展的“三大变革”，就是要以动力变革来推动效率变革，进而促进质量变革，由此形成质量效益明显提高、稳定性和可持续性明显增强的发展新局面。

2. 动力变革的重大任务

（1）由要素投入向创新驱动转变。

——要素成本上升倒逼经济转向创新驱动。我国总体进入工业化后期，支撑我国实体经济 30 多年快速发展的传统要素优势正逐步减弱，要素价格持续上升，对创新驱动经济发展提出了迫切需求。2016 年，我国实体经济中原材料、用地、用工以及物流成本分别比 2015 年上涨了 7.2%、9.7%、6.8%、4.9%，均明显高于企业营业收入 2% 的增速[①]；这种“高成本”说明，依靠要素投入的经济增长模式已经难以为继。

——创新驱动将释放巨大增长潜力。随着大数据、人工智能等新一轮技术革命的加快推进，创新在经济发展中的地位日益凸显。如果在大、智、云、移、物等领域，在基础研究领域和应用研究领域再推出一大批重大科技创新成果，将为我国中长期发展注入强大的内生动力。中国信息通信研究院预计，到 2020 年，大数据的广泛应用将带动我国 2.8%~4.02% 的经济增长[②]。埃森哲预测，到 2035 年，人工智能有望推动我国劳动生产率提高 27%，有望拉动经济年均增长率从 6.3% 提速至 7.9%[③]。

（2）由投资拉动向消费拉动转变。

——由投资拉动向消费拉动转变符合经济发展的一般规律。发达国家的发展经验表明，当一国经济发展由高速增长阶段转向高质量发展阶段时，投资对

---

① 中国财政科学研究院“降成本”课题组．降成本：2017 年的调查与分析 [J]．财政研究，2017（10）.

② 中国信息通信研究院．大数据白皮书（2016）[R]．2016–12.

③ 埃森哲：2035 年人工智能有望拉动中国经济增速提高 1.6 个百分点 [EB/OL]．中国新闻网，2017–06–26.

经济增长的贡献作用先上升后下降，与之相对应，消费的贡献作用则是先下降后上升。例如，日本在人均 GDP 超过 1 万美元后，投资对经济增长贡献率由 40% 左右下降至目前的 18.9%①。投资效率下降、投资空间不足使得投资难以继续成为拉动经济增长的第一动力。

——近 14 亿人消费结构升级的巨大潜力。进入发展新时代，近 14 亿人的消费大市场是我国高质量发展的最大潜力和最大“本钱”。新型消费与消费大市场相融合，可以使我国在较短的时间内成长为全球第一大市场。例如，我国仅用十几年的时间就一跃成为全球第一大网络零售国。2016 年，我国网络零售总额达到 5.16 万亿元，占全球的 40.6%，是美国的 2.1 倍②。从消费增长空间看，2016 年我国居民消费占 GDP 比重仅为 41.4%③，而美国这一比重超过 70%，我国消费增长潜力仍然巨大。

——消费结构升级引领投资结构优化调整。消费是生产与投资的目的。消费拉动并不局限于需求侧，还包括供给结构调整、投资结构优化等领域。以消费结构升级为导向推进投资转型，进而实现供给结构调整，引导各类资本进入健康、教育、医疗以及新兴产业，这样既有利于解决我国不平衡不充分的发展的主要矛盾，也将使投资更有效率、更可持续。

（3）由工业主导向服务业主导转变。

——由工业主导向服务业主导转变是进入工业化后期的客观规律。进入工业化后期，居民消费结构变化与工业转型升级需求日益加大，必然会带来服务业的快速增长。例如，法国在 20 世纪 60 年代基本完成工业化后，其服务业比重进入了快速增长期，由 70 年代初的 60% 左右稳定在目前的 80% 左右。总的来看，我国工业化已进入后期阶段，工业呈现出占比下降、增速降低、生产能力过剩等向后工业化过渡的明显特征。

——服务业主导是制造业转型升级的客观需求。从制造业发展的大趋势看，

① 根据世界银行统计数据库统计数据得出。

② 商务部．中国电子商务报告 2016[M]．北京：中国商务出版社，2017.6.

③ 根据国家统计局网统计数据得出。

研发、设计等生产性服务环节已成为其价值增值和国际竞争力提高的关键。例如，美国出口商品中 55% 的增加值来源于服务业，欧洲这一比重则更高；尽管德国是一个制造业强国，但其服务业占 GDP 的比重高达 70%，生产性服务业占服务业比重也达到 70%，高质量的生产性服务业是其制造业转型升级的主要支撑。从现实情况看，我国作为制造业大国，“中国创造”的优势远未凸显，原因就在于生产性服务业发展严重滞后。2016 年，我国生产性服务业占 GDP 的比重仅为 25.75%①，与德国（50% 左右）、美国（53.4%）的水平相比差距较大。以生产性服务业引领制造业转型升级，使工业发展从主要依靠低成本竞争优势向创新驱动转变，是我国工业由大变强的根本路径。

（4）由总量发展导向转向绿色发展导向。我国在经济总量快速增长的同时，造成了资源能源消耗量大、生态环境恶化等突出矛盾和问题。2016 年，全国 338 个地级及以上城市中，有 254 个城市环境空气质量超标，占比高达 75.1%；地表水Ⅲ类及以下水质占比 60.1%；在土地方面，评价为四等及以下的耕地面积为 6088.44 万公顷，占耕地总面积的 72.9%②。

人民对优美生态环境及相关产品的需要日益增长，既对绿色发展提出新的要求，也是绿色发展的重大机遇。例如，2016 年全国乡村旅游消费规模超过 1.1 万亿元，约占全国旅游总收入的四分之一，带动 672 万户农民受益，户均年收入超过 6 万元③。这成为将“绿水青山变为金山银山”的生动范例。当前，绿色发展、绿色生活已成为全社会的共同愿望和目标追求，关键是要将“绿水青山就是金山银山”的发展理念真正落到实处。这不仅需要开展环境治理，更重要的是要加快形成绿色发展的产业体系与消费体系，走出一条保护与发展并举的新路子。

（5）由城乡二元向城乡融合发展转变。

——城乡二元结构已不适应高质量发展进程。城乡二元的体制性障碍既造

---

① 何强，刘涛．我国生产性服务业与制造业协同发展研究 [J]．调研世界，2017（10）.

② 环境保护部．2016 中国环境状况公报 [R]．环境保护部网，2017-06-05.

③ 国家发改委：乡村旅游发展潜力巨大 [N]．经济日报，2017-09-15.

成城乡差距过大，也制约了农业生产效率的提升。2017 年，我国城乡收入差距为 2.71 : 1，虽然有所缩小，但总体仍然偏高。目前，我国农业劳动生产效率仅为美国的 9.4%[①]。破解城乡发展不平衡、农业农村发展不充分的矛盾已成为推动我国高质量发展面临的重大课题。

——城乡融合将释放巨大增长动能。2020 年，如果在以人口城镇化带动城乡融合发展方面实现重要突破，带来的新增消费与投资将为高质量发展注入巨大动能。

——以乡村振兴助力城乡融合进程。总的来看，进入发展新阶段，乡村振兴与城乡融合互为条件、相互促进，关键是按照党的十九大报告的要求，“建立健全城乡融合发展体制机制和政策体系”，重塑城乡关系。

3. 2020：动力变革的历史关口

（1）防范化解经济金融风险的历史关口。防范化解经济金融风险既是动力变革的重要前提，也是动力变革的目的之一。当前，我国经济金融风险总体可控，但由于多种原因，仍然处于风险易发多发期，面临的形势依然复杂严峻。2017 年 12 月召开的中央经济工作会议提出，要将防范化解重大风险作为未来几年的首要攻坚任务。

（2）经济转型升级的历史关口。实践证明，无论是一个国家、一个地区、还是一个企业，往往不是赢在起跑线，而是赢在转折点。动力变革不是在现有的旧结构下寻找稳增长的“药方”，而是要在经济转型升级的新趋势、新结构下寻找新动能、新增长的源泉。随着国际国内发展环境的变化，我国经济转型升级面临的时间空间约束日益增强。未来几年不仅是我国经济转型升级的关键时期，也是经济转型升级的“最后窗口期”。2020 年，如果能够在经济转型及相关结构性改革方面取得重要突破，不仅能缓解我国短期经济下行压力，而且会

---

① 耿德伟. 中美行业结构及劳动生产率差异比较研究 [EB/OL]. 国家信息中心网，2017-06-28.

释放中长期增长的巨大潜力，为我国保持6%左右的经济增长、全面实现小康并迈入高收入国家行列奠定坚实基础。

（3）全球新竞争格局中取得优势的历史关口。在新一轮经济全球化与新一轮科技革命历史交汇背景下，未来几年是大数据、云计算、物联网等第四次工业革命关键技术改造提升旧动能、培育壮大新动能的发展关键期，也是国际产业分工重大调整期和世界竞争格局与国家力量对比重塑期，更是我国抢占全球经济竞争制高点的战略机遇期。能否抓住这一历史机遇，事关我国能否在2020年进入创新型国家行列、到2035年跻身创新型国家前列这一战略目标的实现。抓得好，不仅能实现“弯道超车”，甚至在某些领域还能实现“换道领跑”。

三、转向高质量发展的创新驱动

在第四次工业革命与我国高质量发展形成历史性交汇的大背景下，加快形成创新驱动新格局，使创新成为推动高质量发展的第一动力，已成为动力变革的首要任务。

1. 创新是引领发展的第一推动力

（1）以提高自主创新能力为重点厚植创新引领发展的根基。总体来看，我国自主创新能力还比较薄弱，与发达国家仍存在较大差距，2016年，我国国内专利申请授权数为175.4万件，其中技术含量较高的发明专利为40.4万件，占比仅为23.05%[①]。此外，关键核心技术受制于人的局面尚未取得实质性改变。我国在核心技术、关键技术上对外依存度高达50%，与发达国家30%以下的水平相比差距巨大；虽然我国高技术产品出口总量世界第一，但自主品牌出口不足10%[②]。一是需要加大研发投入，争取到2025年，全社会研发经费（R&D）支出占GDP的比重由2017年的2.15%提高到3%以上；二是加快推进重大科技决策

① 国家统计局．中国统计年鉴2017[M]．北京：中国统计出版社，2017.10.

② 我国核心关键技术对外依存度高达50%[N]．经济参考报，2015-12-22.

制度化、科学化，着力改变简单套用行政管理方式管理创新活动；三是优化基础研究、战略高技术研究、社会公益类研究的支持方式，提高创新活动效率。

（2）以提高科技成果转化率为重点增强创新引领发展的技术支撑。目前，我国科技成果转化率不足30%，而发达国家这一比例为60%~70%；从科技进步对经济增长的贡献率来看，我国2016年为56.2%[①]，与发达国家70%左右的水平相比差距较大。提高科技成果转化率，一是建立科技成果转化协调机制；二是以移动互联网、云平台等新兴技术整合创新资源、降低创新学习沟通成本，提高产学研协同创新效率；三是强化科技转化过程中的金融支撑。

（3）以激发企业创新活力为重点发挥创新引领发展的主体作用。《中国企业创新能力评价报告（2016）》显示，目前我国仅有41.3%的企业有创新活动，低于欧盟27国52.9%的平均水平[②],其中实现全面创新的企业仅为9.1%。《中国企业创新能力百千万排行榜（2017）》显示，我国高新技术企业发明专利占比仅为41.2%，与欧美日国家80%以上的水平有较大差距。企业创新活力不足、创新质量不高，既有企业长期模仿跟进策略形成的“路径依赖”因素，更有现有体制不完善而导致企业创新效益不显著的影响。释放企业创新活力、提高企业创新质量，仍需要在知识产权保护、人才资金等要素支持以及优化产业创新的配套基础设施等方面破题发力。

2. 建设创新型国家是第一大战略

（1）以建设创新型国家来赢得国际竞争的战略主动。2016年，中共中央、国务院印发《国家创新驱动发展战略纲要》，提出建设创新型国家的“三步走”目标。2017年，党的十九大报告再次强调“加快建设创新型国家”，并将“2035年跻身创新型国家前列”纳入新时代“两步走”的新目标。当前，我国发展处于新的历史起点，正在由发展中大国向现代化强国迈进。唯有加快

① 2016年我国科技进步贡献率达56.2%[N]. 科技日报，2017-01-11.

② 中国科学技术发展战略研究院，中央财经大学经济学院. 中国企业创新能力评价报告（2016）[M]. 北京：科学技术文献出版社，2016.12.

建设创新型国家，全面增强科技创新能力，力争在重要科技领域实现跨越发展，才能在新一轮全球竞争中赢得战略主动，进而形成建设现代化强国的战略支撑。

（2）我国已具备建设创新型国家的基本条件。近年来，我国创新能力持续提升。2017 年，《全球创新指数报告》显示，我国全球创新指数排名从 2012 年的第 34 位跃升至 2017 年的第 22 位，成为唯一与发达国家创新差距不断缩小的中等收入国家。加快建设创新型国家，要按照党的十九大报告的要求，瞄准世界前沿，强化基础研究，实现前瞻性基础研究、引领性原创成果重大突破，争取到 2020 年进入创新型国家行列，到 2035 年跻身创新型国家前列。

（3）建设创新型国家要牢牢抓住新一轮科技变革的大趋势。当前，人工智能、物联网、3D 打印、生物技术、新材料等诸多领域的新兴突破性技术集中出现，并与实体经济加速融合，共同推进第四次工业革命进程，对经济发展与产业变革产生一系列颠覆性影响。总的来看，数字、物理和生物技术将成为未来创新的重点领域，代表了未来科技创新的大趋势。在第四次工业革命大背景下，形成创新驱动新格局，使创新成为引领高质量发展的第一动力，就是要在补齐基础领域创新短板的同时，以数字、物理和生物科技创新为重点，以服务实体经济发展为目标，在更多领域实现由“跟跑”变为“并跑”，有的甚至争取“领跑”，以在新一轮全球创新竞争中赢得战略主动。

（4）建设创新型国家需要处理好政府与市场关系。

——强化企业在应用创新中的主导作用。应用创新的需求来自市场，市场在应用创新的各种要素配置中应当发挥决定性作用。从现实情况看，“强政府、弱市场”的倾向仍然比较明显，导致企业难以在应用创新中发挥主导作用。这就需要：一是增强企业在应用创新体系中的话语权，建立以财政资助中小企业平台、中小企业平台带动科研院所的需求导向的经费投放与管理机制；二是以完善知识产权保护制度为重点优化企业创新环境；三是积极支持中小微企业创新创业。当前，中小微企业普遍面临创新人才和资金缺乏、创新成本较高等问题。需要通过政府购买公共服务、搭建公共创新平台等手段，切实降低中小企业创新成本。

——进一步发挥政府在制度创新中的主导作用。制度创新是建设创新型国家的重要保障，政府既要在产权保护与要素市场化改革等制度创新方面发挥主导作用，也要在强化新经济领域的科学预判、提前布局等制度创新中发挥主导作用。

3．人才是创新驱动的第一资源

（1）创新驱动本质上是人才驱动。如果说人口数量是支撑我国过去高速增长重要因素的话，人才则是新阶段高质量发展的核心要素、主导力量与战略支撑。在第四次工业革命背景下，谁拥有一流的创新人才，谁就拥有了科技优势和主导权，也就有了形成创新驱动的关键资源。

（2）用好现有人才，关键在放权。

——发挥市场在人才资源配置中的决定性作用。一是要该“放”的彻底放开。把过去掌握在政府手中的人才评价权、选拔权、调配权、奖励权尽可能地下放给用人主体；二是要该“减”的彻底减掉。例如，全面取消人才评价体系中不合理的标准；三是要该“破”的彻底突破。例如，改革现有的编制管理体制，将以行政级别为主的“身份管理”转变为以职务聘任为主的“岗位管理”，打破体制内外人才流动的壁垒。

——充分发挥政策在引导人才流动中的重要作用。一方面，针对我国区域人才配置不平衡问题，积极利用优惠政策与奖励措施引导人才合理流动；另一方面，针对我国重大基础研究领域发展不充分的问题，充分利用规划、改革等手段，发挥“集中力量办大事”的体制优势，实现关键共性技术、国家战略需求技术等方面的重大突破。

（3）人才强国驱动重在教育。进入高质量发展新阶段，人们对高质量的教育需要日益增长与我国教育供给质量不高、结构不合理的矛盾比较突出。由于教育结构不合理、创新型教育发展严重滞后，我国仍存在大学毕业生就业难与职业人才供给不足并存的结构性矛盾。我国大学毕业生创业率达到3%，但创业成功率平均不足 5%，与欧美国家 20% 的平均水平相比差距巨大[①]。

（4）提高人才制度的全球竞争力。在经济全球化大背景下，面向全球选人用人是一个大趋势。从现实情况看，人才引进的体制机制等障碍尚未破除，高尖端人才引进数量较少、渠道不畅等矛盾问题依然突出。这就需要整合分散在不同部门的国际人才管理职能，组建专司入境外国人管理事务的政府机构；建立绿卡制度，降低国际人才移民的门槛，建立我国国际移民体系等。

四、转向高质量发展的供给侧结构性改革

高水平的实体经济是实现高质量发展的根基。转向高质量发展，在继续坚持“三去一降一补”的同时，要把振兴实体经济作为深化供给侧结构性改革的重大任务。

1. 在发展实体经济上聚力发力

（1）加快制造业优化升级。

——振兴实体经济重点在制造业。制造业是实体经济的主体和骨干。目前，我国制造业增加值占全球的比重为 20% 左右，但从整体产出效率来看，我国制造业增加值率仅为 21% 左右，而发达国家这一比例为 35%~40%；我国制造业人均增加值仅为 3000 美元，仅为发达国家平均水平的 1/3[②]。由此可以看出，发展高水平的实体经济，难点在制造业，重点在制造业，关键点也在制造业。深化供给侧结构性改革，首要任务是推动制造业的优化升级，提升制造业的国际竞争力。

——以加快发展生产性服务业推动制造业转型升级。当前，我国制造业转型升级对发展生产性服务业的依赖性全面增强。问题在于，我国生产性服务业尚未从制造业中剥离出来并独立发展，还停留在工业化中期阶段的水平。例如，

① 麦克思研究院，中国社会科学院．2017 年中国大学生就业报告 [R]．2017-06.

② 中国制造业加快迈向价值链中高端 [N]．科技日报，2018-01-10.

目前我国制造业企业综合融资成本是美国的3倍以上，物流成本是美国的3~4倍，这导致制造业企业更愿意选择在企业内部设立相应服务性或协调性部门。适应制造业服务化大趋势，需要确立以生产性服务业的大发展引领制造业转型升级的新思路，增强生产性服务业的发展活力，降低生产性服务业运行成本。

（2）加快发展混合所有制经济。党的十九大报告对混合所有制改革提出新的改革要求："深化国有企业改革，发展混合所有制经济，培育具有全球竞争力的世界一流企业。"混合所有制改革是新阶段国有企业实现高质量发展的重要途径，也是深化国有企业改革的重头戏。要按照公益类和商业类的划分，改进对国有企业的管理，特别是放开放活大量处于竞争领域的国有企业和垄断行业的竞争性业务，持续向社会资本推出一批重大项目，敢于让利，引导和鼓励扩大社会资本参与，在发展混合所有制结构中给民间投资提供市场空间。

（3）推动国有资本做强做优做大。党的十九大报告提出，"推动国有资本做强做优做大"，这是对党的十八届三中全会提出的"要从'管企业'向'管资本'转变"的延伸与提升。落实党的十九大报告精神，一是要改革国有资本的管理体制和运营机制，探索新型的国有经济管理体制；二是要发挥好国有资本投资运营公司的引导性作用，从传统的重资产、高杠杆的行业中逐步转型，将国有资本集中于支柱产业、战略性新兴制造业和信息技术产业，促进国有资本合理流动；三是要加快推动国有企业数字化改造，激活国有企业长期"沉睡"的数据资源，使国有企业数据资源变为重要资本与现实生产力。

2. 推进产权保护制度化法治化进程

（1）进一步完善产权制度。完善产权保护，推进产权保护制度化、法治化进程，不仅有利于激发市场活力、调动全社会创新创业热情，而且能够增强人民群众财产的安全感，增强社会信心和稳定社会预期，尤其是稳定社会资本预期。

（2）产权保护是弘扬企业家精神的最大激励。党的十九大报告提出，"激发和保护企业家精神，鼓励更多社会主体投身创新创业"。企业家是经济活动中的重要主体，企业家精神是经济发展的重要动力。市场经济中，企业家精神的释放取决于产权保护和创新收益的可得性。为此，要通过深化要素市场改革，理顺生产要素价格形成机制，确立企业家产权的保护机制。如果未来一到两年国家对妥善处理企业家“原罪”问题上实现司法解释上的重大突破，对稳定企业家预期、激发企业家精神将起到重要作用。

（3）落实中央产权政策要多方发力。无论是产权的有效界定，还是稳定政策预期，都离不开政府作用。从改革实践看，完善政府守信践诺机制对于产权保护法治化具有重大影响。要严格纠正以公权侵犯私权，制裁各类利用公权力侵犯私有产权的违法犯罪行为，对民营企业要慎用查封、扣押、冻结等强制措施；尽快完善政府守信践诺机制，对由政府自身不当行为造成的企业和公民财产权受损，应建立补偿救济机制。

3. 以打破垄断为重点优化营商环境

良好的营商环境有利于激发实体经济发展的活力，也有利于在开放型世界经济发展中吸引国际资本参与我国经济转型发展。当前，优化营商环境不仅成为我国参与全球经济竞争的现实需求，而且成为激发国内市场活力、振兴实体经济的重中之重。

（1）创新市场准入制度。党的十九大报告明确提出，“全面实施市场准入负面清单制度，清理废除妨碍统一市场和公平竞争的各种规定和做法，支持民营企业发展，激发各类市场主体活力”。以更大的决心和魄力推进市场准入制度创新，实现营商环境国际化、法治化，已经成为当前市场化改革攻坚的重大任务。从我国的现实情况来看，优化营商环境，重点是破除垄断，以形成公平竞争的市场环境。

（2）重点破除服务业领域的行政性垄断和市场垄断。加快服务业市场开放、做大现代服务业“蛋糕”，需要打破服务业领域的行政性垄断和市场垄断。

（3）以发展中小企业为重点完善公平竞争市场环境。近年来，中小企业在实体经济发展中的地位与作用越来越大，不仅成为容纳就业的主体部分，也成为推动创新发展的主体力量。当前，要加快落实《中小企业促进法》，通过建立公平竞争审查机制、扩大中小企业发展基金、形成支持中小企业发展的现代金融体系，形成并维护中小企业发展的公平竞争市场环境。

（4）完善市场监管体制。一是要把监管变革作为深化简政放权的重点。以监管变革为重点纵深推进简政放权，有利于使市场在资源配置中起决定性作用和更好发挥政府作用；二是要以监管变革应对各类风险挑战。以金融监管为例，要守住不发生系统性金融风险的底线，需要尽快实现由分业监管向混业监管的过渡，建立综合性金融监管体制；三是明确把新经济监管作为市场监管部门的重要职责。这就需要尽快在市场监管部门成立专门的新经济监管机构，动态跟踪新业态，根据情况提出并试行新经济的监管条例，以适应新经济发展需求，实行科学有效的市场监管。

4. 深化财税金融体制改革

（1）化解财政金融风险。要有效防控地方政府债务风险。虽然我国地方债务风险总体可控，但仍需要重视地方政府债务对供给侧结构性改革和高质量发展的不利影响。近年来，地方政府的 PPP 明股实债、实相举债等情况时有发生，导致政府实际债务水平增加。这就需要在合理安排地方新增债务规模的同时，严格落实地方政府债务限额管理和预算管理制度。例如，针对目前普遍存在的地方政府介入市场经济的程度较深、财政支出用于经济建设的资金偏多等问题，应提高部分公用事业领域市场化程度，稳步收缩财政支出在经济建设领域的规模，强化民生领域的财政支出，优化财政支出结构。推进地方债务规范管理，落实债务处置主体责任，严肃问责机制，切实防范化解地方债风险。

（2）深化财税体制改革。财政是国家治理的基础和重要支柱。党的十九大报告明确要求，要“加快建立现代财政制度”。这就需要完善分税制，建立权责清晰、财力协调、区域均衡的中央和地方财政关系；建立全面规范透明、标准科学、约束有力的预算制度，全面实施绩效管理；深化税收制度改革，健全地方税体系，推进税收结构调整。适应经济转型升级的趋势，在条件逐步成熟的情况下，要适时推动由间接税为主向直接税为主转变，以尽快改变直接税比重偏低的状况。

（3）增强金融服务实体经济能力。金融与实体经济失衡成为制约实体经济发展的重要因素。由于金融空转的收益高，导致大量资金在金融体系内空转，实体经济面临融资难的突出矛盾。因此，要加大金融与实体经济的融合，切实降低实体经济融资成本，为实现供给侧结构性改革的重大突破创造条件。

五、转向高质量发展的全面开放

“开放带来进步，封闭必然落后。”要按照党的十九大报告的要求，“主动参与和推动经济全球化进程，发展更高层次的开放型经济，不断壮大我国经济实力和综合国力”，以扩大开放形成高质量发展的国际环境。

1. 以“一带一路”为重点的双向互济开放新格局

党的十九大报告提出，“要以‘一带一路’建设为重点，坚持引进来和走出去并重，遵循共商共建共享原则，加强创新能力开放合作，形成陆海内外联动、东西双向互济的开放格局”。

（1）以基础设施互联互通为依托。目前，“一带一路”框架内的基础设施在建项目已经覆盖 44 个国家。未来 10 年，要加快打通“一带一路”在陆上、海上、空中的贸易流、物流、人流、信息流通道，形成放射性、网络化的交通布局，着力构建连接我国与自由贸易伙伴的经济大走廊，提升贸易物流便利化水平。实践表明，我国与“一带一路”沿线国家和地区共建基础设施给相关国家和地区经济发展带来的“溢出效应”，已经超出基础设施投资收益本身，这将有力促进经济全球化进程。

（2）以产能合作和服务贸易为重点。截至目前，我国已经与 40 多个国家和国际组织签署了合作协议，与 30 多个国家开展机制化产能合作，与 20 多个国家和地区组织签署自由贸易协定。2014—2016 年，我国同“一带一路”沿线国家贸易总额超过 3 万亿美元。我国企业对“一带一路”沿线国家直接投资累计超过500亿美元，在20多个国家建设了56个经贸合作区[①]。从趋势看，“一带一路”沿线国家和地区的经济互补性较强，在国际产能和装备制造业合作方面潜力巨大。

从过去几年情况看，我国服务业企业走出去不仅滞后于实体企业走出去，也滞后于产能合作的实际需求。2016年，中国承接“一带一路”沿线国家和地区服务外包执行额达121.29亿美元，占全国总规模的11.39%[②]。与发达国家发展服务贸易合作相比，我国与“一带一路”沿线国家和地区开展服务贸易合作具有相对优势。在深化产能合作的同时，要以服务贸易为重点，加大金融、科技、信息、教育、文物保护、旅游、跨境电子商务、医疗等领域的合作，深挖服务贸易合作空间。

（3）以建立自由贸易区网络为目标。构建“一带一路”自由贸易区网络，巩固我国与周边及沿线国家和地区的经贸合作关系，拓展国际合作领域，创新合作机制，使“一带一路”在全球经济治理中发挥重要作用。

2. 以发展服务贸易为重点的外贸新格局

（1）推动我国由服务贸易大国向服务贸易强国转变。服务贸易已成为全球自由贸易进程的重点与焦点。一方面，服务贸易成为双边、多边贸易投资协定的重要内容，无论是区域全面经济合作伙伴关系（RCEP），还是中美、中欧等双边投资协定谈判，相当一部分都涉及服务贸易；另一方面，全球自由贸易进程越来越依赖于服务业双向市场开放。当前，自由贸易的主要障碍不是货物贸易领域内的关税，而是服务贸易与投资领域内的监管、非关税壁垒以及市场的开放度。服务贸易自由化和便利化水平很大程度上将影响和决定全球和区域自由贸易的进程和格局。由于多种因素的制约，我国服务贸易规模相对较小，

---

① 习近平．携手推进“一带一路”建设——在“一带一路”国际合作高峰论坛开幕式上的演讲[EB/OL]．新华网，2017-05-14．

② 邢厚媛，涂舒．服务外包产业持续逆势增长——2016年中国服务外包发展回顾[EB/OL]．商务部服务外包研究中心，2017-02-04．

2016年仅占外贸总额的15.1%，比世界平均水平低8.6个百分点[①]。并且，传统服务贸易占比仍然相对较高。当前，无论是适应国内消费结构升级，还是推进经济全球化的新进程，都需要加快发展服务贸易。若到2020年服务贸易规模达到1万亿美元以上，占我国对外贸易的比重上升到20%左右，占全球服务贸易总额的比重达到10%左右，就会形成我国在全球经济治理与自由贸易发展中的新优势。

（2）关键是扩大服务业市场开放。“大幅度放宽市场准入，扩大服务业市场对外开放”是党的十九大作出的重大战略部署。按照这一要求，要以破除行政垄断和市场垄断为重点实现服务业市场准入的重大突破。例如，以建立内外资统一的负面清单为重点，全面实行准入前国民待遇加负面清单管理制度，进一步缩小负面清单范围，降低准入门槛，在服务业领域实行高水平的贸易和投资自由化、便利化政策。

（3）以服务贸易为重点加快国内自贸区转型。近几年，国内自贸区以负面清单为重点的改革取得重要进展。目前的突出矛盾在于，负面清单的95项中仍有70项针对服务贸易。适应经济全球化新形势，自贸区需要在服务贸易发展和服务业市场开放上发挥先行先试的重要作用。例如，大幅缩减负面清单，争取到2020年把服务业负面清单压缩到40项以内。

（4）加快推进粤港澳服务贸易一体化。粤港澳服务贸易一体化是当前粤港澳大湾区建设的务实选择。不但有利于拓展港澳发展，而且对促进和服务于“一国两制”将产生重要影响。因此，要尽快实现粤港澳服务贸易一体化的体制、机制的实质性突破，为我国形成新时代全面开放新格局提供有益探索。例如，进一步扩大广东对港澳的服务业市场开放。

3. 以开放创新为重点的国际合作与竞争新格局

（1）抓住开放创新大趋势，利用全球资源开放创新。习近平总书记强调：

---

① 根据国家统计局网统计数据得出。

“我们强调自主创新，绝不是要关起门来搞创新。在经济全球化深入发展的大背景下，创新资源在世界范围内加快流动，各国经济科技联系更加紧密，任何一个国家都不可能孤立依靠自己力量解决所有创新难题。要深化国际交流合作，充分利用全球创新资源，在更高起点上推进自主创新，并同国际科技界携手努力，为应对全球共同挑战作出应有贡献[①]。”美国、德国、日本等发达国家都依托跨国企业或跨国项目实现创新资源的全球配置。我国进入高质量发展阶段，要把服务国内创新发展作为对外开放的重要目标。通过不断引进国际高科技和创新要素，加快创新要素的引进和输出，整合国际创新资源，为我国高质量发展与创新能力的跨越式提升提供重要条件。

（2）尽快形成开放创新的新格局。

——借鉴发达国家经验，实现部分科技对外开放。例如，通过招标、签订双边协议等方式与其他国家开展科技合作。创新国际科技合作机制，与科技发达国家建立创新战略伙伴关系，与周边国家打造互利合作的创新共同体。充分利用并整合全球科技资源来促进本国发展。围绕国家重大科技计划，推动国内产、学、研相互开放融合。

——形成区域开放创新高地。依托科技发展基础，以上海、北京、深圳、杭州等地区为重点，推进区域开放创新中心建设，争取在部分发达地区建成全球一流的区域创新中心。

（3）以开展国际科技合作为重点。要加强与欧美发达国家的科技合作。以服务国家重大科技需求为目标，在信息技术、人工智能、高端装备制造、海洋资源开发等领域加强与欧美日等发达国家的科技国际合作。要加强与“一带一路”沿线国家和地区的科技合作，打造“一带一路”协调创新共同体。要推动技术贸易市场双向开放。一方面，以新兴经济体为重点，加快双边、多边自由贸易谈判，并将技术贸易、知识产权使用等作为自由贸易谈判的重点，尽快实现技术贸易市场相互开放；另一方面，以欧美发达国家为重点，加快中美、中

① 习近平八天内两论自主创新与开放创新 [EB/OL]. 中国干部学习网，2016-04-28.

欧投资贸易谈判，争取我国企业和投资与其他国家同等的地位与待遇。

4. 以优化区域开放布局为重点的全方位开放新格局

（1）西部大开放带动西部大开发。加快实施“一带一路”，推动我国西部地区从开放“末梢”变身为开放前沿，以西部大开放带动西部大开发。加强西部地区与“一带一路”沿线国家和地区产能合作。加强能源资源深加工技术、装备与工程服务合作，加大煤炭、油气、金属矿产等传统能源资源勘探开发合作，积极推动水电、核电、风电、太阳能等清洁、可再生能源合作，推进能源资源就地就近加工转化合作，形成能源资源合作上下游一体化产业链。

（2）形成“一带一路”东北开放的大格局。开放程度低是制约东北经济发展的“最大短板”之一。以对外贸易为例，2016 年，东北三省的对外贸易依存度为 15.4%，比全国平均水平低 23.4 个百分点①。到 2020 年，若东北三省对外贸易水平达到 2016 年的全国平均水平，则至少还有 20 个百分点以上的增长空间。要以制造业转型升级为重点，形成“一带一路”东北对外开放大平台；要以服务贸易为重点，形成“一带一路”东北对外开放大布局；要以基础设施建设为依托，形成“一带一路”东北对外开放大通道。

（3）推进沿边大开放。深化与周边国家和地区合作，实现沿边开放的重大突破，是沿边地区主动融入和服务“一带一路”建设的重要任务。例如，设立沿边自由贸易试验区，全面实施贸易投资自由化政策；发展沿边出口加工区，承接沿海加工制造业转移；发展跨境、边境旅游合作区，加强与周边地区人文交流。

5. 以务实推进自由贸易为重点，推动经济全球化进程

（1）以自由贸易战略维护经济全球化大格局。自由贸易是世界经济持续增长的重要引擎，是经济全球化的重要引擎。要以自由贸易战略推动全球贸易投

① 中改院课题组. 以“一带一路”形成区域开放新格局 [N]. 上海证券报，2017-05-12.

资规则重构，增强自由贸易制度安排的开放性、包容性、共享性，这既是应对经济全球化逆潮的重要举措，也是营造高质量发展的外部环境的内在要求。

（2）加快双边、多边自由贸易进程。例如，务实推进中日韩自贸区建设。当前，应当抓住机遇，克服阻力，尽快取得实现中日韩自贸区谈判的突破。与此同时，中日两国可以考虑在医疗健康、文化娱乐、数字经济、金融保险等重点现代服务业领域尽快形成贸易投资自由化、便利化安排，这也是当前中日深化经贸合作的务实选择。此外，要大力推进双边、多边自贸区的全球布局。按照党的十九大报告提出的“形成面向全球的贸易、投融资、生产、服务网络”的目标要求，把握我国全球自贸网络中的关键国家和地区，成熟一个推进一个，由点到线、由线带面，有序推进自贸区的战略布局。

（3）探索建设自由贸易港。党的十九大报告提出，“赋予自由贸易试验区更大改革自主权，探索建设自由贸易港”。自由贸易港是自由贸易区的最高实现形式，在税费减免、货物通关、企业设立、资金进出等方面有更高的自由度，对外国资本有较强的吸引力。探索建设中国特色的自由贸易港，打造开放层次更高、营商环境更优、辐射作用更强的开放新高地，对于促进开放型经济创新发展、助推经济全球化进程具有重要意义。在具备条件的地区探索建立自由贸易港将是我国对外开放的重大战略布局。

当前，我国正处在转向高质量发展的关键阶段，正处在转变发展方式、优化经济结构、转换增长动力的攻关期。抓住第四次工业革命的历史机遇，以动力变革促进质量变革、效率变革，从而实现高质量发展的历史跨越，有利于加快建设现代化经济体系，厚植强国之基。作为全球第二大经济体，我国在推动高质量发展的同时，也将为促进全球经济增长、推动全球经济治理变革、加快经济全球化进程不断注入新活力，贡献中国智慧和中国方案。

Striving for More

Robust Drivers

第一章

新时代转向高质量发展的大国选择

新时代人民美好生活的需求发生变化，一是公共需求全面快速增长；二是服务型需求全面快速增长；三是新型需求全面快速增长。适应这个新变化，着力解决人民日益增长的美好生活需要和不平衡不充分的发展之间的矛盾，要以动力变革推动质量变革、效率变革，加快从高速增长向高质量发展的转变。

中国特色社会主义进入新时代，适应社会主要矛盾的历史性变化，着力解决人民日益增长的美好生活需要和不平衡不充分的发展之间的矛盾，我国需要由高速增长转向高质量发展，打牢强国的坚实根基。这是从“富起来”到“强起来”的历史性飞跃。

第一节　新时代人民美好生活的新需求

适应人民美好生活需求变化是经济发展的根本目标，也是经济发展的原动力。在不同的发展阶段，人民的需求不同。随着经济发展水平的提高，人民对美好生活的需求呈现不断升级的态势。同时，随着城乡居民的需求发生深刻变化与全面升级，又带来了新的发展动力，推动经济发展水平进一步提高。

专栏 1.1

习近平总书记 2018 年新年贺词（节选）

我们伟大的发展成就由人民创造，应该由人民共享。我了解人民群众最关心的就是教育、就业、收入、社保、医疗、养老、居住、环境等方面的事情，大家有许多收获，也有不少操心事、烦心事。我们的民生工作还有不少不如人意的地方，这就要求我们增强使命感和责任感，把为人民造福的事情真正办好办实。各级党委、政府和干部要把老百姓的安危冷暖时刻放在心上，以造福人民为最大政绩，想群众之所想，急群众之所急，让人民生活更加幸福美满。

资料来源：国家主席习近平发表二〇一八年新年贺词 [EB/OL]. 新华网，2017-12-31.

当前，我国发展进入新时代，人民对美好生活的向往有了新的追求、新的需要。概括起来：一是从生存型社会进入到发展型社会，公共需求全面快速增长；二是从物质型社会进入到服务型社会，服务型需求全面快速增长；三是从单一型社会进入到多元化社会，新型需求全面快速增长（见图 1.1）。

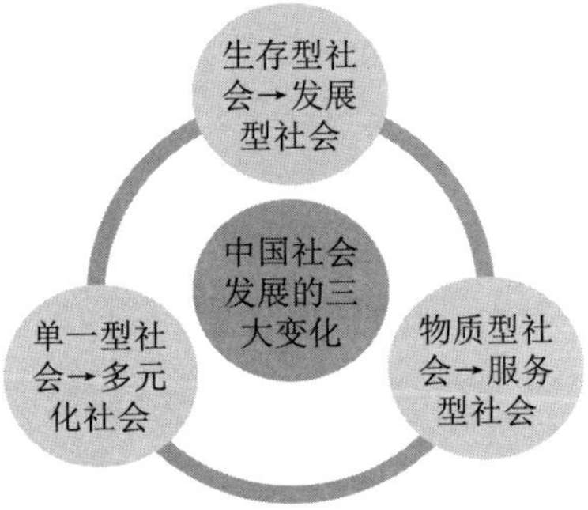

图 1.1：中国社会发展正在发生的三大变化

一、公共需求全面快速增长

城乡居民的公共需求全面快速增长，全社会的需求结构发生深刻变化。这个变化早在 2003 年 SARS 危机时就已显现①，并且在过去的 15 年中日益突出。梳理 2010—2017 年全国“两会”热点问题调查可以发现，城乡居民对公共产品需求全面提升，社会保障、医疗、养老、教育公平、环境污染、公共安全等问题长期受到关注，且近几年关注度不断提升（见表 1.1）。

表 1.1：2010—2017 年全国“两会”热点问题调查结果排名

年份 序号	2010	2011	2012	2013	2014	2015	2016	2017
1	养老保险	社会保障	社会保障	社会保障	社会保障	收入分配	社会保障	反腐倡廉

① 迟福林. 警钟——中国：SARS 危机与制度变革 [M]. 北京：民主与建设出版社，2003.7.

续 表

序号\年份	2010	2011	2012	2013	2014	2015	2016	2017
2	依法拆迁	司法公正	收入分配	收入分配	反腐倡廉	反腐倡廉	居民收入	社会保障
3	反腐倡廉	反腐倡廉	医疗改革	反腐倡廉	食品药品安全	医疗改革	医疗改革	医疗改革
4	调控房价	个人收入	社会管理	住房保障	收入分配	养老改革	打虎拍蝇	就业收入
5	贫富差距	房价调控	教育公平	医疗改革	干部作风	环境治理	教育公平	教育公平
6	就业问题	医疗改革	三农问题	稳定物价	计划生育	依法治国	住房	环境保护
7	医疗改革	物价调控	反腐倡廉	食品药品安全	环境治理	教育公平	环境保护	住房
8	司法公正	环境污染	物价问题	法治中国	教育改革	从严治党	司法改革	依法治国
9	教育公平	食品安全	食品安全	行政体制改革	住房	住房保障	金融风险	公共安全
10	民主监督	教育改革	房价调控	国防建设	新型城镇化	就业创业	“一带一路”	脱贫攻坚

资料来源：中改院课题组整理。

专栏 1.2

惠及 13 亿人的基本公共服务

2007 年，中改院在研究撰写联合国开发计划署委托的《中国人类发展报告 2007/08》时，提出一个基本性判断：中国开始从生存型阶段向发展型阶段过渡。“从现实的基本国情出发，在注重广大社会成员日益增长的物质文化需求同落后的社会生产之间这个主要矛盾的同时，更需要强调社会发展的阶段性特征。进入本世纪以来，全社会公共需求全面快速增长与公共服务不到位、基本公共产品短缺，成为中国新阶段的突出矛盾。”

资料来源:联合国开发计划署,中国(海南)改革发展研究院. 惠及 13 亿人的基本公共服务:2007/08 中国人类发展报告 [M]. 北京：中国对外翻译出版公司，中国出版集团公司，2008. 11.

1. 社会保障需求不断增长

近年来，全国“两会”热点问题调查显示，除个别年份以外，社会保障问题关注度长期居于首位，充分说明我国居民对社会保障的需求比较强烈。一方面，我国公共财政对社会保障的投入有待提升。2016年，我国社会保障和就业支出占一般公共预算支出的比重为11.5%，占GDP的比重为2.9%，人均社保和就业支出仅为1561.5元①。另一方面，养老保险问题尤其受到关注。随着我国老龄化形势日益严峻，养老保险基金支付面临比较大的压力。2016年，部分地区养老保险收不抵支，加大了我国居民对养老保险基金可持续支付能力的担忧。

2017年，我国在社保制度建设上推出了两项根本性举措：一是国务院出台《划转部分国有资本充实社保基金实施方案》，为缓解社保压力提供了制度性保障；二是从2018年开始启动企业职工基本养老保险基金的中央调剂制度，这为一些养老保险收支压力比较大的地区提供了重要的保障。这两项改革受到全社会的广泛关注，反映了全社会社会保障需求的不断增长。

专栏1.3

各方高度关注养老金支付能力

（1）13个地区养老金支付能力不足1年

人社部社保事业管理中心发布的《中国社会保险年度发展报告2016》显示，广西、江西、海南、内蒙古、湖北、陕西、天津、河北、辽宁、吉林、青海、新疆生产建设兵团和黑龙江13个地区可支付月数已不足1年。值得注意的是，黑龙江省城镇企业职工养老保险基金的累计结余已为−232亿元。

（2）9个地区抚养比小于2

《中国社会保险年度发展报告2016》显示，全国城镇职工基本养老保险抚养比（即参保职工人数与领取养老保险待遇人数的比值）已由2011年的3.16%下降到了2016年的2.8%。包括湖北、甘肃、四川、重庆、辽宁、内蒙古、新疆生产建设兵团、吉林、黑龙江在内的9个统计地区抚养比已降至2以下，黑龙江的抚养比最低，下降至1.3。据预测，养老保险抚养比将由目前的2.8下降到2050年的4∶3。也就是说，到2050年，平均1.3个参保人就要供养一个老人。

① 根据《中国统计年鉴2017》相关数据计算得出。

（3）社会保障基金支出增幅高于收入增幅

根据《中国统计年鉴 2017》显示，2011—2016 年，社会保险基金已经连续 5 年支出增幅超过了收入的增幅。

资料来源：人力资源和社会保障部．中国社会保险发展年度报告 2016[R]．2017-11；国家统计局．中国统计年鉴 2017[M]．北京：中国统计出版社，2017.10.

2．基本医疗需求不断增长

随着生活水平的提高，城乡居民医疗保健意识逐渐加强，引领医疗市场需求全面快速增长。数据显示，2000—2016 年，我国居民人均卫生费用从 361.88 元增长至 3351.7 元，年均增速达到 14.9%（见图 1.2）。过去几年，我国加快推进了"三医联动"改革[①]，取得了比较明显的成效。问题在于，医疗服务仍然短缺，很多人对医疗改革的满意度不高。在这个背景下，医疗体制改革已经连续多年成为广大群众关注的热点问题之一，深化医疗改革的呼声日益强烈。

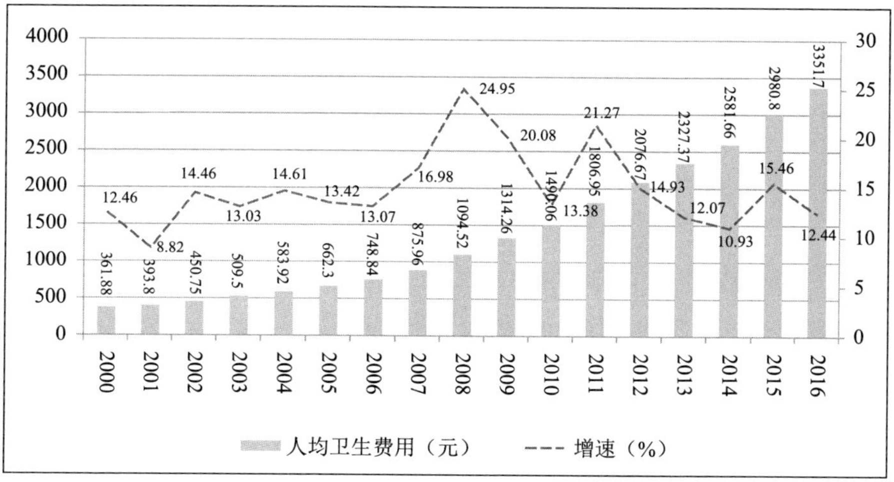

图 1.2：2000—2016 年我国居民人均卫生费用增速变动

数据来源：国家卫生和计划生育委员会．中国卫生和计划生育统计年鉴 2017[M]．北京：中国协和医科大学出版社，2017.9.

① "三医联动"改革即医疗、医保、医药联动改革。

3. 优质教育需求不断增长

在九年义务教育普及后，全社会优质教育的需求全面提升。目前，我国已成为世界上最大的留学生生源国，并呈现低龄化趋势。根据《中国留学发展报告（2017）》，2016年我国出国留学人员总数为54.45万人。其中自费留学人数达到49.82万人，自费留学比例高达91.50%；中学留学生增速超过学位学生和交换学生的增速[①]。

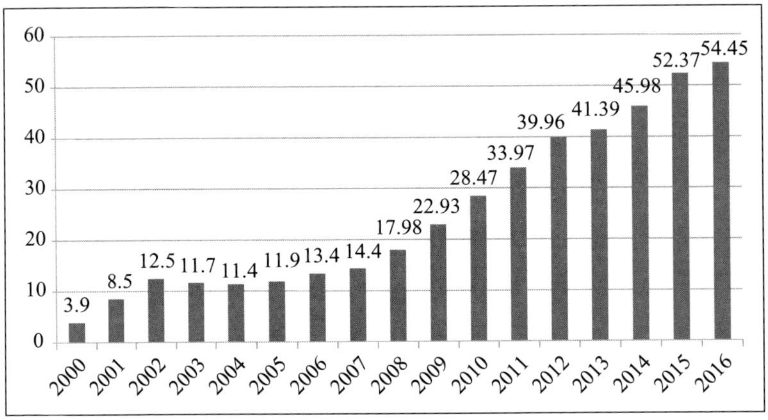

图 1.3：2000—2016 年我国出国留学人数（单位：万人）

数据来源：王辉耀，苗绿. 中国留学发展报告（2017）[M]. 北京：社会科学文献出版社，2017.12.

专栏 1.4

我国出国留学生呈低龄化趋势

《2016中国出国留学发展趋势报告》指出，我国留学生的年龄结构正在发生快速变化，以中学生为主体的低龄留学生发展迅速。

报告显示，赴美留学生中，研究生增长已经停滞，本科生则继续稳定增长，研究生占比已经从10年前的近80%，跌落至2015年的42%，2016年将继续下降至40%以下。引人注意的是赴美读中学的小留学生增长强劲。截至2015年11月，赴美就读的

① 王辉耀，苗绿. 中国留学发展报告（2017）[M]. 北京：社会科学文献出版社，2017.12.

中小学生已经高达34578人，占在美就读的国际中小学学生的52%，并继续保持2位数增长比例。

资料来源：我国留学生呈低龄化趋势　赴美中小学生增速高[N]．京华时报，2016-10-23.

随着人们越来越关注自身发展，终身教育理念成为共识，从线下教育培训到线上付费课程的市场规模不断扩大。据统计，截至2017年8月，知识付费用户已超5000万，全年知识服务收入估算突破500亿元①。

4．公共安全需求不断增长

全社会对食品安全、药品安全等传统的公共安全需求明显上升。除此之外，随着互联网的不断发展，个人信息安全逐步受到重视，信息安全需求不断扩大。有研究表明，79.3%的网民对网络安全问题有所了解，但仅有4.5%的网民具备自我应对能力。网民对加大网络监管力度的需求占比为77.50%，居于其他各类需求的首位。这反映出人民群众对网络安全、个人信息安全保障的需求明显增强。

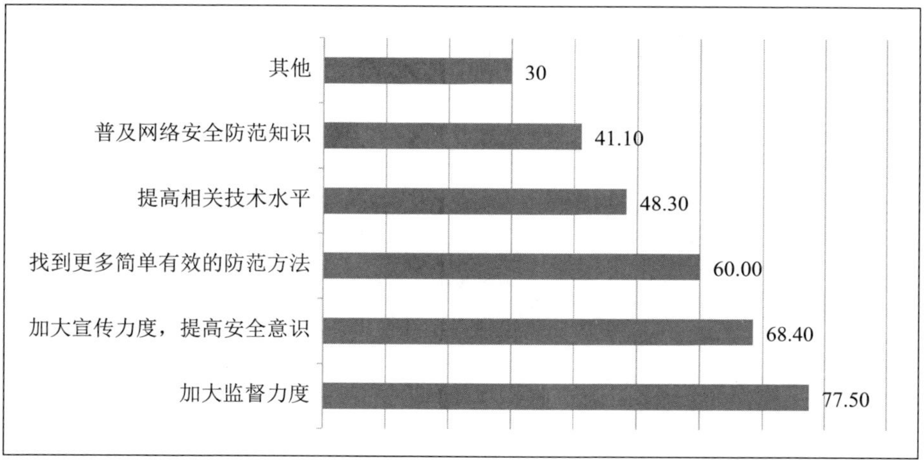

图1.4：全社会网络安全需求分布（单位：%）

资料来源：比达咨询（BigData-Research）．2017年中国网络安全问题用户调查报告[EB/OL]．比达网，2017-03-03.

① 姜奇平．知识该付费还是免费[N]．光明日报，2018-01-18.

5. 绿色发展需求不断增长

当前，生态环保、节能减排、有机健康等绿色观念深入人心，绿色发展、绿色生活成为全社会普遍追求。波士顿咨询公司调研显示，80% 的受访者认为品牌和公司需要对环境负责①。上海交通大学民意与舆情调查研究中心发布的 2017 年度中国城市居民环保意识调查显示，71.1% 的受访者愿意为环保组织捐款，78.7% 的受访者愿意为环保做义工②。

企业已经感知到了消费者对绿色产品，尤其是对绿色食品、绿色建材、节能环保家电等绿色产品的需求在全面增长。阿里零售平台数据显示，绿色篮子商品在同类商品中的溢价达到 33%，其中家用商品（家居、家装、家电等）溢价最高，绿色住宅家居溢价高达 60% 以上③。越来越多的企业把“绿色、环保”作为产品销售和服务提供的重要卖点（见表 1.2）。

表 1.2：绿色产品关注度

排名	类别名称	关注热度	代表关键词
1	家装用品 （家具、建材等）	★★★★★	无毒、手工、无甲醛、E0 级、亚克力等
2	家居用品 （床上用品，厨具、收纳等）	★★★	环保、无毒、食品级、无铅等
3	家电 （大家电、生活电器等）	★★★	节能、节水、节电、环保、变频、空气净化等
4	孕婴童用品 （孕妇装、尿布、童装等）	★★★	防辐射、抑菌、天然、A 级、无氟等
5	食品 （粮米油盐、零食、生鲜等）	★★	绿色、有机、原生态、无添加、无防腐、无色素等

---

① 波士顿咨询公司（BCG），阿里研究院．中国消费新趋势——三大动力塑造中国消费新客群 [R]．2017-05．

② 上海交通大学民意与舆情调查研究中心．中国城市居民环保意识调查（2017）[R]．2017-09-19．

③ 阿里研究院．中国绿色消费者报告 [R]．2016-07．

续 表

排名	类别名称	关注热度	代表关键词
6	服装 （男装、女装）	★★	全棉、纯棉、亚麻、莫代尔、手工等
7	个人护理 （美容、精油、护理等）	★★	天然、环保、有机、负离子、无硅等

资料来源：阿里研究院．中国绿色消费者报告［R］．2016-07.

二、服务型需求全面快速增长

改革开放 40 年，我国已经跨越了物质型社会，进入到服务型社会。改革开放之初，由于物质产品严重匮乏，生产目的主要是满足城乡居民所需要的基本物质产品。通过市场化改革，我国在比较短的时期内解决了物质产品的供给问题，城乡居民的物质型需求总体得到满足，越来越多的物质生产行业进入到买方市场。与此同时，城乡居民的服务型需求快速增长，这给供给体系带来了新的机遇。

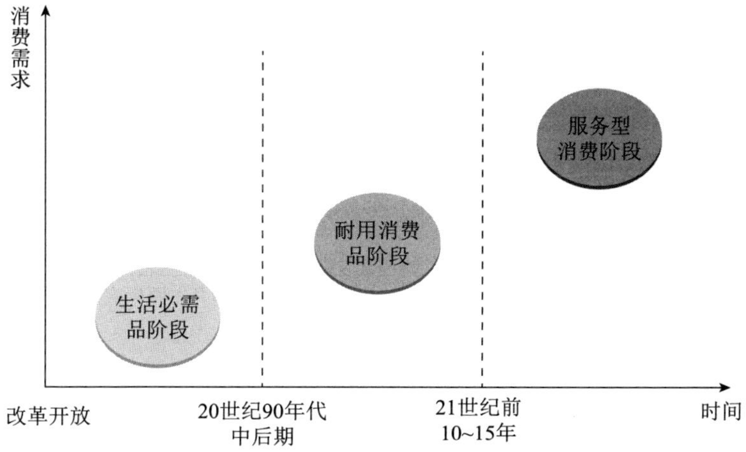

图 1.5：不同阶段的消费需求

专栏 1.5

耐用消费品时代已经过去

（1）城乡居民家庭必备“大件”已基本普及。2006—2016 年，家用汽车、电脑等耐用消费品在居民家庭中普及程度明显提高，家用汽车从每百户 4.3 辆迅速提高到 27.7 辆，电脑从每百户 2.7 台提高到 57.5 台。2016 年城镇居民每百户家庭拥有 123.7 台空调、80 台电脑；农村居民每百户拥有摩托车 65.1 辆[①]。对于大多数家庭而言，耐用消费品支出已不再是主要的支出压力，20 世纪 90 年代流行的家庭“三大件”彻底淡出了消费领域。

（2）以房为代表的置业时代已经过去。《中国家庭财富调查报告（2017）》显示，在全国家庭的人均财富中，房产净值占比为 65.99%[②]。统计数据显示，2016 年全国居民人均住房建筑面积为 40.8 平方米，其中城镇居民人均住房建筑面积为 36.6 平方米，农村居民人均住房建筑面积为 45.8 平方米。我国平均每户家庭的居住面积约为 123.2 平方米，家庭住房面积平均数已经高过了英国（76 平方米）、德国（109.2 平方米）和荷兰（115.5 平方米）等发达国家，在欧盟范围内仅次于丹麦（137 平方米）[③]。这意味着，大规模集中置业时代结束后，中国将逐步进入后置业时代。

1. 健康需求不断增长

《“美好生活”组成要素调查报告》显示，健康是最受大多数受访者重视的，73% 的受访者把“身体健康”列入美好生活的必备条件[④]（见图 1.6）。

① 国家统计局．中国统计年鉴 2017[M]．北京：中国统计出版社，2017.10.

② 经济日报社中国经济趋势研究院．中国家庭财富调查报告（2017）[R]．2017-05-24.

③ 统计局：2016 年全国居民人均住房建筑面积为 40.8 平方米 [N]．经济参考报，2017-09-15.

④ Global Gfk Survey．“美好生活”组成要素调查报告 [R]．2017-12.

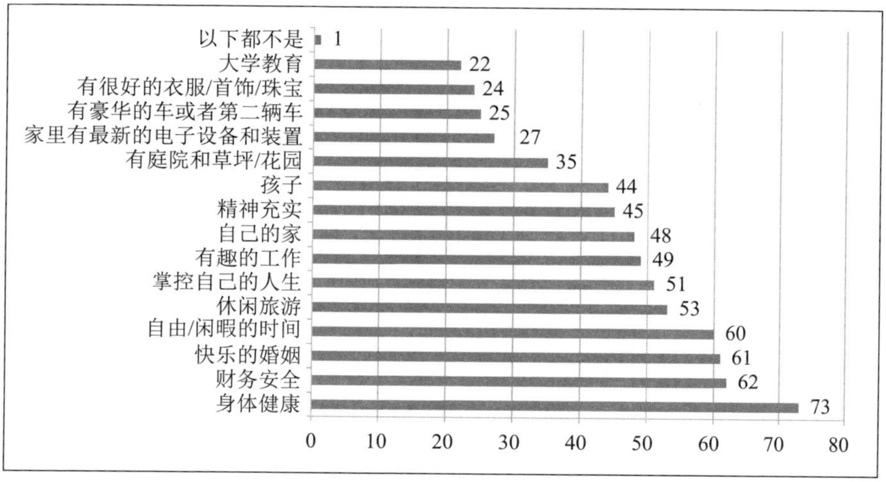

图 1.6：中国人认为好的生活所需要素（单位 %）

数据来源：Global Gfk Survey。

麦肯锡的《2017 中国消费者调查报告》显示，65% 的中国消费者追求健康的生活方式（见表 1.3）。在健身运动上，我国目前有超过 1500 万的健身房会员；截至 2016 年底，运动类 APP 的活跃用户超过 6500 万[①]。健康医疗旅游不断扩大，也说明城乡居民对健康医疗的需求全面扩大。据前瞻产业研究院预测，2017 年我国医疗旅游市场规模将达到 1286 亿元，2017—2021 年的年均复合增长率将达到 19.3%，2021 年市场规模将达到 2606 亿元[②]。

表 1.3：中国消费者对健康生活的不同态度

	简单生活家	运动爱好者	健康平衡族	工作狂	漠不关心者
占比（%）	25	10	30	10	25
主要关注点	环境污染 食品安全	锻炼不足 饮食不规律	与“简单生活家”“运动爱好者”关注点类似	睡眠不足 财务压力	快节奏生活导致的压力

① 麦肯锡全球研究院．“双击”中国消费者：健康新热潮、“90 后”的崛起和其他值得关注的趋势 [R]．2017-11.

② 健康 + 旅游发展潜力巨大 医疗旅游市场迅速兴起 [EB/OL]．前瞻网，2017-09-22.

续 表

	简单生活家	运动爱好者	健康平衡族	工作狂	漠不关心者
行为	55% 购买天然、有机食品（总体为 43%）	43% 认为健康食品意味着油脂含量更低（总体为 37%）	43% 认为健康食品意味着食材新鲜（总体为 35%）	38% 愿意花更多时间休闲和娱乐（总体为 28%）	32% 认为有足够的空闲时间享受业余爱好和生活是很重要的（总体为 22%）
	73% 喜欢亲近大自然的休闲活动（总体为 59%）	23% 服用保健品（总体为 14%）	31% 愿意为了工作放弃个人时间（总体为 39%）	21% 认为健康食品意味着食材可追踪（总体为 11%）	39% 知道如何区分健康产品（总体为 46%）
		52% 定期体检（总体为 35%）		19% 更喜欢寻求医生的建议（总体为14%）	

数据来源：麦肯锡全球研究院．《2017 中国消费者调查》报告 [R]．2017.

2．信息消费快速增长

国家工信部的数据显示，2016 年，在 4G 移动电话用户大幅增长、移动互联网应用加快普及的带动下，我国移动互联网接入流量消费达 93.6 亿 G，同比增长 123.7%，比 2011 年增长 17.3 倍，2011—2016 年年均增速高达 76.9%（见图 1.7）。

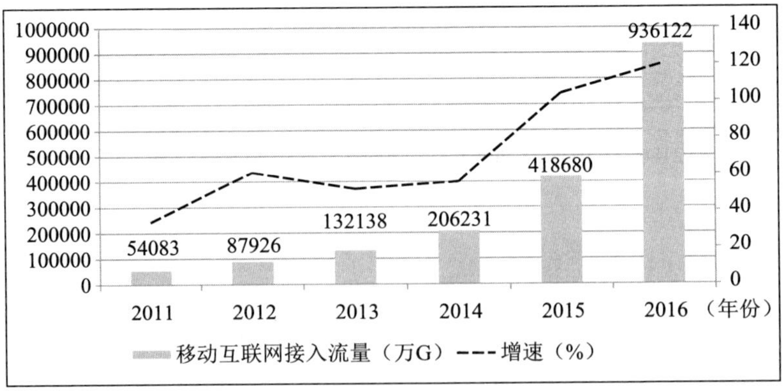

图 1.7：2011—2016 年移动互联网接入流量发展情况

数据来源：前瞻产业研究院．2018—2023 年中国 4G 产业发展前景预测与产业链投资机会分析报告（2017 年版）[R]．2017-02.

3. 旅游需求不断增长

进入新世纪以来，我国的旅游需求快速增长，旅游人数、收入、人均花费保持了快速增长态势。2000—2016 年，我国国内游客规模、旅游总花费及人均花费年均增速分别高达 11.8%、17.0%、7.1%①。

表 1.4：2000—2016 年国内旅游情况

年份	国内游客（百万人次）			旅游总花费（亿元）			人均花费（元）		
	总计	城镇	农村	总计	城镇	农村	小计	城镇	农村
2000	744	329	415	3175.5	2235.3	940.3	426.6	678.6	226.6
2001	784	375	409	3522.4	2651.7	870.7	449.5	708.3	212.7
2002	878	385	493	3878.4	2848.1	1030.3	441.8	739.7	209.1
2003	870	351	519	3442.3	2404.1	1038.2	395.7	684.9	200.0
2004	1102	459	643	4710.7	3359.0	1351.7	427.5	731.8	210.2
2005	1212	496	716	5285.9	3656.1	1629.7	436.1	737.1	227.6
2006	1394	576	818	6229.7	4414.7	1815.0	446.9	766.4	221.9
2007	1610	612	998	7770.6	5550.4	2220.2	482.6	906.9	222.5
2008	1712	703	1009	8749.3	5971.7	2777.6	511.0	849.4	275.3
2009	1902	903	999	10183.7	7233.8	2949.9	535.4	801.1	295.3
2010	2103	1065	1038	12579.8	9403.8	3176.0	598.2	883.0	306.0
2011	2641	1687	954	19305.4	14808.6	4496.8	731.0	877.8	471.4
2012	2957	1933	1024	22706.2	17678.0	5028.2	767.9	914.5	491.0
2013	3262	2186	1076	26276.1	20692.6	5583.5	805.5	946.6	518.9
2014	3611	2483	1128	30311.9	24219.8	6092.1	839.7	975.4	540.2
2015	4000	2802	1188	34195.1	27610.9	6584.2	857.0	985.5	554.2
2016	4440	3195	1240	39390.0	32241.3	7147.8	888.2	1009.1	576.4

数据来源：国家统计局. 中国统计年鉴 2017[M]. 北京：中国统计出版社，2017.10.

① 根据《中国统计年鉴 2017》相关数据计算得出。

越来越多的居民出门旅游不再满足于走访熟悉的文化和地理环境，以及传统的常规旅游线路，而更乐于追求标新立异、充满异域风情的远途异国游和带给身体与精神上多重满足感的极限运动。

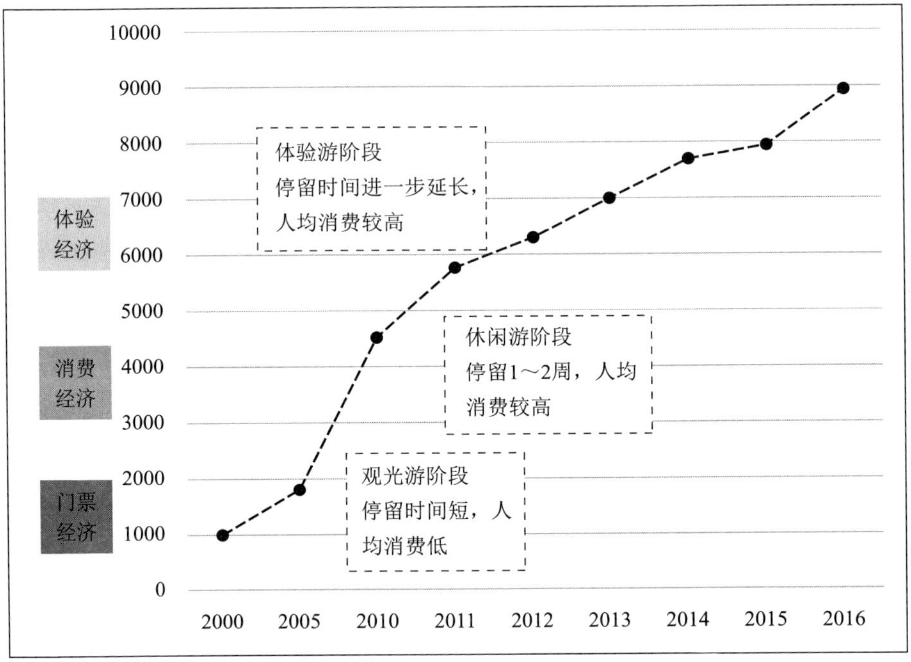

图 1.8：中国旅游市场不同发展阶段（单位：元）

数据来源：国金证券. 网红经济专题分析报告：重新定义消费者，创造下一个网红 [R]. 2017.

在出境游方面，随着人们收入水平的不断提高，出境游不仅从奢侈性行为转变成普通居民的寻常活动，而且出境游的消费行为也在发生变化。我国已经连续 4 年成为世界第一大出境旅游消费国。2016 年我国出境旅游人数达到 1.22 亿人次（见图 1.9），是 2010 年（0.57 亿人次）的 2.14 倍，2010—2016 年年均增长达到 13.5%；未来 5 年，中国出境游预计将达到 7 亿人次的规模[①]。

① 中国旅游研究院，携程旅行网. 向中国游客致敬——2016 年中国出境旅游者大数据 [R]. 2017-01.

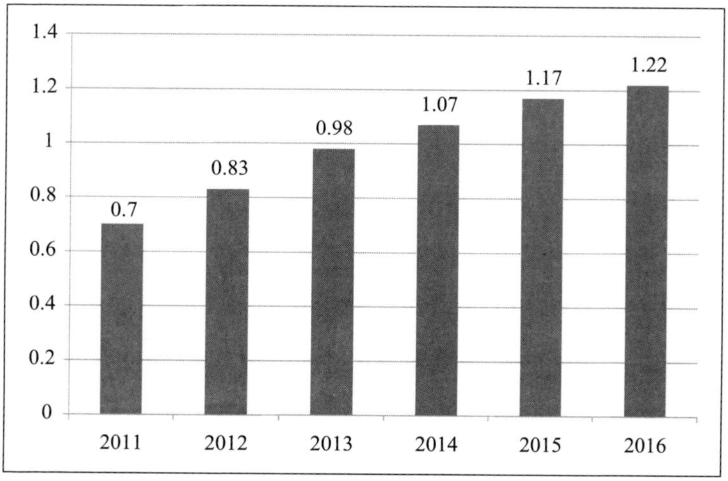

图 1.9：2011—2016 年中国出境旅游人数（单位：亿人次）

数据来源：中国旅游研究院，携程旅行网．向中国游客致敬——2016 年中国出境旅游者大数据 [R]．2017-01.

《2017 年上半年中国出境旅游者报告》指出，老百姓越来越倾向于一程一站，倾向于自由行，青睐于深度体验和文化休闲旅游等。比如，参观著名城市的博物馆和美术馆成为必选项①。

4．文化需求不断增长

城乡居民对电影、书籍等文化需求在不断增长。据国家新闻出版广电总局电影局的数据显示，2016 年，我国城市院线观影人次为 13.72 亿，比 2011 年增长 4.9 倍，2011—2016 年年均增速接近 30%；我国电影总票房收入 457.1 亿元，比 2011 年增长 3.5 倍，2011—2016 年年均增速为 28.4%（见图 1.10）。

① 中国旅游研究院，携程旅行网．2017 年上半年中国出境旅游者报告 [R]．2017-08.

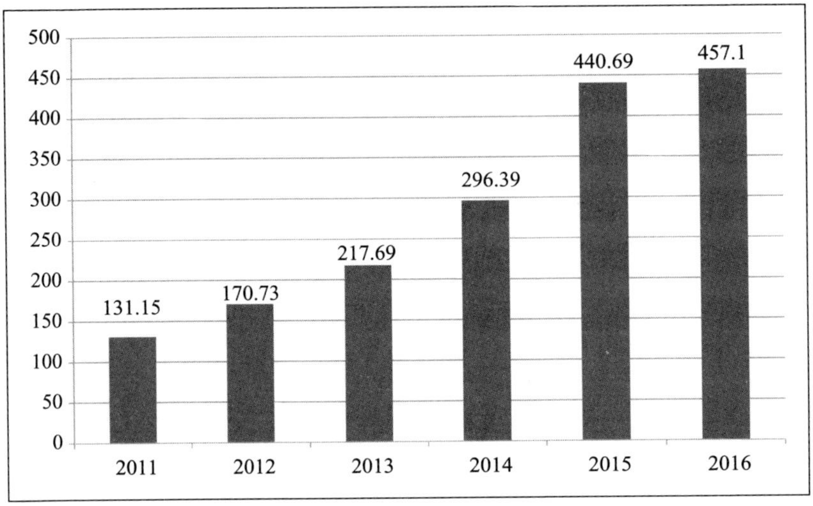

图 1.10：2011—2016 年我国电影总票房（单位：亿元）

数据来源：国家新闻出版广电总局。

文化需求不断增长，促进了文化产业的快速发展。2016 年全国文化产业增加值为 30785 亿元，同比增长 13.0%，超过 GDP 增速；占 GDP 的比重达到 4.14%，比 2015 年提高了 0.17 个百分点，文化产业在国民经济中的重要性不断提升（见图 1.11）。

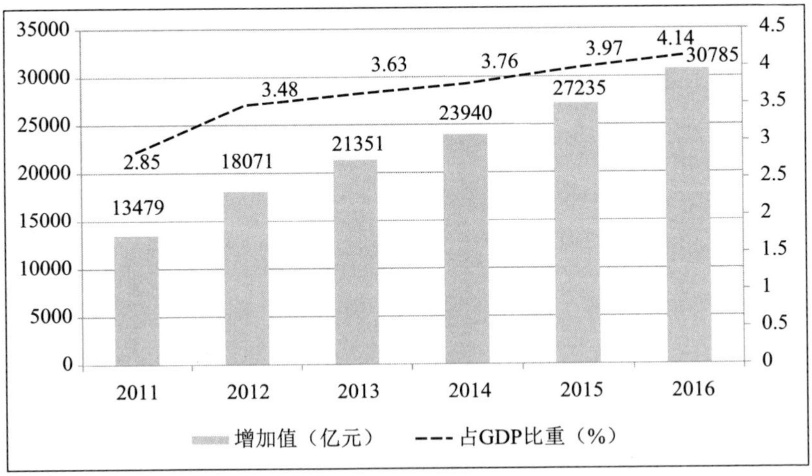

图 1.11：2011—2016 年我国文化及相关产业增加值及占 GDP 比重

数据来源：根据历年《中国文化及相关产业统计年鉴》相关数据整理得出。

三、新型需求全面快速增长

改革开放之初，经济发展水平落后，全社会的生活需求高度一致，即在需求上表现为“单一型社会”。由此导致产业发展上的特殊现象，即某一产品突然面临大量的需求，导致了爆发式增长；在需求满足后又突然面临全产业的过剩。这在我国工业化进程中表现比较明显。近年来，随着我国城乡居民需求结构升级和偏好多元化，新型消费需求快速增长。我国产业发展形态也呈现出与以往明显不同的特点。

1. 消费需求日益多元化

改革开放以来，我国经济发展水平不断提高，消费者的消费行为发生较大变化。主要表现为消费个性化、多元化趋势明显，消费不仅成为满足人们需求的工具，也开始成为社会交往和社会分化的工具。即使是传统消费，也逐渐向个性化、高端化转型。

中改院课题组的研究测算表明，1981—2012 年，我国城镇居民消费多元化指数[①]呈现明显上升态势。1981 年仅为 1.40，2000 年则超过 1.8，这几年维持在 1.85 左右。消费需求多元化的趋势在农村居民领域也同样存在。1980 年农村居民消费多元化指数为 1.26，到 2014 年超过 1.80[②]。

---

① 消费多元化指数$D=\sum_{i=1}^{n} s_i \ln\frac{1}{s_i}$。其中，$s_i$ 为各商品门类的消费份额。随着收入的不断增长，居民消费中必需品份额将逐步下降，而发展型消费份额将逐步扩大，从而产生消费多元化现象。当某种商品消费份额达到 100% 时，D 取值 0，即消费多元化指数为零；当各种商品被平均消费时，即$s_i=\frac{1}{n}$时，这种情况的 D 达到最大 ln(*n*)。按我国现行的居民消费八类分法，D 的极值就是 ln8=2.08，这意味着，距离 2.08 越近，居民消费就越均衡、越多元。

② 中改院课题组. 推进消费主导的经济转型——我国经济增长方式转变的路径研究 [R]. 2014-04.

2. 体验式需求不断增长

消费者越来越注重心理、情感上的体验，体验式消费逐渐日常化。以线上休闲娱乐为例，2016 年，线上 O2O 平台休闲娱乐人均消费达到 232 元，人均消费频次达到 3.21 次[①]，体验式消费已然成为日常消费者生活的一部分，我国居民消费行为已从“必需品消费”向“体验式消费”转变。

3. 个性化需求不断增长

当前，追求个性成为青年一代的主要需求。在移动互联网迅猛发展的今天，青年一代“随时在线”，可以通过多种途径迅速接收各类资讯，获取信息的方便快捷使他们更加独立自主，消费时头脑也更加清醒，希望一切“按需提供”。有趣、有意义、体现个人品位的个性需求成为年轻一代的主要需求和选择标准。

对于一般消费者来说，大众化的商品更多满足基本需求，个性化的表达更多通过私人定制等方式来得到满足。例如，组件式的“DIY”自由行成为新风尚。以“飞猪”为例，门票订购、接送机服务、一日游、Wi-Fi 等自由行相关产品消费增长迅速，为消费者提供更丰富的定制体验。再如，由于人们对家居产品的功能性、色彩、设计性、空间利用率等多方面需求更加多样化，人们对家居产品的个性化需求也越发明显，定制家居市场规模不断扩大。到 2020 年，定制家居市场空间有望超过 8000 亿元，向万亿大关冲击[②]。

---

① 第一财经商业数据中心. 2016 中国互联网消费生态大数据报告 [R]. 2016.

② 联邦大数据定制抢占万亿家具定制市场，拭目以待 [N]. 南方日报，2017-06-28.

第二节　转向高质量发展的突出挑战

发展的根本目的在于满足全社会的需求。新时代推动高质量的发展，从本质上说，就是能够不断适应并满足人民群众日益增长的美好生活需求的发展，就是坚持以人民为中心的发展，就是坚持改革创新的发展。这就需要抓住当前我国发展中面临的突出矛盾，按照党的十九大报告提出的要求，加快政策与体制创新，转向高质量发展。

专栏 1.6

高质量发展的要求

中国特色社会主义进入了新时代，我国经济发展也进入了新时代，基本特征就是我国经济已由高速增长阶段转向高质量发展阶段。推动高质量发展，是保持经济持续健康发展的必然要求，是适应我国社会主要矛盾变化和全面建成小康社会、全面建设社会主义现代化国家的必然要求，是遵循经济规律发展的必然要求。推动高质量发展是当前和今后一个时期确定发展思路、制定经济政策、实施宏观调控的根本要求，必须加快形成推动高质量发展的指标体系、政策体系、标准体系、统计体系、绩效评价、政绩考核，创建和完善制度环境，推动我国经济在实现高质量发展上不断取得新进展。

资料来源：2017 中央经济工作会议新闻稿全文发布 [EB/OL]. 新华网，2017-12-18.

一、供求失衡的挑战

我国进入新时代，经济发展的突出的主要矛盾不再是总量小，而是发展质量与全社会发展需求不相适应的矛盾。转向高质量发展，既包括高质量需求，也包括高质量供给。

1. 抓住社会主要矛盾变化这条主线

（1）需求侧的历史性变化。改革开放以来，我国在较短的时间内解决了十几亿人的温饱问题，提前总体上实现小康，并且不久将全面建成小康社会。在这个快速发展进程中，人民生活水平不断提高。1979—2015 年，城镇居民人均可支配收入和农村居民人均纯收入年均增长分别为 7.4% 和 7.6%①。站在新的历史起点上，人民美好生活的需要日益广泛，不仅对物质文化生活提出了更高要求，而且在民主、法治、公平、正义、安全、环境等方面的需求日益增长。这表明，我国经济发展的需求侧发生了历史性变化，“人民日益增长的物质文化需要”有了一个时代性的提升。

（2）供给侧的历史性变化。经过 40 年的发展，我国社会生产力水平总体上显著提高，2017 年经济总量达到 82.7 万亿元人民币，社会生产能力在很多方面进入世界前列，已经成为世界第二大经济体、最大货物出口国、第二大货物进口国、第二大对外直接投资国、最大外汇储备国、最大旅游市场。在产业体系上，我国已经建立了完整的工业体系，技术水平逐步提高。过去几年，我国涌现了一批具有标志性意义的重大科技成果，包括载人航天、探月工程、量子通信、射电望远镜、载人深潜、超级计算机等。也就是说，在发展的供给侧，“落后的社会生产”这一矛盾得到明显改变。

（3）我国社会主要矛盾的变化。党的十九大报告明确提出，“中国特色社会主义进入新时代，我国社会主要矛盾已经转化为人民日益增长的美好生活需要和不平衡不充分的发展之间的矛盾”。这个判断符合我国发展的客观事实。

专栏 1.7

党的八大以来的社会主要矛盾判断

1956 年党的八大指出：我们国内的主要矛盾，已经是人民对于建立先进的工业国的要求同落后的农业国的现实之间的矛盾，已经是人民对于经济文化迅速发展的需要同当

① 国家统计局. 2017 中国统计摘要 [M]. 北京：中国统计出版社，2017.5.

前经济文化不能满足人民需要的状况之间的矛盾。八大后，由于各种原因，国内主要矛盾实质上被界定为阶级斗争。

1978 年，党的十一届三中全会实现了历史转折，反映在对社会主要矛盾的认识上，就是重回八大的有关表述。

1981 年，党的十一届六中全会通过的《关于建国以来党的若干历史问题的决议》，对我国社会主要矛盾作了规范表述："在社会主义改造基本完成以后，我国所要解决的主要矛盾，是人民日益增长的物质文化需要同落后的社会生产之间的矛盾。"

资料来源：中国社会主要矛盾表述 36 年来首变 [EB/OL]. 央广网，2017-10-18.

2. 把握社会主要矛盾变化的时代背景

（1）新矛盾和旧矛盾所处的历史节点不同。"人民日益增长的物质文化需要同落后的社会生产之间的矛盾"的提出，是在社会主义改造基本完成以后，社会主义现代化建设刚刚起步之时；新的社会主要矛盾的提出，则正处在改革开放和社会主义现代化建设取得历史性成就、我国从大国走向强国的关键节点。

（2）生产力发展的阶段性特征不同。从"落后的社会生产"到新时代"不平衡不充分的发展"，意味着我国的社会生产力在总体上跨越了落后阶段，呈现出了不平衡、不充分的发展状态。

（3）解决新主要矛盾，重在保障人有尊严的生活需要。新的主要矛盾的提出是基于不断增长的多样化、多层次的人民需要所作出的判断，更加具体、全面地设立了新的发展目标，使发展的目标从维系人民群众的基本生活品质拓展为实现人民群众美好生活的愿望与向往，指向于使人民拥有全方位的获得感。

3. 集中体现在供给不能有效满足需求

（1）供给不充分，难以满足城乡居民不断增长的公共服务需求。近年来，义务教育、公共卫生与基本医疗、基本社会保障、公共就业服务、基本住房保障、环境保护、公共安全等公共产品短缺的矛盾日益突出，这不仅是新阶段经济矛盾的重要表现，也是新阶段社会矛盾的聚焦点。

比如，服务供给短缺成为全社会关注的重大问题。仅以养老床位为例，尽管近年来我国各类养老机构快速发展，床位明显增长，但与市场需求量仍有差距。2017 年，我国 60 岁及以上人口已达到 2.4 亿人，占总人口的 17.3%①。预计到 2055 年，这一比例将达到 35%。按照"百名老人 5 张床位"的国际标准计算，我国养老床位还有巨大的缺口。以环境为例，人民群众对美好环境和生态产品的需要日益增长，与生态环境不断恶化的矛盾十分尖锐。当前，大气、水、土壤污染挑战十分严峻。2017 年全国 338 个地级以上城市，空气质量达标的仅占四分之一②。

（2）供给不平衡，距离惠及近 14 亿人的发展还有较大的差距。经过 40 年的改革开放，我国经济社会发展取得令世人瞩目的巨大成就，但由于分配制度不够完善等多方面的原因，我国在发展成果惠及全民方面还有较大的改进空间。突出反映在城乡之间、地域之间、行业之间的收入差距仍然较大，人民群众对协调发展、均衡发展诉求不断增长。以收入差距为例：

——基尼系数虽呈下降趋势，但仍超过国际贫富差距警戒线。2006—2016 年，我国居民收入基尼系数从 0.487 下降到 0.465③，呈下降趋势，但仍然高于国际公认的 0.4 贫富差距警戒线。

——贫富差距拉大。全国居民处于收入水平前 20% 的群体，人均可支配收入由 2006 年的 19730 元上涨至 2016 年的 59259 元，而同期其他群体的人均可支配收入则由 5049 元升至 17836 元，这一数字尚不及前 20% 收入水平居民群体 2006 年的水准④（见图 1.12）。从增速上看，自 2014 年以来，中低收入群体的人均可支配收入增速放缓，且低于全国居民人均可支配收入的平均增速；但

① 国家统计局．2017 年经济稳中向好 好于预期 [EB/OL]．国家统计局网，2018-01-18.

② 李伟．推动中国经济稳步迈向高质量发展——在第九届中国经济前瞻论坛上的主旨演讲 [N]．中国经济时报，2018-01-13.

③ 统计局：2016 年基尼系数为 0.465 较 2015 年有所上升 [EB/OL]．中国新闻网，2017-01-20.

④ 消费巨轮面前的中产危机：能花的钱没有想象中那么多 [N]．时代周报，2018-01-07.

城镇中等以上收入群体人均可支配的收入增速则加快（见表 1.5），这成为导致收入差距扩大的因素之一。

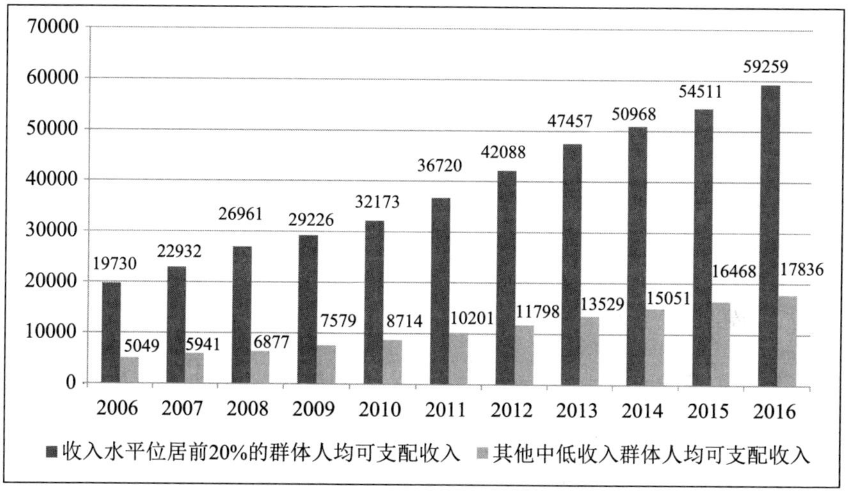

图 1.12：2006—2016 年高、低收入群体人均可支配收入（单位：元）

数据来源：中国统计年鉴（2007—2017）。

表 1.5：2014—2016 年不同收入分组人均可支配收入增速（单位：%）

年份	全国居民	高收入户（20%）	中等偏上户（20%）	中等收入户（20%）	中等偏下户（20%）	低收入户（20%）
2014	10.1	7.4	10.6	12.3	12.7	7.8
2015	8.9	7.0	9.3	9.6	9.2	10.0
2016	8.4	8.0	8.7	8.3	8.4	5.9

数据来源：国家统计局．中国统计年鉴 2017[M]．北京：中国统计出版社，2017.10.

——城乡居民收入差距逐步缩小，但仍然较大。2013—2017 年，我国城乡居民人均可支配收入分别从 26467 元、9429.6 元[①] 增长到 36396 元、13432 元[②]，城乡居民收入差距从 2.81 倍缩小到 2.71 倍（见表 1.6）。

---

① 国家统计局．中国统计年鉴 2017[M]．北京：中国统计出版社，2017.10.

② 国家统计局．2017 年经济运行稳中向好 好于预期 [EB/OL]．国家统计局网，2018-01-18.

表 1.6：2013—2017 年城乡居民可支配收入（单位：元）

年份 地区	2013	2014	2015	2016	2017
全国	18310.8	20167.1	21966.2	23821.0	25974.0
城镇居民	26467.0	28843.9	31194.8	33616.2	36396.0
农村居民	9429.6	10488.9	11421.7	12363.4	13432.0
城乡差距	2.81	2.75	2.73	2.72	2.71

数据来源：国家统计局．中国统计年鉴 2017[M]．北京：中国统计出版社，2017.10；国家统计局．2017 年经济运行稳中向好、好于预期 [EB/OL]．国家统计局网，2018-01-18.

——地区间居民收入差距明显。按东中西部及东北地区分，居民可支配收入差距明显。2016 年，东部地区居民人均可支配收入是中部地区居民的 1.53 倍，是西部地区居民的 1.67 倍，是东北地区的 1.37 倍[①]（见表 1.7）。

表 1.7：2013—2016 年全国居民人均可支配收入（单位：元）

年份 地区	2013	2014	2015	2016
东部地区	23658.4	25954.0	28223.3	30654.7
中部地区	15263.9	16867.7	18442.1	20006.2
西部地区	13919.0	15376.1	16868.1	18406.8
东北地区	17893.1	19604.4	21008.4	22351.5

数据来源：国家统计局．中国统计年鉴 2017[M]．北京：中国统计出版社，2017.10.

——行业收入差距大。长期以来，金融行业工资水平始终排在各行业门类首位。直到 2016 年，随着我国互联网经济的加速发展，信息传输、软件和信息技术服务业平均工资水平才首次超过金融业，排名于各行业首位，达到 122478 元。农、林、牧、渔业平均工资长期以来处于最低水平，2016 年仅为信息传输、软件和信息技术服务业的 27.44%[②]（见表 1.8）。

① 根据《中国统计年鉴 2017》数据计算得出。

② 根据《中国统计年鉴 2017》数据计算得出。

表 1.8：2010—2016 年部分行业平均工资水平（单位：元）

行业/年份	农、林、牧、渔业	批发和零售业	住宿和餐饮业	信息传输、软件和信息技术服务业	金融业	科学研究和技术服务业
2010	16717	33635	23382	64436	70146	56376
2011	19469	40654	27486	70918	81109	64252
2012	22687	46340	31267	80510	89743	69254
2013	25820	50308	34044	90915	99653	76602
2014	28356	55838	37264	100845	108273	82259
2015	31947	60328	40806	112042	114777	89410
2016	33612	65061	43382	122478	117418	96638

数据来源：国家统计局．中国统计年鉴 2017[M]．北京：中国统计出版社，2017.10.

二、供给体系不适应的挑战

党的十九大报告指出，“带领人民创造美好生活，是我们党始终不渝的奋斗目标。必须始终把人民利益摆在至高无上的地位，让改革发展成果更多更公平地惠及全体人民，朝着实现全体人民共同富裕不断迈进”。实现高质量发展，首先要不断满足人民日益增长的美好生活需要。所有的发展，最终都要落实到全体社会成员的发展上。这既是高质量发展的基本出发点，也是高质量发展的根本落脚点。

1. 高质量发展重在回应民生关切

经济发展质量高不高，关键看老百姓的获得感强不强。转向高质量发展，要摒弃以往对经济增长速度的盲目追求，要坚持问题导向，从解决好人民群众最关心最直接最现实的利益问题做起，多谋民生之利，多解民生之忧，在增强群众获得感上谋实效，不断增进人民群众的获得感、幸福感。比如，当前，“择校热”、“大班额”、医疗、就业、养老、住房、污染防治、个人信息安全等民生问题凸显，严重影响了人民群众的幸福感。近年来，北京、上海、广州天价学区房现象屡见不鲜，严重挫伤了人民群众的幸福感。人们对学区房趋之若鹜，凸显了教育资源分布严重不均和优质教育服务供给不足的问题。要实现高质量发展，就要积极主动回应人民群众关切，注重解决突出的民生问题。

专栏 1.8

共享发展的四大内涵

共享发展理念，其内涵主要有 4 个方面。

（1）共享是全民共享。这是就共享的覆盖面而言的。共享发展是人人享有、各得其所，不是少数人共享、一部分人共享。

（2）共享是全面共享。这是就共享的内容而言的。共享发展就要共享国家经济、政治、文化、社会、生态各方面建设成果，全面保障人民在各方面的合法权益。

（3）共享是共建共享。这是就共享的实现途径而言的。共建才能共享，共建的过程也是共享的过程。要充分发扬民主，广泛汇聚民智，最大激发民力，形成人人参与、人人尽力、人人都有成就感的生动局面。

（4）共享是渐进共享。这是就共享发展的推进进程而言的。一口吃不成胖子，共享发展必将有一个从低级到高级、从不均衡到均衡的过程，即使达到很高的水平也会有差别。我们要立足国情、立足经济社会发展水平来思考设计共享政策，既不裹足不前、铢施两较、该花的钱也不花，也不好高骛远、寅吃卯粮、口惠而实不至。这 4 个方面是相互贯通的，要整体理解和把握。

资料来源：深入理解新发展理念——习近平在省部级主要领导干部学习贯彻党的十八届五中全会精神专题研讨班上讲话 [N]．人民日报，2016-05-10.

2. 加快优化供给体系质量

（1）技术水平不断提高。目前，我国拥有全球门类最齐全的产业体系和配套网络，其中 220 多种工业品产量居世界第一。但许多产品仍处在价值链的中低端，部分关键技术环节仍然受制于人。高质量的供给体系，就是要提高商品和服务的供给质量，更好满足日益提升、日益丰富的需求，跟上城乡居民消费的升级步伐。

（2）产业结构不断升级。由资源密集型、劳动密集型产业为主向技术密集型、知识密集型产业为主转变。比如，生产性服务业占比的逐步提高，将对国民经济运行及产业结构升级带来深刻影响。推动制造业逐步从“微笑曲线”的底端向两端升级，增加我国在全球生产价值链中的重要性。从这个角度看，我国不是不要制造业，而是要以生产性服务业带动制造业转型升级。

（3）产品质量不断改进。在产品结构上，主要以由低技术含量、低附加值产品向高技术含量、高附加值产品转变。比如，在产品质量上，国产工业产品要加快摆脱“山寨货”的标签，成为具有自主国际知名品牌的“大国工匠”之作。

（4）产出效益不断增长。在经济效益上，由高成本、低效益向低成本、高效益的方向转变。比如，过去几年，我国创新型国家建设取得重要进展。2017年，我国创新指数名列全球第22位，比2012年提高12位，在中等收入国家中排名首位，大幅领先其他金砖国家[①]。创新成为我国发展的主要动力，并且在某些领域从模仿性、跟随型技术创新走向原发性技术创新。创新的不断突破，使得我国将加快改变要素投入型的增长，更多地转向效率型增长，经济效益将有明显改善。

（5）绿色发展水平不断提高。在生态环境上，由高排放、高污染向绿色型、生态型经济转变。比如，随着产业结构的调整，山青、水绿、天蓝的原生态自然得到了极大恢复。

3. 深化供给侧结构性改革

（1）以供给侧结构性改革为主线。面对主要矛盾变化，要找准问题的关键点。我国主要不是需求不足，而是需求发生了变化，但是供给结构与质量却不适应。有效供给能力不足带来大量“需求外溢”，消费能力严重外流。解决这些结构性问题，必须推进供给侧结构性改革[②]。转向高质量发展，关键在于构建实现供求动态平衡的供给体系。这就需要深化供给侧结构性改革，破解“有需求、

① 国家统计局. 新理念引领新常态 新实践谱写新篇章——党的十八大以来经济社会发展成就系列之一 [EB/OL]. 国家统计局网，2017-06-16.

② 深入理解新发展理念——习近平在省部级主要领导干部学习贯彻党的十八届五中全会精神专题研讨班上讲话 [N]. 人民日报，2016-05-10.

缺供给”的矛盾，满足人民对美好生活的需要，不断提升产品与服务的供给水平，持续释放巨大内需增长潜力。

（2）供给侧结构性改革内涵进一步提升。过去几年，以“三去一降一补”为主要抓手的供给侧结构性改革取得了显著进展。2017 年，钢铁、煤炭去产能任务圆满完成，全国工业产能利用率为 77.0%，创 5 年新高；商品房库存水平持续下降，2017 年末商品房待售面积比 2016 年末减少 10616 万平方米；工业企业杠杆率不断降低，截至 2017 年 11 月末规模以上工业企业资产负债率为 55.8%，比 2016 年同期下降 0.5 个百分点；企业成本继续下降，2017 年 1—11 月规模以上工业企业每百元主营业务收入中的成本为 85.26 元，比 2016 年同期减少 0.28 元[①]。在这个基础上，党的十九大报告对深化供给侧结构性改革作出重大部署。除了继续强调“三去一降一补”等做“减法”和“除法”外，更加重视推进产业结构的调整，强调做“加法”和“乘法”。包括发展先进制造业、提升传统产业，保护企业家精神以及建设一支知识型、技能型、创新型的劳动者大军。

专栏 1.9

供给侧结构性改革的加减乘除

——“加法”是指补齐短板，扩大要素供给，发展新兴产业，提高经济增长质量与效益。培育经济增长新动力，拓展经济发展新空间，增加人口供给、提升全员素质、提升创新能力、增加公共产品供给、加强政策制度协调性，为经济增长提供支撑。

——“减法”主要是指政府简政放权、企业清除过剩产能、社会为企业降低成本，给企业松绑，给企业减负，激发微观经济活力。

——“乘法”是指以创新发展理念，挖掘经济发展新动力，开拓新空间，创造新产业，培育经济增长的“乘数因子”，以新产业的“几何式增长”推动经济发展。例如，发挥“大众创业、万众创新”和“互联网 +”的乘数效应，新产业高速增长助力经济发展。

——“除法”主要是指清除产能过剩、清除经济发展路上的“拦路虎”，为中国经济战车顺利前行扫清障碍。

① 宁吉喆. 钢铁煤炭去产能任务完成 工业产能利用率创 5 年新高 [EB/OL]. 新华网，2018-01-18.

供给侧改革是一项系统工程，需要统筹兼顾，政府和市场协调与配合，同时做好四则混合运算。所谓“供给侧改革”，就是从供给、生产端入手，通过解放生产力，提升竞争力促进经济发展。

资料来源：习近平关于供给侧改革的“四则运算”[EB/OL]. 中国干部学习网，2015-12-25.

（3）深化供给侧结构性改革是一场硬仗。习近平总书记在2016年初省部级主要领导干部学习贯彻党的十八届五中全会精神专题研讨班上明确指出，“供给侧结构性改革，重点是解放和发展社会生产力，用改革的办法推进结构调整，减少无效和低端供给，扩大有效和中高端供给，增强供给结构对需求变化的适应性和灵活性，提高全要素生产率”。供给侧结构性改革是贯彻始终的一条主线，其实质是结构性改革和结构性调整，是促进供需关系动态均衡的根本保障。从实际情况看，深化供给侧结构性改革是一场攻坚战，既要把供给侧结构性改革贯穿于经济转型升级的全过程，又要在短期内实现重大突破。

三、发展理念的挑战

理念是行动的先导，发展实践是由一定的发展理念所引领的。党的十九大报告指出，要“坚定不移贯彻新发展理念，坚决端正发展观念、转变发展方式，发展质量和效益不断提升”。高质量发展，就是要按照新发展理念的要求，构建新时代发展需要的政策与体制的发展。

1. 不同发展阶段需要不同的发展理念

不同的发展阶段，发展目标必然发生变化，发展环境必然发生改变，发展条件也必然发生变化，这就需要由不同的发展理念来引导。

专栏 1.10

第二次世界大战后发展理念的变迁：从GDP到人的发展

“二战”后最初30年关于发展的讨论集中于物质财富的积累，把经济增长视为发展的目标。人们分析了发达国家和传统社会经济增长的模式，提出了各种各样加快经济增长的建议，但基本前提都是把经济增长和发展混为一谈。人均GDP被广泛视为衡量一个国家发展水平的关键指标，经济增长快的国家被认为比经济增长较慢的国家更成功。

20世纪80年代，人们对发展的理解开始发生变化。越来越多的案例表明，经济增长与社会福利关键指标之间存在着复杂的关系。人们认识到，尽管经济增长是发展的重要前提，但只是达到目标的一个手段，而不是发展的最终目的。严格区分经济增长与经济增长带来的人民生活的改善是人类发展理念的核心。把高收入等同于高发展水平开始遭到质疑。只有在用于提高人们的可行能力、使他们过上充实的生活、享受健康和良好教育、从充分发挥个人能力的就业中获得尊严、享有个人选择和追求个人目标的自由时，经济增长才算真正达到目的。

资料来源：联合国开发计划署，中国（海南）改革发展研究院．惠及13亿人的基本公共服务：2007/08中国人类发展报告[M]．北京：中国对外翻译出版公司，中国出版集团公司，2008.11.

从新中国成立到1966年，我们形成赶超式为主的发展理念；1966—1976年的“文革”期间，形成以阶级斗争为纲的判断与实践；1978年至党的十八大，形成以经济增长为主的发展理念；党的十八大以来，逐步形成五大发展新理念[①]。中央提出新的发展理念，就是在努力破解我国经济社会生活中的突出矛盾。党的十九大报告在总结过去5年历史性成就时，把新发展理念的提出和落实作为重要一步，即：“坚定不移贯彻新发展理念，坚决端正发展观念、转变发展方式，发展质量和效益不断提升。”

2. 以新发展理念引领新时代的高质量发展

新发展理念是一次新的思想解放。中改院课题组在湖南、合肥等地调研中发现，越来越多的干部认为，未来3~5年是我国经济转型的关键时期，传统的经济增长方式难以支撑当前发展需要，必须尽快培育新经济、释放新动力。例如，安徽省合肥市过去几年保持较快增长，在很大程度上得益于以京东方、科

① 赵振华．我国发展理念的演变与创新[J]．人民论坛，2016（16）．

大讯飞为代表的一批创新型企业快速发展[①]。

过去5年，我国之所以取得全方位、开创性的成就，实现深层次、根本性的变革，关键在于提出并且加快贯彻落实新发展理念，为科学指引我国发展实践注入新的思想动力。这不仅是对原有思维定式和路径依赖的大胆突破，更是一场从体制机制到工作方法的全方位变革。

3. 加快形成新发展理念的政策与体制

（1）增长主义的发展模式不可持续。在特定历史条件下，我国经济发展形成了“投资主导、政府主导、竞争性地方政府”这种“三位一体”的经济增长方式。尤其是在地方层面，形成了以做大GDP总量为导向、以地方财政收入增长和干部考核为约束的激励机制、以行政干预和行政推动为主要手段的增长主义的发展模式[②]。应当说，增长主义在特定的历史阶段，对扩大经济总量、解决物质产品短缺发挥了重要的作用。但是，随着全社会需求结构的变化，增长主义已经逐步演变为地方层面的经济总量竞争，并成为经济风险的重要来源。

专栏 1.11

增长主义

“增长主义”的特点：把增长等同于发展、代替发展，把增长作为政府最重要的价值追求、职能定位和行为准则。

“增长主义”政府的特点：以GDP为中心目标；以土地批租和上重化工项目为主要内容；以扩大投资规模为主要任务；以行政控制为主要手段，形成并增大了经济社会发展中的不平衡、不协调、不可持续的矛盾和问题。更多依靠短期政策工具刺激经济增长，忽视中长期目标的实现；重经济增长，轻社会发展，人为地加大和形成了社会矛盾和社会风险，消费主导型的经济增长方式难以实现。

资料来源：迟福林．改变“增长主义”政府倾向 [J]．行政管理改革，2012（08）.

---

① 中改院课题组．经济转型升级与新经济发展 [R]．2017-08.

② 迟福林．改变“增长主义”政府倾向 [J]．行政管理改革，2012（08）.

（2）加快构建有利于新发展理念的政策与体制。

——加快理顺中央地方财税关系，减轻地方政府的增长“焦虑”。其重点是加快构建地方主体税种，形成地方稳定财源，减少地方对地方债、土地出让等的高度依赖，使地方政府把更多的精力用于高质量发展而不是高速增长。

——推进税制结构转型，着力提高直接税比重。例如，开征房地产税并且明确为地方税种，可以使地方发展与地方的服务直接挂钩，形成“激励相容”。

——强化产权保护，鼓励市场主体创新创业。通过产权保护的制度化和法治化，释放广大社会资本的活力。

——改革干部考核机制，形成新发展理念的衡量体系。正如2017年底召开的中央经济工作会议提出的，“必须加快形成推动高质量发展的指标体系、政策体系、标准体系、统计体系、绩效评价、政绩考核，创建和完善制度环境，推动我国经济在实现高质量发展上不断取得新进展”。

第三节　转向高质量发展的动力变革

我国是在经济发展比较落后的背景下开启改革开放进程的，客观上要求把较高的增长速度和经济总量的扩大作为重要目标，以缓解全社会的物质产品短缺。为此，我国形成了一系列的政策、制度、体制框架。这具有特定的历史合理性。随着我国进入发展新时代，发展的环境、总量、结构都发生明显变化。转向高质量发展，就是适应和不断满足人民日益增长的对美好生活需要的发展。实现新时代高质量发展的目标，需要从变化的国际国内发展环境出发，重构高质量发展的动力体系。

表 1.9：高速增长阶段与高质量发展新阶段的比较

	高速增长阶段	高质量发展新阶段
社会主要矛盾	人民日益增长的物质文化需要同落后的社会生产之间的矛盾	人民日益增长的美好生活需要和不平衡不充分的发展之间的矛盾
发展目标	追求 GDP 高速增长，扩大经济总量	满足人民对美好生活的向往
发展方式	投资主导型，投资成为拉动经济增长的主要力量	消费主导型，消费成为经济发展的基础性力量
经济结构	工业主导，处于产业链低端	服务业主导，进入到产业链中高端
发展环境	资环环境消耗型	资源环境友好型
增长动力	传统要素投入	创新驱动，大数据等新型要素投入
生产形式	大规模工业化生产	个性化生产、定制化生产逐步增多
发展途径	非均衡发展，城乡二元结构	均衡发展，城乡融合发展
要素配置	政府主导型	市场决定型

一、从要素驱动转向创新驱动

转向高质量发展，要求尽快转变要素驱动型的增长方式，降低对资源要素的依赖，更多地依靠技术进步、创新驱动，着力提升全要素生产率，形成高质量发展的坚实保障。

1. 创新成为引领发展的第一动力

（1）生产率的提升是经济发展的根本动力。如果生产率长期徘徊不前甚至倒退，往往带来巨大的危机。亚洲金融危机爆发前，经济学家克鲁格曼认为，东亚的经济增长主要是依靠大规模的资本积累和密集的劳动力投入，没有真正的知识进步和技术创新，缺乏有效的制度支持。这种增长模式不能带来经济的持续增长[①]。4 年之后，亚洲金融危机爆发，克鲁格曼的观点得到了印证。

（2）创新是高质量发展的第一动力。随着我国经济发展水平的提升以及跟随型技术进步的积累，目前我国在相当多的领域已经进入到“无人区”，我国新

① （美）保罗·克鲁格曼．萧条经济学的回归 [M]．北京：中国人民大学出版社，1999.8.

时代全要素生产率的提升，将越来越多地依赖于自主创新。加快创新驱动，已经成为新阶段高质量发展的第一选择。有研究表明，如果“十三五”期间全要素生产率年均增长 1 个百分点，那么年均潜在增长率将提高 0.99 个百分点[①]。换句话说，全要素生产率的提高，基本可以全部转化为潜在增长率。

（3）高质量发展重在提高全要素生产率。实现创新发展，直接表现为投入产出效率即投入产出效率和经济效益不断提高。提高全要素生产率，通常有四种途径：一是通过技术进步实现全要素生产率的提高；二是通过结构调整提升宏观层面的技术效率；三是通过生产要素的重新组合实现配置效率的提高；四是以制度创新进一步释放体制优化、规模效应、组织管理改善等无形要素推动全要素生产率的提升（见专栏 1.12）。在过去 40 年的发展中，我国全要素生产率的提升主要来源于要素配置效率的提升和结构的改善，技术进步的因素还没有充分释放出来。

专栏 1.12

提高全要素生产率的途径

（1）技术进步。它代表先进生产技术的生产前沿面整体向外移动，需要指出的是，不同发展阶段的经济体，面对不同的生产前沿面。对于发达经济体来说，对应的是全球的生产前沿面；对于发展中国家来说，对应的是本国范围内最有效率的生产前沿面。如果微观层面的企业努力将生产活动向既定最优技术方向靠近，就能带来技术效率的提升和全要素生产率增长。

（2）结构调整。宏观层面技术效率的整体提升可以通过结构转换来实现。在产业层面，结构转换就是将资源要素更多配置到劳动生产率水平较高的部门；在企业之间，则是不断提高生产率水平较高的企业的规模和份额。

（3）配置效率。对于给定产出来说，往往可以通过不同的投入组合来实现。不同的投入组合在技术上都可能实现最优，但所花费的成本则存在较大差异。比如，要素从效率低的农村地区流向效率高的城市地区，在要素总量不变的情况下，提高了配置效率，从而提升了全要素生产率。

① 蔡昉．全要素生产率是新常态经济增长动力 [N]．北京日报，2015-11-23.

（4）制度创新。在同样的资源禀赋下，制度创新的能力决定了全要素生产率提升的水平。适应趋势的制度创新，将进一步释放出新的要素（如大数据），形成全方位创新的探索，明显加大创新成功的可能性，由此提升全要素生产率。

资料来源：罗庆朗．以全要素生产率引领经济新常态 [EB/OL]．光明网，2016-05-16；李平，娄峰．"供给侧结构性改革"与中国潜在经济增长率分析 [J]．中国经济学人，2017（07）．

2．以创新驱动消除要素投入型增长中的隐患

（1）长期依赖要素投入，全要素生产率下降成为突出挑战。改革开放后，我国经济增长中全要素生产率的贡献明显，但近 10 年来，我国全要素生产率的增长出现了较为明显的减速。有研究指出，我国全要素生产率的增长速度从 1995—2009 年的 3.9% 下降到了 2011—2015 年的 3.1%，预计 2016—2020 年将下降到 2.7%①。中国社科院的一项调查显示，1979—1985 年，我国全要素生产率对经济的贡献率是 19.6%，2001—2005 年的贡献率达到 56.1%，2011—2015 年，我国全要素生产率对经济的贡献率下降到 44.9%②。从全要素生产率的结构看，目前我国全要素生产率的增长对 GDP 增长率的贡献依然较低，全要素生产率的提高更多依赖于规模效率和配置效率，技术进步对经济增长的推动作用有限，经济增长方式仍然以要素投入为主的粗放型增长。全要素生产率的持续下降，意味着我国潜在经济增速的放缓，也表明我国中长期增长面临着动力减弱的挑战。

（2）过度依赖要素投入，投资产出率下降成为突出挑战。投资是增长的重要力量，但长期依赖投资，很容易带来投资产出率的下降。以增量资本产出率衡量，国际上一般以 3 作为增量资本产出率的临界值。1982 年我国增量资本产出率为 2.81，意味着增加 1 元的 GDP 需要 2.81 元的投资，此后这一指标有所波动，但大都在 3 以下；但到 2014 年时，名义增量资本产出率飙升到 10 以上的历史高值（见图 1.13）。这表明，要保持同样的增长速度，需要更多的投资。

① 蔡昉．从全要素生产率看中国经济面临的挑战 [N]．中国经济时报，2016-01-11．

② 2016 年中国劳动生产率增长 6.4% 创新驱动步伐需加快 [N]．21 世纪经济报道，2017-03-01．

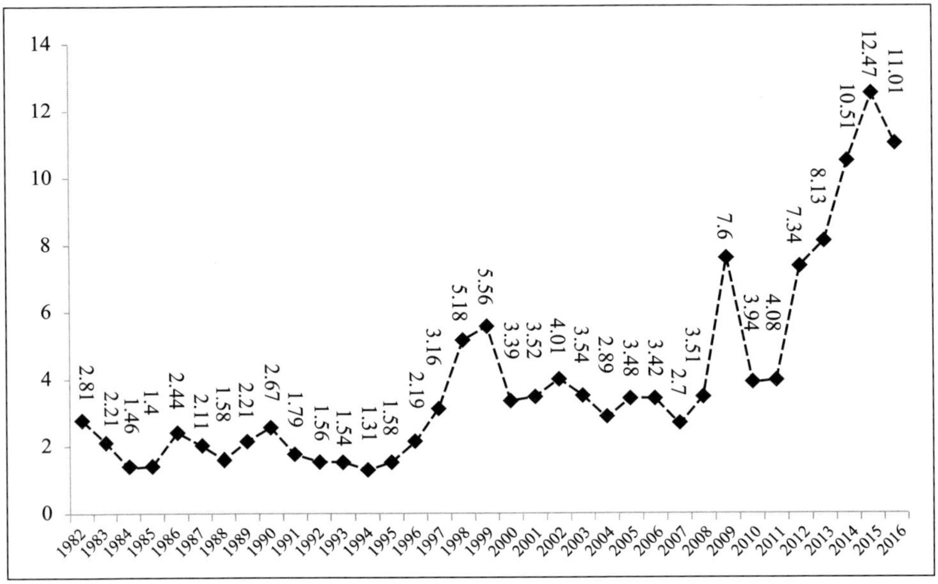

图 1.13：1982—2016 年我国增量资本产出率

数据来源：国家统计局．2017 中国统计摘要 [M]．北京：中国统计出版社，2017.5.

注：GDP 增量与增量资本产出率（ICOR）由中改院课题组测算。ICOR= 投资增加量 /GDP 增加量。

（3）以创新消除投资主导型增长的隐患。如果仍然坚持以要素投入为主的增长方式，将带来一系列风险与挑战。比如，要保持较快的增长速度，需要越来越多的固定资产投资，这就倒逼地方政府通过各种方式来筹集资金。PPP 变异成为地方融资平台，就是在这个背景下发生的。再如，继续保持要素投入的增长方式，我国的资源环境将会日益严峻。为此，需要加快经济增长模式向创新驱动转变，加快发展先进制造业、服务业，用信息化带动工业化。

3．形成创新驱动的新格局

（1）创新驱动的指标明显改善。过去几年，我国研发经费投入保持较快增长，研发经费仅次于美国，居于世界第二，但研发投入强度与发达国家 3% 左右的水平还有较大差距，基础研究占比与发达国家 15% 左右的水平也有不小的距离。2015 年，我国研发支出占 GDP 的比重为 2.07%，低于美国的 2.8%，日本的 3.3%，法国的 2.2% 和德国的 2.9%（见表 1.10）。这就需要进一步提高研发强度，缩小与发达国家研发支出的差距。

国际上普遍认可的创新型国家，科技创新对经济发展的贡献率一般在 70% 以上，研发投入占 GDP 的比重超过 2%，技术对外依存度低于 20%[①]。2016 年国务院发布的《国家创新驱动发展战略纲要》提出，到 2020 年我国进入创新型国家行列；到 2030 年跻身创新型国家前列；到 2050 年建成世界科技创新强国的“三步走”目标[②]。

表 1.10：1995—2015 年研发支出占 GDP 比重的国际比较（单位：%）

国家 / 年份	中 国	美 国	日 本	法 国	德 国
1995	0.57	2.4	2.92	2.29	2.13
1996	0.56	2.44	2.81	2.27	2.14
1997	0.64	2.47	2.87	2.19	2.18
1998	0.65	2.50	3.00	2.14	2.21
1999	0.75	2.54	3.02	2.16	2.33
2000	0.89	2.62	3.04	2.15	2.39
2001	0.94	2.64	3.12	2.20	2.39
2002	1.06	2.55	3.17	2.23	2.42
2003	1.12	2.55	3.20	2.17	2.46
2004	1.21	2.49	3.17	2.15	2.42
2005	1.31	2.51	3.32	2.10	2.42
2006	1.37	2.55	3.41	2.11	2.46
2007	1.37	2.63	3.46	2.08	2.45
2008	1.44	2.77	3.47	2.12	2.60
2009	1.66	2.82	3.36	2.26	2.73
2010	1.71	2.74	3.25	2.25	2.71
2011	1.78	2.76	3.38	2.25	2.8
2012	1.91	2.70	3.34	2.29	2.87

① 中国企业创新表现日趋活跃 [N]. 中国企业报，2017-06-12.

② 中共中央、国务院. 国家创新驱动发展战略纲要 [EB/OL]. 新华网，2016-05-19.

续　表

国家/年份	中　国	美　国	日　本	法　国	德　国
2013	1.99	2.74	3.48	2.23	2.83
2014	2.02	2.76	3.59	2.26	2.90
2015	2.07	2.79	3.29	2.20	2.90

数据来源：国家统计局．中国科技统计年鉴 2016[M]．北京：中国统计出版社，2017.11；国家知识产权局．全球创新指数报告 2017[R]．2017-06.

（2）提升自主创新能力。在研发类型上，我国基础研究比重偏低。2015 年，我国基础研究、应用研究和试验发展经费支出所占比重分别为 5.1%、10.8% 和 84.1%。基础研究占研发费用的比重比 2014 年提高了 0.4 个百分点，但与发达国家相比仍有较大差距。例如，瑞士基础研究经费支出 2012 年就达到了 30.4%；法国、意大利超过 20%（见表 1.11）。为此，我国应对标世界创新大国，推进自主创新，在重点领域、关键技术上取得原始创新和集成创新的重大突破，努力使我国尽快赶上技术前沿。

表 1.11：研发经费支出类型国际比较（单位：%）

国家	年份	基础研究	应用研究	试验发展
中国	2015	5.1	10.8	84.1
澳大利亚	2008	20.1	38.7	41.2
奥地利	2011	19.0	35.1	45.9
捷克	2012	30.0	36.3	33.7
丹麦	2012	18.3	27.6	54.1
法国	2012	24.2	37.4	38.4
意大利	2012	25.3	48.9	25.8
日本	2013	12.6	20.9	66.5
韩国	2013	18.0	19.1	62.9
瑞士	2012	30.4	40.7	28.9
英国	2012	15.5	47.0	37.5
美国	2013	17.6	19.9	62.5

数据来源：国家统计局．中国科技统计年鉴 2016[M]．北京：中国统计出版社，2016.11.

（3）推进以企业为主体的科技创新。我国企业研发强度与发达国家还存在明显差距。欧盟对2017年全球2500家大型企业在2016年的研发支出情况进行了排名，排名前100位的企业中，美国企业有36家，日本企业有14家，德国企业有13家，中国企业仅有7家。综观全球，欧美发达国家许多前沿科技研发大多由企业先行探索或主导。例如，在空间技术领域，实现火箭回收和再利用技术突破的新星是美国企业Space X公司。借鉴国际经验，我国需要尽快建立科技创新资源合理流动的体制机制。比如，进一步确立企业的主体地位，让企业成为技术需求选择、技术项目确定、技术创新投入和创新成果产业化的主体。

二、从投资拉动转向消费拉动

进入新时代，高质量的发展过程也是近14亿人消费大市场的形成过程。从现实情况看，以投资为主导的增长，往往随着投资增速的波动而发生剧烈波动；而以消费为主导的增长往往相对平稳。新时代转向高质量发展，需要加快从投资拉动增长向以消费驱动为主导的转变。

1. 需求增长与消费不足的结构性矛盾突出

（1）消费快速升级与“消费外流”并存。我国的消费结构正在快速升级，但消费供给短缺的现象比较明显。消费旺盛与产能过剩并存，消费外流与消费不足并存，成为当前我国面临的突出问题。例如，出国购物的人均支出全球第一，旅游贸易逆差不断扩大（见图1.14）；同时我国在相当多的领域又存在产能过剩。根据英国《金融时报》旗下的《投资参考》测算，2017年我国游客在出境游期间的总支出达到2.3万亿元人民币（约合3500亿美元），我国消费者买下了全世界70%的奢侈品[①]。

① 研究称今年中国人出境游支出将达2.3万亿元[EB/OL]. 央广网，2017-08-12.

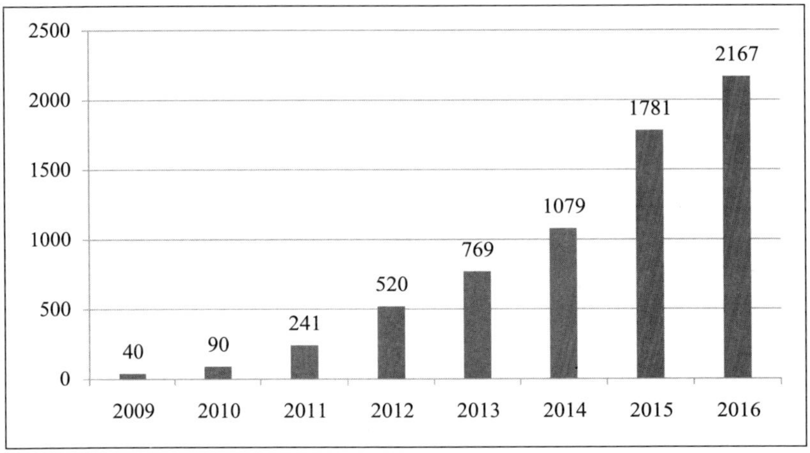

图 1.14：2009—2016 年我国旅游贸易逆差（单位：亿美元）

数据来源：国家外汇管理局. 2017 年上半年中国国际收支报告 [R]. 2017-10.

（2）消费快速升级与消费抑制并存。突出表现在人口城镇化滞后于规模城镇化造成的潜在消费需求难以释放。有研究指出，受流动人口难以融入务工所在地因素影响，我国有支付能力的消费需求损失达到 31609 亿元，高达当年全社会消费品零售额的 9.51%；造成 2016 年国民收入的损失高达 2870 亿元人民币，相当于当年 GDP 的 0.386%；人口城镇化滞后导致国民收入损失累积达到 10.58 万亿元人民币，为 2016 年 GDP 的 14.22%①。

2. 发挥消费在增长中的推动性作用

（1）到 2020 年消费率达到 60% 以上。我国转向高质量发展，降低经济增长的波动，需要不断提升最终消费率。到 2020 年，最终消费率提高到 60% 以上，其中，居民消费率提高到 50% 左右，使消费成为稳定经济增长的内生动力。

① 周天勇. 消费需求不足型经济下行的成因及其治理的供给侧方案——新供给经济学理论与政策的一种逻辑框架 [J]. 宏观经济研究. 2017（12）.

表 1.12：2010—2016 年我国最终消费率及居民消费率（单位：%）

年份	2010	2011	2012	2013	2014	2015	2016
最终消费率	48.5	49.6	50.1	50.3	50.7	51.8	53.6
居民消费率	35.6	36.3	36.7	36.8	37.5	38.0	39.2

数据来源：国家统计局．中国统计年鉴 2017[M]．北京：中国统计出版社，2017.10.

（2）逐步缩小公共消费差距。现代市场经济条件并不追求也不能保证个人在所有产品和服务上的消费平等，但要确保基本公共产品的消费公平，避免因公共消费不公导致个人发展能力和发展机会的不平等。这就要求调整公共财政结构。建议到 2020 年，用于教育、医疗卫生、社保就业、保障性住房四项基本公共服务的支出占国家财政总支出的比重由 2016 年的 37% 提高到 50% 左右，在 GDP 的比重中由 9.35% 提高到 12%；将财政用于城乡个人基本公共服务支出水平的差距控制在 40% 以内。

（3）消费对经济增长的贡献率稳定在 60% 左右。近年来，消费对经济增长的贡献更加突出。2017 年最终消费支出对经济增长的贡献率达到 58.8%，比资本形成的贡献率高出 28.7 个百分点[①]。在发展新时代，消费对经济增长的贡献率要保持在 60% 左右，使消费成为拉动经济的重要力量。

3．发挥消费对投资转型的引领作用

（1）以消费升级培育和形成新的投资热点。消费是引领投资的最终力量，中高端消费会引导新的经济增长点，巨大的市场需求会吸引企业自发进入。消费升级也将引导企业进行技术创新、产业升级，从高度同质化的低端市场转向差异化明显的中高端市场，并且最终形成具有国际竞争力的一流产业和一流企业。同时，消费升级会推动传统产业改造转型，许多传统行业在中高端消费的引导下也可以焕发出新的生机。例如，在新思维、新业态、新模式的助推下，

① 国家统计局局长就 2017 年国民经济运行情况答记者问 [EB/OL]．国家统计局，2018-01-18.

传统行业也能成为新经济增长点。

（2）以消费升级引领投资结构调整。比如，适应公共需求不断升级的趋势，需要加大公共投资力度。目前，在教育、卫生、文化、社会保障等社会领域的公共性投资不断加大，但尚不到位。未来几年的投资需要按照需求结构变化的趋势，加大以教育、医疗、保障性住房等为重点的公共性投资。如果单靠政府投资，不通过市场化改革启动社会和民间投资，很难实现中高速增长的目标。因此，面对欧美市场的萎缩，要有效地保增长，财政投资要优先考虑能够拉动社会投资的项目，发挥财政资金在拉动社会投资中的杠杆作用，尤其要避免出现财政投资对民间投资的挤出效应。

（3）适应消费升级的趋势，提升投资效率。当前消费的个性化、定制化特征明显，传统大规模的投资方式面临挑战。这就需要适应消费需求升级的趋势，优化投资方式，促进投资与消费的动态平衡。在公益性领域中，注重政府投资的撬动作用，更加注重发挥市场作用，采取合同外包、政府采购、公共服务券、特许经营等方式鼓励社会力量参与，明显提升投资效率 。

三、从不均衡发展转向均衡发展

随着我国经济发展水平的提升，不均衡的发展所导致的矛盾与问题逐步积累，形成了高质量发展的掣肘。从不均衡发展走向均衡发展，不仅是新时代协调发展的基本要求，也是转向高质量发展阶段的客观要求和必然趋势。

1. 不均衡掣肘新发展动力的释放

（1）不均衡发展在特定发展阶段发挥了重要作用。以区域发展为例，一方面，在不均衡的发展战略下，一些政策、资源、要素集中于少数地区，使少数地区率先发展，有助于打破低发展水平的陷阱；另一方面，这些先行发展起来的地区所积累的经验，成为其他地区发展的重要参考，其溢出的资源和产业的渐次转移，成为其他地区发展的重要动力。这成为我国独特的“雁行模式”，从而形成了具有自生能力的产业结构。

再以城乡发展为例，过去40年，我国总体上遵循了二元经济结构的发展路径，资源要素不断从农村流出，进入到城市中。这客观上促进城镇化的大发展。

（2）不均衡发展成为新阶段高质量发展的突出挑战。不均衡发展到一定程度后，不可避免地制约新发展动力。区域发展差距过大，难以释放中西部的发展潜力；城乡发展差距过大，难以释放乡村发展潜力；收入分配差距过大，直接制约潜在消费需求的释放，也制约有效投资。比如，北京大学发布的《中国民生发展报告2016》指出，2014年我国家庭财产基尼系数达到0.7，顶端1%的家庭拥有全国总财产的29.7%，顶端5%的家庭拥有财产比例达到46.6%，顶端10%的家庭拥有财产比例达到57.7%；而底端50%的家庭拥有财产比例仅为8.1%，底端25%的家庭财产拥有比例不到1%[①]。这样的收入分配格局不可避免地制约消费潜力的释放。

再如，过去几年我国城乡居民收入差距开始缩小，但这在很大程度上是因为农民工的工资增长带来城乡收入差距缩小。2013—2016年，城乡居民四大收入中，只有工资性收入缩小最快，其他三个差距缩小的贡献率相对较小（见表1.13）。如果能够实现四大收入差距同步缩小，将明显缩小城乡收入差距，推进城乡协调发展。

表1.13：2013—2016年城乡收入差距（单位：元）

指标	年份	2013	2014	2015	2016
可支配收入	城市居民	26467	28843.9	31194.8	33616.2
	农村居民	9429.6	10488.9	11421.7	12363.4
	城乡收入比（农村=1）	2.81∶1	2.75∶1	2.73∶1	2.72∶1
工资性收入	城市居民	16617.4	17936.8	19337.1	20665
	农村居民	3652.5	4152.2	4600.3	5021.8
	城乡收入比（农村=1）	4.55∶1	4.32∶1	4.20∶1	4.12∶1

① 谢宇，张晓波，李建新，涂平，任强．中国民生发展报告2016[M]．北京：北京大学出版社，2017.1.

续 表

指标 \ 年份		2013	2014	2015	2016
经营净收入	城市居民	2975.3	3279.0	3476.1	3770.1
	农村居民	3934.8	4237.4	4503.6	4741.3
	城乡收入比（农村 =1）	0.76 : 1	0.77 : 1	0.77 : 1	0.80 : 1
财产净收入	城市居民	2551.5	2812.1	3041.9	3271.3
	农村居民	194.7	222.1	251.5	272.1
	城乡收入比（农村 =1）	13.10 : 1	12.66 : 1	12.10 : 1	12.02 : 1
转移净收入	城市居民	4322.8	4815.9	5339.7	5909.8
	农村居民	1647.5	1877.2	2066.3	2328.2
	城乡收入比（农村 =1）	2.62 : 1	2.57 : 1	2.58 : 1	2.54 : 1

数据来源：国家统计局. 中国统计年鉴 2017[M]. 北京：中国统计出版社，2017.10.

2. 以均衡发展释放新的发展动力

经济是一个有机体，各方面需要协调共进。如果出现失衡，很容易产生各种问题。因此，经济结构的趋向平衡协调，是高质量的重要基础。当前，我国面临产业结构、城乡结构、区域结构、需求结构、投入结构、分配结构等多方面的挑战。

比如，在城乡发展上，如果农村发展的潜力得到有效释放，将为我国经济增长注入一股强大的新动能。党的十八大以来，我国城镇化率年均提高 1.2 个百分点，8000 多万农业转移人口成为城镇居民①，这对农业、农村和农民的发展是一个重大利好。如果乡村振兴、城乡融合能够有效推进，城乡实现均衡发展，将带来巨大的投资和消费潜力。

3. 以均衡发展带动高质量发展

均衡发展带动高质量发展，关键在于形成均衡发展的政策导向和绩效考评

① 实现历史性变革 迈向高质量发展 [EB/OL]. 新华网，2017-12-17.

体系，以全面有效反映经济发展质量的各个关键维度和重要领域。这就决定了在发展中不仅要看速度，还要关注经济增长对带动就业、促进创业、推动民生事业发展、保护生态环境等方面的拉动作用。

在城乡融合发展上，按照市场经济发展的要求，明晰所有权，放活经营权，落实处置权，建立归属清楚、权责明确、保护严格、流转顺畅的产权关系。

在区域协调发展上，要充分发挥市场机制作用，加快建立全国统一、开放、竞争有序的市场体系；同时，完善发达地区对欠发达地区的对口支援政策，加强教育、科技、人才等帮扶力度，创新帮扶方式，增强欠发达地区内生发展能力，促进对口支援从单方受益为主向双方受益深化。

Striving for More

Robust Drivers

第二章

经济转型升级
决定高质量发展进程

我国正处于经济转型升级的历史关节点。产业结构从工业主导向服务业主导转型升级，消费结构从物质型消费向服务型消费升级，城乡结构从规模城镇化向人口城镇化升级，开放结构从以货物贸易为主向以服务贸易为重点升级。经济转型升级蕴藏着巨大的增长潜力，是我国转向高质量发展的最大“底气”。关键在于以动力变革加快经济转型升级进程，夯实高质量发展的基础。

我国发展进入新时代，发展的潜力、空间和动力都发生明显变化。与其他国家相比，我国最大的优势在于，近14亿人的大国正处于经济转型升级阶段，有着巨大的转型升级空间和巨大的增长潜力。抓住经济转型升级的历史性趋势，顺势而为，主动作为，就能奠定转向高质量发展的坚实基础。

第一节　产业结构升级的新趋势

我国正处于产业结构转型升级的关节点。从各国发展历程看，随着工业化的推进，从工业主导向服务业主导的升级是一个客观趋势。当前，我国总体进入工业化后期，产业升级站在历史新起点。

一、我国进入工业化后期

进入新世纪以来，我国在产业结构上最大的变化是服务业的快速发展，成为拉动经济增长的重要动力。总的来看，我国已经进入工业化后期，开始呈现出向后工业化过渡的部分特征。

1. 服务业呈现快速发展态势

（1）服务业规模不断扩大，跃升为国民经济第一大产业。过去几年，我国服务业快速发展，在国民经济中的比重持续上升。2012 年，第三产业占比和第二产业持平，均为 45.3%。此后服务业占比快速提升，2016 年我国服务业增加值达到 38.4 万亿元，与 2012 年相比年均实际增长 8.0%，比 GDP 和第二产业增加值年均增速分别高出 0.8 个和 1.1 个百分点。2016 年，服务业在国民经济中的比重上升到 51.6%，超出第二产业 11.8 个百分点，成为国民经济的第一大产业。

（2）服务业成为新增投资的重点领域。数据显示，2013—2016 年，服务业累计新登记注册企业 1283 万家，年均增长 31.5%。2016 年，服务业新登记注册企业达到 446 万家，平均每天新增 1.2 万家，占全部新登记注册企业总数的比重达到 80.7%。2016 年服务业实际使用外资 5716 亿元，比 2015 年增长 8.3%，占实际使用外资的比重为 70.3%，比 2012 年提高了 22.1 个百分点[①]。其中，信息咨询服务业、计算机应用服务业、综合技术服务业、分销服务业和零售业实际使用外资同比分别增长 59.8%、112.8%、66.4%、42.9% 和 83.1%。另外，高技术服务业是吸引外资的重点领域，实际使用外资增长 86.1%[②]。

（3）服务业成为拉动经济增长的重要动力。2015 年，服务业对经济增长的贡献率首次超过第二产业并突破 50%，达到 52.9%。2012—2016 年，服务业对国内生产总值的贡献率从 44.9% 增长到 58.2%，提高了 13.3 个百分点（见表 2.1）。

表 2.1：1990—2016 年三次产业对经济增长的贡献率（单位：%）

年份	第一产业	第二产业	第三产业	年份	第一产业	第二产业	第三产业
1990	40.2	39.8	20.0	2004	7.3	51.8	40.8
1991	6.8	61.1	32.2	2005	5.2	50.5	44.3
1992	8.1	63.2	28.7	2006	4.4	49.7	45.9

① 服务业擎起半壁江山 新兴服务业蓬勃发展——党的十八大以来经济社会发展成就系列之十五 [EB/OL]. 国家统计局网，2017-07-25.

② 许剑毅. 2016 年我国服务业持续快速增长 [EB/OL]. 人民网，2017-01-22.

续 表

年份	第一产业	第二产业	第三产业	年份	第一产业	第二产业	第三产业
1993	7.6	64.4	28.0	2007	2.7	50.1	47.3
1994	6.3	66.3	27.4	2008	5.2	48.6	46.2
1995	8.7	62.8	28.5	2009	4.0	52.3	43.7
1996	9.3	62.2	28.5	2010	3.6	57.4	39.0
1997	6.5	59.1	34.5	2011	4.2	52.0	43.8
1998	7.2	59.7	33.0	2012	5.2	49.9	44.9
1999	5.6	56.9	37.4	2013	4.3	48.5	47.2
2000	4.1	59.6	36.2	2014	4.7	47.8	47.5
2001	4.6	46.4	49.0	2015	4.6	42.4	52.9
2002	4.1	49.4	46.5	2016	4.4	37.4	58.2
2003	3.1	57.9	39.0				

数据来源：国家统计局．2017 中国统计摘要 [M]．北京：中国统计出版社，2017.5.

2．制造业呈现转型的新态势

（1）第二产业规模不断上升，但占比逐步下降。2011 年我国第二产业增加值规模为 22.7 万亿元，到 2016 年上升为 29.6 万亿元；然而，在占比上，从 2011 年的 46.4% 下降到 2016 年的 39.8%。这是第二产业占比首次低于 40%。

（2）工业增长态势趋缓。工业作为经济增长的主要驱动力，近年来呈现出增速趋缓、结构趋优的新特征。1992 年工业增加值增速为 21%，2016 年这一数值下降至 6.0%，下降了 15 个百分点（见图 2.1）。2017 年全国规模以上工业增加值增速约为 6.5%，是 2010 年以来首次增长加速①。在工业行业生产能力方面，33 种主要工业产品产量中，有 20 种主要工业产品产量达到高峰并呈下降趋势，占总数的 60.6%②。在工业部门就业吸纳能力上，2012 年第二产业就业人数为 23241 万人，达到历史最高值，占全国就业比重也达到高峰（30.3%）。此后，就业人数及占比不断下降，2016 年第二产业就业人数已经下降到 22350 万

① 工业增加值增速约 6.5% 实现 2010 年来首次增长加速 [N]．人民日报，2017-12-26.

② 国家统计局．2017 中国统计摘要 [M]．北京：中国统计出版社，2017.5.

人，比 2012 年减少了 891 万人，占全国就业比重降至 28.8%[①]。此外，工业增加值占 GDP 比重也呈现出逐年下降的态势。1978 年我国工业增加值占 GDP 比重为 44.1%，随后逐年下降，到 2016 年降至 33.3%[②]（见图 2.2）。

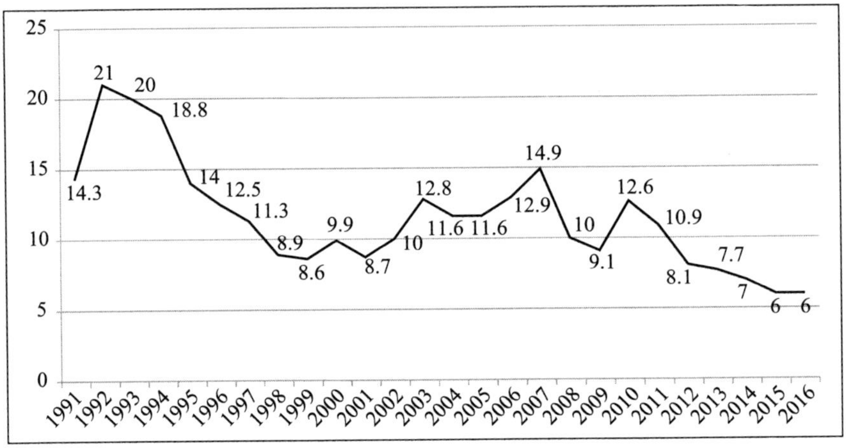

图 2.1：1991—2016 年我国工业增速（单位：%）

数据来源：国家统计局. 2017 中国统计摘要 [M]. 北京：中国统计出版社，2017.5.

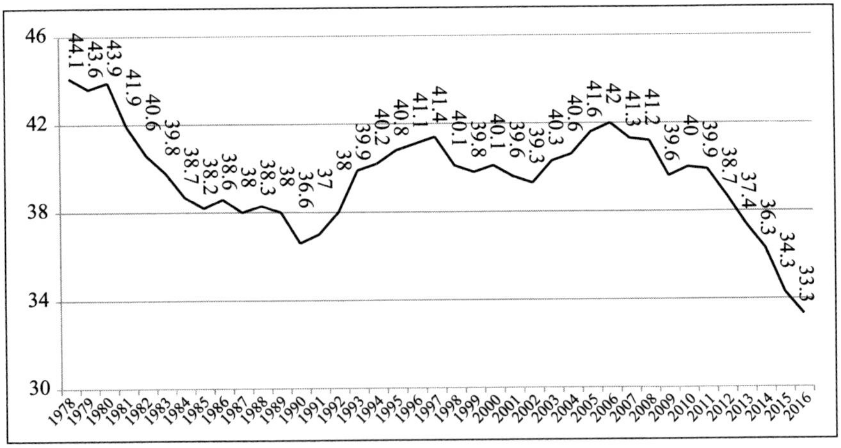

图 2.2：1978—2016 年我国工业增加值占 GDP 比重（单位：%）

数据来源：国家统计局. 2017 中国统计摘要 [M]. 北京：中国统计出版社，2017.5.

① 国家统计局. 2017 中国统计摘要 [M]. 北京：中国统计出版社，2017.5.

② 国家统计局. 2017 中国统计摘要 [M]. 北京：中国统计出版社，2017.5.

（3）制造业研发水平逐步提升。改革开放40年来，我国制造业发展迅速，成为“世界大工厂”。2010年我国制造业增加值占世界制造业比重为18.6%①，超过美国（17.4%）成为全球制造业第一大国。此后我国制造业规模继续壮大。与此同时，制造业的技术水平日益提升。2016年规模以上工业企业研发支出达到1.09万亿元，是2008年的3.6倍，高技术制造业研发支出比2015年增长11%，比制造业平均水平高1.4个百分点②。

3. 我国进入到工业化后期

尽管各方对我国发展阶段的具体判断不同，但大部分研究认为我国总体上进入到工业化后期。

表2.2：工业化不同阶段的判断标准

基本指标	前工业化阶段	工业化初期	工业化中期	工业化后期	后工业化阶段
1. 人均GDP（经济发展水平）					
（1）2004年美元	720~1440	1440~2880	2880~5760	5760~10810	10810以上
（2）2010年美元	827~1654	1654~3308	3308~6615	6615~12398	12398以上
（3）2014年美元	889~1778	1778~3557	3557~7112	7112~13910	13910以上
2. 三次产业占比（产业结构）	A>I	A>20%，A<I	A<20%，I>S	A<10%，I>S	A<10%，I<S
3. 制造业增加值占总商品增加值比重（工业结构）	20%以下	20%~40%	40%~50%	50%~60%	60%以上
4. 城镇化率（空间结构）	30%以下	30%~50%	50%~60%	60%~75%	75%以上
5. 第一产业就业占比（就业结构）	60%以上	45%~60%	30%~45%	10%~30%	10%以下

注：A为农业占比，I为工业占比，S为服务业占比。

---

① 工业经济保持稳定增长 新动能引领结构调整——党的十八大以来经济社会发展成就系列之五[EB/OL]. 国家统计局网，2017-07-04.

② 我国研发投入再创新高[N]. 人民日报，2017-12-11.

表 2.3：2015 年我国工业化阶段的判断

指标			权重 (%)	工业化指数	工业化综合指数	工业化阶段判断
人均 GDP [汇率－平价法，2014 年美元]		11273.1	36	82	83.42	工业化后期
产业增加值占比（%）	第一产业	8.9	22	100		
	第二产业	40.9				
	第三产业	50.2				
制造业增加值占比 (%)		57.6	22	91		
城镇化率 (%)		56.1	12	53		
产业就业比 (%)	第一产业	28.3	8	69		
	第二产业	29.3				
	第三产业	42.4				

注：从经济发展水平、产业结构、工业结构、空间结构、就业结构五个方面构建工业化进程的评价体系，并通过计算工业化水平综合指数衡量工业化水平。工业化水平综合指数为 0，则表明处在前工业化时期，1~33 为工业化前期阶段，34~66 为工业化中期阶段，67~99 为工业化后期阶段，100 及以上为后工业化阶段。

从表 2.3 看，我国总体上进入工业化后期。当然，由于各地发展水平不一，其工业化水平也存在较大差异。初步分析，2015 年，我国有 3 个地区进入后工业化阶段，分别是上海、北京、天津；处于工业化后期的省市最多，有 16 个[①]；还有 12 个省份处于工业化中期[②]。

二、从工业主导向服务业主导的转型升级

我国进入工业化后期与全球新一轮科技革命呈现历史性交汇。一方面，制造业转型升级对发展生产性服务业的依赖性全面增强；另一方面，消费升级与城镇化提速，对发展现代服务业的需求日益迫切。在这个大背景下，服务业主

① 处于工业化后期的省份包括：浙江、江苏、广东、辽宁、福建、重庆、山东、内蒙古、吉林、湖北、河北、江西、湖南、陕西、安徽、河南。

② 处于工业化中期的省份包括：四川、青海、宁夏、黑龙江、广西、山西、贵州、云南、甘肃、海南、新疆、西藏。

导的产业结构转型将成为不可逆转的趋势。

1. 工业化后期的客观规律

进入工业化后期，经济转型升级的一个基本趋势是从工业经济向服务经济转变，形成服务业主导的新格局。一方面，我国生产性服务业比重较低，2016年生产性服务业占第三产业的比重仅为50%左右，占GDP的比重仅为25.75%；而高端制造业发展比较好的国家，如美国和德国的信息、设计、研发、物流、销售等生产性服务业占GDP比重大多在50%左右。另一方面，生产性服务结构亟须调整和优化。传统生产性服务业比重过高，科研技术、商务服务业等生产性服务业比重明显偏低。比如，金融业占服务业比重超过15%，高于美国9%左右的水平；租赁和商务服务、科研技术服务和地质勘察业占比仅为9%左右，远低于美国17%的水平①。

2. 制造业与生产性服务业深度融合的趋势

从过去几年的实践看，第四次工业革命与我国转型升级交汇融合的特点突出，开启了以智能生产、创新驱动、数字集成、共享经济等为核心特征的新范式，物联网、云计算、大数据等先进技术取代传统制造系统，并逐步成为未来工业生产的基础。从产业结构看，未来与服务业毫无关联的制造业企业会越来越少，把制造融入到服务中的企业将具备更强的竞争力。以汽车工业为例，人工智能和大数据技术正成为汽车产业变革的重要推动力量，谁掌握了大数据，谁就掌握了汽车工业竞争的主动权。谷歌是一个互联网企业，但由于其导航技术精准，而成为无人驾驶汽车制造领域的领先者。

---

① 北京大学中国国民经济核算与经济增长研究中心. 中国经济增长报告2017：新常态下的增长动力及其转换[R]. 2017.

3. 中高端生活性服务业发展的趋势

城乡居民需求结构的不断升级，对中高端生活性服务业提出了迫切需求。旅游、体育、养老、教育、医疗保健等生活性服务业呈现快速发展趋势。以居民生活服务业[①]为例，据测算，2015 年居民生活服务业营业收入已超过 5.2 万亿元，比 2014 年增长 12.6%，高于国内生产总值增速[②]。生活性服务业也呈现与数字经济紧密结合的趋势。2012—2016 年，生活服务 O2O 交易规模从 761 亿元增长到 7291 亿元（见图 2.3），年均增速超过 70%。未来几年居民生活性服务业营业收入如果保持年均 12% 的增速，2020 年将达到 9.2 万亿元[③]，而且将呈现出更多新业态。

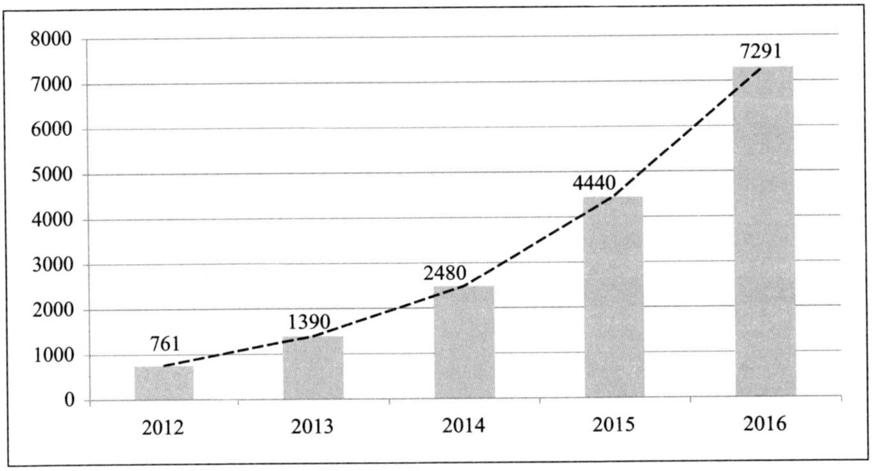

图 2.3：2012—2016 年生活服务 O2O 总体交易规模（单位：亿元）

数据来源：中国电子商务研究中心. 2016 年本地生活服务 O2O 白皮书 [R]. 2017-02-07.

① 《居民生活服务业发展“十三五”规划》提出，居民生活服务业主要包括餐饮、住宿、家政、洗染、沐浴、美容美发、家电维修、人像摄影等行业。

② 商务部关于印发《居民生活服务业发展“十三五”规划》的通知 [EB/OL]. 商务部网，2017-01-04.

③ 商务部关于印发《居民生活服务业发展“十三五”规划》的通知 [EB/OL]. 商务部网，2017-01-04.

三、2020：基本形成服务业主导的产业结构

近年来，服务业在国民经济中的地位全面提升，并成为拉动经济增长的主要引擎和产业结构转型升级的重要驱动力。到 2020 年，我国将基本形成服务业主导的产业结构。

1. 服务业规模超过 50 万亿元

2001—2016 年，扣除价格因素后我国服务业年均增长 10.1%，实际增长 8% 左右（见表 2.4）。如果未来几年保持 8% 的实际增长，到 2020 年我国服务业规模将达到 52 万亿元左右，在 2016 年的基础上将扩大 14 万亿元。

表 2.4：2001—2016 年我国服务业发展情况

年份	服务业增加值（万亿元）	服务业增加值占比（%）
2001	45700.0	41.2
2002	51421.7	42.2
2003	57754.4	42.0
2004	66648.9	41.2
2005	77427.8	41.3
2006	91759.7	41.8
2007	115810.7	42.9
2008	136805.8	42.8
2009	154747.9	44.3
2010	182038.0	44.1
2011	216098.6	44.2
2012	244821.9	45.3
2013	277959.3	46.7
2014	308058.6	47.8
2015	346149.7	50.2
2016	384220.5	51.6
2001—2016 年均增长（%）	10.1	—

数据来源：国家统计局．中国统计年鉴 2017[M]．北京：中国统计出版社，2017.10.

2．服务业占比达到 55%

保守预计，未来 3 年我国 GDP 保持年均 6.2% 的实际增长，到 2020 年我国 GDP 将达到 95 万亿元人民币左右。由此估算，2020 年我国服务业占比有望达到 55% 左右，这意味着 2017—2020 年我国服务业还有 3~4 个点的增长空间。2020 年服务业比重若能达到 55% 左右，意味着我国已接近中上等收入国家服务业占比的水平（见表 2.5）。

表 2.5：2000—2016 年服务业增加值占 GDP 比重国际比较（单位：%）

年份	中国	中低收入国家	中高收入国家	高收入国家	美国	世界
2000	39.8	46.3	50.6	70.3	75.7	64.3
2001	41.2	47.3	51.9	71.4	76.7	65.3
2002	42.2	47.9	52.4	72.1	77.7	65.9
2003	42.0	48.3	52.1	72.2	77.4	65.9
2004	41.2	48.3	51.2	72.1	77.0	65.5
2005	41.3	48.8	51.2	72.1	76.9	65.7
2006	41.8	49.0	51.7	71.9	76.6	65.7
2007	42.9	49.3	52.5	71.9	76.8	66.0
2008	42.8	49.2	52.3	72.4	77.2	66.3
2009	44.3	50.1	54.5	74.1	78.7	68.1
2010	44.1	51.6	53.7	73.4	78.4	67.5
2011	44.2	49.2	53.8	73.2	78.0	67.3
2012	45.3	50.1	54.8	73.5	78.2	67.8
2013	46.7	50.9	55.8	73.6	77.9	68.1
2014	47.8	51.8	56.7	73.9	78.0	68.5
2015	50.2	—	58.3	—	78.9	69
2016	51.6	53.6	59.0	—	—	—

资料来源：国家统计局．2017 中国统计摘要 [M]．北京：中国统计出版社，2017.5；世界银行数据库。

3．服务业结构明显优化

（1）生产性服务业比重提升。一个国家是否是工业强国，既要考虑有多大的生产能力，更要考虑是否具有强大的工业生产服务能力。我国目前是制造大国，但还不是制造强国，突出表现在生产性服务业发展还比较滞后。尽管我国已经进入工业化后期，但同发达国家相比，我国生产性服务业在服务业中所占的比例偏低。未来 5 年，随着技术研发的不断深入，我国生产性服务业占 GDP 的比重将逐步提升，到 2020 年有望达到 30%~40%。这是工业转型升级的内在要求和必由之路。

（2）生活性服务业提质增效。目前，我国生活性服务业提质增效的特征较为明显。伴随居民消费结构升级、专业化分工程度深化、新技术的突破和信息化的推进，我国生活性服务业领域涌现出了一批快速发展的新兴行业和新兴业态，具有代表性的有网络零售、快递、移动电子商务、跨境电子商务、在线旅游、在线教育等。

第二节　消费结构升级的新趋势

随着我国居民收入水平的不断提高，城乡居民的物质型消费需求基本得到满足，服务型消费需求正在快速增长。消费结构升级蕴含了巨大的消费潜力，不但成为经济增长的突出优势，而且成为经济转型升级的内在动力。到 2020 年，我国将初步形成以服务型消费需求为主的消费新结构，服务型消费将成为经济增长的新引擎。

一、我国进入“消费新时代”

经过 40 年改革开放，我国发展取得了巨大进步。生存型需求、物质型需求得到很大程度的满足，全社会对人自身发展的需求明显增长。

专栏 2.1

生存型社会与发展型社会

中国30年经济的持续快速增长对中国人类发展的巨大进步作出突出贡献。中国已开始由生存型社会进入发展型社会的新阶段。生存型社会发展的主要目标之一是解决温饱问题，进入发展型社会，尽管经济发展水平还有待提高，但多数人的温饱得到初步解决，发展的目标开始逐步聚焦于人自身的发展。

资料来源:联合国开发计划署,中国(海南)改革发展研究院. 惠及13亿人的基本公共服务: 2007/08中国人类发展报告 [M]. 北京: 中国对外翻译出版公司, 中国出版集团公司, 2008.11.

1. 生存型消费需求总体满足

（1）恩格尔系数明显下降。1978年我国城乡居民恩格尔系数分别为57.5%和67.7%；到2000年下降至39.4%和49.1%，城镇居民恩格尔系数首次低于40%；到2012年城乡居民恩格尔系数分别下降至36.2%和39.3%，首次均降到40%以内；2016年，进一步下降至29.3%和32.2%（见图2.4）。根据联合国的标准，我国城乡居民整体上已进入到比较富裕的阶段。

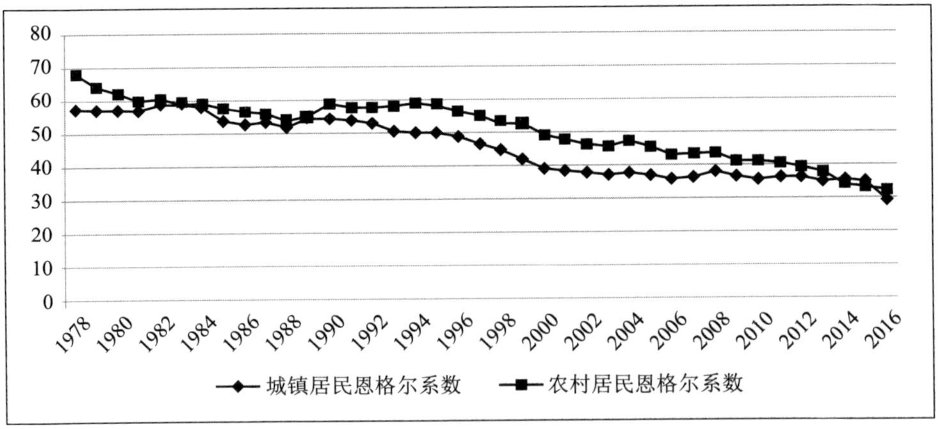

图2.4: 1978—2016年城乡居民恩格尔系数（单位: %）

数据来源: 国家统计局. 2017中国统计摘要 [M]. 北京: 中国统计出版社, 2017.5.

（2）生存型消费支出比重不断降低。我国进入发展型新阶段，虽然城乡居民用于食品烟酒、衣着的消费规模不断上升，但比重不断下降。1990—2016年，城镇居民消费支出中食品和衣着的消费规模从864.7元提高到8501.4元，支出占比从67.61%下降到36.84%；农村居民消费支出中食品和衣着的消费规模从389.2元提高到3841.5元，支出占比从66.58%下降到37.92%[①]。

2. 发展型消费需求全面增长

在发展新阶段，促进人的自身发展的消费，即发展型消费成为城乡居民消费的重要内容。包括交通通信、教育文化娱乐、医疗保健、其他用品及服务等消费需求全面增长。人们从解决自己的生存问题转变为更多关注自身发展问题。能不能解决或者初步满足人的自身发展，是我国进入发展型新阶段的重大历史性课题。

3. 人的自身发展成为重要发展动力

随着生存型支出比重的降低和发展型支出比重的提升，以投资生存型产品为重点的传统增长动力开始逐步减弱；对满足发展型需求的投资成为新的增长动力。从这些年的投资增长看，服务业的投资成为各方关注焦点，突出表现在第三产业投资持续高于第二产业投资。尤其是2017年以来，第三产业投资增速远远超过了第二产业（见表2.6）。

表2.6：2017年我国固定资产投资增长情况（单位：%）

时间	固定资产投资累计同比增长	第二产业	第三产业
2017年2月	8.9	2.9	12.2
2017年3月	9.2	4.2	12.2
2017年4月	8.9	3.5	12.1
2017年5月	8.6	3.6	11.6
2017年6月	8.6	4.0	11.3
2017年7月	8.3	3.4	11.3

① 国家统计局. 中国统计年鉴2017[M]. 北京：中国统计出版社，2017.10.

续 表

时间	固定资产投资累计同比增长	第二产业	第三产业
2017 年 8 月	7.8	3.2	10.6
2017 年 9 月	7.5	2.6	10.5
2017 年 10 月	7.3	2.7	10.0
2017 年 11 月	7.2	2.6	10.1
2017 年 12 月	7.2	3.2	9.5

数据来源：国家统计局数据库。

二、服务型消费支出较快增长

我国进入中高收入阶段，物质型消费需求得到基本满足，服务型消费需求升级的趋势比较明显，并对我国经济结构和社会结构带来了深刻影响。

1. 服务型消费逐步成为消费的主体

（1）服务型消费规模不断扩大。随着发展阶段的变化，在温饱问题解决之后，城乡居民更加重视生活质量，对信息、医疗健康、教育、文化、旅游等服务型消费需求明显增加。根据《2017 中国住户调查年鉴》数据测算，2013—2016 年，城乡居民人均服务型消费支出从 4772 元上涨到 6390.3 元，年均增长 10.2%；具体来看，城乡居民人均服务型消费支出年均增速分别为 9.3% 和 10.8%，均超过了同期 GDP 和消费支出的增长速度。

专栏 2.2

服务型消费统计口径及变化说明

（1）2012 年前的口径

根据《中国住户调查年鉴 2011》，2005—2010 年，居民现金服务型消费支出细分类包括：在外用餐、饮食加工服务费、衣着加工服务费、居住服务、家庭服务、医疗保健、交通和通信、教育、文化娱乐服务、其他服务。

（2）2012 年后的口径

根据《中国住户调查年鉴 2016》，2013—2015 年，居民现金服务型消费支出细分类包括：饮食服务、住房维修及管理、家庭服务、交通通信、教育、文化和娱乐、医疗服务、其他服务。

（3）本文测算服务型消费支出，统一按照 2012 年后的口径

①根据《中国住户调查年鉴 2012》，居民现金服务型消费支出中，饮食服务含食品加工服务费与在外饮食两部分，据此计算 2005—2010 年饮食服务支出。

②根据《中国住户调查年鉴 2012》，居民现金消费支出中，居住类支出包括住房、水电燃料及其他、居住服务费三部分，且居住服务费含物业管理费与维修服务费及其他三部分；而老口径中居住类支出仅列出住房、水电燃料及其他两项。因此，2005—2010 年住房维修及管理费按照"居住—住房—水电燃料及其他"进行计算。

③ 2012 年之前的口径中，衣着加工服务类指标数据微小，对整体支出结构影响不大，故 2005—2010 年不再将其列入服务型消费支出。

资料来源：中改院课题组撰写。

（2）服务型消费支出占比逐步提高。2016 年全国居民服务型现金消费支出占比达到 45.2%，比 2013 年提高了 1.48 个百分点（见表 2.7）。2016 年，城乡居民服务型现金消费支出占比分别为 45.5% 和 44.4%，分别比 2013 年提高了 2 个百分点和 0.03 个百分点（见表 2.8、表 2.9）。这反映出居民服务型消费支出逐步提高的趋势。

表 2.7：2013—2016 年全国居民人均服务型消费支出（单位：元）

指标 \ 年份	2013	2014	2015	2016
现金消费支出总额	10917.4	11975.7	12988.7	14142
饮食服务	642.8	685.9	770.8	838.9
住房维修及管理	353.1	383.1	419.0	469.0
家庭服务	39.0	42.0	44.1	51.8
交通通信	1624.8	1866.2	2083.7	2332.9
教育	821.0	864.3	963.0	1115.2
文化和娱乐	575.5	670.6	759.0	799.1
医疗服务	593.4	470.6	529.2	600.6
其他服务	122.4	144.4	160.7	182.8

续 表

指标＼年份	2013	2014	2015	2016
服务型消费支出金额	4772	5127.1	5729.5	6390.3
服务型消费支出占比（%）	43.71	42.81	44.11	45.19

数据来源：历年《中国住户调查年鉴》。

注：服务型消费支出涉及的指标详见专栏 2.2，全国居民服务型消费支出占比由中改院课题组测算得出。

表 2.8：2005—2016 年城镇居民人均服务型消费支出（单位：元）

年份	现金消费总额	饮食服务	住房维修及管理	家庭服务	交通通信	教育	文化和娱乐	医疗服务	其他服务	服务型消费金额	服务型消费支出占比（%）
2005	7942.9	608.5	43.1	35.7	996.7	573.1	245.9	600.9	104.6	3208.5	40.39
2006	8696.6	692.6	49.7	38.4	1147.1	612	280.8	620.5	113.8	3554.9	40.88
2007	9997.5	762.9	59.3	39.9	1357.4	638.4	347.6	699.1	130.3	4034.9	40.36
2008	11242.9	879.5	76	49.5	1417.1	622.2	381.3	786.2	149.1	4360.9	38.79
2009	12264.6	977.8	85.3	55	1682.6	645.9	445.6	856.4	165.7	4914.3	40.07
2010	13471.5	1020.9	103.1	60.3	1983.7	661.3	559.3	871.8	182.9	5443.3	40.41
2011	15160.9	1185	112.1	72.8	2149.7	750	652.2	969	200.4	6091.2	40.18
2012	16674.3	1316.9	120	77.5	2455.5	819.6	762	1063.7	217.3	6832.5	40.98
2013	15453	1071	398.1	63.7	2313.6	1042.6	943.7	693.2	190	6715.9	43.46
2014	16690.6	1119.6	429	67.6	2631.5	1054.3	1086.4	536.4	221.5	7146.3	42.82
2015	17787	1238.6	489.1	70	2889.8	1166.7	1214.3	605	247.4	7920.9	44.53
2016	19284.1	1340.7	568.8	83	3166.5	1368.9	1267.4	690.8	279.6	8765.7	45.46

数据来源：历年《中国住户调查年鉴》。

注：服务型消费支出涉及的指标详见专栏 2.2，城镇居民服务型消费支出占比由中改院课题组测算得出。

表 2.9：2013—2016 年农村居民人均服务型消费支出（单位：元）

指标＼年份	2013	2014	2015	2016
现金消费支出总额	5978.7	6716.7	7392.1	8127.3
饮食服务	176.6	202.2	236.3	252
住房维修及管理	304.1	331.9	338.9	352.3
家庭服务	12.2	13.5	14.5	15.3
交通通信	874.7	1012.5	1162.6	1357.8
教育	579.8	652.4	730.3	818.5
文化和娱乐	174.5	206.8	238.7	251.4
医疗服务	484.6	397.2	442.7	495
其他服务	48.8	58.4	61.6	69.6
服务型消费支出金额	2655.3	2874.9	3225.6	3611.9
服务型消费支出占比（%）	44.41	42.8	43.64	44.44

数据来源：历年《中国住户调查年鉴》。

注：服务型消费支出涉及的指标详见专栏 2.2，农村居民服务型消费支出占比由中改院课题组测算得出。

（3）中高端服务需求成为新的消费增长点。随着消费者对生活品质的重视程度越来越高，中高端服务需求迅速提升，并成为新的消费增长点。以高端教育消费为例，2008—2016 年出国留学人员年均增速超过 15%，其中，2016 年我国留学人数已经超过 54.4 万人，是 2008 年 17.9 万人的 3 倍多[①]。

2. 物质型消费服务化趋势明显

（1）物质型消费规模增速放缓。例如，2010—2016 年城镇居民食品和衣着消费年均增速为 5.3%，较 1990—2010 年平均增速（10.4%）低 5.1 个百分点[②]。

（2）物质型消费支出占比下降。例如，1990—2016 年，城乡人均食品和衣着现金消费支出占比持续下降，分别降低 24.31 个和 25.47 个百分点左右（见图 2.5）。

① 聂辉华，邹静娴．如何通过中高端消费形成经济增长的新动能？[EB/OL]．凤凰网，2017-10-25．

② 根据历年《中国统计年鉴》数据测算得出。

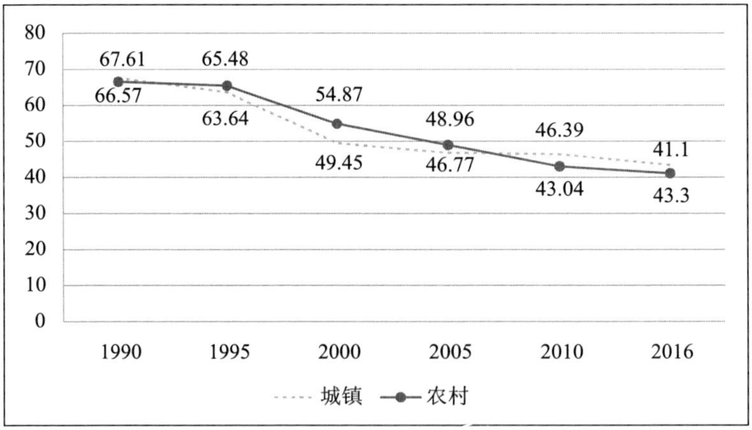

图 2.5：1990—2016 年城乡居民人均食品和衣着支出占比变动图（单位：%）

数据来源：国家统计局．中国统计年鉴 2017[M]．北京：中国统计出版社，2017.10.

（3）物质产品呈现服务化特征。目前越来越多的物质产品，其生产和最终消费环节都嵌入了新型服务，与传统物质产品的消费有明显区别。以居民衣着消费为例。部分制衣企业开始实现由数据驱动的智能化生产，客户只需登录智能官网或手机 APP，按照提示输入身体各个部位的多项数据以及个性要求，就能得到个性化订制的服装。

专栏 2.3

服装的私人订制

青岛酷特智能股份有限公司是传统产业实现新旧动能转换的代表之一。该公司前身是创建于 1998 年的青岛红领集团，原为传统的西装成衣制造企业。2012 年，红领依托过去 14 年积累的客户资料，成功建起数据驱动的智能工厂。

每名工人面前都有一个电子屏、一个刷卡器；每件衣服零部件上都有一张电子磁卡，如同它的“身份证”；磁卡一刷，衣服每个部位的个性化定制信息显示在电子屏上，工人便根据信息对相应部位进行特殊处理。有了这个宛如巨型 3D 打印机的智能工厂，不管在全球哪个角落，客户只需登录酷特智能官网或“酷特云蓝”手机 APP，按照提示输入身体 19 个部位的 25 个数据以及个性要求，再耐心等待 7 天时间，就能得到一套自己个性订制的西装。

资料来源：私人订制：做服装就像 3D 打印 [N]．大众日报，2017-11-04.

3．服务型消费需求带动消费规模不断扩大

（1）在服务型消费需求升级的趋势下，城乡居民消费潜力巨大。《中国居民消费升级指数报告》数据显示，2012 年以来，我国居民消费升级发展水平稳步提升。全国居民消费升级综合指数自 2012 年的 0.341 上升至 2016 年的 0.363，年均增速约 1.58%①。

专栏 2.4

城乡居民消费升级

国家统计局上海调查总队公布了“上海居民消费调查报告”。调查列出 16 个消费细项（包括：休闲食品、在外餐饮熟食、服装鞋帽、家电数码、儿童产品、汽车用品、文娱活动、旅游、健身美容、养生保健、家政服务、上门服务、便捷服务、子女课外辅导培训、成人教育培训、海淘）。与过去的消费模式相比，城乡居民越来越重视休闲型项目的消费。分别有 88.7% 和 83.9% 的城镇居民表示有旅游、文娱活动类消费。与城镇比较，虽然农村居民有旅游、文娱活动消费的占比相对较低（分别为 59.9% 和 65.8%），但是也已列入仅次于衣食类的第二梯队。

资料来源：上海调查总队．上海城乡居民差异化消费升级路径 [R]．2018-01-03.

（2）城镇居民消费规模稳步提升。2000—2016 年，城镇居民消费总规模年均增长 13.2%，2016 年达到 22.85 万亿元（见图 2.6）。预计“十三五”随着城镇居民消费结构向服务型消费升级，城镇居民消费潜力仍将呈现快速释放的趋势。

（3）农村成为新的消费亮点之一。2000—2016 年农村居民消费总规模年均增长 9.2%，到 2016 年提升到 6.4 万亿元，16 年间增长了 3.1 倍（见图 2.6）。随着乡村振兴、城乡融合发展的不断推进，农村潜在的巨大消费需求有望得到快速释放。

---

① 我国城乡居民消费结构不断升级 [N]．经济日报，2017-12-08.

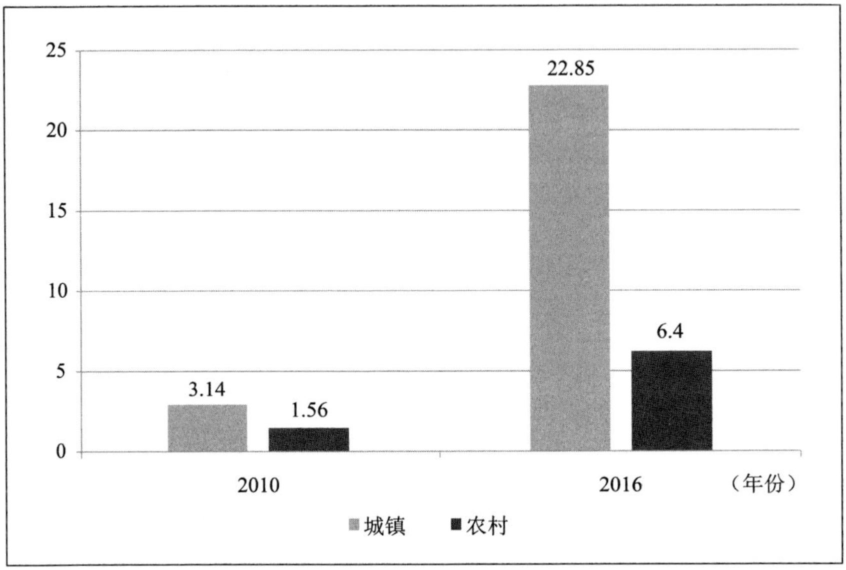

图 2.6：2000 年、2016 年城乡社会消费规模（单位：万亿元）

数据来源：国家统计局. 中国统计年鉴 2017[M]. 北京：中国统计出版社，2017.10.

三、2020：初步形成以服务型消费为主的消费新结构

随着消费结构升级步伐的加快，服务型消费增长不仅成为经济增长的新引擎，同时成为带动产业结构升级的重要动力。服务型消费全面快速增长正在改变我国的经济增长格局。

1. 服务型消费占比达到 50% 以上

（1）服务型消费仍有巨大增长潜力。我国与发达国家相比，物质型消费差距已经不大，但服务型消费水平差距较大。2016 年，我国医疗保健、交通通信和休闲文化教育支出占消费支出的比重为 7.6%、13.7% 和 11.2%，其中，医疗保健消费占比仅相当于美国 2013 年水平的三分之一，交通通信和休闲文化教育支出占比还不到德国 2012 年的水平（见表 2.10）。再以文化消费为例，我国文化消费潜在规模近 5 万亿元，但实际文化消费量仅约 2 万亿元，文化消费缺口超过 3 万亿元。在人均 GDP 同等水平下，我国文化消费规模也仅为发达国家的

三分之一左右[①]。因此，我国服务型消费还有巨大的增长空间。

表 2.10：主要国家部分服务型消费占比（单位：%）

国家＼消费项目	医疗保健	交通通信	休闲文化教育	饭店和旅馆
中国（2016 年）	7.60	13.70	11.20	—
美国（2013 年）	21.14	12.61	11.41	6.37
日本（2014 年）	4.57	14.99	11.21	6.45
瑞士（2011 年）	14.84	11.48	8.94	7.02
德国（2012 年）	6.28	18.89	11.63	0.99

数据来源：国家统计局. 国际统计年鉴 2016[M]. 北京：中国统计出版社，2016；国家统计局. 中国统计年鉴 2017[M]. 北京：中国统计出版社，2017.10.

注：我国交通通信数据为“交通”和“通信”之和，休闲文化教育数据为“休闲与文化”和“教育”之和。

（2）城镇居民服务型消费占比有望达到 50% 左右。2011—2016 年，我国城镇居民的服务型消费支出占比从 40.18% 提高到 45.5%，年均提升 1 个百分点左右。目前我国一些发达地区的服务型消费需求占比已经率先超过了 50%，例如，2016 年上海浦东新区服务性消费占比已达到 64.8%[②]。随着服务消费需求的不断释放，预计到 2020 年，全国城镇居民服务型消费比重有望达到 50% 左右，逐步接近发达国家的平均水平。

2. 最终消费率达到 55%~60%

（1）消费保持两位数增长。2017 年我国社会消费品零售总额达到 36.6 万亿元，比 2016 年增长 10.2%[③]。初步估算，未来几年社会消费品零售总额年均实际增长将达到 8%，名义增长仍将保持 10% 以上。

---

① 李慧，刘坤. 文化产品供给：巨额缺口如何补齐 [N]. 光明日报，2016-06-12.

② 服务性消费 渐成重头戏 [N]. 南方日报，2017-09-27.

③ 国家统计局. 2017 年经济运行稳中向好、好于预期 [EB/OL]. 国家统计局网，2018-01-18.

（2）最终消费率将达到55%~60%。从2011年开始，我国消费率开始止跌企稳，到2016年，消费率达到53.6%，其中居民消费率为39.2%[①]。从过去几年消费率反弹的趋势看，预计到2020年我国消费率将达到55%~60%。

（3）与发达国家的消费水平差距逐步缩小。2014年，我国居民消费总支出约为3.95万亿美元，仅为美国的三分之一；人均消费1420美元，分别为日本和美国人均消费的十五分之一和二十二分之一，在“金砖四国”中仅高于印度（见表2.11）。未来几年，随着我国消费水平升级，与发达国家消费水平差距将逐步缩小。

表2.11：居民消费情况国际比较

	居民最终消费支出（现价）（亿美元）		人均居民最终消费支出（2005年价格）（美元）		居民消费率（%）	
年份	2005	2014	2005	2014	2005	2014
世界	279627	448365	4277	4655	—	—
高收入国家	223908	299169	17381	18560	—	—
中等收入国家	52539	143109	1013	1474	—	—
中国	8904	39543	683	1420	39.4	37.4
美国	87941	118659	29758	31469	67.2	68.4
日本	26414	27882	20673	22149	57.8	60.7
俄罗斯	3816	10917	2659	4516	49.4	53.6
印度	4862	11764	425	725	57.6	58.0
巴西	5395	15076	2862	3937	60.5	62.4

数据来源：国家统计局．国际统计年鉴2016[M]．北京：中国统计出版社，2016.8.

3．形成消费拉动经济增长的新格局

（1）消费贡献率保持在60%左右。从2014年起，消费对经济增长的贡献开始超越投资。2017年，最终消费支出对GDP的贡献率为58.8%，比2003年（35.4%）高出23.4个百分点（见图2.7）。消费成为结构调整和转型升级背景下

① 国家统计局．中国统计年鉴2017[M]．北京：中国统计出版社，2017.10.

经济增长名副其实的“稳定器”和“主引擎”。预计未来几年消费在增长中的贡献率仍将保持在60%左右。

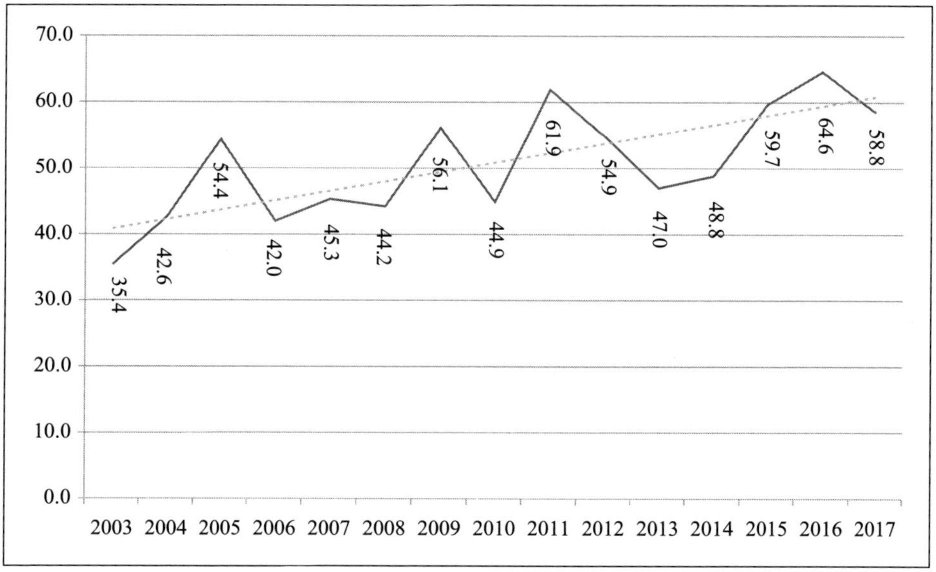

图 2.7：2003—2017 年我国消费贡献率（单位：%）

数据来源：国家统计局. 2017 中国统计摘要 [M]. 北京：中国统计出版社，2017.5；国家统计局. 2017 年经济运行稳中向好 好于预期 [EB/OL]. 国家统计局网，2018-01-18.

（2）消费释放有望拉动6.5%左右的经济增长。初步测算，到2020年我国居民消费需求规模将达到48万亿~50万亿元人民币。从过去几年消费拉动经济增长的效果分析，未来几年消费将支持我国经济6.5%左右的经济增长。

（3）消费在高质量发展中的作用进一步凸显。消费将成为引领投资的重要力量。随着服务型消费需求的快速增长，服务型消费领域的产业发展速度远高于GDP增长速度。2017年，我国GDP增速为6.9%，第二产业增长率为6.1%，而服务型消费领域的相关产业大都保持两位数的增长①。消费引领第三产业快速发展，将进一步促进供求动态平衡，推动高质量发展。

① 国家统计局. 2017 经济运行稳中向好 好于预期 [EB/OL]. 国家统计局网，2017-01-18.

第三节　城乡结构升级的新趋势

未来 10 年甚至更长一段时期内，城镇化仍将是我国发展的最大空间和最大红利；与此同时，乡村振兴将释放出潜在的巨大动能。以城乡融合推动城乡结构升级，加快从规模城镇化向人口城镇化转型，加快乡村振兴，将成为我国新阶段走向高质量发展的重大任务。

一、我国进入城乡融合发展新阶段

改革开放以来，我国走了一条以规模扩张为重要特征的城镇化道路，在做大城镇方面取得了明显进展，城镇化水平快速提升。进入新阶段，城镇化的动力机制发生深刻变化，由资源单向从农村流向城镇转为资源双向流动，形成城乡融合发展的新格局。

1. 城镇化仍处在较快发展阶段

（1）城镇化进程快速推进。进入新世纪以来，我国城镇化速度明显加快。2001 年我国常住人口城镇化率仅为 37.66%，到 2017 年，我国常住人口城镇化率达到 58.52%[①]，提高了 20.86 个百分点，年均提高 1.3 个百分点。

（2）城市群发展明显加快。从各国发展经验看，城市群将有效缓解多功能的单一特大城市、大城市产生的人口膨胀、环境污染等“大城市病”，并能够在中心城市与卫星城镇之间形成功能互补关系。我国城镇化也正由特大城市、大城市主导向城市群主导转变。改革开放以来，我国形成的长三角、珠三角、京津冀等城市群，不仅成为区域经济增长极，而且形成“以工补农、以城

① 国家统计局．2017 经济运行稳中向好 好于预期 [EB/OL]．国家统计局网，2017-01-18．

带乡”的新格局，有效缩小了城乡差距。例如，以上海为中心的长三角城市群，以 2.2% 的国土面积，集聚了我国 11.27% 的常住人口和 20% 的经济总量（见表 2.12）。2016 年，上海、浙江、江苏城乡收入差距分别为 2.26∶1、2.07∶1、2.28∶1[①]，显著低于全国城乡收入差距（2.72∶1）。

表 2.12：五大国家级城市群基本情况

	长江三角洲城市群	珠江三角洲城市群	京津冀城市群	成渝城市群	长江中游城市群	五大国家级城市群总和	全国
国土面积（万平方公里）	21.17	5.60	18.30	18.50	31.70	95.27	963.41
常住人口（亿人）	1.55	0.59	0.89	0.98	1.24	5.25	13.75
户籍人口（亿人）	1.29	0.33	0.77	1.10	1.29	4.78	13.75
地区生产总值（万亿元）	13.55	6.23	6.39	4.39	6.50	37.5	67.67

数据来源：国家卫生和计划生育委员会流动人口司．中国流动人口发展报告 2017 [M]. 北京：中国人口出版社，2017.9.

（3）城镇化进程加快推进仍有巨大空间。根据世界银行数据，2016 年我国城镇化率（57.3%）高于世界平均水平（54.2%）和中等收入国家水平（51%）；但与高收入国家相比（81%），相差 24 个百分点（见图 2.8）。这意味着，我国推进城镇化进程仍有巨大空间。争取到 2020 年，常住人口城镇化率达到 65% 左右，到 2030 年达到 70% 左右。

① 根据《2017 中国统计摘要》相关数据计算得出。

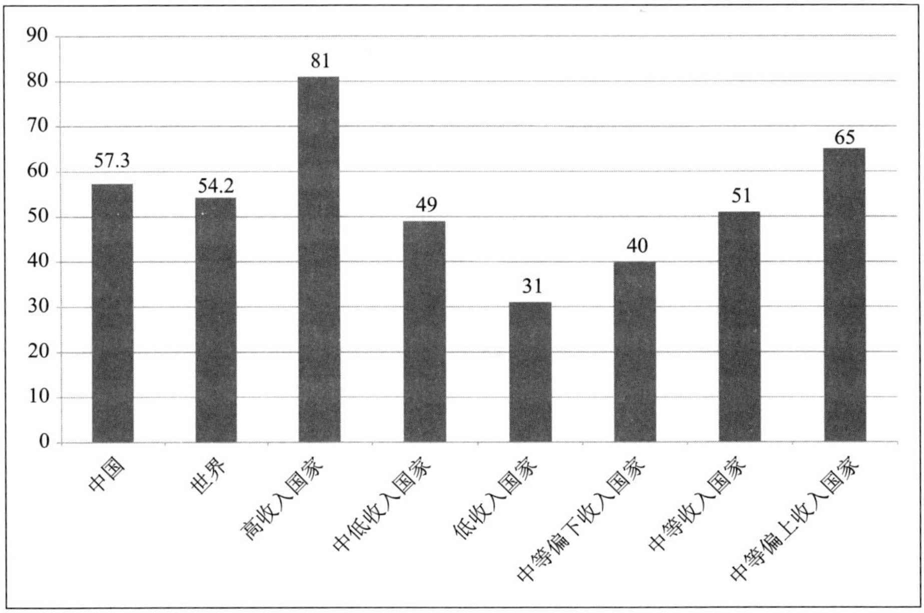

图 2.8：2016 年中国与世界城镇化率比较（单位：%）

数据来源：世界银行数据库。

2. 乡村振兴呈现新态势

（1）农民收入明显增长。过去几年，农民收入保持较快增长态势。2016 年农村居民人均可支配收入 12363 元，比 2012 年实际增长 36.3%，年均实际增长 8.0%；农村居民人均可支配收入年均实际增速快于城镇居民收入增速 1.5 个百分点（见表 2.13）；到 2017 年，农村居民人均可支配收入提高到 13432 元，城乡居民人均可支配收入之比为 2.71∶1，比 2012 年下降了 0.17①。

表 2.13：2012—2016 年城乡居民人均可支配收入（单位：元）

年份	城镇居民	农村居民	城乡收入比（农村 =1）
2012	24127	8389	2.88∶1
2013	26467	9430	2.81∶1

① 国家统计局. 2017 年居民收入和消费支出情况 [EB/OL]. 国家统计局网，2018-01-18.

续 表

年份	城镇居民	农村居民	城乡收入比（农村 =1）
2014	28844	10489	2.75：1
2015	31195	11422	2.73：1
2016	33616	12363	2.72：1
年均名义增速（%）	8.7	10.2	—
年均实际增速（%）	6.5	8.0	—

数据来源：国家统计局．中国统计年鉴 2017[M]．北京：中国统计出版社，2017.10.

（2）农村改革深入推进。比如，农村土地承包制度改革取得重要突破，农村土地确权全面推开，实现了土地所有权、承包权和经营权的“三权分置”。农民以转包、出租、互换、入股、转让等方式流转承包地，推动了适度规模经营。截至 2016 年 6 月底，全国农村承包地流转面积达到 4.6 亿亩，比 2012 年增加了 1.9 亿亩①。

（3）新型农业经营主体不断增长。2016 年，各类新型农业经营主体达到 280 万个，新型职业农民不断壮大，总数超过 1270 万人。其中，家庭农场达到 87.7 万家；农民合作社达到 179.4 万家，入社农户占全国农户总数的 44.4%；农业产业化组织超过 38 万个②。新型经营主体的培育及发展，助推了土地流转型、服务带动型等多种形式的适度规模经营稳步发展以及农业产业化经营。

3．乡村振兴与新型城镇化相互融合、相互促进

（1）人口城镇化是乡村振兴的重要基础。10 年前，我国提出“以工补农、以城带乡”。当时，我国正处于城镇化快速发展阶段。过去几年，在城镇化快速发展的同时，中央加大农村精准扶贫力度，加大农村土地改革力度，初步改变

① 国家统计局．农业农村发展再上新台阶基础活力明显增强——党的十八大以来我国经济社会发展成就系列之三 [EB/OL]．国家统计局网，2017-06-22.

② 国家统计局．农业农村发展再上新台阶基础活力明显增强——党的十八大以来我国经济社会发展成就系列之三 [EB/OL]．国家统计局网，2017-06-22.

了各类要素资源单向流出农村的格局，越来越多的资源开始返回农村，形成了乡村振兴的重要动力。

（2）乡村振兴是人口城镇化的重要条件。与过去的新农村建设不同，乡村振兴不能脱离城镇化，而是要建立在城镇化的基础上发展，同时乡村振兴又为城镇化提供了重要条件。乡村振兴和城镇化的共同基础是农民工的市民化。未来，新型城乡格局主要表现在产业分工上，而不是二元制度格局。随着乡村振兴的推进，农村、农业将成为重要的投资方向。这些都成为城乡融合的重要保障。

二、从规模城镇化走向人口城镇化的大趋势

2016 年 2 月，习近平总书记对深入推进新型城镇化建设作出重要指示：新型城镇化建设一定要站在新起点、取得新进展。坚持以创新、协调、绿色、开放、共享的发展理念为引领，以人的城镇化为核心，更加注重提高户籍人口城镇化率，更加注重城乡基本公共服务均等化，更加注重环境宜居和历史文脉传承，更加注重提升人民群众获得感和幸福感[①]。

1. 工业化驱动的城镇化逐步减速

城镇化内生动力与我国的经济发展阶段密切相关。改革开放之初，发展的目标是加快做大经济总量，增加物质产品供给，尽快摆脱贫穷落后面貌。由此，我国选择工业主导的发展战略。城镇作为生产要素的集聚地和扩散地，与工业化优先战略相适应，工业化和非农产业发展成为我国城镇化的主要动力。未来 5~10 年，工业化和产业发展驱动的劳动力城镇化将呈现减速态势，而消费升级推动的人口城镇化将进入加速状态。

---

① 习近平对深入推进新型城镇化建设作出重要指示强调：坚持以创新、协调、绿色、开放、共享的发展理念为引领促进中国特色新型城镇化持续健康发展 [EB/OL]. 中国政府网，2016-02-23.

2．消费升级驱动的城镇化进入加速状态

近14亿人消费结构变化、消费升级和消费潜力释放拉动的城镇化逐步加大，并呈现出越来越快、越来越强的趋势。突出表现在，农民工进城务工不仅仅是谋求更高的收入，也对实现市民化提出了迫切要求，与市民享受平等的教育、医疗、养老、文化等公共服务成为他们最直接、最迫切、最现实的利益诉求。

3．从规模城镇化走向人口城镇化

工业化后期，城镇空间的拓展成为农业文明走向工业文明的重要条件，新型城镇化承担着城乡融合发展的重大使命。我国城镇化进入发展新阶段，人们对就业、安居、生活品质等需求全面快速增长。能否适应全社会的需求变化，决定城镇化的质量。例如，以往人们能够忍受"候鸟式"、"两地分居"的就业；而今，人们更加追求稳定的就业以及享受完整的家庭生活[①]。从城镇环境看，以往哪个城市烟筒最高、最多，就表明这个城市最有活力；而今，全民正在发起一场向雾霾宣战的行动，城市生态环境成为吸引人才的一个重要因素。

三、2020：初步形成乡村振兴和新型城镇化并进的新态势

从新时代重塑工农、城乡关系的现实需求看，新型工业化、信息化、城镇化、农业现代化"四化"同步发展趋势明显。短期内，仍要在"补"和"带"上下功夫；中长期，重在"城乡空间融合"、"城乡产业融合"、"城乡要素融合"、"城乡人文融合"、"城乡治理融合"的"融"字上下功夫、见成效，由此释放新型城镇化与乡村振兴融合互进发展的新动能。

---

① 夏锋．从规模城镇化走向人口城镇化——2020：城镇化的转型升级大趋势[J]．上海大学学报（社会科学版），2015（04）．

1. 以人口城镇化重塑城乡关系

党的十六大报告提出“统筹城乡经济社会”，十八大报告提出“推动城乡发展一体化”，十九大报告提出“城乡融合发展”，都是从城乡关系面临的重大矛盾出发，目的在于建立“工农互促、城乡互补、全面融合、共同繁荣”的新型城乡关系。未来5年，在发展空间上，城乡将实现全面融合，城市与乡村的空间界限将逐步模糊，交集将日益增多；在产业布局上，农村一二三产业将加快融合，并带动城镇产业布局的重构；在生产要素上，城乡要素双向流动、平等交换的体制机制将进一步完善；在城乡基本公共服务上，以教育、医疗、社会保障为重点的城乡一体化的基本公共服务体制将加快建立，总体实现基本公共服务均等化；在社会治理上，加快推进城乡社区治理体制一体化，完善城乡社区的公共服务设施和网络，不断提高社会治理水平，逐步把社区建设成为城乡社会管理制度对接的平台。由此，乡村主体、要素、市场将被极大激活，人口城镇化和乡村振兴融合并进，将为我国经济保持中高速增长注入强大动能。

2. 以大中小城市网络化建设带动城乡融合

2017年12月召开的中央经济工作会议提出，“提高城市群质量，推进大中小城市网络化建设，增强对农业转移人口的吸引力和承载力，加快户籍制度改革落地步伐”①。通过现代交通网络、通信网络、创新网络、信息网络等，把大中小城市和小城镇有机联系在一起，形成多中心、多节点、多功能的城市网络体系，将有力促进城乡人口、资本、资源、技术、信息等生产要素的双向流动。

3. 形成大中小城市和小城镇协调发展的新格局

把加快发展中小城市作为优化城镇规模结构和空间结构的重点任务和突破口。加强产业和公共服务资源布局引导，增加中小城市的数量，增强小城镇服

① 中央经济工作会议在北京举行[EB/OL]. 中国政府网，2017-12-20.

务功能，明显提高人口吸纳能力和生态承载能力。根据资源环境承载能力，构建科学合理的城镇化宏观布局，以综合交通网络和信息网络为依托，科学规划建设城市群，增强中心城市辐射带动功能。基本形成以“两横三纵”为主体的城镇化战略格局。

第四节　以服务贸易为重点的开放转型新趋势

近年来，我国对外开放格局发生了深刻变化，以“一带一路”为主线，以服务贸易为重点的开放转型加快推进，开放型经济水平明显提升，新时代大国开放格局初步形成。党的十九大报告提出，要“推动形成全面开放新格局”，这不仅为我国发展创造了良好的外部环境，而且为高质量发展注入了强大动力。

一、服务贸易快速发展的新阶段

当前，全球服务贸易发展与我国服务型消费需求增长相交汇，我国巨大的服务贸易增长潜力逐步释放，服务贸易实现快速发展。服务贸易正日益成为深化对外开放的新引擎，也成为推进经济全球化高质量发展的新动力。

1. 服务贸易逐步成为全球贸易的重点

（1）全球服务贸易规模日益扩大。2010—2016 年，全球服务出口由 3918.7 亿美元增加至 4879.3 亿美元，增加了 24.5%。2016 年，全球服务出口占出口总额的 23.63%，比 2010 年提高 2.78 个百分点，比 2011 年提高 3.91 个百分点（见图 2.9）。

（2）服务贸易增速快于货物贸易。2012—2016 年，全球货物贸易增速均低于服务贸易增速；全球服务贸易占比由 20% 上升至近 24%。服务贸易在全球自由贸易进程中的地位和作用日益凸显。

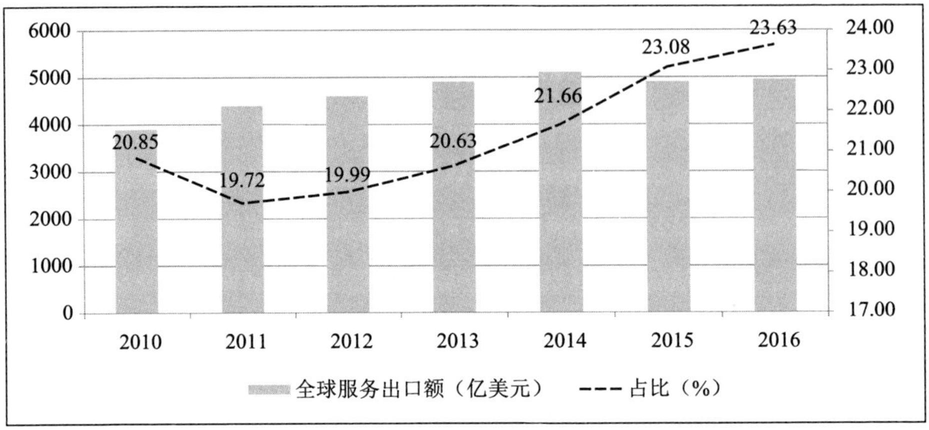

图 2.9：2010—2016 年全球服务出口及占比

数据来源：联合国贸易和发展会议数据库（UNCTADSTAT）。

（3）新兴经济体成为全球服务贸易新的增长点。2005—2016 年，新兴经济体服务进口额由 7207.6 亿美元增长至 17558.2 亿美元，年均增长 8.4%；服务出口额由 5998.9 亿美元增长至 13890.9 亿美元，年均增长 7.9%，均高于全球平均水平。新兴经济体服务贸易进口额占世界的比重由 27.7% 上升至 36.6%；出口额占世界的比重由 22.6% 上升至 28.5%①。新兴经济体服务贸易的快速发展使其在全球服务贸易中的地位不断上升。

（4）新兴服务贸易增长快于传统服务贸易增长。2005—2016 年，在传统服务贸易的两大主要领域中，运输服务出口占比由 21.87% 下降至 17.47%；旅游服务出口则由 25.99% 下降至 24.71%（见表 2.14）。通过与货物贸易对比可以发现，运输服务出口和货物贸易的发展密切相关，并保持同向变化趋势。随着服务贸易在全球贸易的相对地位上升，运输服务出口占比预计仍会趋于下降。

表 2.14：全球服务出口的主要构成变化（单位：%）

年份	货物相关的服务出口占比	运输服务出口占比	旅游服务出口占比	其他商业服务出口占比
2005	3.51	21.87	25.99	48.63

① 根据联合国贸易和发展会议数据库（UNCTADSTAT）数据得出。

续 表

年份	货物相关的服务出口占比	运输服务出口占比	旅游服务出口占比	其他商业服务出口占比
2006	3.26	21.59	25.11	50.04
2007	3.41	21.77	24.30	50.52
2008	3.42	22.62	23.90	50.06
2009	3.53	19.79	24.36	52.33
2010	3.51	21.10	24.34	51.04
2011	3.48	20.51	24.21	51.80
2012	3.41	20.26	24.41	51.92
2013	3.43	19.47	24.75	52.35
2014	3.28	19.20	24.07	53.44
2015	3.32	18.32	24.37	54.00
2016	3.40	17.47	24.71	54.42

数据来源：联合国贸易和发展会议数据库（UNCTADSTAT）。

2. 我国服务贸易进入快速发展新阶段

（1）服务贸易规模快速增长。2016 年，我国服务贸易总额为 43726.6 亿元，服务贸易世界排名上升至第 2 位。2012—2016 年，我国服务贸易年均增速 9.6%（以人民币计价），高于同期货物贸易 9.7 个百分点，高于同期 GDP 增速 2.3 个百分点。以美元计算，2016 年我国服务贸易达到 6575 亿美元，其中出口 2083 亿美元，进口 4492 亿美元（见表 2.15）。

表 2.15：2000—2016 年我国服务贸易规模（单位：亿美元）

年份	进出口	出口	进口	差额
2000	707	347	360	–12
2001	778	387	390	–3
2002	919	459	461	–2
2003	1058	510	549	–39
2004	1443	721	722	–1
2005	1672	838	833	5

续 表

年份	进出口	出口	进口	差额
2006	2027	1024	1003	21
2007	2640	1348	1293	55
2008	3207	1626	1580	46
2009	3007	1426	1581	–155
2010	3696	1774	1923	–149
2011	4471	2003	2468	–465
2012	4808	2006	2803	–797
2013	5352	2058	3294	–1236
2014	6489	2181	4309	–2128
2015	6505	2176	4330	–2154
2016	6575	2083	4492	–2409

数据来源：国家统计局．中国统计年鉴 2017[M]．北京：中国统计出版社，2017.12.

（2）服务贸易占比不断提高。我国服务贸易占对外贸易总额的比重，由 2012 年的 11.1% 提升至 2016 年的 15.1%（见表 2.16），服务贸易成为新的增长点。

表 2.16：2012—2016 年我国服务贸易占比（单位：亿美元，%）

年份	货物贸易总额	服务贸易总额	对外贸易总额	服务贸易占比
2012	38671.2	4808.0	43479.2	11.06
2013	41589.9	5352.0	46941.9	11.40
2014	43015.3	6489.0	49504.3	13.11
2015	39530.3	6505.0	46035.3	14.13
2016	36855.6	6575.0	43430.6	15.14

数据来源：国家统计局．中国统计年鉴 2017[M]．北京：中国统计出版社，2017.10.

（3）服务贸易内部结构不断优化。2012—2016 年，我国知识产权使用费、电信计算机和信息服务等高附加值服务进出口年均分别增长 8.9% 和 16.6%。维护和维修服务、广告服务、金融服务成为服务出口的新亮点，2016 年同比增长分别达 44%、38% 和 36%[①]。

① 国家统计局．中国统计年鉴 2017[M]．北京：中国统计出版社，2017.10.

（4）我国服务贸易在全球服务贸易领域的位次不断提升。2012 年我国服务贸易总额居世界第 4 位，2013 年上升至第 3 位，2014—2016 年稳居世界第二位。我国服务贸易总额占世界比重由 2012 年的 5.5% 上升至 2016 年的 6.9%（见表 2.17）。

表 2.17：2012—2016 年服务贸易总额居世界前十位国家比较（单位：亿美元，%）

年份	2012			2015			2016		
位次	国家	服务贸易总额	占世界比重	国家	服务贸易总额	占世界比重	国家	服务贸易总额	占世界比重
	世　界	87732	—	世　界	94320	—	世　界	95018	—
1	美　国	10577	12.1	美　国	11977	12.7	美　国	12145	12.8
2	德　国	5409	6.2	中　国	6498	6.9	中　国	6571	6.9
3	英　国	4983	5.7	德　国	5572	5.9	德　国	5784	6.1
4	中　国	4809	5.5	英　国	5469	5.8	英　国	5182	5.5
5	法　国	4359	5.0	法　国	4725	5.0	法　国	4713	5.0
6	日　本	3167	3.6	荷　兰	3439	3.6	日　本	3514	3.7
7	荷　兰	3090	3.5	日　本	3350	3.6	荷　兰	3466	3.6
8	印　度	2742	3.1	新加坡	3026	3.2	爱尔兰	3381	3.6
9	新加坡	2578	2.9	爱尔兰	3018	3.2	新加坡	3047	3.2
10	爱尔兰	2287	2.6	印　度	2784	3.0	印　度	2943	3.1

资料来源：世界贸易组织数据库（WTO Database）。

3. 服务贸易创新试点取得阶段性成效

（1）试点地区服务贸易快速发展。2016 年，我国在天津、上海等 15 个省市（区域）开展服务贸易创新发展试点。当年，15 个试点地区合计实现服务进出口 26785 亿元人民币，占全国服务进出口的 50.8%[①]。

（2）试点地区服务贸易自由化与便利化水平进一步提升。各地先后推出了通关一体化机制、跨部门联动响应机制、随机抽查事项清单、重点企业征信系

① 商务部综合司，国际贸易经济合作研究院．中国对外贸易形势报告（2017 年春季）[EB/OL]．商务部网，2017．

统等创新举措，通过完善与跨境电商企业系统对接、在保税区建设快件处理中心等方式，提升跨境进口快件处理效率，增强跨境业务承接能力。

（3）探索“互联网 + 服务贸易”战略。试点地区积极探索信息化背景下新的服务贸易发展模式，依托大数据、物联网、移动互联网、云计算等新技术推动服务贸易模式创新，打造服务贸易新型网络平台，促进制造业与服务业、各服务行业之间的融合发展。推进建立跨境电商信息化综合服务平台、国家数字内容服务贸易平台、矿业项目信息库和展示平台建设工作。

二、服务贸易成为助推高质量发展的重要动力

过去几年，服务贸易不仅成为我国重要的外贸增长点，而且成为优化经济结构、提升经济效率、应对贸易保护主义的重要途径。未来几年，服务贸易的加速发展将成为我国走向高质量发展的重要动力。

1. 服务贸易推动经济转型

（1）服务贸易发展优化消费供给结构。商业存在形式的服务贸易对改善我国消费供给结构有直接作用，而其他形式的服务贸易倒逼国内服务行业优化供给。我国越来越多的消费者通过服务贸易满足了消费需求。

（2）服务贸易形成产业竞争新优势。新一轮科技革命不断催生新的产业，相当一部分新兴产业是高端服务业或是与高端服务业直接相关的制造业。例如，未来几年，数字经济在全球经济的占比将达到22.5%，到2020年，将产生超过44ZB（1ZB相当于10万亿亿字节）的数据[①]。适应全球服务业发展大趋势，充分利用全球科技革命带动新兴服务业重新洗牌的契机，加快推进数字经济、“互联网 +”等产业，形成未来国际竞争新优势。

（3）以服务贸易加速我国技术积累。生产性服务业发展滞后是我国制造业

---

① 盛玉雷. 数字经济，迈向经济发展“新蓝海”——把握网络强国建设的历史契机[N]. 人民日报，2016-10-11.

转型升级的突出短板。在人才、技术等要素相对缺乏的情况下，积极开展生产性服务贸易，充分利用发达国家高新技术出口的机遇，加速我国知识积累。同时，通过国外先进技术和管理带来的外溢效应，结合本地技术和知识积累，突破关键部件的技术创新，推动本地产业由单纯加工制造向价值链上游升级，使之发展成为一个相对先进和高端的服务型制造产业，从而促使整体产业升级。

2. 服务贸易推动开放转型

（1）服务贸易成为我国开放升级的焦点。当前，我国经济转型与世界经济格局变化交织，双向影响明显增强。以服务贸易为重点的开放转型尽快破题，我国将在新一轮全球经济一体化和全球经济治理格局中赢得主动。

（2）服务贸易发展优化我国开放结构。近年来，我国货物贸易面临比较大的压力，服务贸易增长较快，逐步推进了外贸结构的优化。把握我国服务业市场双向开放与新一轮全球自由贸易历史交汇带来的机遇，加快服务贸易市场开放，将给全球经济和贸易持续增长注入新动力[①]。

（3）服务贸易发展决定我国在全球自由贸易中的地位。有序推进服务业市场的双向开放，在开放中推进全球自由贸易进程，全面实施自由贸易战略，在开放中提升我国在新一轮经济全球化中的重要作用。

3. 服务贸易拉动全球经济增长

（1）为全球贸易持续增长注入新动力。目前，我国已成为世界第一大货物贸易国和第二大服务贸易国。“十三五”期间，我国经济转型升级对服务贸易的需求不断增加，服务业市场及服务贸易程度不断扩大，将使我国服务贸易保持较快发展态势，并为全球贸易发展注入新动力。

（2）为应对全球贸易保护主义注入动力。当前，无论是中美、中欧之间的投资谈判，还是多种形式的双边、多边自由贸易谈判，焦点大多集中在服务贸

① 迟福林. 经济转型是一场深刻的结构性改革 [J]. 中国党政干部论坛，2017（05）.

易领域。随着全球经济格局的深刻变化和我国经济转型升级，很多投资领域的问题与服务贸易直接融合。因此，我国推进服务贸易发展，将加快全球自由贸易进程，有效应对全球贸易保护主义。

三、2020：初步形成以服务贸易为重点的对外开放新格局

随着我国产业变革的不断深入与服务业市场双向开放进程的加速，我国在推动全球自由贸易进程中的地位和作用将显著提高，使我国由经济全球化的重要参与者转变为主要引领者。

1. 服务贸易规模达到 1 万亿美元

（1）2020 年服务贸易有望达到 1 万亿美元。2016 年我国服务贸易额达到 6575 亿美元，2012—2016 年服务贸易年均实际增长 8.1%。如果保持这个增长速度，考虑到价格因素，未来 3 年年均增长 10%，2020 年我国服务贸易有望达到 1 万亿美元左右，占外贸总额比重达到 20% 左右。要实现这一目标，关键取决于服务贸易的开放程度。

（2）优化服务贸易结构。目前，我国新兴服务出口增速相对较快。2016 年，我国金融服务出口增长 49.5%，电信、计算机和信息服务出口增长 47.9%，知识产权使用费出口增长 14.1%[①]。未来，随着"一带一路"、全球贸易进程的不断深入，在提升传统服务贸易竞争优势的基础上，进一步拓展金融、保险、研发、设计、咨询、法律保障、文化等新兴服务贸易领域，加快高附加值服务出口，以服务贸易结构的优化提升我国在全球服务贸易中的竞争力。到 2020 年，知识密集、技术密集和高附加值服务出口占服务出口总额的比重有望达到 60% 左右。

---

① 商务部综合司，国际贸易经济合作研究院．中国对外贸易形势报告（2017 年春季）[EB/OL]．商务部网，2017．

2. 以服务贸易促进质量发展

（1）以生产性服务贸易发展加速我国制造业转型升级进程。党的十九大报告明确提出“加快建设制造强国”。以服务贸易提升我国生产性服务业发展水平，将成为我国建设制造强国的重要途径。把握新一轮科技革命的重大机遇，充分利用生产性服务贸易蕴含的巨大“外溢效应”，在国际市场竞争与合作中不断提升我国生产性服务业发展质量，推动我国制造业由生产型制造向服务型制造转变，实现由“中国制造”走向“中国智造”。

（2）以服务贸易优化服务业发展环境。未来，适应我国居民服务型消费需求快速增长大趋势，通过服务贸易的快速发展，逐步在服务业领域建立起国际高标准的行业规范和行业标准，提高消费者对国内消费市场的信任度，可以让更多的消费留在国内。

（3）以服务贸易形成未来产业新优势。适应全球科技变革与服务贸易发展大趋势，充分利用全球科技革命带动新兴服务业重新洗牌的契机，加快推进虚拟现实、自动驾驶汽车、3D 打印、机器人、无人机及人工智能等数字经济发展，形成未来国际竞争新优势。

3. 提升我国在全球贸易规则重构中的话语权

未来随着服务贸易总额占全球份额的不断扩大，我国在全球自由贸易中的地位也将不断提升。适应全球自由贸易新趋势，以服务贸易为重点，通过积极参与双边、多边和区域服务贸易协定，积极参与和引领全球服务贸易规则制定，主动提出符合我国经济转型需要和全球自由贸易发展趋势的新议题，主动推进全球贸易投资规则重构，实现我国由贸易规则的跟随者向开放、包容、共享的新贸易规则的引领者转变。争取到 2020 年我国服务贸易额占全球服务贸易的比重达到 10% 以上，在以服务贸易为重点的贸易规则重构中发挥更重要的作用。

第五节　经济转型升级决定高质量发展前景

我国转向高质量发展，最大的优势来源于经济转型升级蕴藏的巨大发展潜力。这不仅将释放出经济增长的强大动力，并将推进经济结构优化、改善经济质量、提升经济效率。

一、经济转型升级决定经济增长

从趋势看，我国经济转型还有相当大的空间，经济转型升级释放出来的新市场、新动力，将支撑我国经济在未来 5~10 年保持中高速增长。

1. 经济转型升级蕴藏巨大的增长潜力

（1）消费结构升级蕴藏巨大潜力。2016 年我国最终消费占 GDP 的比重为 53.6%，比 2010 年上升了 5.1 个百分点，但我国消费率仍然偏低。发达国家消费占比普遍达到 75% 以上，除我国外的“金砖国家”也普遍高于 70% 的水平（见图 2.10）。如果我国最终消费率在 2020 年达到 60% 左右，初步测算，届时

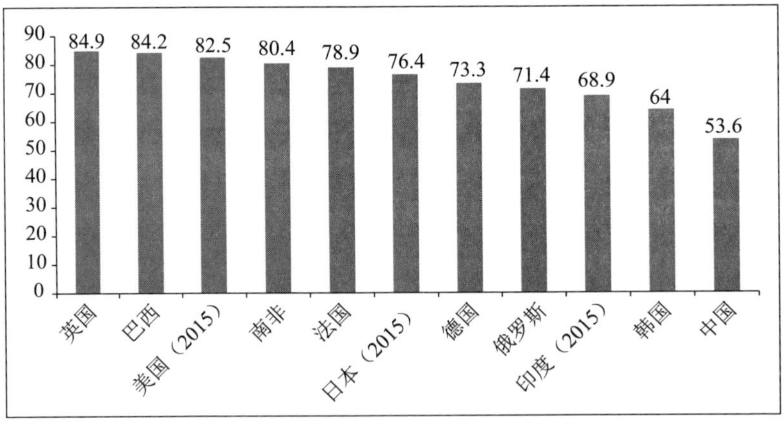

图 2.10：2016 年世界主要国家最终消费占 GDP 比重（单位：%）

数据来源：世界银行 WDI。

我国消费规模将达到 45 万亿 ~50 万亿元人民币左右，新增市场空间将达 10 万亿元人民币以上，约合 1.5 万亿美元。

（2）产业结构升级蕴藏巨大潜力。2016 年，我国服务业占 GDP 比重为 51.6%，虽然比前几年有所提升，但仍低于世界平均水平与中等收入国家水平，仅略高于低收入国家水平（见图 2.11）。如果到 2020 年我国服务业占比达到中等收入国家的平均水平（57.8%），服务业规模有望达到 50 万亿元人民币左右，还有 6 个点的增长空间，约 10 万亿 ~12 万亿元人民币。

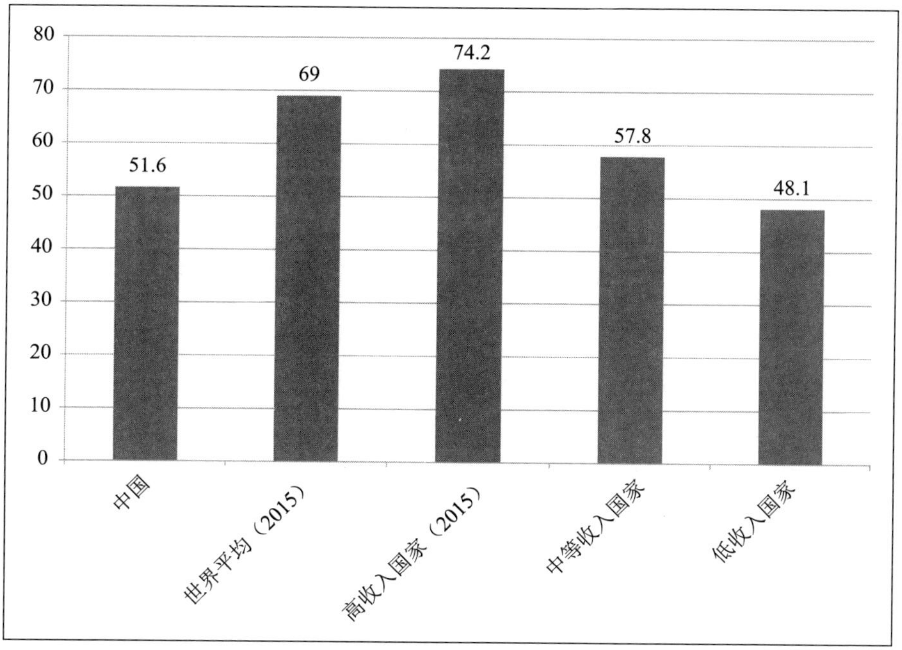

图 2.11：2016 年世界及按收入分组国家服务业占比（单位：%）

数据来源：世界银行 WDI。

（3）人口城镇化蕴藏巨大潜力。随着我国从农村社会向城市社会转型，人口不断向各类城市集聚，形成了巨大的新增消费市场，由此也带来了巨大的投资需求。初步估算，如果 2020 年我国规模城镇化率达到 65% 左右，那么将有 2 亿 ~3 亿人进入城市，由此释放的市场潜力会更大。

2. 经济转型升级成为经济增长的重要动力

（1）经济转型升级将支撑未来10年6%左右的增长。初步测算，到2020年我国消费规模将达到50万亿元左右，经济有望实现6%~7%的增长。过去10年，服务业每增长1个百分点，可以带动经济增长0.43个百分点。初步测算，如果服务业在“十三五”保持两位数的增长，每年将带动3.8~4.3个百分点的增长，为中速增长奠定重要基础。

（2）经济转型升级将成为增速平稳换挡的重要条件。国际经验表明，随着经济社会发展，经济增速下降的风险会逐步加大。2008年国际金融危机以来，我国外部环境面临的不确定性增大，经济增速也从10%以上回落到7%左右，客观上导致了国际社会对我国经济增长的担忧。但在经济转型升级的大趋势下，随着内需市场的不断释放，我国在6.5%~7%这个增长区间站稳了脚。随着经济转型升级的加快推进，我国将在发展质量不断提高中逐步实现增长速度的平稳换挡。

（3）为实现“两步走”新目标奠定坚实基础。党的十九大报告提出了未来30年“两步走”的新目标。从转变发展理念出发，尽管没有明确提出GDP增长的指标，但经济实力的增长是实现“两步走”目标的前提条件。如果经济转型升级能够不断推进，则实现分步走战略目标是有基础、有条件的（见表2.18）。

表2.18：到2050年我国达到相应发展水平需要的增速

人均收入水平	代表国家	未来33年需要的平均增速	达到高收入国家中位数保守估计路径	
高收入国家的三分之一分位数	意大利、西班牙	3.40%	2017—2025年	5.50%
高收入国家的中位数	日本、法国	4.10%	2026—2035年	4.00%
高收入国家的三分之二分位数	比利时、德国	4.60%	2036—2050年	3.00%

资料来源：李稻葵．十九大后中国经济的前景、问题与风险[EB/OL]．中国日报网，2017-11-08．

3. 以经济转型升级跨越中等收入陷阱

（1）未来5年左右跨越中等收入陷阱。2016年，我国人均GDP为8123美元，处于中上等国家行列（见图2.12）。未来几年，如果我国实际GDP保持6.5%的增速，到2020年人均GDP将达到10150美元；如果2021—2025年继续保持6%的实际增长，2025年人均GDP将达到15000美元。根据联合国标准①，我国将在2023—2025年进入高收入国家行列（见图2.12）。

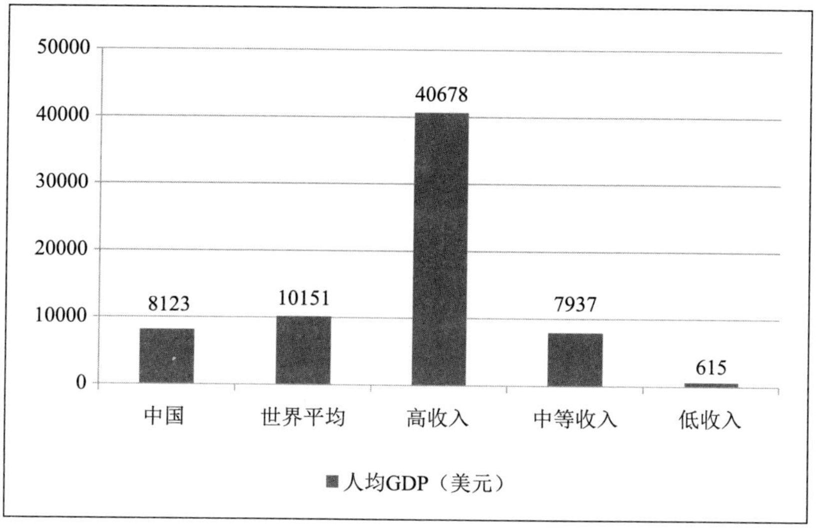

图2.12：2016年世界及按收入分组国家人均GDP

数据来源：世界银行WDI。

（2）与发达国家发展差距明显缩小。2016年，美国人均GDP为57467美元，我国人均GDP仅为美国的14.14%（见图2.13）。有测算表明，如果我国经济转型升级顺利推进，2026—2035年年均增长5.6%，2036—2050年年均增长4.3%，到2050年我国人均GDP将达到美国的41.6%，与美国的发展差距将明

① 低收入：人均国民年收入低于1045美元；中低收入：人均国民年收入在1046~4125美元；中高收入：人均国民年收入在4126~12735美元；高收入：人均国民年收入在12736美元以上。

显缩小[①]。

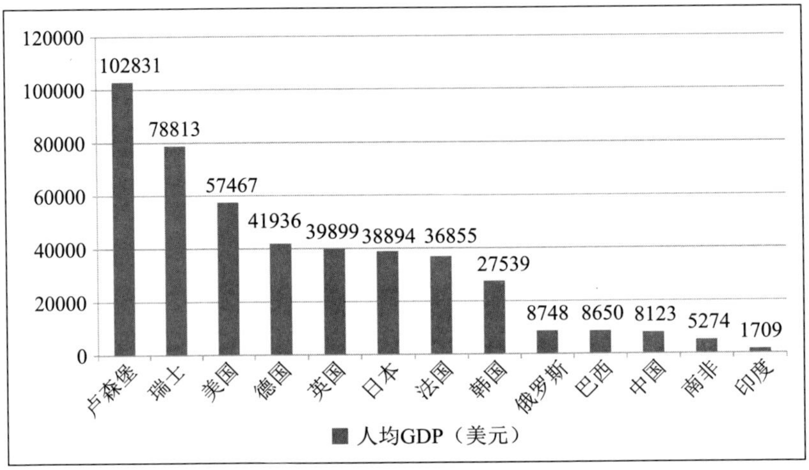

图 2.13：2016 年世界主要国家人均 GDP

数据来源：世界银行 WDI。

二、经济转型升级决定全要素生产率的提高

经济转型升级不仅决定我国未来经济的增长速度，而且决定经济发展质量。党的十八大以来，我国经济结构持续调整，经济增长质量出现改善势头。抓住这个趋势，加快推进经济转型升级，将进一步加快我国高质量发展进程。

1. 经济转型升级是改善全要素生产率的决定性因素

全要素生产率是增长的根本动力，这是体制机制创新的结果，取决于资源的市场化配置。当前，我国还有大量资源没有实现市场化配置，这势必会影响潜在增长率。过去 40 年，我国生产率呈现出三次下降又反弹的过程，其背后的驱动因素都是经济结构调整，反映了经济增长在很大程度上根源于制度变革带来的制度红利，转型与改革对其有重要影响。什么时候转型与改革取得突破，

① 梁婧. 从“三步走”到“两阶段”：中国现代化进程的历史与未来 [R]. 中银研究宏观系列，2017 (30).

什么时候潜在增长率就有一个反弹和跃升。

2. 在经济转型升级中提高全要素生产率

经济转型升级将推动全要素生产率的明显提高，主要来源于四个方面。一是资源配置效应。当前我国仍有部分资源要素与市场受到限制管制，未来通过解除束缚、提高资源配置效率，进而释放整体经济效率的空间尚存；二是技术创新效应。技术进步与创新发展空间巨大，国民整体研究水平仍有待提高；三是内外联动效应。通过调整与国际对接方式，仍可继续享受全球化红利；四是人力资本效应。未来在加大教育投入、扩大教育范围与层次、培养创新型人才以及提升教育质量与回报等方面的空间潜力仍然较大①。

三、以经济转型升级破解高质量发展的突出矛盾

经济转型不仅拓展增长空间，更决定增长的质量。从现实情况看，经济转型升级有助于破解高质量发展面临的突出矛盾，推动供给加快从“有没有”转向“好不好”。

1. 吸纳更多新增就业，解决结构性就业矛盾

（1）在经济转型升级中扩大就业。“有增长、无就业”很容易导致财富差距的扩大和社会矛盾的尖锐化。近年来，在经济增速换挡、劳动年龄人口总量依然庞大的大背景下，我国就业规模的不断扩大和就业质量的不断提高，一个重要原因就在于经济转型升级的有效推进。我国经济发展与扩大就业有效联动，经济增长的就业弹性不断增强。统计显示，2012—2016 年，国内生产总值每增长 1 个百分点，平均吸纳非农就业 172 万人，比 2009—2011 年多吸纳 30

① 连平，周昆平，唐建伟，刘学智. 新时代中国经济发展趋势展望 [R]. CF40 人论坛，2017-12.

万人[①]。2017 年全年城镇新增就业超过 1300 万人，也是在经济转型升级中取得的成就。

（2）在经济转型升级中提高就业质量。《2017 中国劳动力市场发展报告》指出，在迈向制造强国的进程中，中高端制造业成为拉动就业的新引擎。近年来，我国高技术产业的从业人员数逐年增加，从 2006 年的 744 万人增加到 2015 年的 1354 万人[②]，其增速显著高于各产业就业人员的增速。新产业、新业态、新商业模式也带来了巨大的就业效应。2016 年，我国参与分享经济活动的人数超过 6 亿人，其中分享经济平台的就业人员约为 585 万人，比 2015 年增加 85 万人[③]。新经济、新业态的加快发展，将提供更多高质量就业岗位。

（3）在经济转型升级中解决就业结构性矛盾。2017 年底召开的中央经济工作会议提出，“注重解决结构性就业矛盾，解决好性别歧视、身份歧视问题”[④]。这是推进就业高质量增长的重要方面。破解这个结构性矛盾，出路在于加快经济转型升级。初步测算表明，“十三五”期间如果服务业就业吸纳能力保持在当前水平，服务业年均增长 9%，每年吸纳就业规模将达到 1000 万人左右。这将有效吸纳农业转移人口、制造业转型升级中释放出来的劳动力以及每年的新增劳动力。到 2020 年，服务业就业人员有望达到 4 亿人，占总就业人员比重达到 50%。

2. 促进收入分配格局调整，扭转分配差距扩大趋势

（1）在经济转型升级中扭转收入分配差距扩大趋势。过去几年，随着经济转型升级的推进，我国城乡居民收入的差距逐步缩小。2012—2017 年，城乡居

---

① 国家统计局．就业形势持续向好 民生之本亮点纷呈——党的十八大以来经济社会发展成就系列之十一 [EB/OL]．国家统计局网，2017-07-21．

② 金辉．北师大报告：中高端制造业成为拉动就业新引擎 [N]．经济参考报，2017-12-27．

③ 人力资源社会保障部通报 2017 年第二季度人社工作进展情况 [EB/OL]．中国政府网，2017-07-28．

④ 中央经济工作会议在京举行 [EB/OL]．中国政府网，2017-07-20．

民收入差距从 2.88 下降到 2.71。我国基尼系数也有所下降。2016 年全国居民人均可支配收入基尼系数为 0.465，比 2012 年的 0.474 下降 0.009。

（2）在经济转型升级中扩大中等收入群体。我国中等收入群体规模已达到 3 亿人[①]，尽管全球规模最大，但尚未形成“橄榄形”社会。加快扩大中等收入群体，是我国走向高质量发展的现实需求。扩大中等收入群体，在产业上高度依赖于服务业。初步测算，“十三五”期间如果服务业能够提高 10 个百分点左右，国民收入分配中的劳动者报酬到 2020 年就有望达到 50% 左右。这有助于扭转劳动者报酬不断下降的趋势，优化国民收入分配格局。只要经济转型不断深入，2020 年我国中等收入群体就有望达到 6 亿人左右，实现规模倍增。

3. 降低资源环境消耗，形成绿水青山的体制保障

（1）能源结构与产业结构高度相关。从能源消费结构看，2016 年，煤炭消费占 62.0%，比 2012 年下降 6.5 个百分点；石油消费占 18.3%，提高 1.3 个百分点；天然气消费占 6.4%，提高 1.6 个百分点；一次电力及其他能源消费占 13.3%，提高 3.6 个百分点；清洁能源消费占 19.7%，提高 5.2 个百分点[②]。这和过去几年我国产业结构的调整直接相关。

（2）在经济转型中加快绿色发展。在缓解资源约束方面，初步测算表明，如果第三产业占比提高到 55%，以 2012 年为基准估算，能耗总量将从 36.17 亿吨标准煤下降到 27.65 亿吨标准煤，下降 14.16%。在缓解减排压力方面，初步估算表明，在上述情形下，二氧化硫排放总量将从 2117.6 万吨下降到 1731.4 万吨，减幅达到 18.23%[③]。

---

① 中国中等收入群体已超三亿 缩小收入分配差距仍是重点 [N]. 经济参考报，2018-01-17.

② 国家统计局. 中国统计年鉴 2017[M]. 北京：中国统计出版社，2017.10.

③ 迟福林. 转型抉择 [M]. 北京：中国经济出版社，2015.2.

Striving for More
Robust Drivers

第三章

2020：转向高质量发展的历史关口

我国正处在转变发展方式、优化经济结构、转换增长动力的攻关期。从国内外形势看，2020 年是我国实现三大转变、转向高质量发展的历史关口。抓住经济转型开放大趋势，把握好 2020 年这个时间窗口期，以深化供给侧结构性改革为主线，推动高质量发展的历史跨越。

党的十九大报告指出，“我国经济已由高速增长阶段转向高质量发展阶段，正处在转变发展方式、优化经济结构、转换增长动力的攻关期”。建设现代化经济体系是跨越关口的迫切要求和我国发展的战略目标，也是对推动高质量发展的总体要求。

在我国现代化进程中，高质量发展是一个阶段，不是短时间内可以完成的。它是渐进的，需要积小变为大变、从量变到质变。尽管是长期任务，但需要分解为阶段任务，稳步推进[①]。未来几年是转向高质量发展阶段的关键时期，从国际经济形势变化和国内经济转型升级的趋势来看，2020 年是我国转向高质量发展新阶段的历史关口。能否顺利跨越这个关口，决定着我国高质量发展的前景。

第一节　2020：转向高质量发展的重大任务

转向高质量发展，是我国经济在经历了数十年高速增长后破解结构性矛盾，实现更高质量、更有效率、更加公平、可持续发展的必然选择，也是我国实现现代化的必经阶段。未来几年，转向高质量发展，需要实现发展方式的深刻变

① 林兆木．关于我国经济高质量发展的几点认识 [N]．人民日报，2018-01-17.

革、经济结构的优化调整。

一、转向高质量发展的历史选择

转向高质量发展是我国的历史选择，是我国实现现代化的必由之路。党的十九大报告指出，“必须坚持质量第一、效益优先，以供给侧结构性改革为主线，推动经济发展质量变革、效率变革、动力变革，提高全要素生产率，着力加快建设实体经济、科技创新、现代金融、人力资源协同发展的产业体系，着力构建市场机制有效、微观主体有活力、宏观调控有度的经济体制，不断增强我国经济创新力和竞争力”。未来几年是转向高质量发展的关键时期，要按照党的十九大报告的要求，加快构建现代化经济体系，提升发展质量。

1. 质量第一，效益优先

（1）高质量发展是“质量第一，效益优先”的发展。经过40年的发展，我国生产力水平日益提升，人民群众的消费结构、需求结构提质升级，社会主要矛盾发生变化。在新的发展阶段，面对人民日益增长的美好生活需要和不平衡、不充分的发展之间的矛盾，坚持质量第一，效益优先成为我国建设现代化经济体系、实现高质量发展的新原则。

（2）高质量发展是投入产出比不断提升的发展。高质量发展是建立在投入产出效率不断提高基础上的发展。通过提高土地、矿产、能源资源的集约利用程度，增强发展的可持续性；通过提升全要素生产率，推动经济发展从规模扩张向质量提升转变。

2. 协同发展的产业体系

（1）高质量发展是结构协调的发展。我国进入高质量发展阶段，发展要求、发展内涵、发展理念发生深刻变化，要解决的发展问题也与以往大不相同。例如，当前，我国实体经济不景气，金融业发展“脱实向虚”倾向明显，这就要求我国要着力发展实体经济，增强金融服务实体经济的能力；我国科技创新能力不足，创新引领经济发展的动力尚未得到有效发挥，这就要求我国加强科技创新能力培养。以建设现代化经济体系为重点推进高质量发展进程，就要把各种要素调动好、配置好、协同好，积极构建结构合理、协同有力、运转高效的产业体系，提高供给体系的质量和效益。

（2）高质量发展是产业协同的发展。一方面，高质量发展是建立在各个产业同步发展的基础上。既加快发展农业，保障农业安全；又加快发展先进制造业，推进制造业转型升级；同时争取在服务业尤其是生产性服务业上提速增效。另一方面，高质量发展更是各产业融合的高效发展。服务化不仅在制造业中不断推进，形成服务型制造业；也在农业中加快推广，形成服务型农业。三大产业相互融合、相互促进，重塑竞争新优势、增添发展新动能，促进我国产业发展抢占制高点，迈向全球价值链的中高端。

3. 运行有效的经济体系

（1）高质量发展是市场机制有效的发展。加快完善社会主义市场经济体制是建设现代化经济体系的根本性制度保障和制度安排。党的十九大报告提出，“经济体制改革要以完善产权制度和要素市场化配置为重点，实现产权有效激励、要素自由流动、价格反应灵活、竞争公平有序、企业优胜劣汰”。这成为深化供给侧结构性改革、完善社会主义经济体制的重要导向。

（2）高质量发展是微观主体有活力的发展。高质量发展是建立在各类市场主体活力充分释放的基础上的。这不仅包括国有企业，也包括广大民营企业和外资企业，同时也包括各类正在创新创业的主体。

（3）高质量发展是宏观调控有度的发展。不仅聚焦于发展规模，还更注重发展质量；不仅着眼于短期调控，还更注重持续增长动力；不仅着力于需求侧的总量收放，还更注重供给侧的结构优化[①]。

---

① 张占斌．推动高质量发展要完善四大体系建设 [N]．经济日报，2018-01-18．

二、实现发展方式的深刻变革

改革开放以来相当长的一个时期，我国的发展是以总量为导向的赶超型发展，在这个过程中形成某些增长主义的倾向。这种总量导向的经济发展方式在实现经济快速增长的同时，也积累了包括城乡结构发展不平衡、资源环境破坏严重、收入分配不合理等在内的突出问题。转向高质量发展，首先要求变革发展方式，加快从总量导向的发展转向可持续发展，尽快把发展的重心转移到提升发展质量上，并建立与高质量发展相适应的政策体系与体制机制。

1. 总量导向的增长方式难以支撑高质量发展

（1）重增长、轻发展。随着我国经济发展水平的不断提升，全社会需求结构的不断升级，经济生活中，“以 GDP 论英雄”的增长主义引发的不平衡、不协调和不可持续的矛盾和问题不断增多。以环保为例，有的地方政府仍然把主要精力放在增长上，在很大程度上对环境的重视不足。在 2016—2017 年的中央环保督察工作中披露的一系列严峻问题，深刻反映了有的地方在绿色发展上还没有形成自觉认识，没有内化为自觉行动，追求 GDP、追求总量扩张的增长主义理念还根深蒂固。

（2）重行政、轻市场。党的十八届三中全会提出使市场在资源配置中起决定性作用和更好发挥政府作用，过去几年取得了比较大的进展。但在增长主义倾向还比较重的某些地区，这一条落实得并不是很到位。在一些领域，以政府代替市场的倾向还比较突出，使政府和市场关系面临新的挑战。

（3）重短期、轻长期。总量导向的增长方式更多依靠短期政策工具来刺激经济增长，忽视中长期目标的实现。这一点在地方层面表现得比较突出。比如，PPP 是推进市场开放的一个重要途径，但个别地方政府通过融资平台公司、PPP、政府投资基金、政府购买服务等方式违法违规或变相举债，形成了一定的风险隐患。

2. 改变总量导向的增长方式是转向高质量发展的客观要求

不改变增长主义，就难以真正让市场在资源配置中发挥决定性作用。以增长替代发展，还会人为压低土地、资本、劳动等要素价格；不改变增长主义，难以实现从投资拉动向消费主导转变，难以发挥近 14 亿人大市场的独特优势；不改变增长主义，就难以建设一个公共服务型政府。最近，一些地方政府主动曝光过去统计数据注水问题。为避免再出现类似现象，除了在统计体制上要作出变革外，更要加快转变总量导向的发展模式。

专栏 3.1

挤掉统计的“水分”

——内蒙古自治区党委在区经济工作会议上承认政府财政收入存在虚增空转，工业增加值也存在水分。根据财政审计部门的核算，2016 年其一般公共预算收入核减 530 亿元，占当年总量的 26.3%，核减 2016 年规模以上工业增加值 2900 亿元，占全部工业增加值的 40%，约占 2016 年内蒙古 GDP 总量的 15.6%。

——由于将 GDP 统计口径由注册地改为所在地，滨海新区 2016 年 GDP 由 10002.31 亿元下修为 6654 亿元，缩水近三分之一。

——2017 年 1 月，辽宁省政府工作报告中首次对外承认，辽宁省所辖市、县在 2011 年至 2014 年存在财政数据造假问题。辽宁省所辖市、县在 2011 年至 2014 年，累计虚增财政约占同期财政收入的近 20%。

——审计署在 2017 年第三季度国家重大政策措施贯彻落实情况跟踪审计中发现，云南、湖南、吉林、重庆 4 个省份的 10 个市县（区）虚增财政收入 15.49 亿元。

——十八届中央第十二轮巡视反馈结果也点名批评，内蒙古和吉林存在“经济数据造假”问题。

资料来源：多地自曝 GDP“注水”：刺破泡沫更要放下包袱 [N]. 新华每日电讯，2018-01-20.

3. 改变总量导向的增长模式是一场深刻变革

（1）改变总量导向的发展模式是一场深刻的思想变革。要转变发展观念，以新发展理念指导高质量发展模式。例如，解决实体经济大而不强、国际竞争力不足等问题，创新发展才能提高企业的竞争力、保障经济发展的后劲以及提升国家的整体实力；解决城乡、区域、虚实经济等发展不平衡以及效率发挥不充分的矛盾，要以协调发展来有效避免经济社会发展中出现的各种矛盾和冲突，保障经济社会平稳健康发展；针对我国经济与生态不平衡的问题，推进绿色发展，提高发展的质量和保障发展的可持续性，避免出现生态灾难和代际不公；按照我国推进全面开放新格局的进程，只有开放发展才能使我国的发展既能充分利用国际资源和市场，又能为世界经济发展做贡献，提高我国的国际地位和影响力；要破解城乡、收入不平衡的矛盾，只有坚持共享发展才能保障人民群众平等享有发展带来的进步和成果，促进社会公平正义，避免出现社会分裂和不公。

（2）改变总量导向的增长模式是一场深刻的结构性变革。总量导向的增长模式是特定历史阶段的产物，改变这一模式的根本出路在于推进结构性改革。比如，减少地方政府对经济的不恰当干预，淡化地方政府的“GDP 情结”，完善 GDP 的统计方式，等等。再如，要降低地方政府对土地财政的过分依赖，关键在于理顺中央与地方关系，建立以消费税、房产税为主的地方主体税种，鼓励并引导地方政府把主要精力用于保障公共服务。

三、实现经济结构的优化调整

转向高质量发展，根本目的是更好满足人民日益增长的美好生活需要。与高速度增长不同的是，高质量发展是体现创新、协调、绿色、开放、共享发展理念的发展，是生产要素投入少、资源配置效率高、资源环境成本低、经济社会效益好的发展。实现这个目标，需要在未来几年加快经济结构的优化调整。

1. 优化投资结构，打造高质量的供给体系

（1）供给结构不适应需求结构成为突出矛盾。在高速增长阶段，重速度轻质量是一个“通病”。当前，商品和服务质量不适应国内外需求已成为我国经济生活的明显短板。不优化调整投资结构，供给体系质量就难以提高，高质量发

展便难以实现。

（2）调整投资结构。适应服务型消费需求不断扩大的趋势，加快投资结构转型。在去产能的过程中，切实将产能过剩的重化工业和过度基础设施投资降下来，把投资的重点转向教育、医疗、社会保障等公共消费领域上。这不仅能够改善和稳定国内消费预期，而且能够有效缩小城乡差距和化解社会矛盾。

（3）优化投资来源。政府投资主要应集中在保基本、社会效益回报率高的领域，把竞争性领域更多让给社会投资，发挥政府投资的"四两拨千斤"作用。一方面，调整政府投资的存量，重点是调整国有资本战略配置，以公益性为导向加大对社会领域的投入；另一方面，重点释放社会资本活力，扩大民间资本投入。

（4）形成多元化投资主体。从现实来看，我国工业领域市场化程度较高，服务业领域竞争严重不足。近年来，老百姓抱怨较多的主要是教育、医疗、电信等服务行业的垄断和由此形成的高价格、低品质服务。在服务业领域重要的是打破行政垄断和市场垄断，引入政府采购、PPP模式，通过竞争提高质量、降低价格，形成有效供给。

2. 优化城乡结构，推进高质量的城乡融合

（1）城乡发展不平衡严重制约高质量的城乡融合发展。当前，城乡二元结构仍是我国最大的结构性问题，成为制约城乡融合的主要因素。比如，从全员劳动生产率看，2016年非农产业达到人均12.13万元，而农业只有2.96万元，前者是后者的4.09倍。从基础设施看，2016年，全国农村还有46.2%的家庭使用普通旱厕；26.1%的村生活垃圾、82.6%的村生活污水未得到集中处理或部分集中处理；38.1%的村主要道路没有路灯。从基本公共服务看，2016年67.7%的村没有幼儿园、托儿所；18.1%的村没有卫生室、45.1%的村没有执业（助理）医师[①]。促进高质量的城乡融合发展，必须解决城乡发展不平衡的问题，释

① 叶兴庆. 以改革创新促进乡村振兴[N]. 经济日报，2017-12-31.

放被城乡二元结构抑制的需求，带动供给端升级，促进供需在更高水平实现平衡。

（2）把乡村振兴作为大战略。发挥政府有形之手的作用，着力补国家现代化的短板。一是推动公共资源向农业农村优先配置。过去几年，农村基本公共服务体系的“四梁八柱”已经搭建起来，实现了从“无”到“有”的历史性突破。但公共服务领域的城乡差距仍然太大，农村公共服务的保障水平太低，需要把从“有”到“好”作为主攻方向；二是提高农业支持保护政策的效能。近几年，国家调整完善农业支持保护政策，如实行棉花目标价格补贴试点、推行玉米“市场化收购+生产者补贴”、推进农业“三项补贴”制度改革。推进乡村振兴，农业支持保护政策的力度还需要继续加大。

（3）加快高质量的城乡融合发展。解决好“三农”问题要借助城镇力量，解决好城市问题也要借助乡村力量，高质量发展中的城市与乡村双向互动、互为促进。

一是农村农业对城镇的新需求要作出灵敏反应。城镇居民对农产品量的需求已得到较好满足，但对农产品质的需求尚未得到很好满足，这不仅要求农村提供充足、绿色安全的物质产品，而且要求农村提供恬静、优美的田园风光等生态产品以及农耕文化、乡愁寄托等精神产品。捕捉这些新需求，应加快推进农业发展从增产导向转向提质导向，大力发展农村休闲、旅游养老等新产业、新业态。二是城镇对农村农民的新需求要作出灵敏反应。发展资源节约、环境友好型农业，迫切需要推广使用新型肥料和低毒高效农药；提高农业劳动生产率，迫切需要推广使用性价比高的农业机械，特别是适合丘陵山区和经济作物生产的小型农业机械；改善农村人居环境、提高农民生活品质，迫切需要新型建筑装饰材料、垃圾和污水处理设备、经济适用的厨卫等家庭生活用品。适应这些新需求，需要加快调整工业部门的技术结构和产品结构。

3. 优化资源配置结构，形成高质量资源配置体系

（1）我国资源配置方式还有优化的空间。资源配置主要有两种方式，一是

行政配置；二是市场配置。党的十八届三中全会提出发挥市场在资源配置中的决定性作用。目前，在一些领域，行政主导资源配置的现象还比较明显。比如，公共资源配置的市场化和透明化不够。再如，当前我国有一部分僵尸企业死不了、退不出，大量资源和要素被锁定在低效率部门，重要原因在于行政干预[①]。

（2）发挥市场在资源配置中的决定性作用，形成高质量的配置体系。以去产能为例，要发挥市场在去产能中的决定性作用。利用市场机制和经济杠杆，增强企业技术创新的内在动力，构建起以企业为主体、市场为导向、产学研有机结合的技术创新体系。推动企业兼并重组，支持兼并重组企业整合内部资源，优化技术、产品结构，压缩过剩产能。引导有效产能向优势企业集中。同时，建立起防范产能过剩的长效机制。按照体现资源稀缺性和环境成本的原则，深化资源性产品价格改革，继续实施并完善非居民用水超定额加价和环保收费政策。转变地方政府主导的增长方式，消除产能过剩中的地方政府因素。

4. 优化经济循环，形成高质量经济平衡

（1）优化经济循环是形成高质量经济平衡的重要保障。我国发展进入新时代，人民群众多样化、个性化、不断升级的需求，既不断开辟新的消费领域和消费方式，改善、丰富人民生活，又引领供给体系和结构的优化升级，反过来又催生新的需求。如此循环往复、相互促进，推动社会生产力和人民生活不断迈上新台阶[②]。当前我国经济存在三大失衡：供给和需求的失衡、金融和实体经济失衡、房地产和实体经济失衡，都是经济循环不畅的外在表现。促进高质量的经济循环，就是要畅通供需匹配的渠道，畅通金融服务实体经济的渠道，落实“房子是用来住的，不是用来炒的”的要求，逐步缓解经济运行中的结构失衡，确保经济平稳可持续运行。

（2）促进形成金融与实体经济的良性循环。推动金融与实体经济的再平衡，

---

① 宋晓梧．地方政府竞争和去产能 [EB/OL]．中国改革论坛网，2017-10-29.

② 林兆木．关于我国经济高质量发展的几点认识 [N]．人民日报，2018-01-17.

以推动实体经济不断迈向高质量发展来防控金融风险。这就需要：第一，坚持金融回归本源，服从且服务于实体经济。第二，切实强化金融在服务存量重组、增量优化和动能转换方面的能力。第三，做好企业债务风险处置工作，维护正常银企关系，修复金融生态。

（3）促进金融和房地产的良性循环。一是为加快建立多主体供应、多渠道保障、租购并举的住房制度提供金融支持，提高住房金融供给体系质量；二是控制个人住房贷款和房地产开发贷款的杠杆率，防止金融资源过度集聚于房地产市场，避免居民资产负债表恶化。

（4）促进金融体系内部的良性循环。避免金融体系内“资金空转”、自我循环、层层嵌套和监管套利，提升服务实体经济能力，提高金融风险防控能力。一方面，需要完善金融监管架构、提升监管协调的有效性、补齐监管短板，提高监管能力和加强监管力度；另一方面，需要改革金融机构考核评价体系，弱化短期规模和业绩指标，强化风险和长远发展能力。

第二节　2020：转向高质量发展的行动路线

转向高质量发展，关键在于务实行动。这就需要在保持中高速增长中提升发展质量，在全面深化改革中提升发展质量，在第四次工业革命中提升发展质量。

一、在保持中高速增长中提升发展质量

我国已进入经济中高速增长时代。转向高质量发展，不是不要速度，而是要在保持一定速度的同时提升发展质量。这个增长，是绿色的增长、是有效率的增长、是包容式的增长。这就需要防范两种倾向：一是不顾实际追求高增长；二是一谈到质量就不要速度。

1. 转向高质量发展要避免增长失速

（1）淡化 GDP 目标不是不要增长。党的十九大报告及随后召开的中央经济工作会议在部署经济工作时都没有提到 GDP 目标，其初衷是避免引发新一轮的地方竞争。但这并不意味着不要经济增长，恰恰相反，中央始终强调发展是第一要务。经济增长是发展的基础，在多数情况下，没有增长就谈不上发展，就更谈不上高质量的发展。比如，各方对我国能否跨越“中等收入陷阱”十分关注。2016 年，我国人均 GDP 为 8123 美元，处于中上等国家行列，要在未来几年人均 GDP 达到高收入国家人均 GDP 水平（12736 美元），仍然需要保持 6.5% 左右的增速。

（2）2020 年全面建设小康社会需要一定的增长速度。到 2020 年全面建成小康，未来几年必须要保持一定的增长速度。2017 年，我国 GDP 达到 82.7 万亿元，增速为 6.9%。2011—2017 年，我国 GDP 累计增长 66.95%。初步估算，要完成全面建成小康社会的目标，未来 3 年，我国经济还需保持年均 6.5% 左右的增长。

（3）防范系统性风险要求保持一定的增长速度。随着我国经济体量的不断加大，增长速度不可避免地逐步下台阶。在这个过程中最重要的是防止增长失速带来的系统性风险。比如，受美国次贷危机冲击，我国经济增速从 2008 年上半年的 10% 以上降到 2009 年第一季度的 6.0%。为了避免断崖式下降带来的系统性风险，我国出台了 4 万亿元的救市方案。未来几年，虽然国际经济形势趋稳，但不确定性仍然较大；虽然“黑天鹅”概率下降，但“灰犀牛”不容忽视。增长速度太快，总盘子绷得太紧，面对意料外的各种冲击就会比较被动。这就需要保持一定的速度，同时着力提高经济发展质量，以提升我国应对内外冲击的能力。

2. 在中高速增长中营造高质量发展的大环境

过去 40 年，我国经济的快速增长深刻改变了社会经济面貌，但也积累了许多突出矛盾。在增速成为主要目标的特定阶段，政策、制度等都围绕提高增长速度来设计。进入发展新时代，我国在保持中高速增长上更为从容，提升发展质量的目标更为清晰。在增长速度留有空间的情况下，能够把更多的精力用于提升发展质量，能够有更大的空间来改变传统发展方式下不合理的政策、制度。

3. 形成中高速增长的政策与体制

（1）在市场开放中实现中速增长。从投资看，受规范地方举债和房地产持续调控的影响，基础设施投资和房地产投资增速将略有放缓，但市场化程度更高、内生动力更足的制造业投资增速呈现企稳回升态势，将对冲部分投资下行压力，整体投资增速有望稳定在7%左右。例如，随着服务业市场开放，以服务业为主导的产业结构加快形成，将释放巨大的投资潜力。2017年，全国民间固定资产投资增速仅为6%，服务业领域的民间固定资产投资仍实现了7.7%的增长，高于第二产业3.9个百分点①。加快推进市场开放，就能够为中速增长提供重要动力。

（2）在消费结构升级中实现中速增长。近14亿人的消费大市场是我国最大的优势。从过去几年情况来看，消费升级态势不减，电子商务、新零售、共享经济等新型消费业态不断涌现，消费增速预计将稳定在10%左右。顺应消费升级的态势，完善消费市场监管、优化消费环境、降低消费成本，将极大释放我国增长潜力，实现中速增长。

（3）在服务贸易发展中实现中速增长。服务贸易成为新的增长点。2016年，我国服务贸易总额为6575亿美元，比2012年增长36.7%。服务贸易占对外贸易总额的比重不断提升，由2012年的11.1%提升至2016年的15.1%。加快构建开放型经济，推进服务贸易大发展，将形成我国巨大的增长动力，确保我国中速增长目标的实现。

---

① 2017年民间固定资产投资增长6.0%[EB/OL]. 国家统计局网，2018-01-18.

二、在第四次工业革命中提升发展质量

当前，新一轮科技和产业革命快速兴起，数字经济、共享经济加速发展，新产业、新模式、新业态层出不穷，全球正处于第四次工业革命的关键时期。在前三次工业革命的基础上，第四次工业革命将在更大程度、更广范围上改变现有的生产生活方式，也将重塑各国的竞争力。我国应客观把握第四次工业革命的大趋势，顺应大势、主动作为，向高质量发展阶段迈进。

1. 第四次工业革命与我国高质量发展交织融合

（1）第四次工业革命是高质量发展的直接动力。改革开放是我国走向高质量发展的根本动力，第四次工业革命为我国走向高质量发展提供了最直接的动力。第四次工业革命与“中国制造 2025”相结合，将深刻改变我国产业结构和技术结构，从而形成我国高质量发展的新动力。如数字化技术、人工智能技术、新能源技术、新材料技术、生物工程技术、3D 打印技术等都取得了重大突破。这些技术的进步，不但促进其所在产业的迅猛发展和升级，培育出了众多的全新产业，而且被广泛应用于其他相关产业领域，带动全社会的大发展。

（2）高质量发展为第四次工业革命提供巨大的市场空间。推进“中国制造 2025”，主要围绕经济社会发展和国家安全重大需求，以十大优势和战略产业[①]作为突破点，力争到 2025 年达到国际领先地位或国际先进水平。例如，在工业机器人制造领域，我国目前总体上还处于全球价值链的中低端。在高质量发展战略背景下，我国将利用巨大的市场优势，不断培育形成自主知识产权的研发和品牌，尤其是推动关键行业的国产化进程，降低对外部技术和高端制造的依赖，提升国产产品质量和生产效率。

① 新一代信息技术产业、高档数控机床和机器人、航空航天装备、海洋工程装备及高技术船舶、先进轨道交通装备、节能与新能源汽车、电力装备、农业装备、新材料、生物医药及高性能医疗器械。

2. 把握第四次工业革命机遇，推进制造业转型升级

（1）跨越“技术陷阱”。“二战”后只有少数经济体从低收入水平成功迈进高收入水平，实现现代化。掉入“中等收入陷阱”有很多原因，包括社会领域的问题。但其中一个重要的原因是未能依靠科技创新打造竞争新优势，无法提升自身在全球价值链中的竞争力。20 世纪中叶，拉美与东亚基本上处于同等发展水平。然而，30 年后一些东亚国家却跻身于新兴工业化经济体的行列，日本、韩国等已成为 OECD 成员，拉美却陷入了“失去的十年”。重要原因之一在于，东亚地区在技术升级上形成了“雁形模式”，而同期的拉美国家则在技术上陷入了停滞[①]。

（2）推动传统产业转型升级。这几年来，工业机器人、3D 打印机、无人机和其他人工智能等新装备、新技术加快应用，大数据、云计算、物联网等应用范围不断扩大，推动传统制造业转型升级。这些新的业态，以消费者为中心，不断顺应市场需求变化，综合了技术创新、管理方式创新、组织结构创新等各个方面，为需求定制化、高端化提供了新型供给的可能性和经济性。例如，新型材料技术的突破，带动了包括化工、机械、电子、建筑、航空、医疗、能源等大批产业的发展；大数据应用技术的突破，带来了包括制造、零售、金融、教育等几乎所有产业的历史性变革等。

（3）走出“微笑曲线”底端。客观地看，我国目前总体上还处于全球价值链的中低端，占据高端价值的制造业领域并不多。比如，国际机器人联合会数据显示，我国企业人均工业机器人装机量为每万名雇员 49 台，其自动化程度远低于世界水平（见表 3.1）。

---

① 吴德进，陈捷. 基于技术进步视角的东亚与拉美发展模式比较 [J]. 经济经纬，2010（04）.

表 3.1：工业机器人密度国际比较（单位：台）

国家或地区	每万名雇员工业机器人装机数	国家或地区	每万名雇员工业机器人装机数
韩国	531	奥地利	128
新加坡	398	法国	127
日本	305	芬兰	126
德国	301	荷兰	120
瑞典	212	瑞士	119
中国台湾	190	斯洛文尼亚	110
丹麦	188	捷克	93
美国	170	澳大利亚	86
比利时	169	斯洛伐克	79
意大利	160	英国	71
西班牙	150	全球平均水平	69
加拿大	136	中国大陆	49

数据来源：中国欧盟商会. 中国制造 2025：产业政策对弈市场力量 [R]. 2017.

我国一些行业生产的产品，许多还停留在附加值低、耗能较高的阶段。保持全球制造业 20% 的份额，闯出“微笑曲线”的低谷，需要抓住第四次工业革命的机遇，加快对生产和组装环节的设计化、智能化、服务化、精细化进行改造，提升其附加值。

3. 以第四次工业革命提升制造业发展质量

（1）推进“中国速度”向“中国质量”转变。过去我国制造业增长十分迅猛，在不到 40 年的时间内建立起了全球最为完善的工业体系。在新的全球化时代，我国需要着力在质量提升和效率提升上做文章。2014 年，我国单位劳动力创造的 GDP 为 21630 美元，如果达到中等偏上国家的平均水平（27981 美元），我国就有 30% 的提升空间①。因此，在我国进入工业化后期后，面对第四次工业革命的大趋势，工业体系建设、工业发展速度、工业产品规模等已经不是发展

① 国家统计局. 国际统计年鉴 2016[M]. 北京：中国统计出版社，2016.

的重点，提升工业化质量，推进从“中国速度”向“中国质量”的转变，成为我国新时代发展的重点。

（2）推进“中国制造”向“中国智造”转变。随着我国人口红利的消失、人工费用的增长，传统制造业依靠人力发展的道路已经越走越窄。与此同时，以工业机器人为代表的智能装备，正为传统的装备制造以及物流等相关行业带来革命性的变革。未来10年是我国制造业转型升级的关键时期，推进“中国制造”向“中国智造”转变已刻不容缓。据波士顿咨询公司研究，我国制造业累计产品销售成本约85万亿元，与互联网嫁接之后，工业总体生产效率将产生4万亿~6万亿元的提升潜力①。不仅如此，销售中间环节的剔除及产销的及时交互，将有效强化企业对市场的快速反应，加快产品更新迭代的步伐，从而更广泛、更深入地激活企业的自我创新能力。我国要抓住第四次工业革命的历史性机遇，加快推进制造业的智能化改造，向“智造大国”迈进。

（3）推进“中国产品”向“中国品牌”转变。我国产品已经遍布全球，成为各国消费者的重要选择，但我国品牌与我国经济总量、产品规模不相适应的矛盾突出。“有产品缺品牌”成为制约我国国际竞争力的重要因素。据经济合作与发展组织统计，知名品牌仅为全球商标总量的3%，却占据了全球40%的市场份额和50%的销售额②。我国品牌与发达国家还有比较大的差距。据最新公布的2017年全球最佳品牌前10名榜单，美国占据7家，韩国、日本和德国各1家，中国无一企业入选；前100名中只有华为、联想两个品牌入围③。为此，需要抓住第四次工业革命给我国带来的弯道超车的重要机遇，加快推进从“中国产品”向“中国品牌”的转变，争取到2025年《世界品牌500强》中我国入围品牌达到100个，其中制造业品牌超过50个。

---

① 张锐．工业互联网将我国制造业导入智能化时代[N]．上海证券报，2017-11-03.

② 张厚明．“中国制造”走“品牌强国”道路[J]．瞭望新闻周刊，2016-06-12.

③ 2017全球最具价值品牌100强华为位列第70[BE/OL]．凤凰科技，2017-09-25.

三、在全面深化改革中提升发展质量

过去 40 年，我国依靠改革开放实现了年均 9.6% 的高速增长；进入高质量发展新阶段，实现高质量发展目标仍需依靠全面深化改革的不断推进。当前我国经济生活中不平衡不充分的矛盾，根源在于体制机制的不合理和不健全，导致资源错配；经济运行中的三大重大结构性失衡，根源也在于生产要素配置扭曲。这些都对我国全面深化改革、提升发展质量提出了迫切要求。

1. 高质量发展需要破解经济发展中的失衡问题

（1）实体经济与虚拟经济的失衡。由于目前金融资本收益增速明显高于实体经济运营增速，大量资金闲置在金融体系内空转升值，然而实体经济却面临融资难、融资贵的突出矛盾。2014—2015 年，上市金融机构占上市公司的总利润超过 60%。2016 年，25 家上市银行的利润占 A 股 3000 家上市公司总利润的比重接近 46%。如果加上上市的保险公司、证券公司和其他金融机构，这一利润占比达到 50% 以上[①]。虽然短期比重有所下降，但比重仍然偏高，虚拟经济挤压实体经济的现象严重，导致实体经济与虚拟经济的失衡。“脱实向虚”既有金融的因素，也有实体经济“含金量”不高的因素。

（2）传统经济与新经济的失衡。一方面，新经济发展迅速，尤其是数字经济呈现快速发展态势。2008—2016 年，我国数字经济规模由 4.8 万亿元人民币增加至 22.6 万亿元人民币，增加了近 4 倍；占 GDP 的比重由 15.2% 提升至 30.3%，提高了 15.1 个百分点[②]。数字经济快速发展催生新业态、新模式不断涌现。另一方面，传统经济面临比较大的压力，尤其是产能过剩等使传统产业面临转型升级的挑战。以钢铁为例，该行业的产能利用率在 2012 年之后明显下降。2012—2014 年，我国粗钢产能分别为 10 亿吨、10.4 亿吨、超过 11 亿

---

① 张承惠：25 家上市银行占 A 股上市公司总利润近 46%[EB/OL]．中国经营网，2017-09-23．

② 中国信息通信研究院．中国数字经济发展白皮书 2017[R]．2017-07．

吨，粗钢产量分别为7.2亿吨、7.79亿吨和8.23亿吨，产能利用率分别为72%、74.9%和低于74.8%。钢铁产能过剩导致钢材价格自2011年第四季度以来一路下跌。2011年第四季度末到2015年1月末，吨钢材累计降价已达2100元，跌幅超过40%。大中型钢铁企业销售利润率持续下降。2003—2007年为7%~8%；2008—2011年下降到3%左右，2011年为2.42%；2012—2014年均不到1%，2012年仅为0.04%，几乎全行业亏损，2013年为0.48%，2014年为0.85%，处于工业行业最低水平[①]。

2. 以结构性改革破解结构性矛盾

（1）经济增长面临的突出矛盾主要在供给侧。我国经济运行面临着较大的下行压力，除了周期性因素外，更多的是结构性因素影响。具体表现在：随着劳动力等要素价格和成本持续上升，我国比较优势出现阶段性变化，与发达国家经济增速下降等因素叠加，出口增速回落明显；煤炭、钢铁、电力等传统重工业部门的产能过剩严重，严重减弱了其作为重要增长引擎的功能；实体经济的边际利润率和平均利润率出现下滑。同时，国内消费结构升级，一些需求在国内得不到有效供给，需求外流现象严重。这些新的特征使当前的经济下行与我国以往经济波动比较，显现出更为深刻的结构性特点。从供给侧入手解决这些结构性问题，成为当前我国经济政策的现实选择。

（2）要以结构性改革破解结构性矛盾。结构性改革的长期目标是通过改革创新释放经济潜在的总供给能力，提升供给系统满足需求的能力与水平，从根本上提升我国经济整体运行的效率。就此而言，我国推行的供给侧结构性改革与党的十八大以来全面深化改革、简政放权、推动“双创”的持久努力相互衔接，成为我国主动适应和引领经济发展新常态的战略部署。推进结构性改革，需要大力推动简政放权、放管结合、优化服务向纵深发展，充分发挥大众创业、万众创新和“互联网+”集众智汇众力的乘数效应，充分释放全社会创新

---

① 苗长兴. 化解产能过剩的途径和措施[J]. 新金融评论，2015（01）.

创业潜能；需要着力化解过剩产能和降本增效，积极稳妥处置“僵尸企业”，释放出维持低效企业所耗费的资源转向更有效率的用途；努力改善产品和服务供给，提升消费品品质，促进制造业转型升级，加快现代服务业发展；大力推进国有企业改革，坚决打好国有企业提质增效攻坚战；更好激发非公有制经济活力，大幅度放宽电信、交通、电力、天然气、市政公用、石油等领域市场准入，消除各种隐性壁垒，鼓励民营企业扩大投资，积极参与国有企业改革[①]。

（3）以结构性改革奠定高质量发展的制度基础。过去5年来，供给侧结构性改革不断深化，完善市场经济体制取得多点突破，对外开放新格局初步确立，不仅排查和化解了可能导致系统性风险的因素，而且推进了一些重大改革的进展，明显优化了经济结构。正如党的十九大报告指出的，“五年来的成就是全方位的、开创性的，五年来的变革是深层次的、根本性的”。从中长期看，这几年实现的变革将为高质量发展奠定重要基础；继续深化供给侧结构性改革，将为高质量发展提供重要的制度保障。

3. 在全面深化改革中改善发展质量

（1）以完善产权制度和要素市场化为重点。在产权保护方面，我国已经初步建立了与市场经济相适应的产权制度框架，但仍有不完善之处，尤其是产权保护力度与社会呼声还不相适应。产权保护是现代市场经济的基石，是实现公平可持续发展的重要保障。完善产权保护，推进产权保护制度化、法治化进程，不但有利于激发市场活力、调动全社会创新创业热情，而且还能增强人民群众财产的安全感，增强社会信心和稳定预期。例如：完善非公有制企业产权保护制度、保护企业家创新收益、加强知识产权保护、完善农村土地产权制度等。

在要素市场化改革方面，某些资源要素领域的市场化改革相对滞后制约了我国经济增长方式转变，市场决定资源配置的格局在这些领域尚未有效建立。

---

① 卢峰. 用结构性改革破解结构性矛盾 [J]. 求是，2016（07）.

随着我国经济由高速增长阶段转向高质量发展阶段，通过行政力量配置资源要素的做法到了非改不可的地步，提高要素配置效率需要发挥市场在资源配置中的决定作用。比如，深化资源要素价格改革、实现农村土地要素市场化配置、实现劳动力、人才要素市场化配置等。

（2）推动国有资本做强做优做大。党的十九大报告提出，“要完善各类国有资产管理体制，改革国有资本授权经营体制，加快国有经济布局优化、结构调整、战略性重组，促进国有资产保值增值，推动国有资本做强做优做大，有效防止国有资产流失”。这是对党的十八届三中全会提出“以管资本为主加强国有资产监管”的延伸和升级，突出了国有资本保值增值，不仅为国有企业改革拓宽了空间，还为社会资本发展创造了制度性空间。贯彻落实党的十九大精神，需要按照“国有资本做强做优做大”的要求，改革国有资本授权经营体制，尽快出台国有资本投资、运营公司的改革方案。

（3）发展混合所有制经济。党的十九大报告对混合所有制改革提出新的改革目标，“深化国有企业改革，发展混合所有制经济，培育具有全球竞争力的世界一流企业”。混合所有制改革是新时代深化国有企业改革的重头戏，牵一发而动全身。这就要求在去产能取得阶段性成果的情况下，把发展创新型国有企业作为改革的重要目标，推动国有企业转型升级；扩大市场开放，引导和鼓励扩大社会资本参与，在发展混合所有制结构中给民间投资提供更大的市场空间。

（4）统一市场和公平竞争，打破行政性垄断，防止市场垄断。

——创造公平竞争的营商环境成为国际竞争的焦点。党的十九大报告指出，“全面实施市场准入负面清单制度，清理废除妨碍统一市场和公平竞争的各种规定和做法，支持民营企业发展，激发各类市场主体活力。深化商事制度改革，打破行政性垄断，防止市场垄断，加快要素价格市场化改革，放宽服务业准入限制”。当前，优化营商环境不仅成为我国参与全球经济竞争的现实需求，还成为激发国内市场活力、振兴实体经济的关键所在。数据显示，2013—2016年，在全球190个经济体中，我国营商环境排名由第96位上升为第78位，在G20

中排倒数第 5 位[①]。从这两个数字来看，我国的营商环境与大国的经济地位还不相适应，优化营商环境具有相当大的现实性、迫切性。

——全面实施市场准入负面清单制度。要以服务业市场开放为重点，全面实施市场准入负面清单制度，通过国内自贸试验区负面清单管理的经验在全国范围内普及推广，在创新市场准入制度方面取得新突破。

——重点破除服务业领域的行政性垄断和市场垄断。初步估算，到 2020 年，我国服务业规模有可能从 2017 年的 42.7 万亿元人民币增加到 50 万亿元人民币左右。适应服务业加快发展的大趋势，需要进一步清理、修改、废除国有垄断行业、城市公用事业、公共服务等领域导致行政垄断的行政法规；探索实施符合新经济领域发展规律的反垄断方式，并形成有效的反垄断审查机制。

——以发展中小企业为重点维护公平竞争。近年来，中小企业发展在我国经济转型升级中的作用日益凸显，数量明显增加，但其成长与发展并不稳定。据全国工商联调查，90% 的小企业和 95% 的微小企业没有与正规金融机构发生任何借贷关系，其融资多依靠民间借贷市场[②]。新时代的发展，需要为中小企业发展创造更加宽松的市场环境和更有效的政策支持体系，使其成为创新发展、共享发展的引擎。

第三节　2020：转向高质量发展的时间窗口

未来几年，在内外环境变化下，经济转型升级、转变经济发展方式的时间约束越来越强。以经济转型升级为重点，社会转型、政府转型都处于承上启下、攻坚克难的关键时期。总的判断是，2020 年是一个坎：化解短期增长压力

① 张承惠：25 家上市银行占 A 股上市公司总利润近 46%[EB/OL]. 中国经营网，2017-09-23.

② 民间投资市场需要立法规范 [N]. 中国商报，2017-10-18.

的希望在2020，转向高质量发展的时间窗口在2020；转变经济发展方式的关键在2020；全面建成小康社会、迈向高收入国家行列的关节点在2020。如果错失2020这个重要历史机遇期，就会失去“大转型”的主动权，并带来多方面的系统性风险。谋划好、把握好2020这个“中期”，就能奠定中长期公平可持续增长的坚实基础。

一、经济转型升级的窗口期

过去几年，我国经济转型升级呈现出多方面的亮点，以新经济为代表的新动能开始在经济增长中发挥重要的拉动作用。但这个新动能还比较弱小，经济转型升级还处于攻坚的窗口期。

1．破除高质量发展的结构性矛盾

（1）供给结构与需求结构的突出矛盾。从经济生活实践看，我国供给结构与需求结构不相适应，且需求引导供给、供给创造需求的作用尚未得到有效发挥。随着我国消费结构向多样化、个性化、高端化、服务化升级，原有供给结构已经不能适应需求结构的变化，供给过剩与供给不足的矛盾并存。

（2）消费结构与收入结构的突出矛盾。当前，中等收入群体消费的“升级型”特点相当突出，并成为推动消费结构从物质型消费向服务型消费为主转型的内在动力。问题在于，目前我国人均GDP达到8123美元，但中等收入群体占总人口比重在30%左右[①]。虽然人口规模全球最大,但尚未形成一个“橄榄形社会”。

（3）产业结构与税收结构的突出矛盾。一般来说，直接税比重高更有利于服务业发展，有利于消费释放，有利于收入差距调节。从国际经验看，高收入国家直接税占比平均达到63.56%[②]，而我国目前仍以间接税为主体。2016年，

① 王仁贵．解码世界最大中等收入群体[J]．瞭望新闻周刊，2018（02）．

② 迟福林．从三个维度看现代化经济体系建设[J]．中国经济报告，2017-12-19．

我国直接税比重为 42.57%，间接税比重为 57.43%[①]。适应我国经济转型升级的趋势，需要改变直接税比重偏低的格局。

2. 推进结构性改革的历史窗口

国际经验表明，在特定的历史阶段如果没有实现经济转型升级，往往容易加大风险或者风险因素。例如，日本和韩国曾长期依赖政府主导的增长方式，以产业政策取代竞争政策，对国民经济带来了结构性的扭曲。由于结构性改革既缺乏动力又缺乏全局统筹，使这些问题长期得不到解决，最终只能以危机的形式予以出清。

3. 抓住未来几年结构性改革的历史窗口期

（1）2020：结构调整的时间窗口。如果到 2020 年，人口城镇化率达到 50%，服务业占比达到 60% 左右，其中生产性服务业占比达到 30% 以上，那么我国就有可能实现经济结构的重大调整，释放出新的动力。

（2）2020：宏观经济趋稳的时间窗口。从增速来看，未来几年没有太大压力。实现党的十八大提出的 2020 年 GDP 比 2010 年翻一番的目标，只要未来 3 年我国经济年均增长保持在 6.5% 左右即可。趋稳、趋好的经济形势，为我国高质量发展打开了时间窗口，一些要做但长期没有突破的结构调整与改革需要在这个时间窗口完成。

（3）2020：市场化改革的时间窗口。党的十八届三中全会提出了到 2020 年要完成的 300 余项改革，其中重点之一是加快构建市场决定的体制框架。过去几年，我国在市场化改革上取得了明显的进展，一些领域甚至有突破性进展，如利率市场化基本完成。但还面临着比较艰巨的改革任务，如打破行政垄断、完善市场监管等，这些都需要在未来几年取得重大突破。

---

① 根据《中国统计年鉴 2017》数据计算得出。

二、利益结构调整的窗口期

党的十九大报告指出，“必须坚持和完善中国特色社会主义制度，不断推进国家治理体系和治理能力现代化，坚决破除一切不合时宜的思想观念和体制机制弊端，突破利益固化的樊篱，吸收人类文明有益成果，构建系统完备、科学规范、运行有效的制度体系，充分发挥我国社会主义制度优越性”。客观地看，市场化改革走到今天，能不能突破利益固化的樊篱，加快形成市场决定资源配置的新格局，决定能否实现现代化经济体系建设的重大突破。

1. 高质量发展面临利益固化的挑战

（1）贫富差距较大。近年来，我国基尼系数有所缩小，但始终保持在0.4以上，差距还比较明显。

表3.2：2012—2016年我国基尼系数

年份	基尼系数
2012	0.474
2013	0.473
2014	0.469
2015	0.462
2016	0.465

数据来源：居民收入持续较快增长人民生活质量不断提高——党的十八大以来经济社会发展成就系列之七 [EB/OL]. 国家统计局网，2017-07-06.

（2）固化的利益格局基本形成。当前现实生活中表现最明显的就是：这些年社会上开始出现所谓的富二代、贫二代。这表明贫富差距代际传承的特点比较突出，穷人通过社会流动变为富人，要比20年前、30年前困难得多。

（3）尚未形成组织化的利益格局。目前既得利益是一个客观实际，利益固化也是一个现实问题，但总体来看，尚未形成一个集团化的状态。这给通过改革打破不合理利益格局留下了很大空间。我国社会转型已经到了能否有效化解利益冲突的临界点，打破利益固化、形成合理的利益格局，成为我国面临的重大任务。

2. 推进经济转型升级触及深刻的利益调整

经济转型升级和结构性改革会对现有的利益结构带来巨大冲击。比如，要扩大中等收入群体，到2020年达到6亿人规模，就需要对现有的税制结构作出调整，加大直接税比重。其中不能回避的是房产税。关于这方面，各方反应比较强烈。这说明结构性改革推进到今天，已经不是单纯的经济层面的问题，而是深刻的利益关系的调整。

再如，新经济、新业态、新模式会对经济增长带来新的红利。从人类社会进步的过程看，技术进步无疑是一条主线。但技术进步也面临两个挑战。一是技术进步往往带来技术对传统就业岗位的替代，每一轮工业革命的历程，都是传统就业岗位逐步被替代的过程；二是技术扩散的非均衡性，落后地区往往也是技术扩散最后的受益者，这有可能拉大不同群体的发展差距。因此，需要在技术进步中妥善处理好这两个挑战，避免对新经济发展带来不利影响。

3. 抓住未来几年利益关系调整的历史窗口期

例如，城乡利益关系调整到了临界点，2020年是推进户籍制度改革的时间窗口。“十三五”期间深化户籍制度改革，不应是在原有制度上的修修补补，不能把“暂住证”换个牌子变成“居住证”，也不能长期实行户籍制度和居住证制度的“双轨制”，而是要积极创造条件，到2020年让城乡二元户籍制度退出历史，代之以全国统一的居住证制度。这是推进城乡一体化、扩大内需的最大潜力点。为此，要从中央层面下决心，着力推进居住证取代城乡二元户籍制度进程和省际间居住证制度的相互衔接，到2020年基本建立以身份证号为唯一标识、全国统一的居住证制度，并使人口城镇化率达到50%以上。

三、理顺政府与市场关系的窗口期

改革开放40年来，我国经济社会发展取得了历史性成就，中国特色社会主义进入新时代。但也要看到，我国发展还存在不平衡不充分的突出问题，理顺政府与市场关系，是解决发展不平衡不充分问题、进一步推动经济体制改革的关键。只有把政府与市场关系这个具有全局性和牵引作用的改革牢牢抓在手上，才能全面推动各领域改革向纵深迈进，解决好经济体制中的深层次问题。

1. 政府与市场关系决定高质量发展

（1）政府与市场关系是转向高质量发展的关键。理顺政府与市场的关系在市场经济中居于核心位置。我国改革开放40年的宝贵经验之一，就是探索适应不同阶段的政府与市场关系。总的脉络是从承认市场、放开市场到扩大市场，由此激发了市场的活力，形成了爆发式增长的态势。

（2）政府与市场关系是化解短期风险和矛盾的关键。比如，去产能，就不能离开政府与市场关系。政府与市场的关系没有理顺，尤其是地方政府间的GDP竞争，大大加剧了产能过剩，这是去产能必须高度重视的问题[①]。再如，国有企业改革是我国经济转型的重大问题，直接触及政府市场关系的调整。政府是以“管企业”为主还是以“管资本”为主？党的十九大报告明确提出，“推动国有资本做强做优做大”，明确了改革方向。无论哪项改革，最后深层次都要触及政府与市场关系的处理。

（3）理顺政府与市场关系还有巨大空间。党的十八届三中全会提出，“使市场在资源配置中起决定性作用和更好发挥政府作用”。过去几年，理顺政府与市场关系取得了多方面的进展，但仍有进一步优化的空间。总的来看，由于政府与市场关系尚未理顺，经济转型与增长面临着体制成本过高、市场开放不足等突出问题。推进经济转型升级，深化供给侧结构性改革，重在以经济转型为目

---

① 宋晓梧. 地方政府竞争与去产能[EB/OL]. 中国改革论坛网，2017-10-29.

标，处理好政府与市场关系[1]。

2. 处理政府与市场关系的重点

（1）处理好“三去一降一补”中的政府与市场关系。去产能、去库存、去杠杆的本质是实现市场的供求平衡，着力推进新旧发展动能转换。为此，要更多地运用市场手段、法治手段，推动企业优胜劣汰、优化重组，防止已经化解的过剩产能死灰复燃。政府的主要职责是降成本、补短板：要在减税、降费、降低要素成本上加大力度，尤其是降低制度性交易成本要有实招。尽快实施企业自主登记制度，适时取消企业一般投资项目备案制等。要尽快补上人口城镇化这个短板，通过释放新型城镇化的巨大内需潜力，为扩大就业与房地产去库存找到根本性出路。

（2）处理好深化国企改革中的政府与市场关系。以“管资本”为主是国有资本做活、做优、做强的重要条件，但目前尚未破题，使混合所有制改革难以有大的突破。为此，需要加快推进政府由“管企业”为主向“管资本”为主的转型，抓紧出台国有资本投资、运营的改革方案，尽快形成国有资本管理新体制；尽快向社会资本推出一批垄断行业重大项目，使重点领域和关键环节的混合所有制改革在今年能有实质性进展。

（3）处理好深化农村土地制度改革中的政府与市场关系。以落实农民土地财产权为重点推动城乡关系的深刻变革，盘活农村土地资源，释放城乡一体化的巨大红利，是农业供给侧结构性改革的重要任务。为此，需要在严格用途和规划管制的前提下，发挥市场在农村土地资源配置中的决定性作用。要尽快实现农村集体经营性建设用地与国有土地同等入市、同权同价；修改相关法律，赋予农民土地使用权以物权性质，包括占有、使用、收益、转让、抵押、继承等在内的完整产权；打通城乡资本、土地和住宅市场双向流通。

（4）处理好服务业发展中的政府与市场关系。破解服务业领域有需求、缺

---

① 迟福林. 供给侧结构性改革重在处理好政府与市场关系 [EB/OL]. 新华网，2017-03-10.

供给的突出矛盾，关键是打破行政垄断与市场垄断。要把服务业市场开放作为供给侧结构性改革的重大任务之一，尽快出台改革行动方案。为此，需要在1~2年，实现服务业竞争性领域对社会资本全面放开，非竞争性领域引入竞争机制。争取到2020年，使服务业市场化程度接近工业；推动服务业市场双向开放，到2020年服务贸易占外贸的比重要达到20%以上；以服务贸易为重点推进国内自贸区转型，大幅缩减负面清单；全面推进粤港澳服务贸易一体化，促进和服务于“一国两制”进程；加快推进某些产业项下的自由贸易进程，支持具备条件的地区先行先试。

（5）处理好监管变革中的政府与市场关系。当前，简政放权到了放管结合的新阶段，需要把监管变革作为政府改革的重点，加快推进审批与监管严格分开，提高监管的独立性、专业性和权威性。着眼于防范系统性、区域性金融风险，尽快组建综合性国家金融监管机构，强化监管的统筹协调；尽快组建统一的国家反垄断机构，统一反垄断执法权，建立行政垄断的审查机制；从中央到地方建立统一权威的食品药品监管体制，实现职能、机构、队伍“三统一”。以处理好政府与市场关系为重点，深化供给侧结构性改革，决定经济增长潜力的释放，决定经济转型升级的进程，决定结构性改革的成效。为此，需要紧紧抓住政府与市场关系这个“牛鼻子”，实现全面深化改革的重大突破[①]。

3. 抓住未来几年理顺政府与市场关系的历史窗口期

（1）2020：政府监管转型的时间窗口。到2020年建立起比较完善的事中事后监管体系。一是创新市场监管体制机制。与负面清单管理相适应，以市场监管与行政审批严格分离为原则，全方位梳理各部门需要监管的事项，加快建立完善的消费市场监管体系、金融市场监管体系和垄断行业监管体系；二是建立监管部门的信息互联共享机制。地方政府基本实现工商部门、审批部门、行业主管部门及其他部门之间的信息实时无障碍交换共享；三是基本建立起统一

① 迟福林. 供给侧结构性改革重在处理好政府与市场关系 [EB/OL]. 新华网，2017-03-10.

的市场监管模式。以减少层级、整合队伍、提高监管效能为原则，组建统一的市场监管队伍，形成监管合力；四是健全跨部门联动响应机制和失信惩戒机制，形成“一处违法、处处受限”的联合惩戒机制。

（2）2020：理顺中央地方关系的时间窗口。理顺政府市场关系，离不开规范地方政府行为。这就需要加快推进中央地方关系的调整，尤其是中央地方财税关系。党的十九大对财税改革做了具体部署，明确提出“建立权责清晰、财力协调、区域均衡的中央和地方财政关系”。这需要抓住未来几年的时间窗口，加快推进具有决定性影响的财税改革。

（3）2020：建立法治市场经济的时间窗口。有效理顺政府与市场关系的关键是法治。党的十九大报告提出，“建设社会主义法治文化，树立宪法法律至上、法律面前人人平等的法治理念”。这是转向高质量发展的法治保障。需要抓住未来几年的时间窗口，尽快完善社会主义市场经济的法律体系。

Striving for More

Robust Drivers

第四章

实体经济是高质量发展的根基

我国经济转向高质量发展新阶段，必须把发展经济的着力点放在实体经济上。振兴实体经济重点难点在制造业。要破解实体经济发展的突出矛盾，推动制造业优化升级，促进我国产业迈向全球价值链中高端。产权保护是振兴实体经济的最大激励。要以产权保护的制度化、法治化稳定企业发展预期，鼓励更多社会主体投身创新创业。

一个近 14 亿人口的大国，走向现代化，转向高质量发展，离不开高水平的实体经济。没有哪个国家能够在脱离实体经济的基础上走向现代化。党的十九大报告提出，“建设现代化经济体系，必须把发展经济的着力点放在实体经济上，把提高供给体系质量作为主攻方向，显著增强我国经济质量优势”①。转向高质量发展，就是要适应国内经济转型升级的大趋势，抓住新经济发展的历史机遇，以产权保护为重点，着力破解经济发展中“质量不高”的突出问题。

第一节　破解实体经济发展的突出矛盾

当前，我国经济发展“质量不高”主要反映在实体经济上，不平衡不充分发展的矛盾问题也主要反映在实体经济上。为此，需要把发展高水平的实体经济作为实现高质量发展的根基、主体，抓住未来几年的历史关键期，实现振兴实体经济的重大突破②。

---

① 中国共产党第十九次全国代表大会文件汇编 [M]．北京：人民出版社，2017.10.

② 中国：如何高质量发展实体经济——访著名经济学家迟福林 [N]．浙江日报，2018-01-16.

一、实体经济内生动力不足影响高质量发展

高质量发展，离不开有活力、有竞争力的市场主体，离不开能够满足人民对美好生活向往的产品、服务生产部门，即实体经济。如果实体经济内生动力不足，“脱实向虚”态势明显，势必影响高质量发展。

1. 成本负担快速上涨的挑战

随着我国总体进入工业化后期，支撑我国实体经济 30 多年快速发展的传统要素优势正逐步减弱，要素价格持续上升，实体企业综合生产成本快速上升。

以劳动力成本为例。尽管目前我国还有一些优势可以利用，但总体上成本优势将逐步衰退。例如，《2017 中国劳动力市场发展报告》认为，我国制造业人工成本优势仍然存在。2005—2013 年，我国制造业单位劳动力成本从每小时 0.92 美元上升至 3.88 美元，年均增幅为 20%。根据牛津经济研究院的研究，由于中国的薪酬增长远远超过生产效率的增长，叠加人民币走强因素，2016 年中国制造业单位劳动力成本只比美国低 4%①。考虑到人口老龄化趋势，我国劳动力成本还将呈现持续上涨的态势。

2. 投资预期不稳的挑战

民营企业是发展高水平实体经济的主体。目前，民营企业在数量上已经占全国企业的 90%，解决全国就业的 80% 以上，新增就业占 100%，创造 GDP 占全国的 60%，纳税占税收总额 50% 以上②。但近年来，民营企业发展态势不容乐观，突出反映在 2016 年以来民间固定资本投资增速明显下降。截至 2017 年 12 月，社会资本固定资产投资仍未回升到全国固定资产投资的平均水平。

---

① 牛津研究报告：中国劳动力成本仅比美国低 4%[N]. 北京青年报，2016-03-18.

② 陈永杰. 中国民企积累巨额财富后的四大趋势 [EB/OL]. 凤凰大学问，2017-08-10.

表 4.1：民间固定资产投资增速（累计增长，%）

指标 时间	民间固定资产投资	全国固定资产投资额	民间投资超出全国投资的幅度
2015 年 12 月	10.1	10.0	0.1
2016 年 2 月	6.9	10.2	−3.3
2016 年 3 月	5.7	10.7	−5.0
2016 年 4 月	5.2	10.5	−5.3
2016 年 5 月	3.9	9.6	−5.7
2016 年 6 月	2.8	9.0	−6.2
2016 年 7 月	2.1	8.1	−6.0
2016 年 8 月	2.1	8.1	−6.0
2016 年 9 月	2.5	8.2	−5.7
2016 年 10 月	2.9	8.3	−5.4
2016 年 11 月	3.1	8.3	−5.2
2016 年 12 月	3.2	8.1	−4.9
2017 年 2 月	6.7	8.9	−2.2
2017 年 3 月	7.7	9.2	−1.5
2017 年 4 月	6.9	8.9	−2.0
2017 年 5 月	6.8	8.6	−1.8
2017 年 6 月	7.2	8.6	−1.4
2017 年 7 月	6.9	8.3	−1.4
2017 年 8 月	6.4	7.8	−1.4
2017 年 9 月	6.0	7.5	−1.5
2017 年 10 月	5.8	7.3	−1.5
2017 年 11 月	5.7	7.2	−1.5
2017 年 12 月	6.0	7.2	−1.2

数据来源：国家统计局网。

3. 创新与竞争的挑战

改革开放以来，我国实体经济企业长期实行模仿跟进策略，客观上形成了较强的“路径依赖”，导致创新意愿和创新能力不足、创新投入不高等问题。2016 年，我国规模以上工业企业研发投入为 1.1 万亿元，占主营业务收入的比重仅为0.94%（见图4.1），与发达国家2%的平均水平有较大差距；科技成果转化率不足30%，而一些发达国家达60%~70%；科技进步对经济增长的贡献率为56.2%，与发达国家70%左右的水平相比仍有一定差距。总体来看，创新能力不足、创新意愿不高已成为制约我国实体经济由要素驱动向创新驱动转型的突出短板。

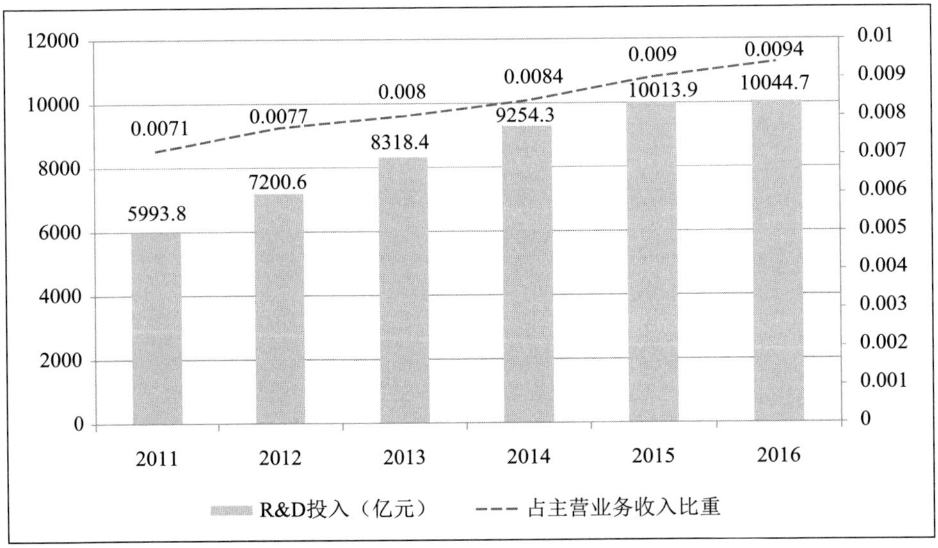

图4.1：2011—2016年我国规模以上工业企业研发投入额及强度

数据来源：国家统计局．中国统计年鉴2017[M]．北京：中国统计出版社，2017.10.

二、实体经济结构性失衡制约高质量发展

实体经济除了自身面临的挑战外，还面临着结构性失衡的挑战。作为供给体系的主体，实体经济既有产能过剩的问题，也有供给不足、不优的矛盾和挑战。两者并存，需要两端同步发力。

1. 实体经济供求失衡的挑战

市场经济一般用产能利用率作为衡量产能是否过剩的指标。产能利用率正常区间为79%~83%，超过90%则认为产能不足，低于79%则说明可能存在产

能过剩现象。过去几年，我国电力、钢铁、建筑、汽车等大部分制造业行业产能利用率均在 79% 以下，产能过剩问题严峻。

2．金融与实体经济失衡的挑战

虚拟经济脱胎于实体经济，其适度发展对提升实体经济发展效率、推动实体经济发展具有重要作用。但金融业的过度膨胀，不仅不能促进实体经济的发展，还会对实体投资造成很大的负面效应。从占比来看，2016 年，我国金融业增加值占 GDP 比重高达 8.4%，且呈现逐步抬升的趋势，即使金融高度发达的美国、欧盟，金融业 GDP 占比也不过 7% 左右，日本金融业 GDP 占比则低于 5%[①]。目前，我国实体性财富的总价值大约为 380 万亿元，而金融资产规模已经达到了近 450 万亿元（不含衍生品），是 GDP 的 7 倍左右，而且仍以每年新增 30 万亿 ~40 万亿元的速度增长[②]。金融机构过度强调利润，忽视了服务实体经济的“初心”，导致大量资金在金融行业内循环，造成实体经济融资难、融资贵等突出矛盾。2016 年，对实体经济发放的人民币贷款占同期社会融资规模的 69.9%，比 2015 年下降 3.3 个百分点[③]。

3．房地产与实体经济失衡的挑战

从我国近年来经济发展特征来看，房地产业的过度繁荣，严重挤占了实体经济发展空间。一方面，房地产业过快增长提高了实体经济成本。2016 年，全国实体经济企业（剔除房地产开发和建筑施工企业）用地及房租成本同比上升 9.7%。其中，西部地区实体经济企业用地及房租成本上升 43.8%[④]。另一方面，

① 孙楠．金融业增加值引高低之议 [N]．国际商报，2016-08-22.

② 张茉楠．脱虚入实，金融大步迈向实体经济 [N]．证券时报，2017-08-20.

③ 央行：2016 年对实体经济发放人民币贷款增加 12.44 万亿 [EB/OL]．中国人民银行官网，2017-01-12.

④ 中国财科院报告：实体经济房租成本上升，东部地区最高 [EB/OL]．中国经济网，2017-08-01.

房地产投资和信贷资金的快速增加，挤占了支撑实体经济转型发展的资本。数据显示，2017 年末，金融机构人民币各项贷款余额 120.1 万亿元，其中人民币房地产贷款余额 32.2 万亿元，占比达到 26.8%①。

三、实体经济体制不活掣肘高质量发展

当前，妨碍市场公平竞争的障碍依然存在，产权保护政策尚未得到很好的落实，这些都是导致实体经济困难的主要原因。根源在于整个经济运行中仍存在某些体制机制掣肘，形成了实体经济发展的突出矛盾。因此，破除实体经济体制机制障碍，成为转向高质量发展的重大任务。

1. 服务业市场开放相对滞后

（1）市场化程度低。有数据显示，我国工业部门 80% 以上是制造业，属于高度市场化部门，而服务业 50% 左右仍被行政力量垄断②。尽管国家一再强调社会资本可以进入法律未禁止的服务业领域，但由于行政垄断和市场垄断的存在，社会资本进入教育、医疗、通信、金融等服务行业仍面临种种障碍，这使服务业市场难以通过公平竞争来提高供给能力、供给质量和供给效率。例如，民营医院在医疗卫生领域的市场份额仅占 10% 左右③。此外，我国生产性服务业市场开放滞后。由于政策与体制等多方面因素影响，我国生产性服务业的市场准入门槛普遍高于工业，尤其是研发设计、金融、法律等服务部门，还面临较为严重的行政管制；会计审计、商贸物流、电子商务等行业对外资和社会资本的市场准入门槛仍然较高；一些行业对社会资本和外资尚未完全开放。

（2）对外开放程度低。目前，在国内服务业市场开放滞后的情况下，服务业还难以实现有序对外开放。从国际上看，发达国家一般对服务业的限制比较

---

① 中国人民银行. 2017 年第四季度金融机构贷款投向统计报告 [R]. 2018-01-19.

② 张斌. 中国经济趋势下行的逻辑 [J]. 经济研究消息，2013（10）.

③ 数量与公立医院持平却只占 10% 市场份额 [N]. 青岛日报，2014-04-10.

少，约在 30 项以内；发展中国家会多一些限制，但一般也在 40 项以内[①]。而在我国国内自贸区负面清单的 95 项特别管理措施中，有 70 项针对服务业，远高于国际一般水平（见表 4.2），由此制约了服务贸易的发展。

表 4.2：历版自贸区负面清单行业的分布情况（单位：项）

类别＼年份	2013	2014	2015	2017
农林牧渔业	7	6	6	5
采矿业	16	14	8	6
制造业	63	46	17	11
电力、热力、燃气及水生产和供应业	5	2	5	3
建筑业	4	4	0	0
批发零售	13	9	4	4
交通运输、仓储、邮政业	21	15	19	11
信息传输、软件和信息技术服务业	8	8	4	4
金融业	5	4	14	13
房地产业	4	3	0	0
租赁和商务服务业	13	9	9	5
科学研究和技术服务业	12	4	4	4
水利、环境和公共设施管理业	3	3	2	2
教育	3	3	2	2
卫生和社会工作	1	1	1	1
文化、体育和娱乐业	12	8	24	21
所有行业	0	0	3	3
总　计	190	139	122	95

数据来源：中国（上海）自由贸易试验区外商投资准入特别管理措施（负面清单）（2013 年）[EB/OL]. 上海市人民政府网，2013-09-30；中国（上海）自由贸易试验区外商投资准入特别管理措施（负面清单）（2014 年修订）[EB/OL]. 上海市人民政府网，2014-06-30；国务院办公厅关于印发自由贸易试验区外商投资准入特别管理措施（负面清单）的通知 [EB/OL]. 中国政府网，2015-04-08；国务院办公厅关于印发自由贸易试验区外商投资准入特别管理措施（负面清单）的通知（2017 年）[EB/OL]. 中国政府网，2017-06-05.

① 发展服务经济增进人民福祉 [EB/OL]. 新华网，2018-01-23.

2. 要素配置面临体制障碍

以土地要素为例，目前，在土地政策安排上，政府优先供应工业用地，而且商业服务用地价格也明显高于工业用地价格。统计数据显示，2017 年第三季度，全国主要监测城市商服、住宅、工业地价分别为 7164 元 / 平方米、6359 元 / 平方米和 799 元 / 平方米，商服用地价格是农业用地价格的 8.97 倍①。过高的商服用地成本与过低的工业用地价格不仅不利于提高工业用地效率，也制约了服务业企业快速发展。此外，目前我国农村集体建设用地还未实现与城市国有土地“同地同权、同地同价、同地同市场”，客观上加大了土地资源稀缺，实体经济用地成本不断上涨。2017 年第三季度，全国主要监测城市地价总体水平为 4012 元 / 平方米，是 2005 年的 3.3 倍②。

3. 产权保护不到位影响实体经济预期

民间投资下降、实体经济下滑有产业结构调整、市场前景不明朗等多方面的原因，但也与私人产权保护规范化法治化缺失、投资缺乏安全感，导致社会投资信心不足直接相关。近年来，涉案企业家的财产保护问题受到社会高度关注。顾雏军案、褚健案等，对企业家的稳定预期带来了比较大的负面影响。

专栏 4.1

民营企业产权纠纷的主要形式

（1）因民营企业与国企不能受到同等保护和享有同等营商条件 / 门槛而产生的纠纷；
（2）民营企业内部发生争议后公权力不当介入后产生的纠纷；
（3）公权力对民营企业滥用查封冻结措施产生的纠纷；
（4）公权力对民营企业及企业家滥用刑事手段产生的纠纷；
（5）司法机关故意错误理解适用法律滥用司法裁判权损害民企产权利益产生的纠纷；
（6）地方政府和司法机关滥用破产程序侵害民企产权产生的纠纷；

① 2017 年第三季度全国主要城市地价监测报告 [N]. 中国国土资源报，2017-10-18.
② 2017 年第三季度全国主要城市地价监测报告 [N]. 中国国土资源报，2017-10-18.

（7）在刑事案件中滥用查没手段侵占民企财产产生的纠纷；

（8）在执行案件中滥用利用评估拍卖等程序侵害民企产权产生的纠纷；

（9）被恶意诉讼和虚假诉讼带来无妄之灾产生的纠纷。

资料来源：李舒．中央重申产权保护，是执政党在改革开放30多年后与人民再次立约[EB/OL]．百度百家号，2017-08-22.

第二节　发展高质量实体经济重在制造业优化升级

转向高质量发展，就是要适应国内经济转型升级的大趋势，着力破解现实经济发展中“质量不高”的某些突出问题。这既要通盘谋划，又要重点突破，关键和重点都在于发展制造业，推动制造业优化升级，提升制造业国际竞争力[①]。

一、制造业优化升级决定实体经济发展

制造业是实体经济的主体，制造业的优化升级决定实体经济的发展水平、发展程度和竞争优势。把握2020年的时间窗口，要将制造业优化升级作为实现振兴实体经济的主战场。

1．振兴实体经济关键是制造业优化升级

（1）制造业的优化升级决定实体经济的发展水平。我国的实体经济发展可谓“冰火两重天”。一方面，以数字经济为代表的新经济发展迅猛。2016年，

① 中国：如何高质量发展实体经济——访著名经济学家迟福林[N]．浙江日报，2018-01-16.

我国数字经济规模达到22.6万亿元，同比增长18.9%，占GDP比重30.3%①。另一方面，传统制造业面临比较大的挑战。“三去一降一补”，更多的是针对传统制造业。2017年12月，习近平总书记在徐州视察徐州重工时明确提出，必须始终高度重视发展壮大实体经济，抓实体经济一定要抓好制造业。

（2）制造业的优化升级决定实体经济的竞争优势。以东北振兴为例。东北地区制造业发展有基础、有条件，问题在于能否抓住机遇，加快推动制造业、尤其是装备制造业的优化升级。东北的出路在于依托国内巨大的市场，大力发展制造业，大力提升制造业的水平，尤其是装备制造业。2015年，辽宁装备制造业总产值占工业总产值的比重为32.5%，装备制造业的利润总额占比49.5%②。装备制造业是东北地区的传统产业，更是优势产业，完全有可能通过优化升级，达到国内领先或国际先进水平。

2. 制造业大而不强的矛盾突出

（1）中国制造业还处于全球价值链的中低端。我国制造业增加值约占世界制造业20%的份额，已成为全球制造业第一大国。但从全球制造业产业链分布来看，无论是在传统重化工业领域，还是在战略性新兴产业领域，产业定位上还是普遍以加工、装备为主，商业竞争模式主要是依靠低成本的价格竞争为主，研发、设计、金融等环节的盈利能力明显不足，缺乏服务理念的商业模式创新。

专栏4.2

中国制造处于全球制造第三梯队

全球制造业已基本形成四级梯队发展格局：

第一梯队是以美国为主导的全球科技创新中心。

第二梯队是高端制造领域，包括欧盟、日本。

第三梯队是中低端制造领域，主要是一些新兴国家；大量新兴经济体通过要素成本优势，积极参与国际分工，将逐步纳入全球制造业体系。

① 中国信息通信研究院．中国数字经济发展白皮书（2017）[R]．2017-07．

② 根据《辽宁统计年鉴2016》相关数据计算得出。

第四梯队主要是资源输出国，包括 OPEC（石油输出国组织）、非洲、拉美等国。

中国现在处于第三梯队，目前这种格局“在短时间内难有根本性改变”，面对技术和产业变革及全球制造业竞争格局的重大调整，中国既面临重大机遇也面临重大挑战。

资料来源：苗圩．唯有制造强国才能变身世界强国 [N]．人民政协报，2015-11-18.

（2）核心技术受制于人的挑战十分严峻。目前，我国在核心技术、关键技术上对外依存度高达 50%，高端产品开发 70% 技术要靠外援，重要零部件有 80% 需要进口[①]。以钢铁为例，我国钢铁年产量超过世界总产量的一半，却仍生产不出某些特种高质钢材；高性能飞机发动机严重依赖进口，汽车发动机主要是外资、合资品牌；“缺芯少基”现象普遍，核心基础零部件、先进基础工艺、关键基础材料和产业技术基础等工业基础能力薄弱。近年来，我国每年进口 2000 多亿美元的芯片，超过石油和大宗商品。我国虽是医药大国，但以仿制为主，仿制药占比超过 90%；外资医疗设备垄断国内市场，许多高端医疗设备进口占比超过 90%[②]。

（3）制造业产出效率整体偏低，产品附加值不高。近年来，我国制造业增加值率约为 20%，远低于工业发达国家 35% 的水平[③]。牛津经济研究院的数据也从侧面印证了这一观点。数据显示，2003—2016 年，美国每名员工的制造业产出增长约 40%，德国增长 25%，英国增长 30%。虽然在此期间印度和中国的生产力实现翻番，但美国的生产力依然高出 80%~90%[④]。

3．以制造业优化升级为重点实现振兴实体经济新格局

搭建制造业走向中高端的服务平台，以制造业 2025 引领制造业走向中高端，推动传统产业改造，形成引领制造业向价值链高端提升的新动力。

---

① 我国核心关键技术对外依存度高达 50%[EB/OL]．国家知识产权局网，2015-12-23.

② 潘教峰．补上关键核心技术短板 [J]．瞭望新闻周刊，2016.

③ 燕玉．中国制造业为何“大而不强”，如何突围 [J]．人民论坛，2017（10）.

④ 牛津研究报告：中国劳动力成本仅比美国低 4%[N]．北京青年报，2016-03-18.

到2020年，在基本消化传统产业过剩产能的同时，稳定制造业增长速度，稳步提升制造业创新能力，并推动“中国制造”向“中国创造”转变、中国产品向中国品牌转变、中国速度向中国质量转变，为2025年迈入制造强国、推动实体经济全面振兴打下具有决定性意义的基础。

二、推动生产型制造向服务型制造转型

从各国发展态势看，服务型制造越是发达，就越能够处于国际领先地位。欧美发达国家之所以能够在“工业3.0”、“工业4.0”上处于领先地位，并始终能够获得价值链上的高额利润，主要在于摆脱了简单加工制造环节，抢占了高技术和高附加值的研发、设计等生产性服务业的制高点。

1. 制造业服务化是一个大趋势

在“工业3.0”、“工业4.0”时代，制造业已不是单纯的制造过程，而逐步转变为“生产+服务”的整个流程。大的跨国公司不再仅仅关注生产过程，而是将重心逐步转移到产品的创新、开发、售后服务等领域，整个流程中生产的作用越来越小，服务的作用越来越大。全球500强企业所涉及的51个行业中，有28个属于服务业；56%的企业在从事服务业[①]。

例如，美国通用电气公司（以下简称GE）是世界最大的电器和电子设备制造公司，拥有飞机发动机、发电设备等一流制造技术，但GE的收入却有一半以上来自服务。同时GE金融资产规模达5730亿美元，占企业总资产的70%以上。2012年，GE仅金融服务就占公司总收入的31%[②]。目前，GE已经发展成为集商务融资、消费者金融、医疗、工业、基础设施和NBC环球于一体的多元化的科技、媒体和金融服务公司。

再以苹果公司为例，目前苹果公司主要负责品牌和产品设计与销售，基本

① 产业变革：由工业主导向服务业主导转型[N]. 上海证券报，2016-03-01.

② 各国制造业服务化趋势比较[EB/OL]. 搜狐网，2017-04-21.

不介入产品的生产环节，其全部产品生产环节几乎都是依靠外国的代工厂。每生产一部苹果手机，我国作为组装生产基地仅获取总利润的3.63%，而美国企业获取近50%的利润，日本企业获取30%以上的利润，韩国企业获取10%以上的利润[①]。

2. 以生产性服务业引领制造业服务化升级

从世界经济的发展经验看，工业转型升级伴随着制造业与生产性服务业的互动发展，一般经历三个阶段。第一阶段是工业化前期，生产性服务业如信息、研发、设计、销售、物流等从制造业中剥离出来并独立发展，此时制造业仍为主导产业；第二阶段是工业化中后期，生产性服务业又开始嵌入制造业，从而对制造业进行改造，此时制造业主导开始向服务业主导转型，生产性服务业的重要性逐步凸显；第三阶段是后工业化时期，生产性服务业与制造业深度融合互动，生产性服务业在整个制造业中获得了主导地位。总体来看，在新工业时代，生产要素软化的特征十分突出，这与“工业2.0”时代有很大不同。

因此，针对传统制造业主要处于“微笑曲线”中间低端加工制造环节的现状，重点发展“微笑曲线”两端的高附加值产业链：更加注重通过前端的研发设计、市场研究、咨询服务提升传统产业技术含量和劳动生产率；更加注重通过后端的第三方物流、供应链管理优化、销售服务对接市场，推动传统产业进入大规模定制化新时代；到2020年，显著提升产品附加值。

3. 加快生产性服务业发展

着眼于高质量制造发展，要把提高生产性服务业占比作为促进制造业转型升级的约束性目标。《中国制造2025》提出积极发展服务型制造和生产性服务业的重大任务。考虑到工业转型升级的大趋势，尽快明确生产性服务业发展的目标：一是占服务业比重从50%提高到60%以上；二是占GDP比重从当前的

---

① 燕玉．中国制造业为何“大而不强”，如何突围[J]．人民论坛，2017（10）．

25.75% 提高到 30%~40% 作为主要的约束性目标。这就需要尽快制定现代生产性服务业发展专项规划，并提出优化生产性服务业结构，以及提升生产性服务业发展水平的重大任务。

为此，需要进一步放开生产性服务业领域的市场准入，鼓励社会资本以多种形式发展生产性服务业。凡是法律、行政法规未明令禁止进入的生产性服务业领域，应全部向社会资本开放，不再对社会资本设置歧视性障碍；大幅减少前置审批和资质认定项目，鼓励社会资本参与发展生产性服务业。鼓励社会资本参与应用型技术研发机构市场化改革。支持企业与科研院所、高等院校等联合建立应用型技术研发机构，鼓励国有技术研发机构的科研基础设施和科技项目信息资料向社会开放，提供研发实验等技术服务。加快实施技术成果转化、转让奖励制度，鼓励企业研发人员以技术成果入股企业并参与收益分配，充分调动研发人员的积极性。

三、推动“中国制造”向“中国智造”转型

由于多种原因，我国错过了第三次工业革命的历史机遇，导致在较长的发展时期内，处于一种比较被动的、赶超的状态。40 年的转型改革所带来的经济发展和技术进步，使我国在补上第三次工业革命这一课的同时，有条件、有能力抓住第四次工业革命的历史机遇，推动我国经济转型升级，形成高质量发展新动能。

1. 我国有条件成为新一轮工业革命的推动者与引领者

（1）我国有条件成为“工业 4.0”的推动者。“工业 4.0”的主要特征是“互联网 + 制造业”，由此推动制造业进入数字化时代。尽管“工业 4.0”发轫于西方，但中国的起步并不晚。与德国和日本相比，中国具有制造业体系齐全、人口与市场规模庞大等突出优势。无论是机器人、3D 打印、智能穿戴等新技术，还是企业商业模式和产业业态创新，我国都具有后发优势。以机器人发展为例。2017 年 12 月工业机器人产量为 12682 台 / 套，同比增长 56.5% ；1~12

月工业机器人累计同比增速为 68.1%[①]。

（2）2020：初步完成从“中国制造”向“中国智造”的转型。发挥比较优势，以“中国智造”为重点加快推动“中国制造 2025”，我国有望到 2020 年初步完成从“工业 2.0”向“工业 3.0”的升级，并为“工业 4.0”奠定重要基础；2025 年，我国将基本完成“工业 3.0”的升级，在“工业 4.0”上形成一大批具有国际领先水平的产业集群。

2. 加快推进制造业智能化改造

抓住关键领域、基础领域实现重点突破。比如，以加快布局 3D 打印为重点推动智能生产。我国具有巨大的市场，有条件率先推进 3D 打印技术的商用化。从趋势看，我国将成为全球最大的健康医疗市场，预计 2020 年我国健康产业规模将达到 8 万亿元[②]。我国可以依托自身巨大的健康服务需求市场，将 3D 打印技术在医疗领域的广泛应用作为突破口，这不仅有利于快速提升我国医疗健康服务水平，也有利于加速 3D 打印技术的产业化。为此，根据我国国情，借鉴美国等国家经验，形成 3D 打印产业的发展目标和技术路线，设立 3D 打印产业发展基金，开展 3D 打印相关软件、工艺、材料、装备、应用、标准及产业化的系统性整体性攻关，推进 3D 技术与其他先进制造技术融合的新型数字化制造体系。

3. 打造制造业领域的隐形冠军

从国际经验看，德国制造业之所以竞争力强大，是因为有一大批在各个细分领域的“隐形冠军”。根据“隐形冠军”理论提出者西蒙的研究，“隐形冠军”企业是指在某个细分市场绝对领先，并在自身领域成为世界前三之一，但年销售额不超过 50 亿美元，公众知名度比较低的企业。当前，全球有 3000 多家

① 国家统计局. 2017 年 12 月份规模以上工业增加值增长 6.2%[EB/OL]. 国家统计局网，2018-01-18.

② 大健康产业 2020 年可达 8 万亿元 [EB/OL]. 中国经济网，2016-09-08.

“隐形冠军”企业，仅德国就有1300多家，其次是日本，而我国仅有68家。这些“隐形冠军”才是德国经济的脊梁，是德国制造业竞争力的坚实力量[①]。

转向高质量发展，需要支持中小制造业企业加快创新发展，形成更多“隐形冠军”。争取到2020年，我国制造业领域形成200家隐形冠军；到2035年，形成500家“隐形冠军”。从我国现实情况看，长三角、珠三角等制造业发达地区，有条件成为培育“隐形冠军”的重点区域。

第三节　产权保护是振兴实体经济的最大激励

产权保护是激励创新创业的最大动力，是振兴实体经济的最大激励。保护产权就是激励创新创业，鼓励发展实体经济。我国进入经济转型升级的关键时期，以创新引领经济高质量发展，关键在于形成产权保护的制度基础。

一、以产权保护稳定企业发展预期

产权保护是激励创新创业的根本保障。振兴实体经济，稳定企业发展预期，形成创新驱动的发展模式，关键在于建立产权保护的长效机制，实现产权保护的制度化、法治化。

1. 稳定企业预期对产权保护提出新要求

（1）保护企业家的财产权和创新收益。企业家是创新的主体。无论是美国的苹果、谷歌、Facebook，还是国内的BAT、华为等企业，其成功都离不开创新型企业家。我国进入创新发展新时代，需要有更多具有创新精神的企业家投

① 全球3000多家“隐形冠军”企业德国占有1300多家[EB/OL]. 国是直通车，2017-11-13.

身创新创业。从实践看，一方面，2015 年以来，我国民间投资增速出现大幅下滑；另一方面，我国对外直接投资增速大幅攀升。2016 年我国对外直接投资 1701 亿美元，同比增长 44.1%[①]。导致“一降一升”的原因很多，但民营企业家缺乏安全感是非常重要的一个原因。

2016 年 7 月，国务院对民间投资增速下滑大督察报告中的问卷数据显示，有 26.1% 的民营企业认为财产更不安全了，影响了企业家在国内长期投资的信心；半数以上受访者认为在民营企业合法权益保护方面“改善不明显”或“没有改善”，民营企业没有安全感，人身和财产等合法权益得不到保障[②]。此外，某些民粹主义思潮的兴起，也加剧了民营企业对财产安全的担心。例如，有人把民营企业的一些原罪普遍化为私有财产的原罪，质疑私有财产的正当性；把对缩小贫富差距的正当要求引向对财富的仇恨。因此，要振兴实体经济，首先要给企业家吃下“定心丸”，切实保护好民营企业家的财产权和创新收益。

（2）保护创新成果的知识产权。企业任何创新成果的问世，都需要付出极大的投入和付出。如果创新成果轻意就被人窃取，创新者就难以获得创新成果带来的预期收益，也打击了创新的积极性，不利于形成全社会创新创业的大环境。当前，互联网领域的侵权行为日益普遍化、多样化、复杂化，假冒他人注册商标、仿冒知名品牌特有的名称、包装、装潢等现象较为严重。2016 年，全国网络消费投诉案件数同比增长 14.78%[③]。鼓励企业创新发展，加大对创新成果的知识产权保护力度显得尤为重要。

（3）构建产权保护的长效机制。创新是一个长期过程，充满了不确定性，这对产权保护提出了更高的要求。建立一个制度化、法治化的产权保护制度，才能给企业家一个稳定的预期，给技术创新者营造一个勇于创新的氛围，激发各类主体的创新创业活力，形成创新驱动发展的新格局。

---

① 2016 年我国对外投资同比增长 44.1%[N]. 经济日报，2017-01-17.

② 张占斌，孙飞. 有效产权保护是民间投资的重要激励 [EB/OL]. 人民网，2017-01-16.

③ 去年网络消费投诉同比增 14.87% 十大投诉热点被披露 [N]. 广州日报，2017-03-14.

2. 实现不同所有制经济产权平等保护

近年来，我国出台了不少关于鼓励民间投资的政策，从非公经济“旧36条”到“新36条”，再到健康、养老等服务业市场开放，各种政策不可谓不多，但民间投资仍出现大幅下滑，民营企业家仍心存担忧，一个重要原因就在于实践中民营企业未能获得与国有企业同等的地位，产权保护仍存在“重公有、轻私有”的现象，非公经济参与市场竞争仍面临诸多隐性壁垒，“政策朝令夕改”、“新官不认旧账”等公权力违约现象时有发生。

新阶段对公有制产权和非公有制产权进行平等保护，既有非公有制经济进入服务业等领域面临着的各类隐性壁垒，又有企业家创新收益保护等新矛盾和新问题。这就需要：坚持机会、规则、权利平等，废除对非公有制经济多种形式的不合理规定；尽快梳理和消除各种隐性壁垒，支持各种所有制经济依法平等使用生产要素、公平参与市场竞争、同等受到法律保护、共同履行社会责任；适应新形势扩展产权保护的内涵和外延，尽快建立并完善有利于企业家创新创业的激励约束机制。

3. 突出知识产权保护制度创新

知识产权保护作为科技创新的重要支撑，在过去几年取得了明显成效，但由于我国知识产权保护起步较晚，知识产权保护与激发创新活力的需求还有较大差距。一是我国知识产权保护力度不强，知识产权领域违法成本低、维权成本高，知识产权案件呈逐年增加趋势。2012—2016年，全国法院知识产权案件一审结案数量由99543件上升到146664件，年均增长10.2%（见图4.2）；二是知识产权保护开始与国际接轨，但与发达国家还有明显差距，中美、中欧之间关于知识产权保护的争端仍较多；三是知识产权立法层次多，较为分散，缺乏统一的知识产权法。这就需要在有效界定科研人员知识产权基础上形成可操作的实施方案，让智力劳动获得合理的回报。

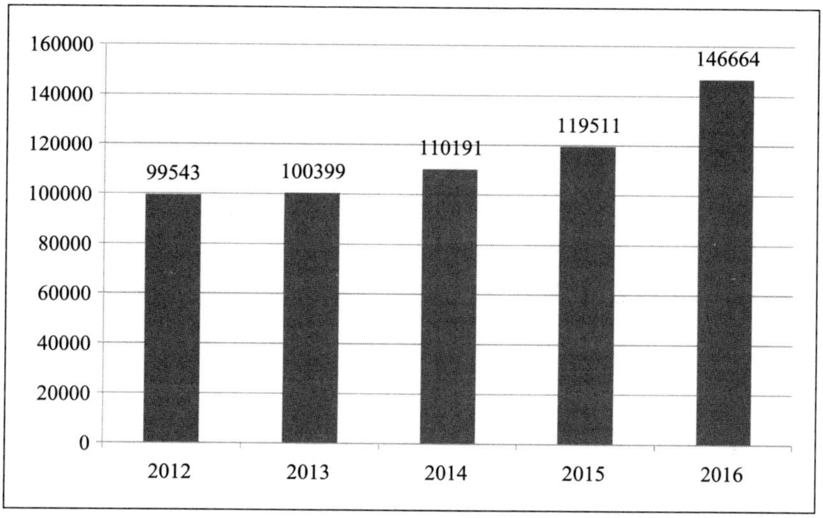

图 4.2：2012—2016 年全国法院知识产权一审案件结案数量（单位：件）

数据来源：根据《2012—2016 年全国法院司法统计公报》相关数据得出。

4．实现产权有效激励

（1）强化科技成果产权对科研人员的长期激励。加快实行以增加知识价值为导向的分配政策，对科研人员实施股权、期权和分红等激励制度，激发广大科研人员的主动性和创造性，加快推动科技成果转化，发挥知识产权对科技创新的长期激励作用。

（2）以员工持股为重点完善激励机制。在现实中，国有企业员工持股曾受到多方面的质疑。在国有企业混合所有制改革中，允许有条件的混合所有制企业实行员工持股。这就需要通过立法规范国有企业员工持股的办法和程序，在探索建立国有企业员工利益、企业利益、国家利益激励兼容的体制机制上取得突破。

（3）承认并确立劳动力产权，实现“劳者有其股”。资本所有者向劳动者让渡部分剩余索取权，是劳动力产权确立的重要标志。在经济社会转型的背景下，拥有部分企业剩余索取权，劳动者才能多渠道获得财产性收入，才能形成扩大中等收入群体的基础。我国由中高收入阶段迈向高收入阶段，劳动者不应当、也不可能再是无产者。在市场化改革中实现“劳者有其股”，确立劳动者的主体地位，允许劳动者依据劳动力产权参与利润分配。

二、推动产权保护制度化法治化进程

产权保护需要相应的政策调整，但更需要相关体制的完善，需要法治化程度的提高。改革开放40年积累的一个宝贵经验就是，产权保护不能因经济形势不同而有所松紧，不能因人而有所松紧，要形成制度化和法治化的环境。

1. 产权保护制度化法治化任重道远

（1）产权保护制度化法治化程度逐步提升。我国改革开放始于农村产权改革，在农村建立家庭联产承包责任制，最大限度地调动了农民的生产积极性。此后，我国产权制度改革稳步推进，基本形成了归属清晰、权责明确、保护严格、流转顺畅的现代产权制度和产权保护法律框架。

专栏4.3

部分法律及政策文件关于产权保护的规定

1954年《宪法》第11条、第12条规定，“国家保护公民的合法收入、储蓄、房屋和各种生活资料的所有权”。“国家依照法律保护公民的私有财产的继承权”[①]。

2004年《宪法》第12条规定“社会主义的公共财产神圣不可侵犯”。第13条规定“公民的合法的私有财产不受侵犯。国家依照法律规定保护公民的私有财产权和继承权”[②]。

2007年开始实施的《物权法》第66条规定：“私人的合法财产受法律保护，禁止任何单位和个人侵占、哄抢、破坏”[③]。

2013年中共十八届三中全会《决定》指出“公有制经济财产权不可侵犯，非公有制

① 中华人民共和国宪法（1954）[EB/OL]. 中国人大网，1954-09-20.

② 中华人民共和国宪法（2004修正）[EB/OL]. 中国人大网，2004-03-14.

③ 中华人民共和国物权法[EB/OL]. 中国政府网，2007-03-16.

经济财产权同样不可侵犯”[①]。

2014年中共十八届四中全会《决定》指出“健全以公平为核心原则的产权保护制度，加强对各种所有制经济组织和自然人财产权的保护，清理有违公平的法律法规条款”[②]。

2016年《中共中央 国务院关于完善产权保护制度依法保护产权的意见》再次强调，“公有制经济财产权不可侵犯，非公有制经济财产权同样不可侵犯”[③]。

2017年《中共中央 国务院关于营造企业家健康成长环境弘扬优秀企业家精神更好发挥企业家作用的意见》指出，“依法保护企业家财产权”、“依法保护企业家创新权益”、“依法保护企业家自主经营权”[④]。

（2）现实中违法处理私人产权的个案带来明显的负面后果。从实际情况来看，对民营企业家违法采取强制措施，对民营企业资产违法扣押冻结的情况时有发生；少数司法机关在没有充分证据的情况下，违反司法程序，甚至通过“莫须有”的罪名接管民营企业家资产，以明显低于市场公允价格变卖民营企业涉案财产，这些行为都降低了民营企业的财产安全感。当前，民营企业家移民倾向加大不能不说明私有财产权保护法治不健全。随着财富的积累，部分企业家的不安全感越来越强烈。有专家表示，“人身财产得不到有效保护”已成为中国民营企业家们“最大的担忧”[⑤]。

（3）单行法在产权保护方面“力不从心”。1986年4月，我国颁布《民法通则》，规定了民法的基本制度和一般性规则，其中一个重点是对私人产权保护作了相关规定。随后，国家立法机关相继颁布《合同法》《公司法》《商标法》《反不正当竞争法》《物权法》《侵权责任法》等各类保护民商事单行法律，对个人财产权、企业家财产权、知识产权等作了明确规定，问题在于，这些单行法

① 中共中央关于全面深化改革若干重大问题的决定 [EB/OL]. 人民网，2013-11-15.

② 中共中央关于全面推进依法治国若干重大问题的决定 [EB/OL]. 新华网，2014-10-28.

③ 中共中央 国务院关于完善产权保护制度依法保护产权的意见 [EB/OL]. 新华网，2016-11-27.

④ 中共中央 国务院关于营造企业家健康成长环境弘扬优秀企业家精神更好发挥企业家作用的意见 [EB/OL]. 中国政府网，2017-09-08.

⑤ 用法治护航别让民营企业家“挣得越多心越慌”[N]. 中国经济时报，2014-03-27.

律对规范和保护合法产权存在不同程度的脱离实际或相互之间不协调等问题。

2. 以出台民法典为重点完善产权保护法律制度

我国已经形成了产权保护的单项法律体系，但随着我国市场经济体系的逐步完善，现有单项法律已经难以适应产权保护法治化大趋势。在这个背景下，2015 年，党的十八届四中全会《中共中央关于全面推进依法治国若干重大问题的决定》提出“编纂民法典”[①]。从现实情况看，民法典越早出台就越能赢得主动，对稳定预期有可能产生决定性影响。在现行民法总则的基础上，需要加快主要内容各篇的编纂，争取在 2020 年前提请全国人大审议通过，形成统一的民法典。

3. 严格规范涉案财产处置的法律程序

涉案财产处置是否适当，是产权保护的重大现实问题。如果不应当被剥夺的财产权被剥夺，就会导致社会对财产权保护缺乏信心和稳定的预期。近年来，我国司法实践中出现过对经济犯罪案件中的企业家或个人的涉案财产处置不依法依规、行政和司法腐败侵犯企业产权等现象，不仅给企业家和个人的合法财产造成严重损失，而且不利于稳定社会预期。为此，需要尽快规范企业家或个人财产处置的法律规则，形成具体的执法操作程序，使其变成行政实践和司法实践。

专栏 4.4

规范处置企业家和个人涉案财产

进一步细化涉嫌违法的企业和人员财产处置规则，依法慎重决定是否采取相关强制措施。确需采取查封、扣押、冻结等措施的，要严格按照法定程序进行，除依法需责令关闭企业的情形外，在条件允许情况下可以为企业预留必要的流动资金和往来账户，最大限度降低对企业正常生产经营活动的不利影响。采取查封、扣押、冻结措施和处置涉案财物时，要依法严格区分个人财产和企业法人财产。对股东、企业经营管理者等自然

① 中共中央关于全面推进依法治国若干重大问题的决定 [EB/OL]. 新华网，2014-10-28.

人违法，在处置其个人财产时不任意牵连企业法人财产；对企业违法，在处置企业法人财产时不任意牵连股东、企业经营管理者个人合法财产。严格区分违法所得和合法财产，区分涉案人员个人财产和家庭成员财产，在处置违法所得时不牵连合法财产。完善涉案财物保管、鉴定、估价、拍卖、变卖制度，做到公开公正和规范高效，充分尊重和依法保护当事人及其近亲属、股东、债权人等相关方的合法权益。

资料来源：中共中央 国务院关于完善产权保护制度依法保护产权的意见[EB/OL]. 新华网，2016-11-27.

4. 纠正一批社会反映强烈的产权纠纷申诉案件

2017年中央经济工作会议明确提出，“要支持民营企业发展，落实保护产权政策，依法甄别纠正社会反映强烈的产权纠纷案件”。一个好的案例胜过十条法律条文。需要抓紧甄别纠正一批社会反映强烈的产权纠纷申诉案件，剖析一批侵害产权的案例。对涉及重大财产处置的产权纠纷案件、民营企业和投资人违法申诉案件要依法甄别，确属事实不清、证据不足、适用法律错误等错案冤案，要尽快纠正并赔偿当事人损失①。2017年底，最高法院决定依法再审三起重大涉产权案件。这是一个极为积极的信号②，有可能形成新时代的“傻子瓜子”效应，有效稳定企业家的预期。

专栏 4.5

“傻子瓜子”

邓小平同志三次对“傻子瓜子”问题作出批示。

——1980年，邓小平看到“傻子瓜子”问题的调查报告后，明确表示“放一放”和“看一看”。

——1984年，邓小平在中顾委第三次全体会议上，明确地提出了对“傻子瓜子”问

① 中共中央 国务院关于完善产权保护制度依法保护产权的意见[EB/OL]. 新华网，2016-11-27.

② 人民法院决定依法再审三起重大涉产权案件，两件由最高人民法院直接提审[EB/OL]. 人民法院新闻传媒总社，2017-12-28.

题的处理方针，他说："前些时候那个雇工问题，相当震动呀，大家担心得不得了。我的意见是放两年再看。那个能影响到我们的大局吗？让'傻子瓜子'经营一段时间，怕什么？伤害了社会主义吗？"

——1992年小平南巡讲话时，第三次提到"傻子瓜子"，"农村改革初期安徽出了个'傻子瓜子'问题。当时许多人不舒服，说他赚了一百万，主张动他。我说不能动，一动人们就会说政策变了，得不偿失。像这一类的问题还有不少，如果处理不当，就很容易动摇我们的方针，影响改革的全局。城乡改革的基本政策，一定要长期保持稳定"。

资料来源：邓小平三谈"傻子瓜子"[EB/OL]. 南方报业网，2008-03-29.

三、加强知识产权保护的制度创新

严格保护知识产权既有利于加快经济转型升级，也有利于形成全社会保护创新的大环境。适应知识产权保护国际化的大趋势，实施严格的知识产权保护，全面提升知识产权对外合作水平，推进知识产权保护制度化法治化，为企业创新创业提供法治保障。

1. 实施严格的知识产权保护

（1）加大服务业知识产权犯罪打击力度。与工业相比，服务业更依赖于知识产权保护，但其难度也更大。随着服务业市场开放进程加快，依法严厉打击侵犯知识产权犯罪行为，加强知识产权行政执法与刑事司法衔接，加大涉嫌犯罪案件移交工作力度；提高知识产权法定赔偿上限，针对情节严重的恶意侵权行为实施惩罚性赔偿；完善涉外知识产权执法机制，加强刑事执法国际合作，加大涉外知识产权犯罪案件侦办力度。

（2）建立健全知识产权保护预警机制。将故意侵犯知识产权行为纳入企业和个人信用档案；运用大数据等手段加强知识产权保护，提升预警防范能力；加大中小企业知识产权保护的援助力度，构建公平竞争的创新创业环境。

（3）加强新经济领域的知识产权保护。适应新经济快速发展的大趋势，加强互联网、电子商务等领域知识产权保护规则研究，完善相关法律法规；加快制定众创、众包、众筹的知识产权保护政策。

2. 推动知识产权保护法治化进程

（1）出台专门的《知识产权法》。将现有的《专利法》《商标法》《著作权法》等纳入到《知识产权法》中；参考《建立世界知识产权组织公约》与《与贸易有关的知识产权协定》，明确我国知识产权保护范围；对侵犯知识产权行为的惩治作出具体规定，做到有法可依。

（2）加强知识产权行政执法。建议赋予知识产权局行政执行权，加强重点领域知识产权行政执法，加强知识产权刑事执法和司法保护，积极营造良好的知识产权法治环境和市场环境；加强知识产权审查，实施重大经济活动知识产权评议，引导企业加强知识产权管理。

（3）加快建立知识产权法院。目前，北京、上海和广州等地已经相继设立了知识产权法院，并展开了大量知识产权案件审理。建议尽快在最高人民法院下成立知识产权法院，并在北京、上海、广州等地的试点基础上，加快向全国其他地区推广试点经验；增加刑事判决、裁定的上诉案件，实现民事、行政、刑事案件“三审合一”；加强人才培养与引进，通过教育、培训、引进等多种途径，培养一批专业化的法官队伍。

专栏 4.6

关于成立知识产权法院的建议

（1）成立知识产权法院。成立知识产权法院能够促进知识产权的创作、保护和运用，是“以知识产权为基础的国家”的体现，其首要职责是通过诉讼解决有关知识产权的纠纷，并且通过高水平的专家作出公正高效的判决，以合理地保护知识产权并提供相关的司法判决等司法信息。比如，英、美、日、韩等发达国家，都建立了相应的知识产权法院以解决知识产权纠纷问题。建议我国在最高人民法院下成立知识产权法院，并在各省（直辖市、区）高等法院设置知识产权法院分院。

（2）设置两级知识产权法院。最高人民法院知识产权分院负责全国知识产权民事、行政和刑事案件的最终审判，负责全国各高级人民法院作出的知识产权民事、行政和刑事案件判决的复查和再审；负责对各省高级人民法院知识产权法院民事、行政和刑事审判业务的指导和监督。各省高级人民法院知识产权分院负责辖区内知识产权民事、行政和刑事二审案件的审理。

（3）设置专家委员会。在全国范围内任命各个领域中高水平的技术专家，包括大学教授、公共研究机构研究人员、专利律师等，他们作为兼职官员每两年选聘一次。将专家委员的名单存放在专家库中，根据案件情况指定最适合的专家来解决相关的技术纠纷案件，尤其是难以理解并且需要用专业知识进行解释的案件。

资料来源：迟福林. 转型抉择 [M]. 北京：中国经济出版社，2015.2.

3. 提升知识产权保护的对外合作水平

（1）积极参与国际知识产权规则制定。我国已经加入《保护工业产权巴黎公约》《关于集成电路知识产权的华盛顿公约》《保护文学和艺术作品伯尔尼公约》《视听表演北京条约》等近20个国际公约。未来几年，适应服务业市场对外开放的需要，积极推动《TRIPS协定与公共健康多哈宣言》；主动参与《专利合作条件》《保护广播组织条约》等国际规则修订的国际谈判；加快推进加入《工业品外观设计国际注册海牙协定》和《马拉喀什条约》进程。

（2）完善知识产权对外合作机制。加强与世界知识产权组织、世界贸易组织、亚太经合组织等国际和地区性组织的交流与合作，提升我国知识产权保护水平；深化与发达国家知识产权、经贸、海关等部门的合作，推动国内服务机构加强与国外相关组织的合作交流；推动相关国际组织在我国设立知识产权仲裁和调解分中心；探索建立“一带一路”沿线国家和地区知识产权合作机制。

四、强化产权保护中的政府守信

无论是产权的有效界定，还是依照法律程序保护产权，都离不开政府作用。从改革实践来看，完善政府守信践诺机制对于产权保护法治化具有决定性影响。

1. 严格纠正以公权侵犯私权

（1）严惩各类利用公权力侵犯私有产权的违法犯罪行为。当前，各类涉民企和企业家产权纠纷案件中，公权力侵犯私有产权的问题较为突出。主要表现为，民营企业内部发生争议后公权力不当介入后产生的纠纷、公权力对民营企业滥用查封冻结等措施产生的纠纷、公权力对民营企业及企业家滥用刑事手段产生的纠纷等。需要严防公权力不加限制地介入私权，并加大民营企业家合法财产的保护力度，依法严惩各种侵犯民营企业产权及企业家合法财产权的违法犯罪行为。

（2）对企业慎用强制措施和查封、扣押、冻结措施。有的民营企业家反映，现实经济犯罪中对民营企业的司法保护远不如国有企业好。例如，有些民营企业家的行为并没有构成犯罪，但由于企业股东之间内讧或企业间的恶性竞争，使当地行政部门违法使用刑事手段介入民事经济纠纷，从而导致民营企业家受到不公正的追究；有些民营企业家在羁押期间，企业账户被冻结，给企业带来毁灭性打击。在这个背景下，需要落实中央精神，在采取查封、扣押、冻结措施时，要严格按照法定程序进行，严格区分企业家的违法所得和合法财产，区分涉案人员个人财产和家庭成员财产，在处置违法所得时不牵连合法财产；不得查封、扣押、冻结与案件无关的财产。

（3）因公权侵犯私权造成损失的，受害人有权申请国家赔偿。从现实情况来看，一些涉企产权重大案件中，或多或少存在公权侵犯私权的现象。对于已受理的公权力侵犯私权的冤错案要依法及时再审，尽快纠正；对民营企业家造成巨大损失的，要及时启动国家赔偿程序，加大赔偿决定执行力度，依法保障民营企业家的合法权益。

2.“新官要理旧账”

（1）“新官不理旧账”，影响企业预期。实践中，“新官不理旧账”，被认为是政府诚信存在的突出问题。民营企业与政府签订相关服务合同后，最大的担忧是政府单方面毁约，或是“新官不理旧账”。例如，在环保领域，就发生因地方政府换届、领导人员更替等带来的违约问题。环保企业和地方政府在垃圾处理、污水处理等市政领域签订合同，合同中规定服务的要求和价格，但地方政府换届、领导人员更替后，作为合同付款方的地方政府，时而出现不能足额支付服务费的情况，导致一些环保设备不能稳定运行①。

（2）新官要理旧账。针对一些地方政府政策不连续、“新官不理旧账”等问题，需要加快形成“新官要理旧账”的制度约束。一是明确规定对于往届政府作出的决定或签署的合同，只要合法合规，本届政府就必须一以贯之；二是建立健全政府失信责任追究制度及责任倒查机制，加快建立政务失信记录，加大对政务失信行为惩戒力度；三是建立完善的监督机制，充分发挥社会监督的特殊作用，对政府失信行为进行媒体曝光，有效约束政府官员行政行为。

3. 进一步完善政府守信践诺机制

（1）防止因政府违约导致企业和投资人财产权受损。当前，以 PPP 为重点的政府与社会资本合作投资项目逐步兴起是一个大趋势，并成为发展混合所有制经济的重要渠道。现实中，一些公私合作的基础设施投资项目，往往会出现因政府领导人员换届而导致政府违约的现象，使一些本来安排好的投资项目难以落实②。

（2）形成政府信守承诺的制度约束。一是企业与政府合同中更多体现公平，双方均应该按照法律和合同约定履行义务，如果任何一方违约都应该承担违约责任，承担相应后果；二是对有关政府违反承诺，尤其是因政府换届、领导人员更替等原因违约毁约，因违约毁约侵犯合法权益的，要承担法律和经济责任；三是因国家利益、公共利益等事由改变政府承诺时严格依法进行，并给予相应的财产损失补偿③。

---

① 防止“新官不理旧账”地方政府违约要承担法律经济责任 [N]. 每日经济新闻，2016-11-27.

② 迟福林. 处理好政府与市场关系是深化结构性改革的关键 [J]. 行政管理改革，2017（02）.

③ 中共中央 国务院关于完善产权保护制度依法保护产权的意见 [EB/OL]. 新华网，2016-11-27.

第四节　大力弘扬企业家精神

党的十九大报告提出“激发和保护企业家精神”[①]，并把它作为供给侧结构性改革的重大任务之一。打造世界一流的企业家队伍，是振兴实体经济、走向高质量发展的重要力量。我国培育具有全球竞争力的世界一流企业，关键是要大力弘扬企业家精神。

专栏 4.7

习近平总书记强调企业家精神

（1）2014 年 11 月 9 日，在亚太经合组织工商领导人峰会上，国家主席习近平特别提及企业家精神：“企业家是经济活动的重要主体，要深度挖掘优秀企业家精神特质和典型案例，弘扬企业家精神，发挥企业家示范作用，造就优秀企业家队伍。”

（2）2016 年 3 月 4 日，习近平总书记在看望参加全国政协十二届四次会议的民建、工商联委员时指出，“广大非公有制经济人士要准确把握我国经济发展大势，提升自身综合素质，完善企业经营管理制度，激发企业家精神，发挥企业家才能，增强企业内在活力和创造力，推动企业不断取得更新更好发展”。

（3）2016 年 7 月 8 日，习近平总书记在主持召开经济形势专家座谈会上指出，“要加快培养造就国际一流的经济学家、具有国际视野的企业家”。

（4）2016 年 12 月，习近平总书记在中央经济工作会议指出，要“保护企业家精神，支持企业家专心创新创业”。

（5）2017 年 4 月 18 日，习近平总书记在中央全面深化改革领导小组第三十四次会议上指出，“企业家是经济活动的重要主体，要深度挖掘优秀企业家精神特质和典型案例，弘扬企业家精神，发挥企业家示范作用，造就优秀企业家队伍”。

资料来源：企业家精神激发市场蕴藏的活力 [N]. 人民日报（海外版），2017-05-02.

① 中国共产党第十九次全国代表大会文件汇编 [M]. 北京：人民出版社，2017.10.

一、以制度创新稳定企业家预期

在市场经济中，企业是企业家的企业。企业家识别市场机会，识别市场风险，作出投资判断，承担投资盈亏。在这个过程中，通过创造性破坏，提升资源要素配置效率。改革开放以来，我国经济发展成就的一个突出表现，就是涌现出了一大批创新型企业家，有的甚至走向国际舞台。当前，振兴实体经济，需要更多劳动者成为创新型企业家。党的十九大报告提出，“激发和保护企业家精神，鼓励更多社会主体投身创新创业”[①]。这就需要为企业家勇于创新、安心创业提供良好的制度环境。

1. 依法保护企业家的财产权和创新收益

（1）建立产权平等保护的长效机制。我国已经形成了以宪法为基础，以物权、债权、股权、知识产权等财产权为主要内容的财产权保护体系，为保护企业家财产权和创新收益提供了重要的法治基础。但在执法体制、司法环节还存在某些不公正现象，这反映出当下对企业家财产的权保护缺乏具体的执行标准和程度。增强各类企业家的财富安全感，给企业家一个“定心丸”，关键在于规范和约束行政权力，严格规范行政机关和执法机关的执法行为，让权力在法治下运行。这就需要尽快出台对没收或者冻结财产的具体实施细则，使执法机关在查封收缴私产时，对合法财产和非法财产区别对待，防止企业家的合法财产受到侵害。

（2）出台保护企业家创新收益的具体办法。当前，一些创新型企业主要是依靠商业模式、文化创意等要素经营，一旦知识产权得不到有效保护，企业创新成果就有可能被他人复制，不仅给企业可持续发展带来严重后果，而且企业家创新收益也得不到保护。这就需要政府加快出台商业模式、文化创意等创新成果的知识产权保护办法，为企业创新发展提供法治保障。

---

① 中国共产党第十九次全国代表大会文件汇编 [M]. 北京：人民出版社，2017.10.

（3）加快建立补偿救济机制。从实践看，一些地方政府在财产权保护方面力度不够，有些甚至因为当地政府自身的不当行为造成企业和公民财产权受损。在这个背景下，不仅要建立对政府相关人员的问责与追责机制，而且要加快完善赔偿与救济机制。对因政府规划调整、政策变化造成企业合法权益受损的，要依法依规进行补偿救济。

2. 防止资本炒作对企业家经营的干预

重点是完善股市制度建设，防止“野蛮人”收购。近年来，一些上市公司频遭“野蛮人”收购，给上市公司内部治理结构带来严峻挑战[①]。为了维护上市公司的自主经营权，需要赋予并完善上市公司相应的防御措施。一是改革上市公司股东大会表决制度，对于上市公司拟采取的防范“野蛮人”收购的相关措施表决时，可以将“野蛮人”表决结果不纳入统计范围；二是授权上市公司董事会，当遭遇“野蛮人”举牌时，由上市公司董事会实施定向增发计划，向公司控股股东或董监高人员进行定向增发；三是借鉴国际经验，授权上市公司董事会，在遭遇“野蛮人”收购时，可开启“毒丸计划”，由上市公司除“野蛮人”之外的公司其他股东廉价配售股份，以摊薄“野蛮人”持股所占的比例。

专栏 4.8

毒丸计划

毒丸计划是美国著名的并购律师马丁·利普顿1982年发明的，正式名称为“股权摊薄反收购措施”。当一个公司一旦遇到恶意收购，尤其是当收购方占有的股份已经达到10%~20%的时候，公司为了保住自己的控股权，就会大量低价增发新股。目的就是让收购方手中的股票占比下降，也就是摊薄股权，同时也增大了收购成本，目的就是让收购方无法达到控股的目标。

毒丸计划一经采用，至少会产生两个效果：其一，对恶意收购方产生威慑作用；其二，对采用该计划的公司有兴趣的收购方会减少。这一反收购措施，于1985年在美国特拉

① 上市公司严防“野蛮人”南玻A反收购之举引争议[N]. 北京商报，2015-04-17.

华法院被判决合法化。2005年，新浪在面对盛大收购的时候，就是采用了毒丸计划，最终盛大只能放弃收购计划。

资料来源：吴秀波. 反收购十大策略 [J]. 检察风云，2016（07）.

3. 形成商业类国有企业企业家产权激励

在民营企业，创业型企业家持有企业股权无论在认识上、政策和法律上，都没有多少障碍。创业型企业家持有企业股权，重点和难点主要在国有企业。在新一轮国有企业改革中，商业类国有企业作为竞争主体，需要与其他市场主体平等竞争，需要形成激励企业家精神的制度安排。在保证国有资产收益的前提下，应当允许商业类国有企业中的企业家进行各种技术创新和探索。一是赋予国有企业创业型企业家股权，形成创业型企业家与企业的利益共同体；二是国有企业可以采取设置虚拟股份的办法保护企业家的创新收益，逐步落实创业型企业家的劳动力产权；三是形成多种形式的管理层股权激励。例如，采取股票期权、股票增值权、业绩股票激励、限制性股票等多种有效方式。

二、构建"亲"、"清"新型政商关系

构建新型政商关系，是我国新时期正本清源、弘扬企业家精神的重大举措。通过实现企业家的劳动力产权，形成保护企业家权益规范化、法治化的制度安排，有利于为政商关系的"亲"与"清"提供制度保障。

1. 政商关系走向"亲"与"清"的大趋势

多年来，政商关系没有理顺，成为企业家成长的体制性障碍。政商关系的越位和缺位，不仅导致了官员的寻租和腐败，也导致企业家群体的社会认同差。社会对企业家群体缺乏认同也好，企业家自身缺乏安全感也好，都需要从"政"和"商"两方面找原因。2016年3月4日，习近平总书记在看望参加全国政协十二届四次会议的民建、工商联委员并参加联组会时用"亲"与"清"对新型

政商关系作出概括。落实政商关系的“亲”与“清”，需要通过承认和实现企业家正当的劳动力产权，营造尊重和激励企业家干事创业的社会氛围，引导企业家把主要精力放在产品和服务创新上，而不是去做“红顶商人”。这既是对政府的要求，也是对企业家自身的要求，是新时期弘扬企业家精神的重要保障。

专栏 4.9

习近平总书记提出政商关系的“亲”与“清”

习近平指出，新型政商关系，概括起来说就是“亲”、“清”两个字。对领导干部而言，所谓“亲”，就是要坦荡真诚同民营企业接触交往，特别是在民营企业遇到困难和问题情况下更要积极作为、靠前服务，对非公有制经济人士多关注、多谈心、多引导，帮助解决实际困难。所谓“清”，就是同民营企业家的关系要清白、纯洁，不能有贪心私心，不能以权谋私，不能搞权钱交易。对民营企业家而言，所谓“亲”，就是积极主动同各级党委和政府及部门多沟通多交流，讲真话，说实情，建诤言，满腔热情支持地方发展。所谓“清”，就是要洁身自好、走正道，做到遵纪守法办企业、光明正大搞经营。

资料来源：习近平看望出席全国政协十二届四次会议民建、工商联界委员并参加联组讨论 [EB/OL]. 新华网，2016-03-04.

2. 从制度上保障政商关系的“清”

实现政商关系的“清”，重在改变官商之间相互勾结、谋求私利的腐败现象，重在建设清明的政治生态，建立公平竞争的商业生态。2017 年 5 月，中央组织部等四部门联合印发的《关于规范公务员辞去公职后从业行为的意见》，对领导干部辞去公职后行为进行了明确规范，这在杜绝“红顶商人”，实现政商关系的“清”上迈出了重要一步。

从制度上确保政商关系的“清”，需要加强对权力运行的制约和监督，也需要完善企业家产权保护制度，让企业家清清白白地获得他们应该得到的收入。在这个前提下，实现政商关系清白、纯洁就有了可靠的保障。对政府来说，实现政商关系的“清”，不是无所作为，也不是做“甩手掌柜”，而是要着力保护企业家合法财产和创新，尤其是加强制度供给。

3. 以政企沟通机制强化政商关系的“亲”

对于关系到本地经济发展的重点企业，党政主要领导要与企业家建立“面对面”的联系制度。例如，建立本级党政主要领导与重点企业的联系会议制度，每个月至少开一次，倾听企业诉求，现场解决企业实际难题，形成政府与企业之间常态化的沟通渠道。

这方面可以借鉴日本的经验。在日本，中小企业相谈制度是扶持中小企业发展的重要举措，包括行政相谈、法律相谈、救援相谈等，并建立起了相应的相谈机构和运行机制。借鉴日本的先进经验，在各地中小企业发展促进局内建立中小企业相谈部门，专门负责本地中小企业的相谈业务。

专栏 4.10

日本中小企业相谈机构及运行机制

（1）中小企业相谈机构的设置

一是全国性的中小企业支持中心（目前共设立 60 个），主要负责中小企业经营和技术等领域指导，目的在于提升中小企业活力，使中小企业顺利发展，确保经济与产业衔接，提升资源总体效率。

二是地方中小企业支持中心，该机构设立于日本的市町村区域的工商会议所和工商会等机构内部。

三是中小企业基础整备机构（也称中小机构）。这是承担中小企业相谈业务的最主要机构，主要负责中小企业创业、中小企业融资、中小企业间互助、中小企业人才培养、防止中小企业破产救助等相谈业务。每项业务相谈内容都包括软件层面和硬件层面的内容两部分，涵盖从创业开始的中小企业业务的所有环节。

四是向日葵紧急救援处。日本律师联合会根据中小企业的需求，在中小企业设立呼叫中心事业（也称向日葵热线），有效地解决了债券回收、契约咨询、劳务关系、事业继承、分包等法律问题。各机构都针对中小企业开设相谈业务，并且协力联合，强化中小企业相谈中问题的解决。

（2）中小企业相谈原则及窗口相谈程序

日本中小企业相谈，无论采取面谈、电话，还是书面等方式，中小企业相谈都遵循三个原则：一是无偿原则；二是保密原则；三是高绩效原则。相谈阶段，包括中小企业从创业前准备辅导阶段开始的所有问题。在相谈落实阶段，凡是在相谈中能及时解决问题，要及时解决，比如业务咨询、会计咨询、法律咨询、信息援助等；凡是不能马上解决的，或需要深入企业调研、诊断，或需要协同相关部门和机构共同解决，就记录在案，比如，企业策划、业务拓展、商品与服务开发、资金融通和保证、人才培育及供给等。最后阶段是相谈问题解决阶段。有的经营问题需要各部门、各单位协调，相关人员要联合各部门进行协调。对中小企业希望帮助解决的地域性特定问题，中小企业相谈负责人，一般都是拥有中小企业支持的专门知识而且有着丰富实践经验的专家，要亲赴该地区，在当地与地方公共团体、都道府县等中小企业支持中心、商工会、商工会议所、中小企业团体中央会等的指导员一起把握事态，理顺应该处理问题的关键点，积极应对问题的解决。

资料来源：刘汉元. 完善我国政企沟通机制 [J]. 中国改革，2016 (02).

三、理性处理民营企业家“原罪”

在特定阶段发展起来的民营企业，在多方面客观上存在不规范之处。这就需要以发展眼光客观看待和依法妥善处理改革开放以来各类企业特别是民营企业的“原罪”问题，卸下民营企业“原罪”的包袱，以利于企业家积极投身创新创业。

1. 民营企业不规范现象是特定阶段的产物

（1）“原罪”问题直接影响到民营企业家预期。当前，因为背负“原罪”，部分民营企业家们感到财产不安全感。为了避免财产权、人身权被公权力所伤，一些民营企业家开始选择投资移民或海外配置资产。

（2）对民营企业的原罪问题，需要放在特定历史背景下来看。一方面，民营企业早期某些不规范的行为是特定发展阶段和特定发展方式的产物。改革开放之初，与国有企业相比，民营企业在政策、生产要素使用等方面存在明显劣势，并且还面临行业准入、融资难融资贵等难题。在这种情况下，一些民营企业家为了生存和发展，不可避免会有一些不得已、不规矩甚至违法的做法。例如，部分民营企业家为了获得行业准入资格、银行贷款等被迫给拥有审批权的官员行贿，为了降低生产经营成本而偷税漏税等。此外，由于当时法律修改滞后，某些市场经济通行的做法也被认为是违法行为。

另一方面，随着市场经济的不断完善，法律修改的不断推进，早期民营企业家某些不规范的行为开始规范化。但在政府主导经济增长、行政资源配置倾向还比较明显的情况下，民营企业家仍有某些向掌握公共资源配置权的公职人员行贿等违法行为。这些公职人员一旦被查处，势必涉及民营企业家。

（3）用发展眼光看待民营企业家的“原罪”问题，稳定企业家预期。既要看到民营企业家对经济社会发展所作出的历史贡献，也要关注到部分民营企业家因为“原罪”问题而转移资产的倾向。稳定民营企业家预期，增加民营企业家的投资信心，需要严格遵循法不溯及既往、罪刑法定、在新旧法之间从旧从轻等原则，以发展眼光客观看待、依法妥善处理民营企业经营过程中的不规范问题。

2. 分类解决和处理民营企业家“原罪”

从现实情况看，不能不加区分地处理民营企业家的“原罪”问题，一是因为国家相关法律法规并没有规定对民营企业家的所有“原罪”一笔勾销；二是从法律来看，对民营企业家所有“原罪”进行赦免，将会引发社会不公。因此，这就需要按照《中共中央 国务院关于完善产权保护制度依法保护产权的意见》要求，客观看待企业经营的不规范问题，对定罪依据不足的依法宣告无罪；对虽属违法违规、但不构成犯罪，或者罪与非罪不清的，应当宣告无罪；对在生产、经营、融资等活动中的经济行为，除法律、行政法规明确禁止的，不得以犯罪论处。

3. 增强全社会对企业家的价值认同

（1）企业家的成长曾身陷产权困境。改革开放 40 年来，我国涌现了一批创业型企业家，但不少成为悲情人物。例如，褚时健、李经纬等出现的“59 岁现象”，应当说大多与企业家自身产权制度不完善直接相关。如果从制度安排上能够承认企业家才能的劳动力产权，这些优秀的创业型企业家本可以为国家作出更大的贡献。

（2）企业家的价值认同仍面临多方面的突出矛盾。从企业家反映的一些情况来看，新时期出现的“仇富”情绪、资本外流等，都表明企业家的价值认同问题到了非解决不可的地步。无论是国有企业还是民营企业的企业家，都面临着合理的价值认同问题。

（3）以解决企业家价值认同催生更多创业型企业家。当前，无论是新经济发展，还是传统经济的创新发展，一个客观趋势是科技人才创业的比例增加。我国有大量的科技人才集聚在传统的国有企业和事业单位，他们是新经济时代创新创业最重要的力量。解决企业家精神的价值认同问题，可以有效释放我国创新创业的巨大能量，涌现更多90后、00后的创业型企业家。

Striving for More

Robust Drivers

第五章

数字经济引领高质量发展

数字经济快速发展与经济转型升级交织融汇，不仅成为推动新时代经济创新发展的新动能，也日益成为引领我国经济转型升级与产业变革的重要推动力。加快推进大数据、云计算、物联网等数字技术与传统产业的深度融合，是实现由高速增长转向高质量发展的务实选择。

当前，第四次工业革命正处于关键时期，并将深刻改变人类的技术边界、经济形态和社会形态。在第四次工业革命中，数字经济率先突破，并已经产生了巨大的影响。与其他产业赶超式发展不同，我国在数字经济发展上，一开始就处于较为领先的位置，数字经济发展与经济转型交织融汇，形成新时代我国转向高质量发展最重要的动力之一。进入高质量发展新阶段，抓住数字经济发展的大趋势，不但可以释放新经济的巨大潜力，而且可以推进我国规模庞大的传统制造业实现转型升级。

专栏 5.1

数字经济、国家大数据战略的顶层设计

党的十九大报告首次写入“数字经济”这个关键词，指出“数字经济等新兴产业蓬勃发展”；并提出“推动互联网、大数据、人工智能和实体经济深度融合”。

2017 年 12 月 8 日，中共中央政治局就实施国家大数据战略进行第二次集体学习。中共中央总书记习近平在主持学习时强调，大数据发展日新月异，我们应该审时度势、精心谋划、超前布局、力争主动，深入了解大数据发展现状和趋势及其对经济社会发展的影响，分析我国大数据发展取得的成绩和存在的问题，推动实施国家大数据战略，加快完善数字基础设施，推进数据资源整合和开放共享，保障数据安全，加快建设数字中国，更好地服务我国经济社会发展和人民生活改善。

资料来源：习近平主持中共中央政治局第二次集体学习 [EB/OL]. 中国政府网，2017-12-09.

第一节　我国数字经济发展的大趋势

近年来，依托巨大的国内市场与体制优势，抓住全球新一轮科技革命的历史性机遇，我国实现了数字经济的快速发展，在某些领域已经处于全球领先位置。正如2017年12月中央政治局第二次集体学习时指出的，“我国网络购物、移动支付、共享经济等数字经济新业态新模式蓬勃发展，走在了世界前列”。未来5~10年，我国数字经济仍将保持快速增长，并为我国经济转型升级与经济增长带来巨大动力。

一、数字经济快速发展的大趋势

近年来，数字经济增速显著快于GDP与一二三产业增速，涌现了一大批新业态、新模式，不仅成为我国应对经济下行压力的重要动力，而且成为我国推动新旧动能转变、加快经济转型升级与产业变革的突出亮点。

1. 数字经济时代的到来

（1）数字经济规模不断提升。依托巨大的国内消费应用市场、不断完善的信息基础设施建设及政府包容性监管政策，我国抓住了第四次工业革命的历史性机遇，实现数字经济的高速发展，进入数字经济时代。

2008—2016年，我国数字经济规模由4.8万亿元人民币增长至22.6万亿元人民币，增长了近4倍；占GDP比重由15.2%提升至30.3%，提高了15.1个百分点（见图5.1）。预计到2020年，我国数字经济规模将超过32万亿元人民币，占GDP比重达35%；到2030年，数字经济占GDP比重将超过50%，我国将全面步入数字经济时代①。

① 数字经济成产业升级重大突破口2020年占GDP比重35%[N]. 经济参考报，2017-07-17.

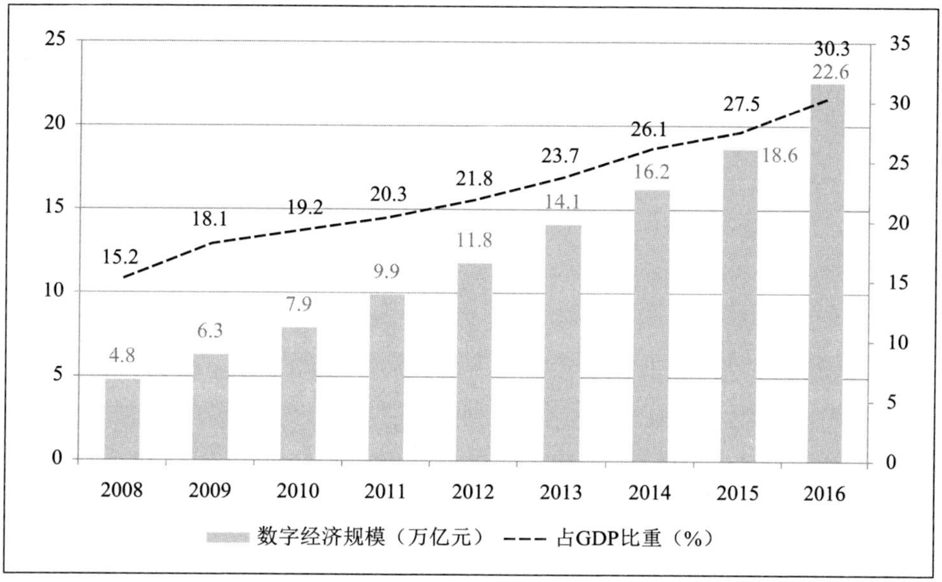

图 5.1:2008—2016 年我国数字经济规模及占比

数据来源：根据以下资料统计计算得出：国家统计局. 中国统计年鉴 2017[M]. 北京：中国统计出版社，2017.10；中国信息通信研究院. 2015 中国信息经济研究报告 [R]. 2015-09；中国信息通信研究院. 中国数字经济发展白皮书 2017[R]. 2017-07.

（2）数字经济呈现快速增长态势。数字经济增速远高于同期 GDP 增速及三次产业增速。2008—2016 年，我国数字经济年均实际增长 18.2%，比同期 GDP 年均增速高 9.9 个百分点，比第一、第二、第三产业年均实际增速分别高出 14.2 个、9.5 个、9.6 个百分点（见表 5.1）。

表 5.1: 数字经济与 GDP 及三次产业增速对比（单位：%）

年 份	数字经济增速	GDP 增速	第一产业增速	第二产业增速	第三产业增速
2009	31.4	9.4	4.0	10.3	9.6
2010	18.5	10.6	4.3	12.7	9.7
2011	17.2	9.5	4.2	10.7	9.5
2012	16.8	7.9	4.5	8.4	8.0
2013	17.3	7.8	3.8	8.0	8.3
2014	14.1	7.3	4.1	7.4	7.8
2015	14.7	6.9	3.9	6.2	8.2

续 表

年 份	数字经济增速	GDP 增速	第一产业增速	第二产业增速	第三产业增速
2016	20.3	6.7	3.3	6.1	7.8
2008—2016	18.2	8.3	4.0	8.7	8.6

数据来源：国家统计局．中国统计年鉴 2017[M]．北京：中国统计出版社，2017.10；中国信息通信研究院．2015 中国信息经济研究报告 [R]．2015-09；中国信息通信研究院．中国数字经济发展白皮书 2017[R]．2017-07.

（3）数字经济显著提升我国在全球产业中的竞争力。以互联网企业为例，有统计显示，1995 年全球互联网企业前 15 名没有一家中国企业。到 2015 年，虽然美国互联网企业仍占据主导地位，但中国企业已增加至 4 家，市值占比 22%，而且仍在快速增长（见表 5.2）。截至 2017 年 12 月，网易、新浪等互联网企业也已跻身全球前 15 名。此外，一大批极具发展潜力的中小互联网企业快速发展。在全球 262 家“独角兽”公司中，三分之一是中国企业①，虽然企业数量低于美国，但是一些企业估值已经接近美国同类企业。

表 5.2：全球前 15 大互联网企业变动

1995 年			2015 年		
企业	国别	市值（亿元人民币）	企业	国别	市值（亿元人民币）
Netscape	美国	5415	Apple	美国	763567
Apple	美国	3918	Google	美国	373437
Axel Springer	德国	2317	Alibaba	中国	232755
Rentpath	美国	1555	Facebook	美国	226009
Web. com	美国	982	Amazon	美国	199139
PSINet	美国	742	Tecent	中国	190110
Netcom On-Line	美国	399	eBay	美国	72549
IAC/Interactive	美国	326	Baidu	中国	71581
Copart	美国	325	Priceline	美国	62645
Wavo Corporation	美国	203	Salesforce	美国	49173

① 数字经济：重构全球经济发展格局 [EB/OL]．中国经济网，2018-01-22.

续 表

1995 年			2015 年		
企业	国别	市值（亿元人民币）	企业	国别	市值（亿元人民币）
iStar Internet	加拿大	174	JD.COM	中国	47711
Firefox Communications	美国	158	Yahoo	美国	40808
Storage Computer	美国	95	Netflix	美国	37700
Live Microsystems	美国	86	Linkedln	美国	24718
iLive	美国	57	Twitter	美国	23965

数据来源：中国信息通信研究院．互联网发展趋势报告（2017）[R]．2017-01.

2．传统产业的数字革命正在加快推进

（1）服务业数字化的大趋势。以零售业为例，2016 年，我国网络零售额达到 5.16 万亿元[①]。未来，随着“无人零售”、“智慧零售”等新零售的兴起，不仅显著降低了零售企业与消费者成本，也将打通线上线下营销渠道，通过大数据实现供需精准匹配，开启消费新模式。到 2022 年，我国无人零售市场交易额将达到 1.8 万亿元人民币以上，用户规模也将达到 2.45 亿人[②]。

表 5.3：2016 年我国数字经济在服务领域各行业占比（单位：%）

排序	行业	数字经济占比
1	保险	46.2
2	广播、电视、电影和影视录音制作	45.4
3	专业技术服务	40.5
4	货币金融和其他金融服务	40.3
5	资本市场服务	40.2
6	公共管理和社会组织	38.0
7	邮政	35.4

① 商务部：去年全国网络零售额达 5.16 万亿元 保持中高速增长 [EB/OL]．人民网，2017-02-09.

② 中商产业研究院．2017 年中国无人零售商店市场研究报告 [R]．2017-07.

续 表

排序	行业	数字经济占比
8	其他服务	34.1
9	教育	33.2
10	社会保障	32.3
11	租赁	31.6
12	水上运输	29.3
13	铁路运输	28.7
14	文化艺术	28.3
15	科技推广和应用服务	26.6

数据来源：中国信息通信研究院．中国数字经济发展白皮书 2017[R]．2017-07.

（2）工业数字化的大趋势。工业数字化是工业信息化融合的高级阶段。近年来，我国工业数字化、信息化水平不断提升。2017 年，处于集成提升及以上阶段的工业企业占比 19.3%，比 2012 年提高 8.4 个百分点；47.7% 的工业企业在某一关键业务环节实现了信息化的全覆盖，比 2012 年提升 23.6 个百分点（见图 5.2）。同时也要看到，仍有 33.0% 的工业企业处于信息化起步阶段，部分企业甚至还处在“工业 1.0”、“工业 2.0”的阶段，我国工业信息化、数字化进程仍有较大空间[①]。

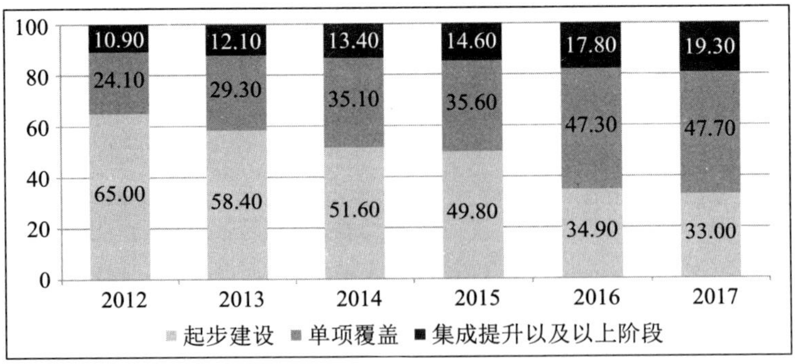

图 5.2：2012—2017 年全国两化融合发展阶段分布情况（单位 %）

数据来源：中国两化融合服务联盟．中国两化融合发展数据地图（2017）[R]．2017-08-25.

① 中国两化融合服务联盟．中国两化融合发展数据地图（2017）[R]．2017-08-25.

（3）农业数字化的大趋势。数字技术加快向农业生产、加工、销售等各个环节广泛渗透，成为我国提升农业生产效率、实现乡村振兴的技术支撑。例如，黑龙江省利用物联网技术开展水稻智能生产线改造试点，在水稻浸种催芽过程中对水温进行实时监测和精准调控，使出芽率提高 10% 以上，亩产量增加 5%~10%[①]。

3. 数字经济仍有巨大发展空间

（1）数字技术还在不断升级之中。传统通用技术受线性约束限制，而数字技术遵循摩尔定律，即每 18 个月综合计算能力提高 1 倍，呈现出指数级增长态势[②]。近年来，我国数字存储媒介价格、宽带价格等不断下降持续印证摩尔定律效果。大数据、物联网、移动互联网、云计算、人工智能、区块链等数字技术的突破和融合发展推动数字经济快速发展。此外，我国移动互联网技术领域在经历了“2G 跟随、3G 突破、4G 同步”之后，正谋求 5G 时代的“领跑者”地位。一旦 5G 规模试验全面展开，将引发更大范围的变革。比如，物联网建设将进一步提速，自动驾驶将加快从试验阶段走向应用阶段。

（2）我国数字经济发展的市场红利仍在不断释放。一是数据资源不断丰富。据预测，我国到 2020 年数据总量将超 8000 EB，占全球数据总量的比例达 20%[③]。届时中国将成为世界第一数据资源大国和全球数据中心；二是我国数字市场不断扩大。截至 2017 年 6 月，我国互联网用户达 7.51 亿人，占全球互联网用户的五分之一（见图 5.3）。根据国家信息中心推算，2020 年我国网民数量将达到 11 亿人。庞大的市场规模不仅为我国数字经济提供了巨大发展空间，而且有助于某些数字行业在短时间内积聚千万甚至过亿的用户。

---

① 数字经济引领经济增长新时代 [EB/OL]. 国家发展和改革委员会网，2017-09-29.

② 左世全. 智能制造的中国特色之路 [J]. 中国工业评论，2015（04）.

③ 各方热议大数据：2020 年中国将成全球数据中心 [EB/OL]. 人民网，2016-05-25.

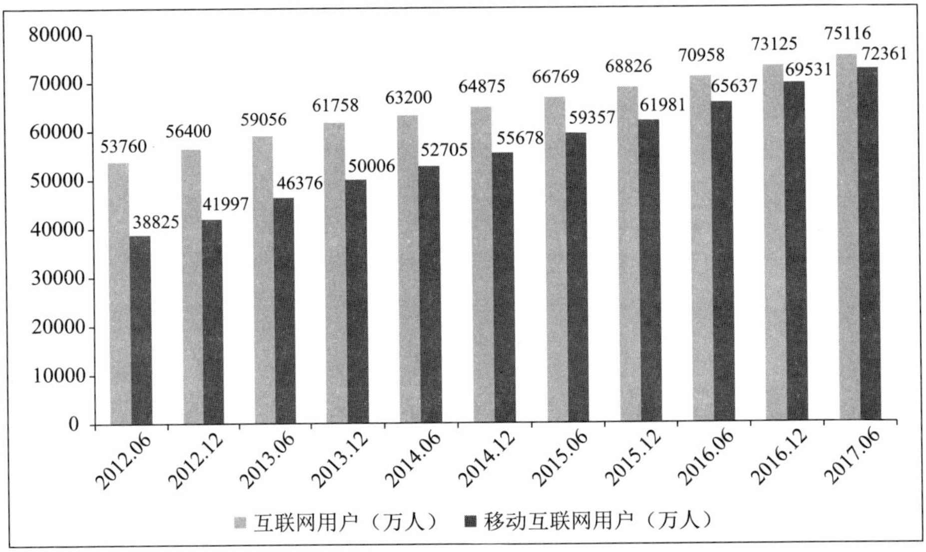

图 5.3：2012—2017 年我国互联网及移动互联网用户规模

数据来源：根据《第 40 次中国互联网发展状况统计报告》数据整理得出。

（3）数字基础设施加快完善。截至 2016 年底，我国固定宽带 2.78 亿户，固定宽带家庭普及率达到 61.4%[①]。《“宽带中国”战略及实施方案》提出，到 2020 年，我国固定宽带用户达到 4 亿户，家庭普及率达到 70%，光纤网络覆盖城市家庭。在移动互联网领域，虽然我国 4G 牌照发放较晚，但目前已达到全球领先水平。据工信部统计，2016 年，全国新建 4G 基站 86.1 万个，总数达 263.2 万个[②]，基本覆盖乡镇、重点行政村以及高铁、地铁、景区等重点场所。数字基础设施的进一步完善，将为我国数字经济发展奠定坚实基础。

二、数字经济优化经济结构的大趋势

我国数字经济发展与产业变革相互交融。数字经济与传统产业的深度融合不仅成为我国产业变革的主流趋势，同时不断催生新业态、新模式，进一步优化我国经济结构。进入新阶段，我国经济转型升级为数字经济与传统产业深度

① 2016 年第四季度《中国宽带普及状况报告》发布 [EB/OL]. 人民网，2017-02-21.

② 中国信息通信研究院. 中国数字经济发展白皮书（2017）[R]. 2017-07.

融合提供了巨大空间。

1. 数字经济催生新就业

（1）数字经济深刻改变就业结构。世界经济论坛发布的《2016全球人力资本报告》指出，到2020年，全球传统就业岗位将消失700万个，同时也将带来新的就业岗位[①]。以德国工业4.0为例，由于机器人辅助生产、无人驾驶物流工具的应用，预计到2025年，组装、包装和生产类岗位将削减约61万个，但制造业信息和数据技术领域将增加96万个新就业机会，总的看仍需要净增35万个岗位[②]。有预测认为，2016—2026年预计增长最快的15种职业中，医保相关从业岗位占了8种（见图5.4）。

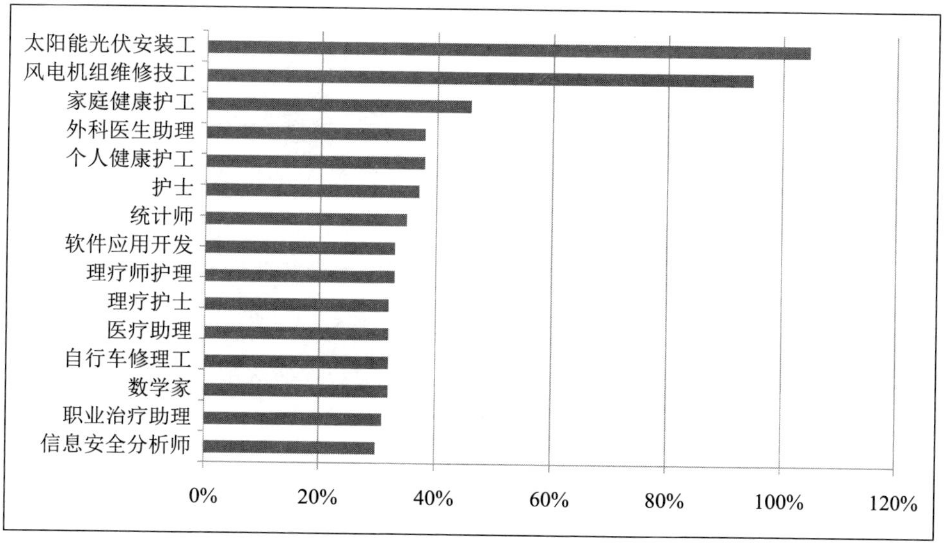

图5.4：未来10年增长最快的职业

数据来源：美国劳工统计局. 双年度就业预测报告[R]. 2017-10.

（2）数字经济深刻改变就业形态。除传统雇佣等形式外，灵活就业占比将越来越高，就业形态将更加多元化。有报告显示，2016年我国参与分享经济的

① 世界经济论坛，领英. 2016全球人力资本报告[R]. 2016.

② 德勤咨询. 2016全球人力资本趋势[R]. 2017.

人数达到6亿人，参与提供服务的人数约为6000万人，其中大部分人是灵活就业[①]。阿里研究院预测，未来20年，8小时工作制将被打破，我国将有4亿劳动力通过网络自我雇佣和自由就业，相当于总劳动力的50%[②]。可以预见，随着数字经济的迅猛发展，就业还将更加多元化，并对企业管理、社保等带来一系列挑战。

2. 数字经济催生新业态

数字经济快速发展不仅表现在与传统产业加速融合并推动传统产业转型升级方面，更重要的是，数字经济在发展过程中催生了包括流量经济、共享经济等在内的新兴业态。

例如，移动支付已成为我国经济中新业态、新模式的重要技术基础，并深刻改变现行的生产生活方式。2016年，我国移动支付渗透率达到68%，是2013年的2.72倍；与个人消费相关的移动支付交易额高达7900亿美元，相当于美国的11倍[③]。在一二线城市，移动支付占了支付场景的近80%[④]。移动支付的快速发展推动我国加速进入无现金社会。

再如，我国共享经济已经成为主流业态。2016年，我国共享经济市场交易额达3.45万亿元人民币，同比增长103%（见表5.4），参与人数超过5亿人，参与提供服务者5000万人。预计未来几年，我国共享经济年均增速仍将保持在40%左右，到2020年对GDP的贡献率将突破10%，出现5~10家“巨无霸”平台企业[⑤]。届时，共享经济将成为我国数字经济的突出亮点，推动我国进入“人人分享、万物分享”的新时代。

---

① 国家信息中心分享经济研究中心，中国互联网协会分享经济工作委员会．中国分享经济发展报告2017[R]．2017-03-02．

② 张影强，张瑾．发展数字经济创造更多就业[EB/OL]．中国经济网，2017-05-31．

③ 麦肯锡全球研究院．中国数字经济如何引领全球新趋势[R]．2017-08．

④ “无现金社会”在中国加速成长[EB/OL]．新华网，2017-07-07．

⑤ 国家信息中心分享经济研究中心，中国互联网协会分享经济工作委员会．中国分享经济发展报告2017[R]．2017-02．

表 5.4：2015—2016 年我国共享经济市场交易额及增长率

领域	交易额（亿元）		增长率（%）
	2015 年	2016 年	
知识技能	200	610	205
房屋住宿	105	243	131
交通出行	1000	2038	104
生活服务	3603	7233	101
生产能力	2000	3380	69
医疗分享	70	155	121
资金	10000	20863	109
总计	16978	34522	103

数据来源：国家信息中心分享经济研究中心，中国互联网协会分享经济工作委员会．中国分享经济发展报告 2017[R]．2017-02.

3．数字经济催生新模式

数字经济发展直接带来了平台企业快速发展，深刻改变传统企业形态。平台企业成为一种新的商业基础设施，将消费者、零售商、制造商与各类服务商等多种角色协同在同一生态网络。与传统企业追求市场占有率不同的是，平台企业追求产业生态构建，其竞争形态不是单纯的产品和服务竞争，而是产业生态竞争。近年来，我国平台型企业加快发展，不仅创新企业大量出现，而且传统企业也开启了平台化转型。苏宁、国美等传统零售商跟随亚马逊、京东等公司的脚步，开始搭建网上销售平台，不仅销售自营商品，也为其他销售商提供服务；沃尔玛中国全资收购“1 号店”，发展中国电子商务业务，从一个靠实体商店销售产品的公司转型为平台型、复合型公司。未来，平台型企业还有巨大的增值空间。埃森哲研究表明，1995—2015 年，平台企业的市值从 167 亿元人民币上升到 2.56 万亿元人民币，增长超过 150 倍①。阿里研究院发布的报告预

① 中国信息通信研究院．中国数字经济发展白皮书 2017[R]．2017-07.

计，未来5年，将出现首个交易额过6万亿元人民币的平台型企业[①]。

三、数字经济推动经济较快增长的大趋势

数字经济时代，数据已成为关键性的生产要素。更为重要的是，在我国经济增速放缓、投资效率大幅下降的背景下，大数据、云计算、移动互联网等数字技术的广泛应用，将大幅提升经济运行效率，并日益成为拉动我国经济保持中高速增长的重要引擎。

1. 大数据作为新的生产要素

（1）数据成为关键性生产要素。不同发展阶段生产要素会呈现出不同的权重（见表5.5）。随着全球进入数字经济时代，数据对经济增长的作用显著提升，成为数字经济时代关键性的生产要素。根据德勤的一项调查显示，89%的企业认为工业物联网对企业的成功至关重要，72%的企业已经在一定程度上开始了工业物联网应用[②]。从企业发展情况来看，流量成为企业能否获利的关键因素，也是评判企业未来发展潜力的重要标志。例如，微信是目前我国流量最大的信息通信APP，估值一度达到8000亿元[③]。

（2）数据创造新的增长。数据作为重要因素，创新了发展模式。相比劳动、资本等传统生产要素，数据具有可复制、可共享、无限增长的禀赋，打破了自然资源有限供给对增长的制约，为我国经济可持续发展提供了重要基础与丰富资源。根据麦肯锡研究，2014年，货物、外商直接投资、人员和数据的跨境流动对全球GDP的贡献为7.8万亿美元。其中，数据流创造的价值为2.8万亿美元，占新增总值的36%，超过商品贸易[④]。

---

① 阿里研究院．数字经济2.0报告——告别公司，拥抱平台[R]．2017-01．

② 德勤中国工业4.0卓越中心．从“后知后觉”到“先见之明”——释放物联网工业领域价值[R]．2017-05-04．

③ 微信估值8000亿：马化腾是如何用它赚钱的[EB/OL]．投资界，2016-10-14．

④ 闫德利，高晓雨．数字经济：全球新一轮产业竞争制高点[J]．互联网天地，2017（07）．

2. 数字经济提升经济运行效率

（1）数字经济推动了分工深化。在数字经济时代，产品日益数字化、复杂化、多样化，由此决定了企业更倾向走专业化发展路线，即仅在各自最擅长的领域开展生产经营活动，而在短板领域寻求合作。例如，随着手术机器人技术的日益成熟，医生只需要负责手术方案的制订，具体操作由手术机器人完成。这不仅能提高手术精度，而且能突破医生的某些生理极限，提高手术有效性。

（2）数字经济发展降低实体经济运行成本。以物流为例，发展智慧物流成为未来我国降低物流成本的主攻方向。贵州运用互联网和大数据技术，大幅减少了公路物流运输资源浪费。2016 年前三个季度，贵州省货车空载率减少 6%，物流成本降低 5%，为企业节省成本 500 亿元[①]。预计到 2025 年，我国智慧物流市场规模将超过万亿元[②]。

（3）数字经济推动供求精准匹配。随着我国居民消费结构的快速升级，个性化、定制化产品将成为未来消费品的主流。数字为我国制造业向个性化、智能化、复杂化生产的转型提供了重要技术支撑。数字技术能够把市场信号更快、更准确地传递到供给侧微观主体，通过对大数据技术的应用实现企业按需生产、个性化定制生产，从而实现更加精准的供需匹配，极大提高了市场透明度，降低了企业市场风险。

3. 数字经济释放增长效应

从广义来看，大数据、云计算等数字经济具有通用技术的属性，能够显著提升经济运行效率、改造传统产业、提高宏微观主体决策水平，具有巨大的带动和辐射效应。有研究指出，以 2014 年的价格水平计算，数字化密度在未来 5

① 贵州“降成本”为企业减负近 500 亿元 [EB/OL]．新华网，2016-10-25．

② 德勤中国物流与交通运输团队．2017 中国智慧物流发展报告 [R]．2017．

年内增加 10%，将使发达经济体的 GDP 年均增长率提升 0.25 个百分点，使新兴经济体的增速提高 0.5 个百分点。到 2020 年，美国和中国将分别获得 3650 亿美元和 4180 亿美元的新增产值①。中国信息通信研究院预计，到 2020 年，大数据对我国经济增长的贡献总量为 1.2%~1.9%②。

第二节　数字经济引领制造业变革

2017 年 12 月 8 日，中央政治局第二次集体学习明确提出，“推动实体经济和数字经济融合发展，推动互联网、大数据、人工智能同实体经济深度融合，继续做好信息化和工业化深度融合这篇大文章，推动制造业加速向数字化、网络化、智能化发展”。作为近 14 亿人的大国，制造业是国民经济的主体，是立国之本、兴国之器、强国之基。从产业升级的趋势看，制造业数字化、智能化、服务化是一个大趋势。在我国以数字经济为重点的新一轮产业变革与制造业转型升级发生历史性交汇的大背景下，加快推进制造业与数字技术的融合，不仅是我国振兴实体经济的重大任务，也是抢占全球制造业制高点、迈向全球价值链中高端的关键举措。

一、数字经济助力制造业弯道超车

1. 我国制造业正处于转型升级的关键时期

（1）我国制造业发展取得积极进展。党的十八大以来，我国在制造业领域的研发上取得了一系列进展，部分领域已经进入全球的领先位置。《2017

① 马化腾等．数字经济：中国创新增长新动能 [M]．北京：中信出版社，2017.4.

② 中国信息通信研究院技术与标准研究所．中国大数据的社会经济价值研究 [R]．2016.

年全球创新报告》显示，我国在相当多的领域，研发实力已经在全球占据重要位置。2016 年七个领域的前 5 位创新机构中，我国有 17 家机构入围（见表 5.5）。

表 5.5：不同领域全球排名全前五位的创新机构（2016）

领域	排名	1	2	3	4	5
航空航天与国防领域	公司	国家电网公司	航空工业西安飞机工业（集团）有限责任公司	联合科技	波音	空中客车公司
	国家	中国	中国	美国	美国	法国
	发明项	907	875	808	744	655
汽车领域	公司	丰田	现代	福特	罗伯特博世	电装
	国家	日本	韩国	美国	德国	日本
	发明项	3792	2714	2048	2039	1965
生物技术领域	公司	中国农业科学院作物科学研究所	杜邦	孟山都	江南大学	加州大学
	国家	中国	美国	美国	中国	美国
	发明项	694	389	351	333	285
食品饮料烟草领域	公司	云南中烟工业有限公司	惠州市吉瑞科技有限公司	江南大学	菲利普：莫里斯	浙江海洋大学
	国家	中国	中国	中国	美国	中国
	发明项	1304	197	134	123	112
家电领域	公司	美的集团	格力电器	海尔集团	三菱电机	LG
	国家	中国	中国	中国	日本	韩国
	发明项	5040	2567	1732	944	866
半导体领域	公司	三星	LG	京东方科技集团	深圳华星光电技术有限公司	台湾积体电路制造股份有限公司
	国家 / 地区	韩国	韩国	中国	中国	中国台湾
	发明项	5115	3071	2420	1854	1726

续 表

领域	排名	1	2	3	4	5
通信领域	公司	三星	中兴通讯	华为	LG	国家电网公司
	国家	韩国	中国	中国	韩国	中国
	发明项	3972	32271	3251	2952	2369

数据来源：科睿唯安. 2017 全球创新报告——进无止境 [R]. 2017.

（2）我国制造业大而不强的挑战。当前，我国在一些关键性基础研究领域缺乏核心技术。以半导体为例，当前全球半导体领域的主要技术仍集中在日美厂商手里。比如，半导体加工设备基本被日本、美国独占。此外，中央处理器、图形处理器、通信等芯片的生产技术等被美国 Intel、AMD、英伟达、高通等公司主导和垄断。

（3）我国制造业转型升级具有巨大潜力。在数字经济发展的大趋势下，我国具备世界大多数发达国家不具备的制造业大国和数字经济大国双优势。一方面，我国已经建立了全世界最为完备的制造业生产体系。工信部数据显示，在 500 余种主要工业产品中，我国有 220 多种产量位居世界第一[①]；另一方面，我国也是仅次于美国的第二大数字经济国。数字经济的快速发展和渗透已经催生了一大批新的技术、产品、业态和模式。依托这两大优势，促进数字经济与制造业的深度融合，将形成巨大的规模效应、叠加效应和倍增效应，将提升我国制造业在全球价值链中的地位和作用，助力我国制造业占领全球制造业制高点。例如，摩拜等共享单车在成立之初就积极与飞鸽、凤凰等传统自行车企业展开合作，依托我国自行车制造业巨大的生产能力，在短期实现了其在全国的布局[②]。

① 《中国制造 2025》解读之二：我国制造业发展进入新的阶段 [EB/OL]. 工业和信息化部网，2015-05-19.

② 中国信息通信研究院，北大光华 -ofo 小黄车共享经济研究中心. 共享单车行业发展指数报告 [R]. 2017-12.

2．以数字经济助推制造业转型升级

（1）数字经济重塑制造业价值链。数字经济带来的制造技术创新，将影响制造型企业从设计到售后服务的整体价值链。这使孤立的制造单元将被完全自动化、一体化的生产线取代。通过制造商和供应商的合作，产品、生产流程和自动化生产将在一个充分整合的流程中设计并完成。生产和物流的整合转型从生产和物流及其相应的 IT 系统开始，涉及企业内部、企业与客户以及供应商之间产品和生产数据的交换。特别是供应商，他们将从设计和供应链数据的交换中获益。在生产流程中，人、机器、配件以及产品之间的沟通将达到实时或接近实时的速度。

（2）制造业数字化产生显著的增值效应。我国正处在制造业自动化升级的关键点，大部分企业在近两年大力投入对生产线的改造，用自动化技术替代或者配合人力，以降低成本、提高效率。未来 3~5 年，随着生产率水平的提高，制造业产值将大幅提升，加之 3D 打印技术和增材制造对部分昂贵生产资料的替代，原材料的成本也会相应地降低，这为制造业尤其是设备型制造企业带来更大的利润空间。

3．加快推进制造业数字化转型

（1）我国在制造业数字化转型上还有巨大发展空间。以互联网和大数据等数字技术为核心支撑，对传统工业进行数字化改造，是《中国制造 2025》与"工业 4.0"的核心内容。2015 年以来，我国大力推进工业化与信息化融合，制造业数字化革命初露端倪。但放在国际大环境下看，我国在工业化尚未完成之时迎来了信息化浪潮，在制造业信息化改造尚未完成的同时又面临着制造业数字化革命。2016 年，我国第二产业领域数字经济比重为 17%，低于整体 23% 的平均水平，与德国、美国、英国、日本等发达国家差距更大①（见图 5.5）。

① 中国信息通信研究院．G20 国家数字经济发展研究报告 2017[R]．2017-12.

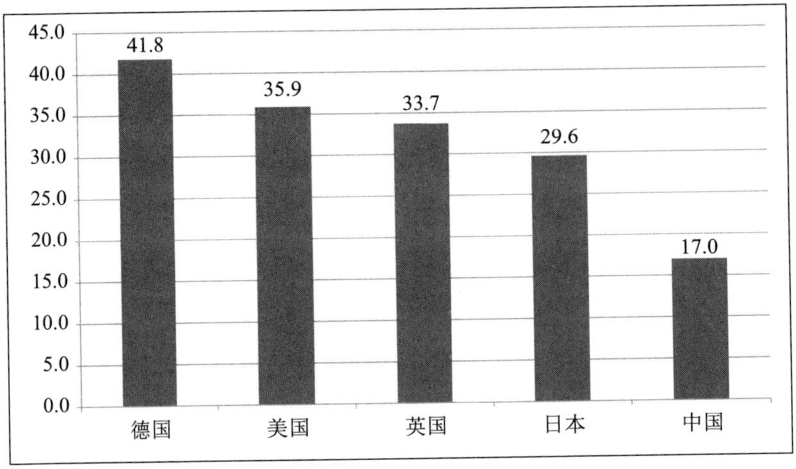

图 5.5：主要国家工业数字经济占比（单位：%）

数据来源：中国信息通信研究院. G20 国家数字经济发展研究报告 2017[R]. 2017-12.

2017 年，我国仅有 19.3% 的企业实现了工业化与信息化的综合集成，还有 33.0% 的企业处于起步建设阶段①。制造业数字化水平低成为数字经济时代制造业转型升级的重要掣肘。因此，推进制造业的数字化转型，成为提升我国制造业转型升级的重大任务。

（2）高度重视中小微制造业企业的数字化改造。我国中小微制造业企业是数字化转型的突出短板。2017 年，我国中型企业与小微企业信息化程度为 49.2%、38.1%，显著低于大型企业 60.3% 的水平②。分项目来看，中小微企业在生产设备数字化率、关键工序数控化率及应用电子商务的比例均与大型企业有较大差距，在数字化进程中仍面临资金、人才、技术、安全等方面的困境，迫切需要在降低数字化成本、营造健康数字经济发展环境与人才培养等方面加大对中小制造业企业的支持力度。

① 中国两化融合服务联盟. 中国两化融合发展数据地图（2017）[R]. 2017-08-25.

② 中国两化融合服务联盟. 中国两化融合发展数据地图（2017）[R]. 2017-08-25.

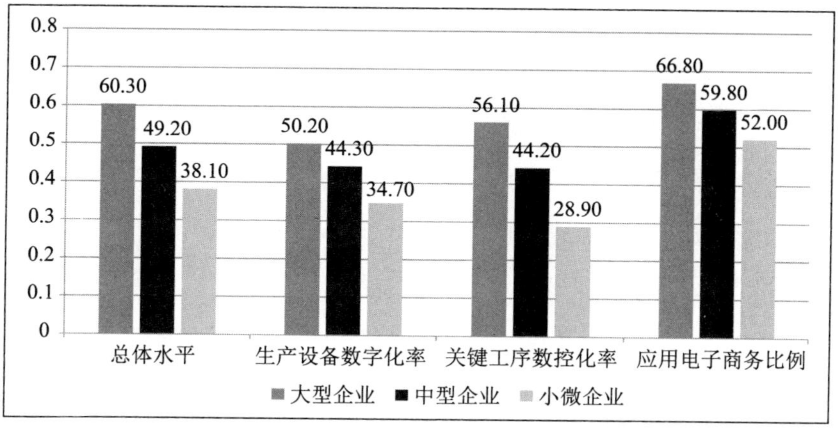

图 5.6：2017 年我国各类企业数字化水平（单位：%）

数据来源：中国两化融合服务联盟. 中国两化融合发展数据地图（2017）[R]. 2017-08-25.

4. 推动生产型制造向服务型制造转型

（1）以数字经济推动生产性服务业快速发展。在全球制造业产业链布局中，“微笑曲线”两端的设计和研发、物流与销售等环节主要由欧美等发达国家控制，我国绝大多数企业只能从事低端的加工制造环节。以德国为例，近年来其生产性服务业增加值占 GDP 比重达到 50% 左右，而我国 2016 年这一比重仅为 25.75%。研究表明，目前服务中间投入占制造企业中间投入成本达到 70% 左右，对生产性服务的有效需求近 70% 来自第二产业[①]。数字经济是生产性服务业的重要组成部分，为传统产业的数字化改造提供了先进技术、装备、网络和平台等不可或缺的重要条件。例如，以大数据、云计算等为重点的数字技术，在设计、研发、生产等领域的所有数据通过传感器采集并分析，形成可自律的智能研发生产系统。

（2）以数字经济促进高端装备制造业发展。高端装备制造业是衡量一国工业实力强弱和技术水平高低的重要标志，也是区别制造强国与制造大国的重

① 王晓红. 制造业与服务业融合发展的六大趋势 [J]. 中国经济周刊，2014（25）.

要标志。从全球高端制造业发展趋势来看，数字化成为发达国家提升高端制造业效率、抢占未来高端制造制高点的主要途径。例如，美国通用电气率先于2012年提出了“工业互联网”概念，2014年开始进入试点期，联合思科、IBM等成立工业互联网联盟，当年为公司带来了10亿美元的销售收入[①]。我国通过智能控制系统成功将高铁最高时速由200千米/时提高到350千米/时，且控制更为精准[②]。从现实情况来看，我国在装备行业数字化普及度仍然相对较低。2017年，我国装备行业生产设备数字化率仅为39.8%，关键工序数控化率仅为38.2%[③]，仍面临着加快推进高端装备制造业数字化进程的重大任务。

（3）以数字技术改善制造业服务质量。数字经济时代的理念是“以客户为中心”，这与服务型制造理念一致。在产品日益数字化的时代，数字技术则成为完善产品与改善服务的关键性技术。例如，特斯拉的无人汽车、苹果的iPhone手机、亚马逊的kindle阅读器，都是通过软件的无线升级以及后续不断推出的数字化产品，提升已经销售出去的产品价值，而不是任其贬值。从现实情况来看，我国制造业主要专注于生产环节，在产品售后服务环节相对薄弱。2017年，我国开展远程在线服务、产品全生命周期管理与服务、网络精准营销等服务型制造业的比例仅为24.3%[④]。充分利用数据更精确地理解客户、服务客户，填补制造产品售后服务缺失，将成为我国制造业提升产品竞争力，推动生产型制造向服务型制造转型升级的大方向。

二、以智能制造赢得全球新一轮工业革命的先机

智能制造成为全球新一轮制造业变革的核心，也是全球制造业竞争的焦点。世界各国纷纷加快谋划和布局，积极参与全球制造业再分工。未来几年，是我

---

① 工业互联网趋势将给制造业带来哪些红利？[EB/OL]. 中国机械网，2017-02-09.

② 高铁350公里时速的失而复得[EB/OL]. 北青网，2017-09-22.

③ 中国两化融合服务联盟. 中国两化融合发展数据地图（2017）[R]. 2017-08-25.

④ 国家工业信息安全发展研究中心. 我国两化融合呈现微观效益与宏观价值的双好局面[N]. 工信安全专报，2018-01-02.

国制造业转型升级的关键时期，也是实现制造业大国向制造业强国跨越的关键时期。如何抓住智能制造这个主攻方向，抢占全球制造业制高点，将成为经济转型升级与实体经济振兴的重要战略考量。

1. 智能制造成为全球制造业竞争的重点与焦点

（1）制造业竞争的焦点越来越聚焦到智能制造上。一国经济的国际竞争力和长期稳定增长的关键是制造复杂产品的能力，而智能制造是制造业转型升级的制高点，代表着未来制造业发展的方向和经济结构高级化的趋势，决定着一个国家制造复杂产品的能力大小。因此，智能制造已成为当今世界各国技术创新和制造业竞争的焦点。例如，德国于 2013 年发布《保障德国制造业未来：关于实施“工业 4.0”战略的建议》，通过发展信息物理系统，以智能工厂和智能生产为载体带动智能制造的发展；英国于 2013 年发布《未来制造业：一个新时代给英国带来的机遇与挑战》，通过对先进制造技术发展布局来推动智能制造的发展。

（2）我国智能制造具有巨大发展空间。从发展现状来看，我国智能制造仍处于起步阶段。数据显示，截至 2017 年 1 月底，我国初步具备探索智能制造基础条件的企业比例为 5.1%；从智能制造的经济效益来看，52% 的企业的智能制造收入贡献率低于 10%，60% 的企业的智能制造利润贡献低于 10%[①]。未来，我国智能制造仍具有巨大发展空间。据麦肯锡调查报告显示，中国制造商对“工业 4.0”的态度比美、日、德企业更为乐观：76% 的中国受访企业相信技术革命将增强自身竞争力，远高于美、德、日三国（57%、50%、54%）[②]。根据《信息化和工业化融合发展规划（2016—2020 年）》，2020 年，我国新型智能硬件产品和服务市场规模突破万亿元。据中商产业研究院估计，2011—2016 年，我国智能制造装备行业市场规模年均增长 27%，预计未来仍将保持 20% 的速度增

① 中国两化融合服务联盟. 中国两化融合发展数据地图（2017）[R]. 2017-08-25.

② 麦肯锡全球研究院. 中国数字经济如何引领全球新趋势 [R]. 2017-08.

长，到 2020 年市场规模将达到 2.7 万亿元[①]（见图 5.7）。

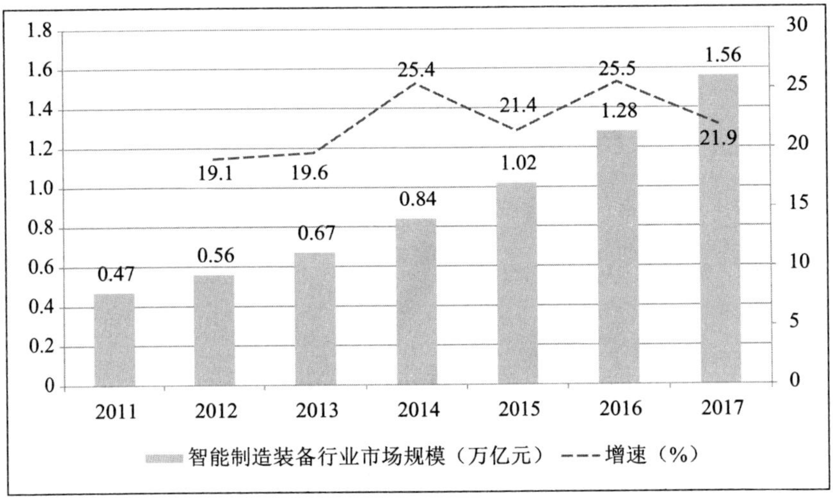

图 5.7：2011—2017 年我国智能装备行业市场规模及增速

数据来源：根据中商产业研究院数据整理得出。

（3）2020：初步实现从“中国制造”向“中国智造”的转型。发挥比较优势，以“中国智造”为重点加快推动“中国制造 2025”，我国有望到 2020 年初步完成从“工业 2.0”向“工业 3.0”的升级，并为“工业 4.0”奠定重要基础；2025 年，我国将基本完成“工业 3.0”的升级，在“工业 4.0”基础上形成一批具有国际领先水平的产业集群。

2. 以数字技术推进“中国制造”向“中国智造”转型

（1）加快推进研发设计端的智能化转型。未来，通过研发设计图纸的数字化，并配合大数据技术与数字化建模，将研发设计变得可量化、可评估，不仅对研发设计的优化改进具有重要作用，而且可以提供更好的设计工具，缩短产品交付周期。《“人工智能”与“设计的未来”——2017 设计与人工智能报告》数据显

① 中商产业研究院. 2017—2022 年中国智能制造产业研究预测及投资前景咨询报告[R]. 2016-12-10.

示，目前设计师仍有 41% 的时间用在素材收集、信息处理与重复体力劳动方面。未来，将有 78% 的重复性体力劳动、69% 的信息处理、64% 的素材收集由智能机器代替，而人力更多地分配到管理、创意创造与沟通领域①。例如，波音公司通过大数据技术优化设计模型，将机翼的风洞实验次数从 2005 年的 11 次缩减至 2014 年的 1 次；玛莎拉蒂通过数字化工具加速产品设计，开发效率提高 30%②。

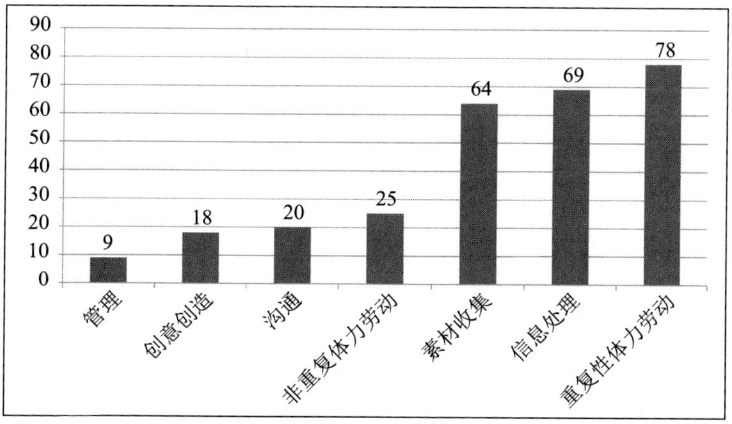

图 5.8：未来设计各环节被机器人替代概率（单位：%）

数据来源：同济大学设计创意学院设计与人工智能实验室．人工智能与设计的未来——2017 设计与人工智能报告 [R]．2017.

（2）以智能生产大幅提升制造业生产效率。随着 3D 打印、智能机器人等数字产品的广泛应用，生产环节的数据来源逐渐由人工数据向更易收集、更规范的机器数据转变。这可以实现生产流程的智能控制和动态管理。例如，德国西门子应用数字工厂解决方案，使得其产品不合格率由 20 年前的 60% 降到现在的 12%。在场地不增加面积的情况下，生产效率提高了 8 倍③。

（3）以数字技术实现规模化定制生产。在数字经济时代，企业通过移动 APP 与用户开展广泛互动，获得大量用户偏好数据，通过大数据技术将具有相

① 同济大学设计创意学院设计与人工智能实验室．人工智能与设计的未来——2017 设计与人工智能报告 [R]．2017.

② 工业大数据发展态势与典型应用 [EB/OL]．中国大数据观察网，2016-08-08.

③ 马化腾等．数字经济：中国创新增长新动能 [M]．北京：中信出版社，2017.4.

同定制化需求的用户集合实现规模化生产，从而使得个性化、多品种与低成本、高效率有机结合。

3. 加快布局智能制造业

（1）以机器人产业为重点布局智能装备制造业。把打造机器人全产业链作为智能研发与智能制造的重点，加强基础研究，形成核心技术，推动机器人产业链的上下游一体化，将成为我国壮大国产品牌的重大任务。

截至 2017 年 10 月，我国工业机器人产量首次突破 10 万台，同比增长近 70%，2017 年产量首次突破 12 万台[①]。但从现实情况看，我国机器人产业发展滞后，关键技术受制于人，市场占有量相对较低的矛盾突出。尽管我国是全球机器人最大的市场，但国产品牌的机器人仅占 8%，日本占比 30%，德国占比 14%。在国产机器人中，75% 的减速器、80% 的伺服电机、80% 的控制器需要进口[②]。未来几年，加快推进国内机器人产业发展，将成为我国制造业转型升级的重大任务。

（2）布局 3D 打印机为重点的智能制造业发展。3D 打印技术是 21 世纪最具有颠覆性的高科技技术。3D 打印技术不仅能够适应定制化的生产，还具有高度的灵活性，是未来产业发展的重要方向。形成 3D 打印产业的发展目标和技术路线，设立 3D 打印产业发展基金，开展 3D 打印相关软件、工艺、材料、装备、应用、标准及产业化的系统性、整体性攻关，推进建设 3D 打印制造技术与其他先进制造技术融合的新型数字化制造体系。

（3）布局“云制造”，形成协同制造新格局。比如，办公云平台技术的快速发展有助于促进企业组织去中心化，为企业内细分、移动办公模式等提供了技术解决方案，并进一步增强了企业内部信息沟通与工作协同，提升企业运营效率。《2017 年中国企业协作指数白皮书》显示，我国超七成企业认为协作产品

---

① 工信部．前 10 月我国工业机器人产量首破 10 万台 [EB/OL]．新华网，2017-12-13.

② 中国电子信息产业发展研究院．中国机器人产业发展白皮书（2016 版）[R]．2017.

能够有效节约成本、提升工作效率和信息流动效率；近九成企业认为协作产品对企业内部工作效率而言是重要的；60.3% 的企业表示使用协作云产品可以为企业节约 20% 以上的信息沟通成本[①]。

三、加快数字经济与制造业融合发展的政策与体制创新

制造业的数字化转型是一场深刻的产业革命，不仅需要在移动互联网、大数据、云计算等数字基础技术方面实现重大突破，更需要在推动制造业数字化的政策与体制方面实现深刻变革。

1. 加快推进智能制造的标准体系建设

（1）我国智能制造领域制度标准尚未统一。在制造业数字化进程中，需要对海量数据进行收集、处理、分析、维护等，客观上要求标准规范的统一。从我国制造业发展现实来看，我国制造业发展阶段参差不齐。不同行业之间的数据来源与使用场景千差万别。此外，由于智能制造相关的物联网、大数据、云计算、工业机器人等关键技术的发展路径不够清晰，标准尚未统一，不同厂商的产品兼容性较差，集成难度高。

（2）加快推进重点领域的数字化标准制定。一是率先实现关键术语以及现有既定标准的一致性；二是在现有规划政策基础上，逐步完善各制造业行业在使用大数据、云计算、物联网和个性化定制等数字技术与服务标准；三是进一步细化和完善工业机器人、工业软件、工业传感器网络等关键技术标准与规范，对不同行业实施智能制造的管理规范标准；四是积极开展标准制定中的国际合作，加快与国际接轨，积极开展关于数字技术标准、使用规范、基础设施建设标准等领域的国际对话，积极参与全球新型制造业国际标准制定，主动提出符合我国国情的相关标准与规范，不断提升我国在全球制造业领域的话语权。

---

① 艾瑞咨询．2017 年中国企业协作指数白皮书 [R]．2017-11-16.

2. 加大对中小制造业企业数字化改造的支持

（1）加大对中小企业数字化改造的财税支持力度。一是对中小企业采购的机器人等重大技术装备与智能控制化系统软件给予一定的资金补偿；二是适当放宽中小制造业企业所得税优惠政策的适用范围，对购置并实际使用的关键技术装备符合规定条件的给予一定的所得税优惠；三是建立中小企业数字化引导基金，对中小企业的重大数字创新成果给予一定的资金补偿；四是对进口国内不能生产零部件、原材料的中小企业，可按重大技术装备进口税收政策有关规定，享受进口税收优惠。

（2）以政府为主导为中小企业打造数字化公共服务产品。政府支持、引导制造业重点行业打造开放式制造业云协作平台，使中小企业可根据自身业务流程进行适当修改便可以投入实际利用，这对降低中小企业研发成本、提升工作效率、加强协同制造具有重要作用。

3. 提速新型信息基础设施建设

智能制造、物联网、无人经济等新兴产业发展对网络通信速度和质量提出了更高要求。从现实情况来看，我国网络成本相对较高，网络速度和传输质量不能满足制造业数字化的需要，成为制约制造业数字化转型发展的重要因素。因此，提高数字基础设施服务的质量和效率，首要任务是网络带宽的大升级。和 4G 相比，5G 不仅具有更高的速率、更强的稳定性，而且能够更好地满足智能制造、无人工厂等新兴数字化制造的需求，实现人与人、人与物、物与物的大连接，更有力地支撑制造业数字化转型。为此，依托我国在 5G 技术的领先地位与巨大市场优势，充分利用 PPP 模式吸引社会资本参与 5G 基础设施投资改造，使我国在 2020 年率先进入 5G 时代。

4. 加快构建保障数据安全的制度体系

（1）保障数据安全成为制造业数字化面临的重大任务。进入数字经济时代，数据既是重要的生产资料，也是制造业企业的核心资产。近年来，随着网络数据价值的不断增加，针对网络数据的安全威胁也与日俱增，不仅给国家安全带来挑战，给制造业企业尤其是中小企业的数据安全保障也带来了严峻挑战。例如，2017 年 5 月，全球爆发勒索攻击病毒“WannaCry”，冲击了众多企业。2017 年 12 月，中央政治局第二次集体学习明确提出“要切实保障国家数据安全。要加强关键信息基础设施安全保护，强化国家关键数据资源保护能力，增强数据安全预警和溯源能力”。

（2）构建科学规范的数据安全制度体系。一是明晰数据产权，切实明确用户网络数据、产品使用数据等归谁所有；二是在国家层面建立数据的交易、使用、管理的制度规范；三是推动建设基于云计算和大数据的网络安全态势感知预警平台，实现对各类安全事件的及时发现和有效处置；四是推动制造业企业在各类数据使用场景下的数据防窃密、防篡改、防泄露等安全技术的研发和部署；五是逐步推进政府公共数据开放，鼓励制造业企业利用政府公开数据提高自身经营效率。

第三节　以数字经济带动高质量发展

过去几年，数字经济已成为我国新旧动能转变的重要动力，对推进创新、绿色、协调、共享、开放发展发挥了重要作用。新时代转向高质量发展，需要顺应数字经济大发展的趋势，进一步发挥数字经济在高质量发展中的作用。

一、以数字经济形成创新发展新动能

党的十九大报告提出，“推动互联网、大数据、人工智能和实体经济深度融合”。从过去几年情况看，大数据、云计算、移动互联网等数字技术与传统产业加速融合，成为我国产业变革与创新发展的主要特征。新时代，以数字经济形

成创新发展新动能是我国推进创新发展的重要途径。

1. 数字革命是一场颠覆性创新

近年来，随着移动互联网、云计算、大数据、物联网、区块链等一系列数字技术的快速发展，生产方式、生活方式以及商业模式都产生了颠覆性的变革。例如，物联网实现了物理世界、数字世界和人类社会之间的高度融合；人工智能技术、自动驾驶技术、3D 打印技术等新兴技术也逐渐与移动互联网、大数据等相对传统数字技术融合，释放巨大能量，进一步对经济、社会产生深刻影响，特别是对传统业态带来了颠覆式的冲击。在“互联网 + 交通”领域，为了解决叫车难的问题，滴滴大脑会实时分析每一个地点 15 分钟以后的出行需求，准确率已经超过了 85%，并提前调度交通工具满足需求[①]。在新零售行业中，阿里巴巴帮助雀巢打造“另一面咖啡馆”，通过大数据对客户群体进行再发现和精准定位。未来，随着数字技术在传统产业的不断渗透，将进一步解决传统产业痛点，促进传统产业转型升级。

专栏 5.2

阿里的“五新”战略

“五新”战略是马云于2016年10月在云栖大会上首次提出的，具体指新零售、新金融、新制造、新技术、新能源。

——零售业将呈现线上线下融合的全新业态、并与智慧物流结合，产生新零售；

——新金融是基于数据的信用体系产生真正的普惠金融，将给所有创业者、年轻人和小企业带来福祉；

——传统的 B2C 制造将彻底转向智慧化、个性化和定制化的 C2B 新制造；

——层出不穷的新技术将基于互联网、基于大数据诞生，改变人类生产生活的方方面面；

——数据将取代石油、煤和电，成为技术发展与生产革新的新能源。

资料来源：阿里研究院. 数字经济 2.0 报告——告别公司，拥抱平台 [R]. 2017-01.

① 第四届世界互联网大会开幕 乌镇变身 AI 秀场 [N]. 北京商报，2017-12-04.

2. 数字经济成为“大众创业、万众创新”的新热土

（1）数字经济发展带来新一轮创新创业浪潮。在新一轮科技革命和产业变革的大趋势下，数字经济在引导资本投资方面释放了巨大能量。新型需求被快速发现并深度挖掘，刺激更多创业者和企业开展相关领域的创新，在数字经济领域形成新一轮创新创业浪潮。从创业数量来看，从 2015 年到 2016 年第一季度，新增企业数量为 550.26 万户，第三产业占据八成以上，约 48.15 万户属于“互联网 +”领域[①]。从互联网创业投资金额来看，2016 年，我国互联网创业企业融资规模达到 6018 亿元人民币，是 2012 年的 9 倍左右。到 2017 年上半年，互联网创业企业的融资规模进一步提高到 4053 亿元[②]（见图 5.9）。随着数字经济的持续快速发展，新业态新模式的不断涌现，数字经济领域的创新创业仍具有巨大空间。

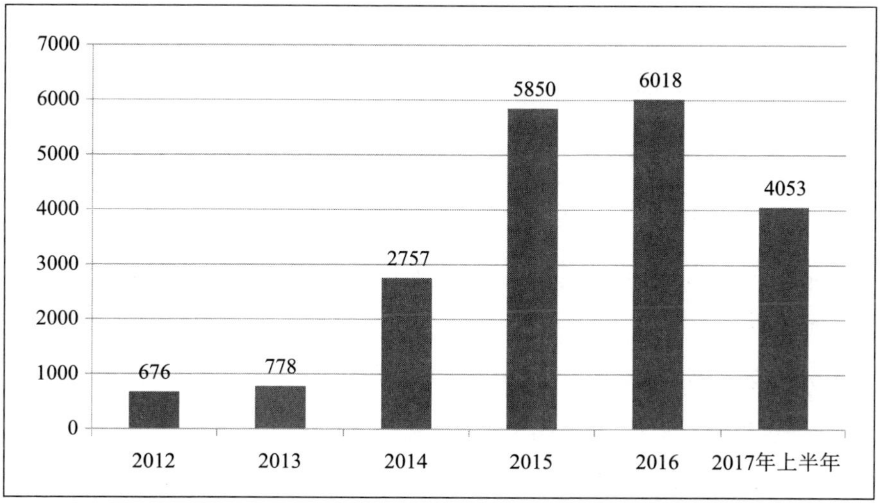

图 5.9：互联网行业创业企业融资额（单位：亿元人民币）

数据来源：网易云，IT 桔子．2017 互联网创业群体调查报告 [R]．2017-10.

① 腾讯研究院．2016 创新创业白皮书 [R]．2016-09-22.

② 网易云，IT 桔子．2017 互联网创业群体调查报告 [R]．2017-10.

（2）数字经济降低创新创业成本。随着移动互联网技术的快速发展，进一步打破了空间限制，不仅快速提升创新创业者获取信息、分析信息的能力，也为分工协同创新提供了更为高效的工具平台。

在技术研发上，基于移动互联网技术，一切产学研创新主体可随时随地进行网络访问，及时掌握内外部政策、行业信息、前沿技术、高层次人才等重要信息，并通过云计算技术进行高效对接，大幅降低了产学研协同创新的沟通成本，提升创新效率。例如，潍柴动力建设了发动机全球协同研发平台，发动机研发周期由原来的 24 个月缩减为 18 个月，研发时间缩短三分之一①。

在云服务上，既可以降低互联网创新企业初创期的 IT 构建和运营成本，又可以帮助其形成可持续的商业模式，从而降低运营风险。腾讯通过开放平台策略，吸引了数百万开发者入驻，极大提升了平台的生命力。大淘宝平台员工不足万人，而平台服务商是 10 万级。此外，众包也日益成为企业开展创新的组织方式，成为个人创业的重要途径。

3. 以数字经济加快企业成长速度

从过去 20 年来的发展历程看，数字经济领域创业所需要的时间，远小于传统产业。以美国初创企业达到估值 10 亿美元的时间为例，在 20 世纪 90 年代大部分的初创企业除 Google 以外，进入独角兽的行列需要 10 年以上，千禧年之后变成“独角兽”企业的，不但数字领域的独角兽企业数量大大增加，而且绝大部分都花了不到 10 年，在 2015 年甚至出现了成立时间不满一年的“独角兽”。我国也出现类似情况，2016 年在大数据领域出现估值超过 100 亿美元的 4 家超级“独角兽”企业，如最早的美团点评成立于 2010 年，最晚的滴滴出行成立于 2015 年②。

---

① 互联网 + 助潍柴仅用 1 年半完成海警船发动机研发 [EB/OL]. 环球网，2015-06-16.

② 长城企业战略研究所. 2016 中国大数据独角兽企业发展报告 [R]. 2017-05-27.

二、以数字经济形成协调发展新格局

中西部地区发展不充分、大中小城市发展不均衡是我国经济不平衡不充分发展的突出表现。数字经济不仅为欠发达地区实现跨越式发展提供了重大机遇，也将成为我国推进区域协调发展战略的重要抓手。

1. 以数字经济助力中西部地区跨越式发展

（1）数字经济为中西部地区提供重大发展机遇。根据《互联网 + 数字经济指数报告》测算，数字经济对内陆地区经济增长的促进作用要明显高于东部地区。“互联网 + 数字经济”指数每增加一个百分点，内陆省份 GDP 上升幅度较东部沿海省份高 1619.48 亿元人民币①。例如，依托大数据及相关产业的快速发展，贵州 GDP 增速保持在 2 位数，并连续 27 个季度位列全国前三②。2017 年前个三季度，贵州省软件和信息技术服务业（全口径）收入同比增长 36.4%；电子信息制造业增加值同比增长 91%；电信业务总量同比增长 129.6%，电信业务收入同比增长 14.6%，增速均居全国前列③。贵州的实践表明，依托互联网、大数据，欠发达地区完全可以与全国乃至全球市场创新资源无缝对接，实现弯道超车。

（2）发挥中西部地区在数字经济发展上的后发优势。在数字经济时代，信息流通障碍进一步消除，资源要素流动速度加快，数字经济领域的新兴产业并非一定要布局在东部地区或一线城市。这使中西部地区拥有的政策优势、成本优势成为吸引数字经济领域企业落户的重要因素。截至 2017 年 11 月，在大数据战略行动的驱动下，贵州省大数据企业猛增到 8949 家，苹果、华为、腾讯等世界级大数据企业先后落户贵州，实现了大数据及相关产业的重大

---

① 腾讯研究院．中国互联网 + 数字经济指数 [R]．2017-04.

② 贵州省发布 2017 年前三季度主要统计数据 [EB/OL]．人民网，2017-10-21.

③ 大数据成贵州发展新动能 [N]．工人日报，2018-01-03.

突破[1]。从发展趋势来看，中西部地区与二、三线城市发展数字经济具有明显的后发优势。

（3）关键是加快消除数字基础设施的区域差距。当前，数字基础设施滞后成为中西部地区数字经济发展的突出障碍。2016年，北京、上海、广东、福建等地互联网普及率均已达到70%左右，但大部分中西部地区仍低于全国53.2%的平均水平[2]（见图5.10）。《中国电子商务物流发展分析报告》显示，在电商物流的基础条件方面，中西部地区显著落后于东部地区。这就需要加大中西部地区数字基础设施建设力度，在布局5G等新型信息技术时向中西部地区倾斜；加快实施电信普遍服务试点，降低中西部地区互联网使用成本；鼓励中西部地区对铁路、公路等传统基础设施实施数字化改造，进一步提升经济发展中的数据支撑作用。

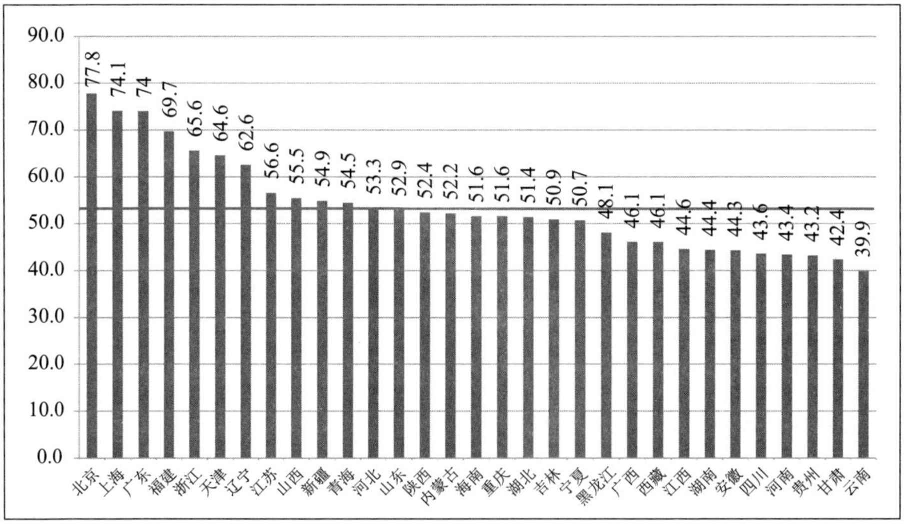

图5.10:2016年全国各省市互联网普及率（单位：%）

数据来源：中国互联网络信息中心（CNNIC）.《中国互联网络发展状况统计报告》[R]. 2017-01-22.

---

① 大数据成贵州发展新动能[N]. 工人日报，2018-01-03.

② 中国互联网络信息中心（CNNIC）.《中国互联网络发展状况统计报告》[R]. 2017-01-22.

2. 以数字经济助力东北振兴

（1）以数字经济推动东北制造业转型升级。东北制造业拥有较强的比较优势。东北地区拥有良好的装备制造业基础，以辽宁为例，2015年，辽宁装备制造业总产值占其工业总产值的32.5%①，是我国重要的装备制造业生产基地。在数字经济时代，以“大智云移物”为代表的新一轮信息科技革命带动新能源、新材料、智能制造等新兴工业科技不断涌现。这些新兴科技推进制造业不断融合创新，为东北制造业转型升级提供重大机遇。未来，依托东北制造业比较优势，抓住数字经济快速发展的重大机遇，促进移动互联网、云计算、大数据等数字技术与传统制造业深度融合，不断提升东北制造业数字化、智能化水平，将成为新一轮东北振兴的重大任务与关键举措。

（2）以数字经济助力东北国企改革。国企改革是东北制造业转型升级的重要突破口。统计数据显示，辽宁省国有经济占比超过30%，吉林省超过40%，黑龙江省超过50%②。东北大部分国企在新中国成立初期设立，经过近70年发展积累了庞大的生产数据。如果这些数据能与大数据、云计算等新兴数字技术相结合，将释放巨大发展潜力。例如，中航黎阳航空发动机有限公司推进大数据改造，其生产效率大幅提升，目前其产品合格率由93%提升到97%，生产成本下降了25%，综合生产效率提升了15%③。

（3）以数字经济激活东北科研资源。东北具有丰富的科研资源。东北地区每万人专业技术人员数量高于全国平均水平。以辽宁为例，辽宁全省有25.6万科技人员、144所高校。但东北科技资源并未发挥应有的科技创新引领效应。从每万人规模以上工业企业专利申请数来看，2016年，辽宁、吉林、黑龙江规模分别为2.22件、0.97件、1.09件，远低于全国5.17件的平均水平④。人力资本

---

① 根据《辽宁统计年鉴2016》数据整理得出。

② 东北国有经济占比远超全国 民企多是国企配套[N]. 经济日报，2015-09-06.

③ 创新驱动提质增效推进供给侧结构性改革[N]. 贵阳日报，2017-11-20.

④ 根据《中国统计年鉴2017》相关数据测算得出。

长期投资所产生的累积效应，将为东北地区制造业转型升级提供重要的智力基础。顺应数字经济的趋势，以云协作研发平台为重点的数字技术将助力东北激发科研资源活力，实现由投资驱动向创新驱动转变。

3. 以数字经济助力大中小城市协调发展

数字经济受地域影响较小，在一二线城市实体经济数字化加快发展的带动下，相当一部分数字经济资源逐步下沉，带动四五线城市成为数字经济发展的“蓝海”。数据显示，四五线城市数字经济指数比上年增长了 398% 与 372%，大大高于一二线城市增速（见图 5.11）；在增速前 100 位城市中，四五线城市占了 64 席①。四五线城市已经逐渐成为我国数字经济高速发展的重要引擎。

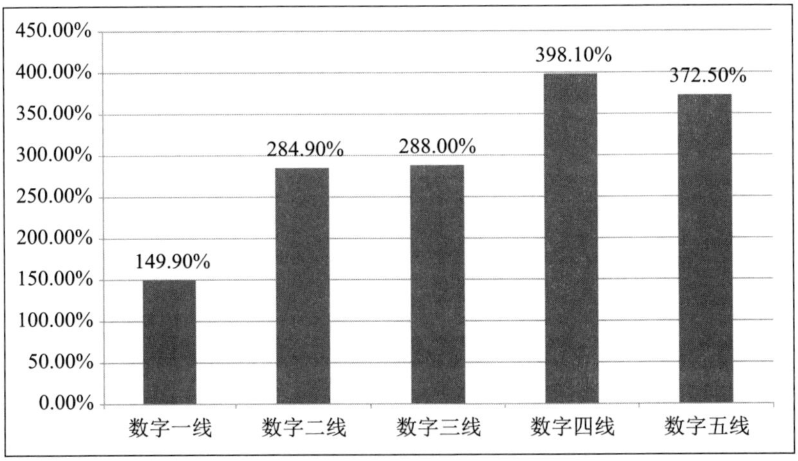

图 5.11:2016 年我国数字一线至五线城市数字经济指数增速

数据来源：腾讯研究院．中国互联网 + 数字经济指数 [R]．2017-04.

三、以数字经济引导绿色发展新方向

进入发展新时代，人民对优美生态环境的需要日益增长，实现绿色发展、绿色生活成为全社会的共同愿望和目标追求。数字技术的广泛应用不仅成为我

① 腾讯研究院．中国互联网 + 数字经济指数 [R]．2017-04.

国推进能源革命，基本形成绿色发展方式和生活方式的重要动力，也日益成为环境治理体制机制重大变革的技术支撑。

1. 智慧能源提速能源革命

（1）智慧能源是能源产业的一场深刻变革。首先，智慧能源可以使全国能源市场主体处在一个市场中，打破了区域间的能源使用壁垒，并使市场主体更加多元、产品种类更加丰富，能源供需双方面临更多的选择，显著提高能源服务水平；其次，随着云计算等互联网技术的广泛应用，将使能源利用更加智能化，并指导市场主体开展各类能源交易与利用；最后，智慧能源可以全面、实时监控自身能源消耗情况，及时提供反馈并进行自动化职能调整，进一步优化能源系统运行。

（2）以智慧能源提升能源利用效率。互联网技术在能源领域的广泛应用带来了更大的节能效果，并日益成为世界发达国家提高能源利用效率的主要做法。根据国际电信联盟（ICU）估计，互联网技术可以帮助全球减少 15%~40% 的碳排放，其运用到其他行业带来的节能量是其自身行业能源消耗的 5 倍①。如果我国工业电机系统的效率提高 10%，就可以减少 2 亿吨的二氧化碳排放，到 2020 年，优化电机和工业自动化将减排 9.7 亿吨二氧化碳②。

（3）以建设智慧能源产业体系作为推进能源革命的重要抓手。近年来，我国能源消费结构不断优化，但以煤炭为主的能源消费结构仍未改变，我国能源利用效率仍然偏低。2015 年，我国单位 GDP 能耗是世界平均水平的 1.4 倍，是美国的 2 倍、日本的 2.4 倍、德国的 2.7 倍、英国的 3.9 倍③。2016 年，我国出台了《关于推进“互联网 +”智慧能源发展的指导意见》，并提出 2025 年初步建成智慧能源产业体系的目标。加快发展智慧能源，将成为提高我国能源利用效率的大方向。

---

① 马化腾等. 数字经济：中国创新增长新动能 [M]. 北京：中信出版社，2017.4.

② 绿色 ICT 对节能减排究竟能起什么作用 [N]. 科技日报，2012-06-29.

③ 推动高质量发展需优先解决三个重大问题 [EB/OL]. 法制网，2017-12-26.

2. 数字交通引领绿色出行

(1)数字交通引领绿色生活方式。随着经济快速发展和城市化进程的加快推进，汽车保有量持续增加，不仅造成了城市交通不畅等问题，城市环境压力也日益加大。物联网、云计算、人工智能、自动控制、移动互联网等现代数字技术在交通领域的广泛应用使人们的生活更环保、更高效。一方面，智慧交通将有效解决因堵车而造成的额外城市环境污染。统计数据显示，若将传统的信号灯转变为智能信号灯，将为城市汽车减少 15%~40% 的停站数，降低 10% 的油耗量与 22% 的废气排放。另一方面，智慧交通也将显著改善城市拥堵问题。例如，传统只扩充公路容量的投入产出比仅为 1∶2.7，而加强交通系统运营方式的投入产出比约为 1∶9[①]。

专栏 5.3

杭州城市大脑

2016 年，阿里提出了“城市大脑”的概念并接管杭州 128 个信号灯路口。一年的试点表明，试点区域通行时间减少 15.3%，高架道路出行时间节省 4.6 分钟。除了减少通行时间外，城市大脑在感知交通事件方面，准确率已经达 92%，120 救护车到达现场的时间平均节省 7 分钟，比之前缩短了一半。治理交通拥堵是城市大脑迈向城市治理、成为超级人工智能的第一步。

资料来源：阿里城市大脑 1.0 发布接管杭州 128 个信号灯路口 [EB/OL]. 环球网，2017-10-12.

(2)数字交通释放巨大的生态效应。例如，分享出行明显降低交通所带来的污染。据摩拜单车和北京清华同衡规划设计研究院共同发布的《2017 年共享单车与城市发展白皮书》显示，2017 年，全国摩拜单车用户累计骑行总距离超过 25 亿公里，相当于往返月球 3300 次；减少碳排放量 54 万吨，相当于 17 万辆小汽车 1 年出行的碳排放量；节约 4.6 亿升汽油，相当于大庆油田 32 天

① 马化腾等. 数字经济：中国创新增长新动能 [M]. 北京：中信出版社，2017.4.

的产油量[1]。

3．数字技术创新绿色监管

（1）数字技术助力生态风险精准预测。例如，在大数据环境下，运用遥感大数据预测方法，可迅速找出与风险发生相关性较强的可遥感指标，并对生态风险进行准确预测。对海量生态红线遥感监管数据进行多角度、多层次、多维度在线立体分析，构建监测、预警、评估成果的综合展示和应用集成场景，实现主题、地图、图表的一体化展现与交互联动，直观、快捷地传递数据背后的决策价值信息，可为生态红线管理决策提供强大技术支持，有效提高生态监管质量。

（2）大数据监管显著提升我国监管效率。例如，贵州省贵安新区在推出大数据监管后，将监管市场由 24 小时甚至更长缩短到 2 小时，而执法队伍缩减到了原来的五分之一到十分之一[2]。充分利用数字技术，可以实现生态协同监管的重大突破，更好守住生态红线，提高生态监管质量。

四、以数字经济形成开放发展新优势

在新一轮经济全球化遭受贸易保护主义的严峻挑战、全球经济发生深刻复杂变化的新形势下，以跨境电商为重点的数字经济已成为我国推进以“一带一路”为重点的对外开放重要平台，也是形成以服务贸易为重点的外贸新格局的重要驱动力，更是推进全球自由贸易进程的重要抓手。

1．数字经济助推服务贸易快速发展

（1）数字技术提高服务的“可贸易性”。不少服务业产品属于不可贸易品。但随着移动通信、云平台、物联网技术在服务业领域的广泛应用，跨越了服务

---

① 摩拜单车，北京清华同衡规划设计研究院．2017 年共享单车与城市发展白皮书 [R]. 2017-04-12.

② 数据实时推送审管衔接无缝——贵安新区借助大数据实现审批与监管无缝衔接 [EB/OL]. 贵州省人民政府政务服务中心网，2017-12-13.

产品生产与消费不可分离的障碍，为服务业全球化和服务贸易发展提供了技术条件，教育、健康、医疗、文化等传统不可贸易的“服务”逐渐变得可贸易，并逐渐成为服务贸易的主要内容。例如，新兴国家与发达国家间的“数字医疗”贸易逐步成为服务贸易新亮点。

（2）数字经济拓展服务贸易发展空间。目前，全球将近一半的服务贸易是由数字技术驱动的。据麦肯锡分析，当前全球货物贸易中约12%通过互联网开展，加上资源与劳动力的全球流通，50%的世界服务贸易都已实现数字化[①]。随着未来服务贸易数字化水平的不断提升，数字经济在推动服务贸易快速发展中将发挥更重要的作用。以旅游为例，2016年通过飞猪订购泰国旅游度假产品的人次比2015年增长了63%[②]，“一带一路”沿线一些小众化的旅游目的地，迎来了越来越多的中国游客。

（3）以数字贸易为重点培育我国服务贸易新优势。数字贸易是数字经济全球化发展的必然，也是我国开放转型的重要机遇。我国依托巨大的国内市场与完善的数字经济体系，在全球贸易格局中具有明显优势。2016年，我国电信、计算机和信息服务进出口规模达到391亿美元，其中出口265亿美元，进口126亿美元[③]。据波士顿咨询公司预测，到2035年，我国整体数字经济规模接近16万亿美元，数字经济渗透率达到48%，数字交易占世界的40%以上，总就业容量达4.15亿[④]。保持这一发展趋势，我国有机会在数字贸易发展中形成对外开放新优势。

2. 数字经济助推网上丝绸之路建设

（1）网上丝绸之路促进贸易相通。在经济全球化新的大背景下，“一带一路”日益成为反对贸易保护主义，推进开放、包容、普惠、平衡、共赢的经济

---

① 张焱．数字经济正成为全球经济复苏新动力[N]．中国经济时报，2017-03-31．

② 阿里研究院．网上丝绸之路大数据报告[R]．2017-04-21．

③ 国家统计局．2017中国统计年鉴[M]．北京：中国统计出版社，2017.10．

④ 敦煌网发布数字贸易智能生态体系[EB/OL]．新华网，2017-12-05．

全球化新主角。例如，阿里巴巴打造的“全球速卖通”平台，覆盖了“一带一路”沿线所有国家和地区，仅用1年半的时间其用户总量破了1亿，其中“一带一路”沿线国家和地区用户超过45%①。

（2）网上丝绸之路促进基础设施互联互通。例如，菜鸟在“一带一路”沿线国家和地区布局17个海外仓库，加快物流体系在国际间的运转；蚂蚁金服用技术助力“一带一路”沿线国家和地区，通过技术出海的方式，帮助印度、泰国、菲律宾、印度尼西亚等国打造本地版支付宝，促进跨境贸易；阿里云在中国香港、新加坡、中东、欧洲等“一带一路”沿线设立14个地域节点，以我国自主研发的飞天技术为沿线国家和地区提供云计算大数据服务。尤其在迪拜，阿里云是全球主要云计算公司中第一个也是唯一一个设立数据中心的公司②。

（3）网上丝绸之路促进资金融通。金融服务在化解“一带一路”项目建设风险、提供项目建设资金等方面发挥重要作用。总的来看，以金融业为重点的服务业企业走出去滞后于实体企业的步伐，也滞后于产能合作的实际需求。未来，随着区块链等新型数字技术在金融领域的快速利用，将有效解决交易中的信用与风险问题。

3. 跨境电商推动全球自由贸易进程

跨境电商大幅减少中间环节，突破了传统国际贸易的时间和空间限制，降低交易成本、促进贸易便利化，是未来我国推动全球贸易进程，提高中小企业出口竞争力的新渠道。过去几年，在国际贸易和投资持续低迷的情况下，我国跨境电商仍保持了高速增长。2011—2016年，我国跨境电商交易额由1.7万亿元人民币增加至6.8万亿元人民币，年均增长32%；占我国货物贸易总额的比重由7.2%上升至27.9%，增加了20.7个百分点③。随着我国国内市场的不断扩大，跨境电商还将保持快速增长态势，预计到2020年，规模将超过14万亿元人民

---

① 阿里研究院．网上丝绸之路大数据报告[R]．2017-04-21．

② 阿里研究院．网上丝绸之路大数据报告[R]．2017-04-21．

③ 根据中国电子商务研究中心数据统计计算得出。

币（见图 5.12），为贸易伙伴带来重要增长动力。

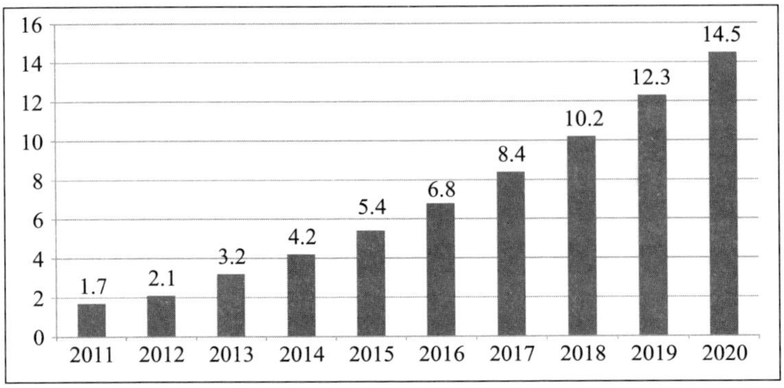

图 5.12: 我国跨境电商交易规模及预测（单位：万亿元人民币）

数据来源：根据中国电子商务研究中心数据统计计算得出。

五、以数字经济形成共享发展新平台

随着数字技术的快速发展与应用范围的日益扩大，互联网的普惠、便捷、高效、共享的特性日益向教育、医疗、政务等公共服务渗透，并推动区域、城乡间的基本公共服务差距缩小，成为我国实现共享发展的重要技术和模式支撑。

专栏 5.4

用大数据促进保障和改善民生

推进“互联网 + 教育”、“互联网 + 医疗”、“互联网 + 文化”等，让百姓少跑腿、数据多跑路，不断提升公共服务均等化、普惠化、便捷化水平。坚持问题导向，弥补民生短板，推进教育、就业、社保、医药卫生、住房、交通等领域大数据普及应用，深度开发各类便民应用。加强精准扶贫、生态环境领域的大数据运用，为打赢脱贫攻坚战助力，为加快改善生态环境助力。

资料来源：习近平主持中共中央政治局第二次集体学习 [EB/OL]. 中国政府网，2017-12-09.

1. 大数据助力精准扶贫

（1）通过大数据让扶贫更加精准。大数据技术的数据处理能力和信息统计功能有效解决精准扶贫中的“扶持谁”、“谁来扶”、“怎么扶”等问题。例如，广东省利用数据平台打造“动态监测、实时更新”的扶贫项目监管机制，新一轮扶贫中确认的2571个重点帮扶村、20.9万户相对贫困户、90.6万人的贫困数据和脱贫动态，都可以在扶贫信息管理系统中定点、定人、定村实时查询[①]。

（2）农村电商拓宽精准扶贫新途径。近年来，我国农村电商快速发展成为我国电子商务的突出亮点，也成为加快精准扶贫的重要途径。2016年，我国农村网络零售额达到8945.4亿元，是2014年5倍（见图5.13）；占全国网络零售总额的17.4%，比2014年提高11.2个百分点；农村网点超过800万家，占比25.8%，带动就业超过2000万人；其中电子商务年交易额达到1000万元以上的村庄数量由2009年的3家猛增至2016年的1311家，增长了436倍。在496个农村综合示范县中，261个是国家级贫困县。3年来，共带动12万户贫困户就业。到2020年，我国在贫困村建设的电商扶贫站点预计达到6万个以上，约占全国贫困村的50%[②]。进一步发展农村电商，有助于进一步加快我国精准扶贫，提高脱贫效果。

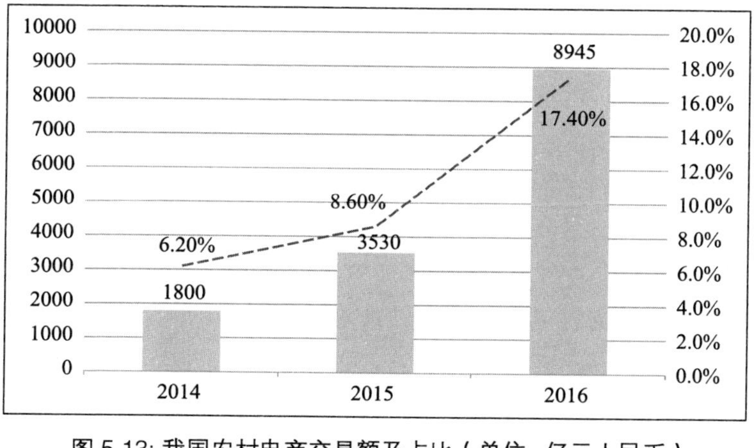

图5.13: 我国农村电商交易额及占比（单位：亿元人民币）

数据来源：商务部. 中国电子商务报告2016[R]. 2017.

① 广东打造“精准扶贫”大格局：大数据+量身定制[N]. 南方日报，2015-10-17.

② 商务部. 中国电子商务报告2016[R]. 2017.

2. 数字技术提速基本公共服务均等化

推进基本公共服务均等化，让全民共享我国经济发展成果是不断满足人民日益增长的美好生活需要的关键举措。数字技术为加速推进基本公共服务均等化提供了新的方案，并将大幅提升现有基本公共服务系统的运行效率。以教育为例。远程教育与 VR 技术、智能技术的融合发展，不仅使中西部地区、欠发地区享受到东部发达地区优秀教师的授课服务，而且通过 VR 技术使线上线下高度融合，让在线学员与现场学员感受相差无几。此外，通过智能选课、个性化定制、智能批改作业、智能评估等智能技术，进一步突破远程教育外延，最大限度地降低区域间教育服务差距，提高教育服务均等化水平。再如，通过远程医疗技术，基层医院也可以得到三甲医院的技术指导，由此明显提升基层医疗机构的水平。

3. 数字经济推动全球共享发展

以跨境电商为重点的数字经济加速国内市场和国际市场相互融合，促进各国互利互赢，为全球分享我国消费大市场红利提供了一个全新平台。2016 年，超过 50 个“一带一路”沿线国家和地区的商品通过跨境电商走进了中国[①]；我国通过跨境电商平台从泰国、新加坡、以色列三国进口的商品总额分别比 2015 年增长 152%、183%、371%，马来西亚增长了 140 倍[②]。我国企业发起并主导的 eWTP，初衷就是把在传统贸易格局下无法参与全球化的发展中国家、穷人、青年人和妇女，通过 eWTP 低成本、便捷地参与到全球化中，分享全球化的红利。如果 eWTP 能够顺利推进，将极大提升全球共享发展水平。

---

① 京东数据研究院. 2017“一带一路”跨境电商消费趋势报告 [R]. 2017-05.

② 阿里研究院. 网上丝绸之路大数据报告 [R]. 2017-04-21.

专栏 5.5

eWTP 与全球共享发展

阿里提出并正在力推的 eWTP（Electronic World Trade Platform，电子世界贸易平台），是由私营部门发起、各相关方共同参与的世界电子贸易平台，旨在促进公私对话，推动建立相关规则，为跨境电子商务的健康发展营造有效的政策和商业环境。

eWTP 通过大幅减少贸易成本，降低中小企业参与全球价值链的门槛。例如，其在线支付工具将提供快捷的支付方式，对中小企业的现金流和营运资本产生积极影响。这一模式如若实施顺利，将使最不发达国家、中小企业、包括妇女和青年人在内的弱势群体能够更便捷地加入全球贸易网络，分享全球化的红利。

资料来源：古有丝绸之路，今有 eWTP 打造的“数字贸易之路”[EB/OL]. 人民网，2017-05-24.

Striving for More

Robust Drivers

第六章

消费升级拉动高质量发展

我国进入“消费新时代”。高质量发展重在抓住近 14 亿人消费结构升级的历史机遇，深化供给侧结构性改革，加快完善促进消费的体制机制，把提高供给体系质量作为主攻方向，显著增强我国经济质量，以此破解消费需求增长与消费供给短缺的结构性矛盾，释放数十万亿级的消费需求。

高质量消费是高质量发展的基础和原动力。进入新时代，人民日益增长的美好生活需要发生新变化，消费结构升级成为经济社会生活的突出亮点。正是在这个特定背景下，党的十九大报告强调，“完善促进消费的体制机制，增强消费对经济发展的基础性作用”。适应新时代社会主要矛盾的历史性变化，高质量发展重在抓住近 14 亿人消费结构升级和消费释放的历史机遇，加快完善促进消费的体制机制，实现由投资主导向消费主导的转型升级。

第一节　以消费结构升级为导向优化供给结构

我国进入“消费新时代”。到 2020 年，我国将基本形成消费拉动经济增长的新格局，释放数十万亿级的消费需求。这不仅将带动我国经济转型升级，也将对世界经济增长和世界经济再平衡作出重要贡献。释放近 14 亿人的消费潜力，重在深化供给侧结构性改革，解决供给体系的突出矛盾，“把提高供给体系质量作为主攻方向，显著增强我国经济质量优势”。以此破解消费需求增长与供给短缺的结构性矛盾，努力实现消费与投资、需求与供给的长期动态平衡。

一、创新供给体系

在消费结构升级的趋势下，消费需求增长与消费供给短缺的结构性矛盾比较突出，尤其是服务领域“有消费、缺供给”的结构性矛盾更加突出。当前，消费供给领域正面临一场深刻的变革。

1. 消费结构升级对创新供给结构提出迫切需求

（1）消费结构影响供给结构。消费结构升级与消费需求规模扩大在很大程度上决定了投资结构的变化方向与投资增长的空间。进入发展型新阶段，在社会需求升级和消费释放的大趋势下，需要在促进投资转型中开辟投资的广阔新空间。

（2）消费结构升级带动供给结构升级。消费结构的服务化将带动经济结构服务化。随着服务型消费比重的不断增加及其需求的不断释放，服务业对经济增长的贡献率不断提高，并成为经济增长的主要拉动力。

（3）供求结构失衡是宏观经济失衡的根本原因。进入新世纪以来，我国消费结构升级态势明显，但供给结构调整相对滞后。由此导致了我国消费率偏低、投资率偏高的矛盾。2016 年，我国消费率为 53.6%，居民消费率不到 40%[①]。这一水平在同等发展水平国家中偏低。这就需要我国加快供给结构调整，以适应消费结构升级的态势，形成供求的动态平衡。

2. 重点破解服务消费供给严重短缺的矛盾

（1）健康消费需求增长与供给不足的矛盾突出。例如，目前我国健康产业仅占 GDP 的 4%~5%，而美国健康产业占 GDP 的比重超过 15%，加拿大、日本健康产业占 GDP 的比重超过 10%[②]。我国老年健康管理服务、老年康复护理、老

---

① 国家统计局．2017 中国统计摘要 [M]．北京：中国统计出版社，2017.5.

② 和也科技：用创新开创大健康产业美好未来 [N]．经济参考报，2016-03-09.

年家政服务等产业，每年大约有 1 万亿元的产值，但是为老年人提供的产品与服务不足 1000 亿元①。在这种情况下，医疗健康养老消费外流问题突出。2016 年，我国出境医疗旅游人数超过 50 万人，相对 2015 年增长超过 500%，人均订单消费超过 5 万元②。

（2）教育服务需求增长与供给短缺的矛盾突出。以婴幼儿托育机构为例，全国婴幼儿在各类托育机构的入托率仅为 4.1%，远低于一些发达国家 50% 的比例③。幼儿教育服务质量引起社会担忧，50% 以上的幼儿教师没有受过专业训练，约 40% 无相关证照④。再如，职业教育供给与我国产业结构调整升级不相适应，用工难和就业难问题并存。调查显示，仅有 30% 的进城务工人员受过职业教育训练⑤，中高级技工大量短缺。

（3）文化娱乐需求释放与供给不足的矛盾突出。我国文化消费市场的整体规模已经接近美国，但文化消费的供给缺口却与之相差甚多。据测算，我国文化实际消费规模与潜在消费规模间的缺口超 3 万亿元；2015 年全国居民消费支出中，人均文化教育娱乐服务支出比重仅为 11%；在人均 GDP 同等水平下，我国文化消费规模为发达国家的 1/3 左右⑥。

3. 消费外流影响消费潜力转化为增长动力

（1）我国消费外流的情况比较严重。2016 年，我国消费者在海外购物的金额达到 6.4 万亿元，而同期社会消费品零售总额为 33.2 万亿元⑦，“海淘”金额几乎相当于社会消费品零售总额的 1/5。2016 年，我国居民 70% 以上的奢侈品消

① 钟南山：我国老年人市场年需求达 1 万亿元 [N]. 南方都市报，2013-09-01.

② 医疗旅游市场看中国，全球迎合中国患者 [EB/OL]. 中国网，2017-05-03.

③ 托育市场“发育不良”，“入托难”何解 [N]. 新华每日电讯，2017-11-13.

④ 朱永新. 教育供给侧改革的问题与对策 [EB/OL]. 光明网，2016-11-09.

⑤ 朱永新. 教育供给侧改革的问题与对策 [EB/OL]. 光明网，2016-11-09.

⑥ 文化消费升势强劲文化产业发展迅速 [N]. 上海证券报，2017-06-26.

⑦ 滕泰，张海冰. 软性制造：重新定义制造业的转型升级之道 [N]. 投资者报，2017-11-27.

费发生在境外，高达6300亿元；预计到2020年，我国居民境外奢侈品消费将达到1万亿元[①]。为满足新时代人民对美好生活的需要，要紧紧围绕消费升级的需求，着力提高供给体系的质量和效率。

（2）消费外流影响潜在增长动力的释放。从全球看，我国城乡居民在境外的消费将成为所在国的重要增长动力。但消费外流超过一定规模，尤其是一些国内能够满足的消费在境外消费，需要引起高度重视。比如，境外购买马桶盖等现象。如果不尽快改变这一局面，将影响我国潜在增长动力的释放。

二、优化投资结构

破解消费需求增长与消费供给不足的结构性矛盾，关键是适应消费结构的新变化推动投资结构转型。在坚持“三去一降一补”的同时，促进消费结构与投资结构的动态匹配，不仅会提升我国供给体系的质量和效率，也将显著增强我国经济的创新力和竞争力。

1. 发挥消费结构升级引领供给结构转型升级的基础性作用

（1）消费结构升级先于产业升级。随着人均收入水平的提高，消费需求结构发生变化，引导工业化进程和产业结构的调整；同时，消费结构变化速度也快于产业结构变化速度。以美国为例，1960—1978年，美国恩格尔系数从18.87%持续下降到13.74%，在此期间第一产业的比重只下降了0.8%，而农产品消费的比重却下降了5.7%；第三产业的比重上升了5%，并成为支柱产业，而同期居民服务消费比重却上升了6.7%[②]（见表6.1）。

表6.1：美国消费结构与产业结构变化速度的比较（单位：%）

年份	1960	1970	1978	结构变动幅度（平均变动率）
第一产业	4.0	3.6	3.2	-0.8

① 中国人买走全球46%奢侈品 消费外流持续严重[EB/OL]. 人民网，2017-03-10.

② 根据美国经济分析局（Bureau of Economic Analysis）相关数据统计整理得出。

续 表

年份	1960	1970	1978	结构变动幅度（平均变动率）
农产品消费	27.1	23.8	21.4	–5.7
第二产业	38.0	36.5	34.0	–4.0
工业品消费	24.7	24.2	23.7	–1.0
第三产业	58.0	60.0	63.0	5.0
服务消费	48.2	52.0	54.9	6.7

数据来源：上海国际问题研究所．现代美国经济问题简论 [M]．上海：上海人民出版社，1981. 3.

（2）消费结构升级是产业结构升级的重要导向。没有消费需求释放，产业结构调整将成为无源之水。只有围绕消费升级的方向进行投资、创新和生产，才能最大限度地提高投资和创新的有效性、提升产业竞争力，进而实现经济提质增效。未来，需要加大消费对产业升级的引领作用，以消费升级带动产业升级，引导相关领域的科技创新，引领基础设施建设和公共服务等领域的新投资，促进产业结构升级和创新消费供给，进而加快培育形成经济发展的新动力。

2. 抓住投资结构失衡的突出矛盾

尽管近年来服务业投资呈现出不断增长的势头，但如果扣除房地产投资后，服务业领域的投资占比仍然偏少。2016 年，扣除房地产投资后，服务业固定资产投资占全社会固定资产投资比重仅为 34.1%①。2016 年，教育投资占比为 1.5%，卫生和社会工作投资占比为 1%，文化、体育和娱乐业投资占比为 1.3%，公共管理、社会保障和社会组织投资占比为 1.4%（见表 6.2），这与我国消费结构升级、产业结构调整的趋势不相适应。

① 根据《中国统计年鉴 2017》数据计算得出。

表 6.2：2013—2016 年我国服务业固定资产投资结构（单位：%）

分类＼年份	2013	2014	2015	2016
教育	1.2	1.3	1.4	1.5
卫生和社会工作	0.7	0.8	0.9	1.0
文化、体育和娱乐业	1.2	1.2	1.2	1.3
公共管理、社会保障和社会组织	1.3	1.4	1.4	1.4

数据来源：国家统计局．2017 中国统计摘要 [M]．北京：中国统计出版社，2017.5.

3．重在推进消费主导的投资结构转型

（1）消费新时代的投资需求巨大。进入消费新时代，投资需求将在消费结构升级，尤其是服务型消费需求不断增长的趋势下大幅提升。以健康服务业为例，2016 年我国大健康产业规模达到 5.6 万亿元，预计到 2020 年国内大健康产业的产值规模有望超过 10 万亿元，占到 GDP 的 10% 以上[①]。这使得大健康产业成为投资的“热土”。

（2）以消费为主导带动投资转型，提高投资质量与效率。

——对中长期消费需求增长明显放缓的中低端制造业和服务业，加快产能转移和产能退出。

——对改善性住房需求明显上升的地区，加快低端房地产去库存进程，促进房地产行业优化升级。

——对消费需求面临趋势性停滞或滑落的部门，降低国企债务率，加速去杠杆。

——适应城乡居民在健康、医疗、教育、养老等服务业领域快速上升的需求，降低现代服务业的成本，尤其是制度性交易成本，加快补充服务消费供给不足的短板。

① 2017 年我国大健康行业产业结构及市场规模分析 [EB/OL]．智研咨询，2017-08-25.

三、加快服务业市场开放

从现实情况来看，之所以供给不适应消费需求，突出的问题是服务业市场开放滞后。为此，党的十九大报告提出，“放宽服务业准入限制”“扩大服务业对外开放”。加快服务业市场开放，扩大服务的有效供给，是消费结构升级引领投资结构和供给结构升级的重点，是深化供给侧结构性改革要啃下的“硬骨头”。

1. 服务业市场开放滞后是“突出短板”

（1）服务业市场开放程度低。由于服务领域开放不足，服务性消费供给短缺、供给质量不高已经成为我国经济生活中的突出矛盾。服务业市场对外开放滞后是重要原因之一。2017 年版的国内自贸试验区负面清单中共有 95 项管理措施，其中 70 项涉及服务贸易[①]。例如，外资持续看好我国医疗卫生市场，但目前我国医疗卫生领域的外商直接投资比例仅为 0.3%，与医疗卫生领域投资和技术需求快速增长不匹配。

（2）服务化水平低，服务价格高。由于服务业市场开放滞后，缺乏公平竞争的市场环境，难以提供高品质、现代化的服务产品与服务标准。近年来，我国因服务质量问题引发的消费投诉不断增多。在价格管制、缺乏有效竞争的情况下，不少服务业领域价格居高不下。例如，2015 年，我国宽带平均上网速度全球排名第 91 位，平均一兆每秒的接入费用却是发达国家的 3~5 倍[②]。

2. 推进服务业市场向社会资本全面开放

（1）鼓励社会资本以多种形式进入生产性服务业领域。按照“非禁即准”的要求，凡是法律、行政法规未明令禁止进入的生产性服务业领域全部向社会资本开放，不再对社会资本设置歧视性障碍，大幅减少前置审批和资质认定项

① 国务院办公厅关于印发自由贸易试验区外商投资准入特别管理措施（负面清单）的通知（2017 年版）[EB/OL]. 中国政府网，2017-06-05.

② 国际电信联盟. 衡量信息社会报告 [R]. 2015.

目，鼓励社会资本参与发展生产性服务业。同时，尽快启动新一轮国家服务业综合改革试点，鼓励社会资本发展研发设计、商务服务、市场营销、售后服务等生产性服务业，推动生产性服务业向专业化和价值链高端延伸，提升我国服务业的综合竞争力。

（2）向社会资本全面开放健康医疗市场。

——放宽市场准入。鼓励社会资本参与公立医院运营，鼓励发展民营医疗。鼓励社会资本进入由大数据和人工智能支撑的精准医学领域。

——全面开放养老服务市场。充分利用现有资源发展健康养老产业，积极引导社会资本进入养老服务业，加快推动公办养老机构改革，充分发挥各类市场主体活力，到 2020 年全面放开养老服务市场。

——鼓励“互联网 + 医疗”等新型医疗服务模式创新。鼓励社会资本建设互联网医院或互联网医疗服务平台，大力发展网上预约、网络支付、检查检验结果查询、远程医疗、远程监护等在线医疗服务。破解医疗卫生公共资源配置向大城市高度集中、中小城镇和农村医疗卫生公共资源不足的矛盾。

——给予社会资本在准入、人才、土地、投融资、监管等方面与国有资本相同的政策。

（3）向社会资本全面开放职业教育市场。

——加快放宽市场准入。鼓励社会资本进入职业教育市场，推动职业教育产业化发展。鼓励支持社会力量在各教育层次举办民办学校，参与教育基础设施建设和运营管理。开放在线教育市场，支持在线职业教育模式发展。

——鼓励和支持民办学校、教育机构、企业等向进城务工人员等重点人群提供职业教育服务。

——在职业教育用地、税收、人才、政府采购等政策上，给予民办职业教育机构与公办教育机构同等待遇。

——深化产教融合、校企合作。设立现代化、国际化的职业教育产业园区，使职业教育面向市场需求发展。使企业在专业设置、课程开发、教材选择、教学评估、企业实训等方面发挥更大作用。

（4）推动国有资本战略性调整。

——优化国有资本战略布局。到2020年，要使国有资本战略性调整与服务业市场开放相结合，逐步将服务业领域的国有资本从一般竞争性领域中退出来，为社会资本留下更大的市场空间。

——将服务业领域的国有资本主要配置在公共服务领域，使国有资本能够更多地满足全社会日益增长的公共需求，构建公平竞争的有效平台。

3．破除服务业的各类垄断

（1）统一反垄断职能。目前，由于反垄断职能分散在不同机构，反垄断缺少统筹协调，实际效果并不理想。为此，完善公平竞争的市场环境，加强反垄断的统筹协调，重在建立统一的反垄断体制，统一反垄断职能。

（2）实行统一的反垄断体制。实现传统经济与新经济的公平竞争需要把新经济纳入市场监管的范畴。从经济全球化的大趋势看，实现内外资公平竞争，需要将内资与外资的反垄断统一起来。例如：对不同所有制的企业实行统一的市场监管标准和监管规则，实质性增强反垄断的有效性；与国际接轨，尽快建立既适用于内资又适用于外资的法治化、规范化的反垄断体制。

（3）强化政府服务社会的职能。从我国经济转型升级的趋势和需求看，建议尽快转变政府以管理为主向服务为主的服务意识，提升公务人员的服务素养和技能，精简机构，提高办事效率，落实市场监管职责。

四、优化消费环境

以完善消费市场监管为重点，营造安全、放心、便捷的消费环境，引导消费结构向更加合理、更加绿色、更加健康和可持续的方向升级发展。

1．消费市场监管不到位制约消费结构升级

（1）消费环境安全问题制约消费结构升级和消费潜力释放。当前消费被抑制的一个重要原因在于消费者对安全、权益保护等方面存在顾虑。随着以新产

业、新技术、新模式为代表的新消费兴起，消费欺诈、虚假广告、假冒伪劣、消费者个人信息泄露等问题不断出现。近年来，我国因服务质量问题引发的消费投诉不断增多。国家工商总局数据显示，在2017年上半年服务类投诉中，网络购物投诉量最多且增长最快[①]。据《中国网民权益保护调查报告（2016）》显示，21%的网民认为个人信息泄露非常严重；84%的网民亲身感受到了个人信息泄露带来的不良影响；37%的网民因各类诈骗信息而遭受经济损失；1年间网民因网络安全损失915亿元，人均损失133元[②]。

（2）消费环境安全问题凸显消费市场监管改革不到位。近年来，随着政府市场监管职能建设和市场监管体系改革的加快，我国政府市场监管职能分散化、碎片化的问题有所缓解。但总体来看，部门之间职能交叉和职能真空的问题仍然存在。尤其是新消费、新经济的不断涌现带来了新挑战。例如，共享单车的出现方便了人们出行，但共享单车企业资金链断裂导致消费者押金无法退还、共享单车乱停乱放阻碍交通、影响环境等问题成为各方关注的焦点。

（3）深化消费市场监管改革的需求更加迫切。营造安全便利的消费环境，释放居民消费潜力，需要加快改革市场监管体系，形成消费安全的大环境。对消费的跨界融合，如“互联网＋教育”、“互联网＋医疗”、“医疗旅游”等新消费、新经济，既要避免监管的重叠、过度阻碍和影响企业创新，又要避免监管真空带来的风险防控问题。

2. 完善从生产到消费全过程的监管机制建设

（1）树立以消费者为中心的消费监管理念。

——以消费者权益保护为目标和重点，出台国家改善消费市场环境的总体规划。

---

① 国家工商总局举行2017年上半年市场环境形势发布会[EB/OL]. 国家工商总局网，2017-07-13.

② 《中国网民权益保护调查报告（2016）》：54%的网民认为个人信息泄露严重[EB/OL]. 中国互联网协会网，2016-06-26.

——改革市场监管体系，营造消费安全的大环境。加强日常消费领域、新消费领域市场监管。加强老年人、未成年人等重点人群消费维权。加强农村市场监管，健全消费维权机制。

——建立消费市场监管的法律框架。推进市场监管由行政监管为主向法治监管为主的转型。建立以事后监管为主的新体制。形成政府监管与行业自律、社会监管的合力。

——加强消费基础设施建设，以改造物流体系为重点切实降低消费成本。

（2）健全消费者权益保护的联动机制。

——建立商品和服务质量全程追溯制度，形成从生产到消费全过程的质量监督闭环。

——加快推进网络购物、在线旅游、预付消费、营利性教育培训、个人消费信息保护等重点领域政策配套政策、制度的出台与完善。

——完善消费品质量检测保障体系，全面推行不合格产品召回制度，加强服务业的品牌、技术等知识产权保护。

（3）营造安全便捷的市场消费环境。

——以建立统一的消费信用体系为突破口，实现消费者快速维权、市场监管信息实时反馈和处理。

——优化服务领域消费环境。完善消费争议化解机制。建立完善非诉讼和诉讼调解渠道化解机制，促进社会调解、行政调解、司法调解的无缝衔接。

——强化消费者个人信息的保护。进一步完善消费者个人信息保护制度，在相关部门下设个人信息保护机构，加强外部监管。要求以网络平台为销售主要载体的企业建立消费者个人信息保护机制，强化经营者对消费者的个人信息保护责任。

3. 创新消费新业态的监管

（1）对新业态实施包容审慎监管。探索既有必要的“安全阀”和“红线”，又能包容创新发展的审慎监管体制机制，让市场更具创新性。不轻易给消费供给新业态、新模式贴上垄断的标签，从而给创新留出一定的时间和空间。

（2）创新监管模式。积极探索新的监管方式。比如，对平台经济的监管，要加快探索构建“政府监管平台、平台监管个体”的监管新格局；充分利用大数据进行监管，尽快构建“用数据说话、用数据决策、用数据管理、用数据创新”的市场监管新体制。

（3）创新平台监管、行业监管模式。“互联网 +”等新经济由于“网络效应”更容易形成市场垄断。在鼓励创新的同时，更要注重维护公平竞争的市场秩序。

（4）守住不发生系统性风险的底线。建立与新经济相适应的风险防范和预警机制，防止系统性风险和损害公共利益的行为。针对非信息时代原住民，普及网络消费、支付、服务、风险等知识。

第二节　消费结构升级下的服务贸易发展

在经济全球化与我国经济转型升级历史交汇的背景下，消费释放尤其是服务型消费释放成为我国开放转型的重要动力。牢牢把握近 14 亿人服务消费大市场的突出优势，推进以服务贸易为重点的开放转型，不仅能为我国转向高质量发展营造有利的外部环境，而且能增强我国经济创新力和竞争力。

一、消费升级蕴含服务贸易巨大潜力

短期内缓解供给结构调整相对滞后、不适应消费结构升级的矛盾，重要途径在于发展服务贸易；中长期内改善和优化服务业供给结构，也需要积极发展服务贸易。

1. 消费结构升级拉动服务贸易快速增长

（1）服务型消费释放拉动服务贸易增长。在城乡居民服务型消费增长的推动下，2013—2016年，我国服务进出口总额年均增长8.1%，2016年，服务进出口占对外贸易总额的比重达到15.1%，2017年上半年，我国服务进出口总额同比增长12.9%[①]，远高于同期国内生产总值增速和货物贸易增速。

（2）新兴服务贸易成为外贸增长新引擎、新亮点。在消费升级的带动下，新兴服务贸易正逐步成为我国服务贸易增长的新亮点。以互联网信息技术为代表的新技术、新业态、新商业模式不断涌现，服务智能化、专业化成为产业组织新特征，新型服务贸易面临难得的历史发展机遇。2012—2016年我国新兴服务贸易快速增长。电信、计算机和信息服务进出口规模不断扩大，2016年达到381亿美元，比2012年增长76%，其中出口254亿美元，同比增长57%，进口127亿美元，同比增长131%[②]。保险服务、管理咨询与公共关系服务、广告、展会、知识产权、个人文化娱乐、维护和维修服务等贸易进出口均有较大幅度增长。信息服务、广告服务、保险服务等所占份额上升，表明服务贸易产业结构进一步优化。高附加值服务进出口的快速增长为资本技术密集型企业发展提供了助力，将进一步推动我国经济的转型升级。

2. 提升供给体系质量需要加快服务贸易发展

（1）以发展生产性服务贸易加速我国制造业转型升级进程。从现实情况看，我国中低端制造品产能过剩、高附加值产品供给不足成为我国制造业“大而不强”的突出表现。目前我国工业增加值率不到23%，与发达国家的35%~40%的平均水平有较大差距[③]。制造业大而不强的重要原因在于我国生产性服务业发展滞后。未来以服务贸易提升我国生产性服务业发展水平，将成为我国建设制

---

① 梁达．服务贸易增速加快成为外贸发展新引擎[J]．服务外包，2017（08）.

② 商务部国际贸易经济合作研究院．中国服务贸易创新发展报告[R]．2017.

③ 23%工业增加值率的忧思[N]．人民政协报，2015-03-07.

造强国的重要途径。

（2）以发展生活性服务贸易助推消费结构转型升级。我国进入发展新时代，城乡居民对美好生活的需要日益增长，其中服务型消费需求是重要方面。预计到2020年，我国社会消费品零售总额有可能由目前的36.6万亿元人民币增长到50万亿元人民币左右，城镇居民的服务型消费比重将提升至50%以上①。这就迫切需要发展服务贸易，以提升我国服务型消费产品的供给能力与供给水平。

（3）以服务贸易形成未来产业新优势。新一轮科技革命不断催生新的产业涌现，相当一部分新兴产业是高端服务业或是与高端服务业直接相关的制造业。以数字经济为例，依托巨大的国内市场与政府包容性监管政策，近年来我国数字经济高速发展，已在多个领域成为全球数字经济引领者。10年前我国电商交易额还不到全球总额的1%，如今占比超过40%，已超过英、美、日、法、德五国的总和②。我国服务贸易曾长期处于逆差状态，但在过去5年连续保持年均100亿~150亿美元的贸易顺差③。适应全球科技变革与服务贸易发展大趋势，充分利用全球科技革命带动新兴服务业重新洗牌的契机，加快推进虚拟现实、自动驾驶汽车、3D打印、机器人、无人机及人工智能等数字经济发展，形成未来国际竞争新优势。

3. 消费结构升级趋势下服务贸易发展空间巨大

（1）经济转型升级助推服务贸易发展。随着我国产业变革的不断深入与服务业市场双向开放进程的加速，我国服务贸易规模仍将持续扩大，服务贸易竞争力将进一步提升。

（2）服务贸易规模还有明显增长空间。我国人均服务贸易额仍然较小。2016年，我国人均服务贸易额为471.3美元，美国、日本、德国人均服务贸易

---

① 迟福林．以转型改革加快“十三五”服务型经济发展[N]．光明日报，2015-10-28．

② 数字经济加速崛起重塑经济格局[N]．经济参考报，2017-12-20．

③ 麦肯锡报告：中国跻身全球数字经济引领者行列[EB/OL]．参考消息网，2017-09-14．

额分别为3851.7美元、2806.5美元和7139.3美元[①]。预计随着服务型消费需求持续释放，我国人均服务贸易额将大幅提升。

（3）服务贸易结构还有优化空间。我国服务贸易仍以旅游、运输等传统行业为主，资本密集型、知识密集型服务贸易仍有很大空间。2016年，运输、旅行、建筑等传统三大服务贸易总额占我国服务贸易总额的73.3%；金融、保险、知识产权、技术、电信、计算机和信息服务等技术含量相对较高的服务贸易额仅占服务贸易总额的13.5%，其中金融、保险分别仅占0.6%、2.0%（见图6.1）。

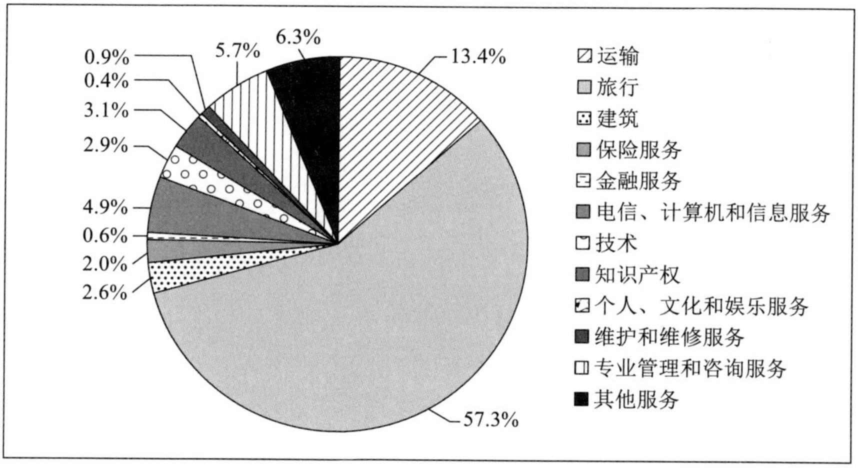

图6.1：2016年我国服务贸易结构

数据来源：商务部综合司，国际贸易经济合作研究院．中国对外贸易形势报告（2017年春季）[R]．2017-05-04.

二、破解服务贸易面临的突出矛盾

以扩大服务贸易为重点形成开放转型的动力，充分利用国际、国内两个市场和两种资源，短期内扩大服务型消费外部供给以满足居民快速释放的服务型消费需求，在中长期提升我国供给体系的质量和效率。这就需要瞄准服务贸易发展中的突出矛盾，精准施策。

① 根据联合国贸易和发展会议（UNCTAD）数据库相关数据计算得出。

1. 服务贸易发展不平衡

（1）传统服务贸易占比高于现代服务贸易。2000—2014 年，我国服务贸易中，运输服务贸易和旅游服务贸易两者合计的占比由 65.8% 降低到 59.2%，但仍是我国服务贸易的大头。同期，保险和金融服务贸易占比由 3% 增加到 6.2%，计算机和信息服务贸易占比由 0.6% 增加到 4.5%，尽管有所增加，但占比仍然很小，而通信服务贸易占比由 2.4% 下降到 0.7%①。

（2）研发中高端服务贸易占比偏低。2014 年，专利权使用费和特许费、咨询、金融三项占比分别为 3.9%、11.6% 和 1.7%②，中高端服务出口占比仍然较低。

（3）中西部地区发展空间很大。与东部地区相比，中西部地区服务进出口规模仍处于较低水平。2016 年，中西部地区服务贸易总计达 9053 亿元，占全国比重 17%，尽管比 2012 年提高 6 个百分点③，但尚不及服务贸易排在全国第三位的北京，中西部地区服务贸易仍有很大发展空间。

2. 服务贸易发展不充分

（1）服务贸易逆差持续加大。2005—2016 年，我国服务贸易逆差从 12 亿美元增长到 2409 亿美元，服务贸易逆差占服务贸易总额的比重也由 1.70% 快速上升至 36.64%。我国服务贸易逆差主要集中于运输与旅行等领域。2016 年，我国旅游服务贸易逆差超过 2400 亿美元，主要原因在于我国旅游业发展相对粗放，多元化、复合型、高质量的旅游产品供给不足，使得旅游服务出口增长缓慢④。

---

① 商务部历年《中国对外贸易形势报告》。

② 商务部综合司，国际贸易经济合作研究院. 中国对外贸易形势报告（2015 年春季）[R]. 2015-05-04.

③ 商务部历年《中国对外贸易形势报告》。

④ 商务部历年《中国对外贸易形势报告》。

（2）服务贸易国际竞争力相对较弱。例如，在生活性服务贸易领域，旅行、个人、文化和娱乐服务等部门均处于国际竞争劣势地位（竞争力指数小于0）；在生产性服务贸易领域，运输、保险、金融、知识产权等领域竞争力指数均处于相对劣势地位，服务贸易竞争力亟须提高（见表6.3）。

表6.3：服务贸易各行业竞争力指数

年份 服务行业	2012	2013	2014	2015	2016
加工服务	0.99	0.99	0.99	0.98	0.98
维护与维修服务	—	—	—	0.46	0.45
运输	–0.38	–0.43	–0.43	–0.38	–0.41
旅行	–0.34	–0.43	–0.68	–0.69	–0.71
建筑	0.54	0.47	0.52	0.24	0.20
保险和养老金服务	–0.72	–0.69	–0.66	–0.28	–0.52
金融服务	–0.01	–0.07	–0.04	–0.06	0.22
知识产权使用费	–0.89	–0.92	–0.94	–0.91	–0.91
电信、计算机和信息服务	0.49	0.38	0.30	0.37	0.33
其他商业服务	0.09	0.09	0.26	0.19	0.15
个人、文化和娱乐服务	–0.64	–0.68	–0.67	–0.44	–0.49
别处未提及的政府服务	–0.02	0.02	–0.32	–0.41	–0.45

数据来源：根据商务部历年《中国对外贸易形势报告》相关数据整理计算得出。

注：竞争力指数在 -1~1，数值越大表示部门竞争力越强。

3. 服务业市场对外开放滞后

我国服务业市场对外开放滞后主要表现在对外资企业的形式、股权、外资占比等方面存在限制。尽管我国在建筑服务、计算机服务、电信服务等方面具有某些竞争优势，但与美国相比，我国在这些服务贸易领域的限制均比较多。例如，在鼓励外商投资行业中，对外资会计、审计服务公司要求首席合伙人须具有中国国籍，对外资设立航空运输公司要求中方控股，且一家外商及其关联企业投资比例不得超过25%；在限制类外商投资行业中，除电子商务外对增值电信业务要求外资比例不超过50%，基础电信业务外资比例不超过49%[①]。无论是生产性服务业，还是生活性服务业，都还面临严格的市场准入限制和管制，制约了我国服务业发展水平的提升以及服务贸易的进一步发展。

三、初步形成以服务贸易为重点的开放新结构

把握消费升级的历史机遇，加快出台扩大服务贸易的制度与政策，推动开放结构与产业结构、消费结构、城乡结构转型升级相适应、相协调，在加快开放中增强我国经济创新力和竞争力。

1. 降低服务贸易关税壁垒和非关税壁垒

（1）着力降低与服务贸易直接相关的消费品进口关税。医疗器械、慢性病防治药物、保健品等与健康服务贸易相关产品的进口关税进一步降低，既可以带动健康、医疗、养老等服务贸易发展，又可以鼓励进口产品与国内产品展开竞争，倒逼我国相关服务供给体系转型升级。

（2）着力降低服务贸易非关税壁垒。未来，重在通过放宽对服务产品的移动、人员流动、资本流动、服务提供者开业权、与服务贸易相关的货物流转等事前审批和监管，降低非关税壁垒。

（3）着力降低服务贸易的技术性壁垒。推进与国际标准对接的全国统一的标准化体系建设。以便利化为导向完善服务提供资格认证等制度。推进落实全国统一的投资审批程序，对外资审慎使用反垄断调查。

（4）促进人员往来便利化。针对自然人流动形式的服务贸易，提高人员签证的便利性。进一步简化旅游、商务、留学、就医、工作等签证申请程序，缩短签证审发时间。探索发放电子签证，增加有效期年限和多次入境签证的发放，延长签证的停留期。

---

① 国务院办公厅关于印发自由贸易试验区 外商投资准入特别管理措施（负面清单）（2017年版）的通知[EB/OL]. 中国政府网，2017-06-16.

（5）探索与服务贸易特点相适应的通关管理模式。加强与贸易伙伴在促进贸易便利化、知识产权执法、贸易统计等方面的合作。加强我国海关与贸易国海关在安全标准、质量标准领域的合作。加强检验检疫国际合作，推动第三方检测和认证服务的检测认证结果互认，加强信息资源共享。

2. 加快推进服务业对外开放

（1）全面实行准入前国民待遇加负面清单管理制度。目前，国内自贸试验区服务业领域负面清单仍然较长。按照党的十九大报告提出的“大幅放宽市场准入”的要求，以建立内外资统一、简化的负面清单为重点，全面实行准入前国民待遇加负面清单管理制度。进一步缩小负面清单范围，降低准入门槛，平等对待在我国境内注册的内外资企业。

（2）扩大生活性服务业对外开放。从服务业利用外资的情况看，我国生活性服务业外商直接投资数额小、占比低。2015 年，我国教育、卫生、文化等领域的外商直接投资占比不足 1%，与房地产的 22.96%、金融业的 11.85%、批发和零售业的 9.52% 仍有巨大差距[①]。未来几年，为适应我国人民日益增长的美好生活需要，要推进教育、文化、医疗、健康等生活性服务业领域对外开放，发挥外资在管理、技术等方面的优势，推动我国生活性服务业发展水平不断提升。

（3）扩大生产性服务业对外开放。把放开外资准入限制作为生产性服务业市场开放的重点：一是有序放开建筑设计、会计审计、商贸物流等领域外资准入限制；二是支持外资以特许经营方式参与能源、水利、环保、市政等基础设施建设运营；三是加快推进对外资实行准入前国民待遇加负面清单的管理模式，落实内外资统一的注册资本制度；四是加快统一内外资法律法规，实行内外资同等待遇。

① 国家统计局. 中国统计年鉴 2016[M]. 北京：中国统计出版社，2016.8.

3. 推动服务业市场双向开放

（1）服务业市场双向开放与服务贸易发展直接融合。如果没有市场双向开放，就难以形成以服务贸易为重点的对外贸易新格局。目前，服务业市场双向开放还面临诸多挑战。

——外商投资服务业分布不均衡。从我国服务业领域利用外资的情况看，外商投资主要集中在房地产、金融等行业，与我国服务型消费需求快速增长的大趋势不相适应（见表6.4）。

表6.4：2015年服务业主要领域外商直接投资情况

主要领域	实际使用金额（亿美元）	占外商直接投资总额的比重（%）
电力、燃气及水的生产和供应业	22.50	1.78
建筑业	15.59	1.23
交通运输、仓储和邮政业	41.86	3.32
信息传输、计算机服务和软件业	38.36	3.04
批发和零售业	120.23	9.52
住宿和餐饮业	4.34	0.34
金融业	149.69	11.85
房地产业	289.95	22.96
租赁和商务服务业	100.50	7.96
科学研究、技术服务和地质勘查业	45.29	3.59
水利、环境和公共设施管理业	4.33	0.34
居民服务和其他服务业	7.21	0.57
教育	0.29	0.02
卫生、社会保障和社会福利业	1.43	0.11
文化、体育和娱乐业	7.89	0.63

数据来源：国家统计局．中国统计年鉴2016[M]．北京：中国统计出版社，2016.8.

——我国企业走出去面临不断加大的保护主义风险和贸易壁垒。我国对外服务业投资主要集中在投资租赁和商务服务、金融业、批发和零售等领域，一些高技术服务行业的海外并购时常因安全审查和技术性贸易壁垒而失败。据统计，2015年，我国对外直接投资中租赁和商务服务业为362.6亿美元，占比达24.9%，在所有行业中占比最高；同期，科学研究和技术服务业为33.5亿美元，尽管增长快速，但占比仅为2.3%[①]。这与欧美发达国家高技术服务行业对外资设置隐形壁垒，对我国企业投资研发、设计等高技术服务行业的限制较多有很大关系。

（2）制定推动服务业市场双向开放的一揽子政策。通过双边、多边投资协定和自由贸易的制度安排，为我国企业平等进入发达国家的服务业市场提供条件。争取主要贸易伙伴放松对我国服务业领域的投资限制，重点是使发达国家对我国放宽研发、设计等科研与技术服务市场限制，减少不必要的“安全审查”、公平技术要求，给予我国企业平等待遇。

4．以服务贸易和产能合作为重点构建“一带一路”自贸区网络

（1）我国与“一带一路”沿线国家和地区服务贸易合作潜力巨大。从增速来看，2016年，我国与“一带一路”沿线国家和地区服务进出口贸易额同比增长超过两位数；我国承接“一带一路”沿线国家和地区服务外包执行额达121.29亿美元，占全国总规模的11.39%，其中中东欧16国服务外包合同执行额增长达26.3%[②]。“一带一路”沿线国家和地区服务贸易总体规模约19612.4亿美元，比2015年增长约4.7%[③]，远高于全球服务贸易增速。未来，随着“一带一路”建设进程的加快以及沿线国家和地区发展水平的提升，在研发、设计、金融、互联网、运输等领域仍具有巨大服务贸易合作潜力。

（2）以服务贸易和产能合作为重点加快构建“一带一路”自由贸易区网络。与“一带一路”沿线国家和地区相比，我国在数字经济、信息技术、金融保险

---

① 商务部．2015年度中国对外直接投资统计公报[M]．北京：中国统计出版社，2016.9.

② 邢厚媛，涂舒．服务外包产业持续逆势增长——2016年中国服务外包发展回顾[EB/OL]．商务部中国服务外包研究中心，2017-02-04.

③ 尚庆琛．2016年“一带一路”服务贸易规模增长4.7%[EB/OL]．商务部中国服务外包研究中心，2017-08-11.

等多个服务业领域具有明显优势。积极推动我国与“一带一路”沿线国家和地区在旅游、交通、信息技术、电子商务、金融保险、文化教育等服务贸易领域的合作，不仅有利于提升产能合作的稳定性，提高沿线国家和地区经济发展水平，而且可以在服务业国际分工中占据主动，减缓服务贸易逆差的进一步扩大。

（3）积极开展产业项下的自由贸易。从不同区域的特定优势出发，加快推进能源项下、旅游项下等多种形式的自由贸易进程。重点与“一带一路”沿线国家和地区开展以教育、健康、医疗、旅游、文化、金融、免税购物、会展为重点的服务业项下的自由贸易试点。在能源、旅游、医疗健康、数字经济和电子商务、科技创新等领域建立广泛的经济合作圈，提升双向开放水平。

5. 以服务贸易为重点推动国内自贸试验区转型

（1）国内自贸试验区转型重在服务贸易。在新一轮全球化大背景下，国内自贸试验区建设的突出矛盾不在于数量的多少，关键是能否在服务贸易及服务业市场开放方面实现重大制度创新，能否在以服务贸易为重点的更高标准的经贸规则上先行先试。

（2）加快推动国内自贸试验区负面清单“瘦身”。争取到 2020 年，负面清单中对服务贸易的限制范围从 2017 年的 70 项缩小到 40 项左右。

——对已经达到国际先进水平且市场竞争充分的服务业领域，如建筑、服务、运输等，不再列入负面清单，最大化减少限制性措施。

——对市场开放程度不高、国际竞争力不强、政策法规较多，但对外开放风险较小的领域，例如，职业教育、养老、健康等，应积极扩大开放，仅保留部分必要的限制性措施。

——对未达到充分市场竞争、对外开放风险复杂的领域，例如，金融保险业，在进一步缩减限制措施的同时，加强完善监管等体制机制。

（3）提高负面清单透明度。

——按照国际惯例要求，对负面清单内的每一项限制性措施标明国内法律依据，并写明限制性措施的具体内容和详细要求。

——负面清单的体例应更加明晰和具体化，减少执行者的操作空间。

——尽快完善一些无具体限制条件的特别管理措施，最大限度消除市场开放的隐性壁垒。

（4）加强相关法律法规的协调。负面清单制度的落地，既涉及全国人大及其常委会制定的相关法律的调整，也涉及国务院及各部委相关条例的调整。为此，需要中央统筹协调缩减负面清单所涉及的相关法律法规调整问题。

（5）进一步扩大国内自贸试验区自主权。国内自贸试验区在发展的过程中存在政策与体制、政策与法律相冲突的突出矛盾。建议在中央层面明确对自贸试验区建设与发展的总体思路的前提下，允许自贸试验区根据自身承载国家战略、发展需要及区域经济特点，探索尝试各种政策及体制机制创新，既有助于探索开放型经济发展的市场环境与体制环境，又便于进行风险防控，并根据形势变化随时调整。例如，允许辽宁自贸试验区在生产性服务业及生产性服务贸易领域实行更加精简的负面清单，在提升东北装备制造业竞争力和对外开放水平方面实现重大突破。

（6）以服务贸易为突破口探索建设自由贸易港。服务贸易已经成为全球自由贸易的重点和贸易投资规则重构的焦点。适应经济全球化新趋势，我国探索设立自由贸易港，重大突破口在于服务贸易和服务业市场的开放。自由贸易港是全面开放新高地，以服务贸易和服务业市场开放为重点，在市场准入、金融制度、税收等方面作出一系列特殊的政策安排，成为货流、资金流、人流和信息流的集聚地和总部经济集聚地，才能实现自由贸易港引领新一轮开放的目标。

6. 重点推进粤港澳服务贸易一体化进程

（1）粤港澳服务贸易一体化进程是加快粤港澳大湾区建设的重点。加快推进粤港澳服务贸易一体化，不仅可以为广东制造业转型升级提供有利条件，对粤港澳大湾区经济一体化形成重要动力，也将对“一国两制”产生重大影响。

（2）推动广东对港澳地区全面放开服务业市场。在现有的负面清单及CEPA补充协议基础上，实行更加开放的服务贸易市场准入机制，取消或放宽对港澳投资者的资质要求、股比限制、经营范围等准入限制，对港澳投资制定实施更加精简的准入特别管理措施。推动广东在教育、医疗卫生、基本住房、公共文化等公共服务行业向港澳全面放开；在金融、电信、铁路、民航等垄断服务行业进一步向港澳开放，实现粤港澳服务业市场一体化，促进广东与港澳服务业管理规则的对接。

（3）率先实现粤港澳大湾区金融服务一体化。发展与港澳地区保险基金、信托、商品期货交易等，支持商业银行在自贸试验区内设立机构开展外币离岸业务。创新粤港澳地区跨境人民币业务，推动粤港澳人民币信贷市场与人民币资本市场对接，开展广东自贸试验区与港澳地区双向人民币融资业务和跨境人民币信贷资产转让业务。推进粤港澳投融资汇兑支付便利化，打造金融IC卡刷卡无障碍示范区，实现金融服务和社会服务“一卡通”，逐步推进粤港澳三地支付服务同城化建设。成立粤港澳金融协调监管委员会，协调处理三地之间有关金融信息交换、金融风险防范和合作监管机制等金融事务，建立粤港澳金融风险共同防范机制。

（4）全面放开人文交流。在广东率先实行对港澳居民的自由落户政策，率先对港澳居民全面实行居住证制度，保证港澳人才在广东享受当地平等的教育、医疗等公共服务；鼓励并支持粤港澳三地青年积极开展形式多样的沟通、对话、交流等活动。设立港澳青年创业孵化园，为港澳青年提供创业支持；探索在广东自贸试验区工作、居住的港澳人士社会保障与港澳实现有效衔接；专门制定港澳人才认定办法，给予项目申报、创新创业、评价激励、服务保障等方面的政策支持。

第三节　从“世界工厂”到“世界消费市场”

我国城乡居民消费结构升级和消费潜力释放，成为世界经济增长的重大利好，对推进新一轮经济全球化进程，促进世界经济再平衡，都将产生积极而深远的影响。

一、“中国消费”成为全球市场的突出亮点

近 14 亿人的消费结构升级，直接推动我国经济转型升级进程，进而释放“中国动力”。在消费结构升级引领供给体系升级的趋势下，“中国质造”、“中国智造”、“中国创造”将为全球经济作出更大贡献。

1. 我国消费市场增长领先全球

（1）我国消费增长领先全球。“十二五”以来我国社会零售品总额以约 10% 的速度持续强劲增长，我国居民家庭消费已达到 4.5 万亿美元[①]，消费市场规模与发达经济体的差距不断缩小。

（2）新型消费增长领先全球。例如，到 2020 年，我国共享经济规模将达到 GDP 的 10% 以上，在市场、规模、营业额和用户数量方面均领先全球。另外，我国消费者对互联网、手机技术的应用已超越一些发达国家。阿里巴巴 2017 年“双十一”的成交额达到 250 亿美元，几乎是美国“黑色星期五”140 亿美元在线销售总额的两倍[②]。

---

① 中国消费者正“统治”世界，习惯就好 [N]. 新华日报，2018-01-03.

② 中国消费者正“统治”世界，习惯就好 [N]. 新华日报，2018-01-03.

2. 我国服务消费增长带动全球服务贸易的增长

（1）带动全球服务贸易增长。2016 年，我国服务贸易总额达到 6575 亿美元，规模居世界第二位[①]；服务贸易总额增长 7.9%[②]，增速高于全球服务贸易和货物贸易增速，对世界服务贸易增长的贡献率为 30% 左右（见表 6.5）。2016 年，“中国市场”吸纳了近 1/10 的全球服务出口，我国服务业实际使用外资 885.6 亿美元，占比达 70%；我国对外直接投资 1832 亿美元，其中服务业投资占比超过 70%[③]。我国服务业和服务贸易的开放发展，对全球贸易和世界经济增长作出了重要贡献。

表 6.5：我国服务贸易增长对世界服务贸易增长的贡献（单位：十亿美元）

年份	我国服务贸易进出口额	世界服务贸易进出口额
2015	580	9245
2016	657	9502
2016 年我国服务贸易对世界服务贸易增长的贡献率	30.0%	

数据来源：2016 年和 2017 年世界贸易统计报告。

注：本表为按当年价格计算的贡献率。

（2）我国成为许多国家重要的服务贸易伙伴。2016 年，我国与美国服务贸易总额突破 1000 亿美元大关，美国成为我国第一大服务贸易逆差来源地，逆差达 523 亿美元；我国与“一带一路”沿线市场服务进出口额合计 1222 亿美元，占比提高了 3.4 个百分点，其中服务出口额占比达 21.5%，比 2015 年提高 11 个百分点[④]。我国日益成为“一带一路”沿线国家和地区的主要服务贸易伙伴。

---

① 中国服务贸易总额达到 6575 亿美元 居世界第二位 [N]. 人民日报，2017-05-29.

② 去年我国服务贸易总额增长 7.9%[N]. 北京商报，2017-06-02.

③ 商务部：未来 5 年中国将进口超 2.2 万亿美元服务 [N]. 人民日报（海外版），2017-05-29 .

④ 我国服务贸易首次破 5 万亿元大关 [EB/OL]. 新华网，2017-02-24.

（3）我国成为旅游、运输、教育等多项服务的主要进口国。例如，2012—2014年，我国邮轮乘客数量年均增长79%。香港旅游发展局预测，我国邮轮乘客的潜力达到8300万人次/年，每年仅从中国香港出发的将达到5400万人次。未来，全球近3/4的邮轮乘客将是中国人[①]。

3．近14亿人消费释放拉动全球需求增长

（1）我国消费释放带动全球消费需求增长。

——我国消费释放形成的就业创造和收入创造效应，有利于促进全球消费需求释放。例如，2012—2016年，我国企业通过对外投资带动进出口1.9万亿美元，境外企业资产总额由2.4万亿美元增至5万亿美元；我国企业累计在境外纳税1372.5亿美元，提供就业岗位年均超过100万个[②]。这些就业和收入创造效应将刺激东道国的消费需求释放。

——我国消费升级对改善全球供给体系进而促进消费具有积极作用。大规模的消费市场升级，将带动全球消费供给体系的改善，为全球消费者提供更多物美价廉的产品和服务，从而带动全球消费增长。

（2）我国消费释放成为国际投资增长的重要动力。近14亿人消费大市场持续吸引外资进入。据联合国《2017年世界投资报告》显示，中国在全球最具吸引力的投资东道国中排名第二[③]。受我国消费升级的驱动，高技术制造业和高技术服务业吸引外资保持较强增长势头。2017年前9个月，我国高技术制造业实际使用外资达529.8亿元人民币，同比增长27.5%；高技术服务业实际使用外资达915.9亿元人民币，同比增长24%，远高于总体实际使用外资1.6%的增速[④]。

---

① 英媒：中国将统治全球邮轮市场 全球3/4乘客将是中国人[N]．环球时报，2015-03-23.

② 周柳军．我国加快从对外投资大国向对外投资强国迈进[N]．国际商报，2017-12-26.

③ 联合国发布《2017年世界投资报告》：中国成为全球第二大投资国[EB/OL]．人民网，2017-06-08.

④ 李洪涛，林志刚．新时代利用外资的新变化与新思路[J]．中国外资，2017（23）.

二、“中国消费”成为全球经济增长的重要力量

近14亿人的消费释放和消费升级，不仅对扩大全球有效需求具有重要作用，而且是世界经济摆脱“净消费国—净储蓄国—资源输出国”路径依赖、实现再平衡的关键因素。

1. 我国消费释放成为全球经济增长的重要动力

（1）为全球经济增长注入新动力。我国消费结构升级与全球市场的对接，将为全球经济增长注入强大的正能量。2016年，我国最终消费支出对世界经济增长贡献率为20.9%（见表6.6）。经济学人和波士顿咨询公司预测，到2021年，我国消费市场将达到6.1万亿美元的规模；2016—2021年我国消费增长量达1.8万亿美元，相当于2021年英国的消费市场规模[①]。也就是说，我国未来5年的消费增量将相当于一个英国市场。

表6.6：“中国消费”的世界贡献

年份	我国最终消费支出（万亿美元）	世界GDP（万亿美元）
2015	4.472	75.488
2016	4.856	77.328
我国最终消费支出对世界经济增长的贡献率	20.9%	

数据来源：根据世界银行数据计算得出。

注：本表数据是按2010年不变价美元计算；贡献率＝最终消费支出的增量／支出法生产总值的增量。

（2）带动全球实体经济复苏增长。当前全球经济仍处在深度调整中，经济增长面临下行压力。随着我国消费潜力的释放，将为贸易伙伴的实体经济带来新的机遇和发展空间。以“一带一路”为例。《2017“一带一路”跨境电商消费趋势报告》显示，我国商品已销往54个“一带一路”沿线国家和地区，超过

① 台媒称大陆消费市场未来井喷：五年增量相当于一个英国[N]．参考消息，2017-06-30.

50个“一带一路”沿线国家和地区的商品通过电商走进了中国。2016年，在中国电商进口商品销售额增长的排名中，“一带一路”沿线国家和地区以高增速位居前列，立陶宛、黑山、孟加拉国、阿曼、塔吉克斯坦等国家进口商品同比增长超过6倍[①]。

2．我国消费结构升级带动全球产业链和价值链升级

（1）消费升级为全球产业升级带来新机遇。据麦肯锡公司预测，到2030年，我国城市居民将推动全球91%的消费增长；全国700个城市将累计为全球城市消费增长贡献7万亿美元，贡献率达30%[②]。我国居民消费升级将为全球产业升级带来新机遇，不仅将推动传统服务业增长，还将为各类产业转型创新创造巨大的增长空间。

（2）消费升级促进全球和区域价值链发展。消费升级刺激技术创新需求，促进产业的研发投入不断增大，促进全球价值链深化发展。在消费升级的趋势下，产业结构升级加速产业转移，将带动更多发展中国家和地区进入全球产业链和价值链，分享全球化的红利。

（3）数字消费重塑全球产业链和价值链。埃森哲公司的研究报告认为，2014—2020年我国跨境B2C电商将把消费品进口的年均增速拉高近4个百分点。到2020年，我国将成为全球最大的跨境B2C电商市场[③]。我国数字消费大军的崛起将改变全球化模式，推动更加平等和普惠的全球贸易，使更多的发展中国家、中小企业和农村劳动力能参与到经济全球化中，重塑全球产业链和价值链。

---

① 民间商贸在路上2017“一带一路”跨境电商消费趋势报告[EB/OL]．中国经济网，2017-05-16.

② 外媒：中国城市消费为何拉动全球经济增长？[N]．环球时报，2016-09-09.

③ 埃森哲．全球跨境B2C电商市场展望：数字化消费重塑商业全球化[R]．2015-06.

三、“中国消费”成为推动经济全球化的重要动力

城乡居民消费结构升级和消费释放，是我国引领经济全球化的最大优势和王牌。牢牢把握这一优势，推动经济全球化向更加开放、包容、普惠、平衡、共赢的方向发展，就能形成有利于我国转向高质量发展的外部环境，就能在新一轮经济全球化中把握主动权和主导权。

1. 消费升级形成国际贸易投资新动力和新空间

（1）我国消费升级形成自由贸易的新动力。要满足城乡居民不断升级的消费需求，以及国内产业结构升级的中间消费，单纯依靠国内市场和国内资源很难实现。进入消费新时代，我国对自由贸易具有更大的需求。

（2）我国消费释放形成投资自由化便利化的新动力。在近 14 亿人消费大市场的驱动下，无论是“引进来”，还是“走出去”，都要求有更加自由化、便利化的制度安排和政策环境。

（3）我国消费释放形成国际贸易投资新空间。在数字消费等新消费释放的趋势下，大数据、物联网、云计算和移动互联网等信息技术快速发展，服务的可贸易性不断增强，服务贸易的组织形式、商业模式、交易方式、交易对象等正在发生深刻变革，并不断拓宽国际贸易投资的领域和空间。

2. 消费释放促进全球资源要素自由流动

（1）消费释放对资本和劳动力跨境流动提出更高要求。服务贸易相对货物贸易，对资本和劳动力跨境流动的要求更高。例如，商业存在形式的资本密集型和知识密集型服务贸易对资本自由流动提出更高要求，而除了跨境交付，其他三种形式的服务贸易（境外消费、商业存在、自然人流动）都要求劳动力跨境流动更加便利化。

（2）消费释放对提高能源资源优化配置提出更高要求。近 14 亿人的消费潜力释放，导致能源资源消费需求更大，对在更大范围内实现能源资源优化配置

提出更加迫切的需求。这就要求完善全球能源资源跨境流动的基础设施，形成双边多边能源自由贸易安排，为消费释放提供能源保障。

3. 消费结构升级推动国际贸易投资规则重构

（1）参与引领服务贸易规则制定。适应服务贸易引领新一轮经济全球化的趋势，通过积极参与双边、多边和区域服务贸易协定，参与引领全球服务贸易规则制定，在以服务贸易为重点的全球双边、多边和区域贸易规则重构中发挥更重要的作用。

（2）参与引领开放、公平的数字时代经贸规则制定。在互联网经济和电子商务发展方面，我国已超过了日本，并在数字经济的一些领域处于全球领先位置。未来 3~5 年，把握城乡居民消费升级和释放的时间窗口，以引领推动 eWTO 建设为重点，建设更加包容开放的国际贸易投资规则，我国完全可能实现“弯道超车”，成为数字时代贸易投资规则的引领者、制定者。

Striving for More

Robust Drivers

第七章

乡村振兴释放高质量发展的巨大动能

面对城乡发展不平衡、农业农村发展不充分的突出矛盾，要按照“产业兴旺、生态宜居、乡风文明、治理有效、生活富裕”的总要求，以实施乡村振兴战略为总抓手，以推进农业供给侧结构性改革为主线，以完善产权制度和要素市场化配置为重点，加快建立健全城乡融合发展体制机制和政策体系，推进农业农村现代化进程。

农业强不强、农村美不美、农民富不富，决定着亿万农民的获得感和幸福感，决定着我国全面小康社会的成色和社会主义现代化的质量[①]。党的十九大报告首次提出“实施乡村振兴战略”。适应新形势，要按照高质量发展要求，以实施乡村振兴战略为总抓手，以推进农业供给侧结构性改革为主线，以完善产权制度和要素市场化配置为重点，强化乡村振兴的制度性供给，激活主体、激活要素、激活市场，加快推进农业农村现代化。到2020年，基本实现“产业兴旺、生态宜居、乡风文明、治理有效、生活富裕”的目标。

第一节　实施乡村振兴是重大战略

农业、农村、农民问题是关系国计民生的根本性问题。进入新时代，实施乡村振兴战略，是适应社会主要矛盾变化的必然要求，是转向高质量发展的重大战略。以更大的决心、更明确的目标、更有力的举措推动农业全面升级、农村全面进步、农民全面发展，谱写新时代乡村全面振兴新篇章。

① 中央农村工作会议在北京举行习近平作重要讲话[N]. 人民日报，2017-12-30.

一、新时代社会主要矛盾变化的必然要求

当前，我国社会主要矛盾中，最大的发展不平衡是城乡发展不平衡，最大的发展不充分是农业农村发展不充分。实施乡村振兴战略，是解决人民日益增长的美好生活需要和不平衡不充分的发展之间矛盾的必然要求，是实现“两个一百年”奋斗目标的必然要求，是实现全体人民共同富裕的必然要求①。

1. 城乡发展不平衡的突出矛盾

（1）城乡居民收入的不均衡。5 年来，农村居民收入连年增速快于城镇居民，城乡居民收入差距不断缩小，2017 年缩小到 2.71 : 1。但我国城乡收入差距仍高于世界平均水平，而且绝对差距由 16175 元扩大到 22964 元。

（2）城乡基本公共服务不均等。5 年来，我国基本公共服务均等化进程明显加快。城乡居民医疗保障制度实现全覆盖；覆盖城乡的养老保障体系进一步健全，保障水平稳步提高。但城乡之间基本公共服务仍存在较大差距，突出表现在教育、医疗、养老以及道路交通、供水供电等基础设施方面，农村明显落后于城市。以教育和医疗为例：

——城乡教育资源分配差距较大。2016 年，全国普通小学、普通初中生公共财政预算教育事业费支出，农村相当于全国平均水平的 96.7%、93.0%；全国普通小学、普通初中生均公共财政预算公用经费支出，农村相当于全国平均水平的 92.0%、91.4%②。如果把师资水平差距计算在内，城乡实际教育资源分配差距更大。

——城乡公共医疗卫生资源差距较大。近年来，城乡公共卫生支出较快增长，但与城市相比，农村公共卫生支出水平仍较低。70% 的医疗资源主要集中在城市，大量优秀医疗卫生人才向城市和大医院流动，农村地区医生数量少，医院、病床数量不足，医疗设施陈旧，农村医疗卫生服务水平不高，难以满足

---

① 中央农村工作会议在北京举行习近平作重要讲话 [N]. 人民日报，2017-12-30.

② 教育部，国家统计局，财政部. 关于 2016 年全国教育经费执行情况统计公告 [EB/OL]. 教育部网，2017-10-17.

农民需求。据统计，2016 年，农村每千人口医疗卫生机构床位数比全国平均水平少 4.5 张（见表 7.1）。

表 7.1：2016 年城乡每千人口医疗卫生资源比较（单位：人，张）

项目	城市	农村	城市 / 农村
卫生技术人员	10.79	4.04	2.67
执业医师	3.92	1.59	2.47
注册护士	4.91	1.49	3.30
医疗卫生机构床位	8.41	3.91	2.15

数据来源：国家统计局．中国统计年鉴 2017[M]．北京：中国统计出版社，2017.10.

（3）城乡基本权益不平等。党的十八大以来，农村改革的一条主线是保障和改善农民基本权益。保持农村土地承包关系长久不变给农民吃了“定心丸”；农村土地“三权分置”改革取得重大进展，农村集体产权制度改革的稳步推进，使亿万农民得到实实在在的好处。当前，推进城乡基本权益平等化，面临的突出问题是城乡居民财产权利的不平等。例如，农民土地承包权、农民宅基地使用权还不具有完整意义的用益物权属性；农村土地要素市场化配置改革滞后，农村土地产权交易市场缺位。城乡基本权益不平等制约了农民财产性收入的增长，成为城乡居民实际收入差距扩大的主要因素。2002—2016 年，城乡居民人均财产性收入差距由 2.0∶1 扩大到 12.0∶1，绝对额差距由 51.4 元扩大到 2999.2 元（见图 7.1）。

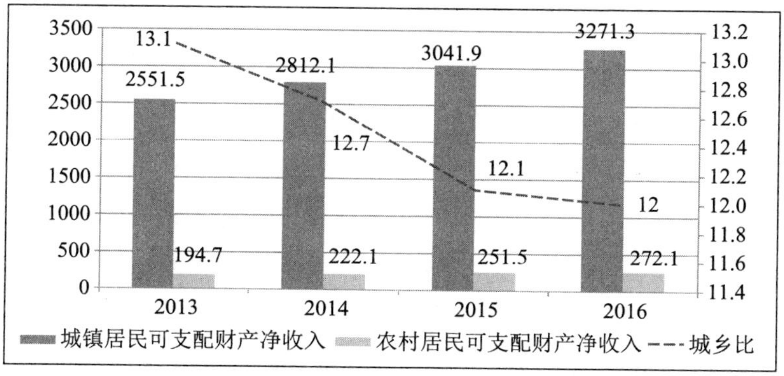

图 7.1：2013—2016 年城乡居民财产性收入及差距（单位：元）

数据来源：国家统计局．2017 中国统计摘要 [M]．北京：中国统计出版社，2017.5.

2. 农业农村发展不充分的突出矛盾

（1）农业现代化发展不充分。过去5年，我国农业现代化进程加快，农业机械化率和装备水平有很大提高。但总体来看，与工业化、信息化、城镇化水平相比，农业现代化水平仍是个“短板”，农业劳动生产率比较低。研究表明，2016年，我国农业劳动生产率约为世界平均值的76%，约为高收入国家平均值的5%，约为美国和法国的2%①；日本每个农业劳动力平均农业增加值大约为4万美元，美国为5万美元，而我国2015年为4459美元，仅为日本的11%、美国的8.9%②。

（2）高质量农业发展不充分。从现实问题看，农业主要矛盾已经由总量不足转变为结构性矛盾，粮食生产出现了“高产量、高库存、高进口”的“三高”现象，部分主要农产品出现了阶段性的供给不足和供大于求现象。以大豆市场为例，2016年，我国生产了1200多万吨大豆，但进口大豆8391万吨，进口大豆占世界大豆贸易量的比重超过65%，大豆对外依赖度高达87%。进口大豆规模快速增长既是国人对高质量农产品消费需求的重要体现，也反映出我国农业和农产品的国际竞争力不强。

（3）农村要素市场发展不充分。改革开放以来，我国完善资本市场、劳动市场取得较大成绩，但土地制度的城乡二元分割根深蒂固，造成了城乡要素市场的不统一。政府垄断土地供求市场，市场难以在资源配置中充分发挥作用，土地供求结构性矛盾突出，土地资源利用效率低下，部分地区甚至出现耕地抛荒等问题。华中师范大学中国农村研究院2016年对31个省市自治区、261个村庄调查显示，27.42%的村庄不同程度存在农地抛荒现象，高达33.34%的村庄抛荒面积超过200亩，西部地区村庄出现抛荒问题的占40.91%③。2016年，我国城镇人口是农村人口的1.34倍，但村庄建设用地是城镇建设用地的2.09倍。

---

① 求索现代化中国方案·八问之四中国农业现代化重点在哪[J]. 半月谈，2017（20）.

② 马晓河，冯竞波. 以制度供给为重点深入推进城乡一体化发展[J]. 经济，2017（08）.

③ 王赐江. 以提高种粮收益为核心完善惠农政策[J]. 内部参阅，2017（47）.

这意味着农村大量建设用地是低效利用或闲置浪费的。

3. 乡村振兴是顺应亿万农民对美好生活向往的时代要求

实施乡村振兴战略，是基于我国基本国情和所处的发展阶段作出的战略判断，是解决近6亿农民日益增长的美好生活需要和不平衡不充分的发展之间矛盾的必然要求，是顺应亿万农民对美好生活向往的重大举措，是以人民为中心的最大体现。2017年，农业在国内生产总值中的比重降低至7.9%，但乡村常住人口仍有5.8亿人，占全国人口总量的41.5%。即使我国城镇化率达到70%，农村仍生活着4.5亿多人口。到2035年，如果没有基本实现乡村振兴和农业农村现代化，不能让亿万农村人口过上像城里人一样的幸福生活，就不能说实现了高质量的发展，也无法实现国家的现代化。

二、新时代“三农”工作的总抓手

2005年，党的十六届五中全会提出了社会主义新农村建设的基本标准，即“生产发展、生活宽裕、乡风文明、村容整洁、管理民主”的“20字”；2017年，党的十九大报告提出了“产业兴旺、生态宜居、乡风文明、治理有效、生活富裕”的新“20字”。从新农村建设到乡村振兴，抓住了广大农民最关心最直接最现实的利益问题，内涵更加丰富，目标要求更高，问题更具针对性，基础条件更加具备，是社会主义新农村建设的升级版，是新时代“三农”工作的总要求。

1. 产业兴旺是乡村振兴的重点

产业兴、百业兴。推进乡村振兴，要紧紧围绕促进产业兴旺下功夫，培育农业农村发展的新动能，让农业成为有奔头的产业，让农民成为体面的职业。农业政策要从增产导向转向提质导向，调整农业结构，促进农村一二三产业融合发展，把培植绿色优质农产品放在突出位置；构建现代农业产业体系、生产体系、经营体系，加快推进农业产业升级，提高农业的综合效益和国际竞争力，保持农业农村经济发展旺盛活力。要从农业内外、城乡两头共同发力，引导和推动更多资本、技术、人才等要素向农业农村流动，调动广大农民的积极性、创造性。

2. 生态宜居是乡村振兴的基础

从现实问题看，一方面，由于农业发展方式转变滞后，农业面源污染严重。我国是全球农药、化肥用量最高的国家之一。2015 年，我国亩均化肥用量是全球平均用量的 3.4 倍、美国的 3.4 倍、非洲的 27 倍[①]。化肥、农药等投入品过量使用，不仅带来土壤污染等环境问题，还严重威胁人体健康。另一方面，由于农村人居环境建设长期没有得到应有的重视，许多农村特别是贫困地区的居住环境比较恶劣。例如，2016 年，我国生活污水集中处理或部分集中处理的村只占 17.4%[②]。

生态宜居的核心是绿色发展。只有建成山青水绿、生态宜居的美丽乡村，农村才更有吸引力、农业才能可持续发展。这就要求走乡村绿色发展之路，以绿色发展引领生态振兴。第一，加快转变农业生产方式，增加农业生态产品和服务供给，大力发展“共享农庄”、“田园综合体”，让更多的农民吃上“优质饭”、“旅游饭”。第二，建立农村绿色生活方式，推进农村“厕所革命”，把农村环境整治纳入城市统一规划，把城市污水处理、配套管网、固体废物收集、处置等环境保护设施向农村延伸，实现城乡生态环境保护一体化。第三，加强农村突出环境问题综合治理，建立市场化多元化生态补偿机制，形成农村环境治理的合力。

3. 乡村文明是乡村振兴的内涵之一

乡村振兴，要坚持物质文明和精神文明一齐抓，走乡村文化兴盛之路。既

① 张福锁. 化肥减量增效助力农业绿色发展 我国农用化肥用量 43 年首次实现负增长 [EB/OL]. 农业部网，2017-12-27.

② 国务院第三次全国农业普查领导小组办公室，国家统计局. 第三次全国农业普查主要数据公报 [EB/OL]. 国家统计局网，2017-12-16.

要传承保护农耕文明，也要加快推进农村文化、教育事业发展，加强农村公共文化建设，开展移风易俗行动，提升农民精神风貌，培育文明乡风、良好家风、淳朴民风，不断提高乡村社会文明程度，形成一股新的农村文化建设力量。

4. 治理有效是乡村振兴的基石

随着经济社会的发展，农民的生产生活方式、利益诉求等都发生深刻变化。有效满足农民各项诉求，积极化解农村社会矛盾，成为加强和创新农村社会治理的重要任务。建立以党的基层组织为核心，村两委共同领导，各种社会服务组织为补充的现代农村治理体系，让农民的参与途径更加多元广泛，农村的治理基础不断夯实，确保乡村社会充满活力、和谐有序。

5. 生活富裕是乡村振兴的目标

中国要富强，农民必须富裕，乡村振兴的根本目标是农民生活富裕。要坚持富民为本，富民为先，千方百计拓展农民增收渠道，让农民的钱袋子鼓起来；提升农民生活水平，改善农村基本公共服务，建立城乡统一的基本公共服务体系，到 2020 年总体实现城乡基本公共服务均等化；要打好精准脱贫攻坚战，确保 2020 年全面小康一个都不落下。

三、新时代转向高质量发展的重大战略

2015 年 7 月，习近平总书记在吉林调研时指出，“任何时候都不能忽视农业、不能忘记农民、不能淡漠农村”[①]。进入新时代，如期实现第一个百年奋斗目标并向第二个百年奋斗目标迈进，最艰巨最繁重的任务在农村，最广泛最深厚的基础在农村，最大的潜力和后劲也在农村。乡村振兴是新时代转向高质量发展的重大战略。

---

① 习近平在吉林调研时强调 保持战略定力增强发展自信 [EB/OL]. 新华网，2015-07-18.

1. 最艰巨最繁重的任务在农村

“小康不小康，关键看老乡。”按2010年的贫困标准，2012—2016年，我国农村贫困人口减少了5564万人，贫困发生率下降了5.7个百分点（见图7.2）。2016年全国还有4335万农村贫困人口，占全国贫困人口的90%以上。到2020年，实现现行标准下贫困人口脱贫，每年仍需减贫1000万人以上。其中，绝大部分属于农村贫困人口，而且大都是条件差、基础弱、贫困程度深的地区和群众，脱贫任务艰巨而繁重。没有农村的小康，特别是没有贫困地区的小康，就没有全面建成小康社会，更谈不上高质量的发展。

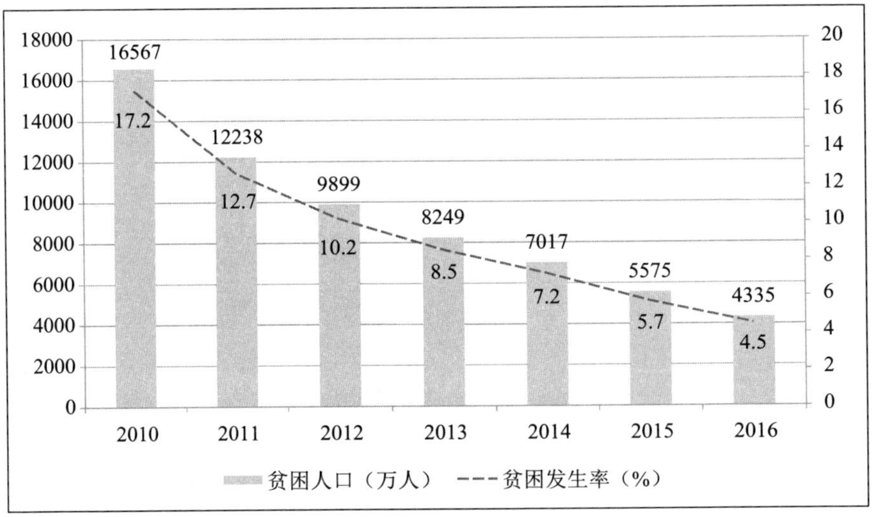

图7.2：2010—2016年全国农村贫困人口变化趋势

数据来源：精准脱贫成效卓著小康短板加速补齐——党的十八大以来经济社会发展成就系列之六 [EB/OL]. 国家统计局网，2017-07-05.

2. 最广泛最深厚的基础在农村

（1）加快实现农业产业从增产向提质转变。

——农业在国民经济中的基础地位没有变。我国是人口大国，解决近14亿人的吃饭问题始终是治国理政的头等大事。我国用世界10%的耕地养活了世界22%的人口，但我国也是一个“人多、地少、水缺”的国家。我国的人均水资源占有量仅为世界人均占有量的1/4；人均耕地面积不到全球人均耕地面积的1/3。尽管农业占GDP的比重持续下降，但农业在国民经济中的基础地位没有变。确保国家粮食安全，必须把中国人的饭碗牢牢端在自己手中。

——农业政策从增产导向转向提质导向。粮食安全包含两个方面，一是必须让人吃饱；二是必须吃好、吃得营养、吃得安全。经过40年的改革发展，我国粮食产量已经可以满足人们的需求，目前的主要矛盾是农产品的安全质量不高、农业的国际竞争力不强。一方面，生产的粮食品种结构和市场需求结构不相适应，低端供给过剩与中高端优质产品供给不足并存，农业的结构性矛盾突出；另一方面，我国粮食价格与国际市场价格相比缺乏竞争力，小麦、大米、玉米、大豆等主要粮食品种价格平均要比国际市场高出30%~50%。当前，农业发展的主要任务不在于增加产量，而在于主动适应全球竞争的挑战，深化农业供给侧结构性改革，在“提质”的基础上“增量”，增强农业的国际竞争力，加快实现由农业大国向农业强国转变。

（2）加快实现从传统农民向新型职业农民转变。

——农民是社会结构的基础没有变。“三农”问题的核心是农民问题。随着城镇化进程的加快，大量农业转移人口进入城市，但仍有5.8亿农村常住人口和2.9亿农民工，农民是社会结构的基础没有变。当前农民问题的核心是收入问题。近年来，农民外出务工人数和工资水平增幅出现“双下降”，农民增收面临很多新挑战。因此，要加快构建现代农业经营体系，大力培育新型职业农民和新型经营主体，健全农业社会化服务体系，提高农业经营集约化、组织化、规模化、社会化、产业化水平，加快农业转型升级，让农民的钱袋子鼓起来。

——推动从传统农民向新型职业农民转变。土地是农民的“第一就业空间”，但“人多地少”的矛盾制约了农民在农业上的充分就业，也制约了农业劳动生产率的提高和农民收入的增长。因此，需要加快城镇化进程，推动农业转移人口进城就业，开辟农民的“第二就业空间”，使工资性收入逐步成为农民收入的主要来源。但仅有第一、第二农民就业空间仍不够。党的十九大报告提出，促进农村一二三产业融合发展，发展农村新产业、新业态，支持和鼓励农民就业创业。近年来，以“淘宝村”为代表的农村电商异军突起，为农民开辟了“第三就业空间”，拓展了农民增收渠道，让农民成为有吸引力的职业、体面的职业。

（3）强化乡村振兴的制度性供给。

——农村改革是全面深化改革的重中之重没有变。过去，农村家庭联产承包责任制的破冰，拉开了中国改革开放的序幕，极大地激发了亿万农民的积极性。实践证明，农业本身并不缺乏效率，并不是弱质产业；农村从来不缺少潜力，并不是落后的代名词；农民从来不缺少智慧，并不是弱势群体。进入新时代，乡村是一个可以大有作为的广阔天地，迎来了难得的发展机遇。释放“三农”发展潜力，关键取决于是否有足够的制度空间。

——深化农业供给侧结构性改革，强化乡村振兴的制度性供给。党的十八大以来，“三农”制度创新取得新突破，农业农村发展取得历史性成就，发生了历史性变革。经过 40 年的发展，“三农”发展的基础条件和主要矛盾发生了深刻变化，农村改革站在了新的历史起点，要按照高质量发展的要求，深化农业供给侧结构性改革，走质量兴农之路；要大力推进体制机制创新，强化乡村振兴制度性供给，激活主体、激活要素、激活市场。

3. 最大的潜力和后劲也在农村

（1）乡村振兴蕴含巨大投资需求。

——我国最大的投资潜力在农村。农业农村现代化需要大量的资金投入。2012—2016 年，我国农业固定资产投资年均增长 23%（见图 7.3），高出同期全社会固定资产投资增速 10 个百分点[①]。根据《全国农业现代化规划（2016—2020 年）》，全国每年公共财政用于农林水事务的支出将达到 1.73 万亿元以上[②]，

① 根据《中国统计年鉴 2017》相关数据计算得出。

② 国务院关于印发全国农业现代化规划（2016—2020 年）的通知 [EB/OL]. 中国政府网，2016-10-20.

“十三五”将累计超过 8.65 万亿元。据测算，供水、道路、电力、通信等农村基础设施建设方面，需要投入的资金约为 3.4 万亿元[①]。例如，为改善农村生态环境，“十三五”将完成 13 万个建制村环境整治，保守估计，每个村环境整治需要 200 万 ~300 万元，那么总投资规模将达到 2600 亿 ~3900 亿元。

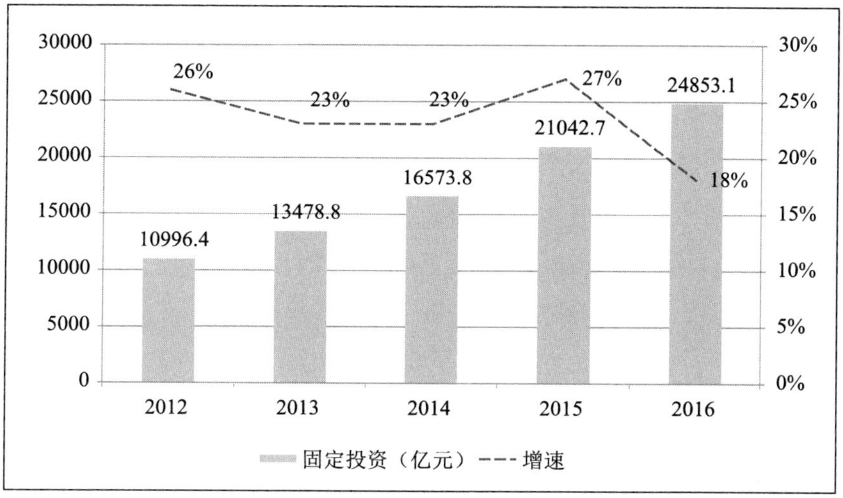

图 7.3：2012—2016 年农业固定资产投资及增速

数据来源：国家统计局．2017 中国统计摘要 [M]．北京：中国统计出版社，2017.5.

注：农业包括农、林、牧、渔业。

——加大农业农村投资将为“三去一降一补”拓宽新的途径。例如，目前我国农村住宅建筑基本以单幢独立为主，砖木结构和砖混结构居多，总体建筑质量较差、抗震性能较差、美观度较差；建筑材料循环利用率低、节能环保水平低。随着农民生活水平的提高，在农村推广钢结构住宅，既可以加快消化过剩钢铁产能，也可以改善农村住宅质量。如果每年全国新建和改造 500 万幢（套），则可以消化 4500 万吨钢材；如果新建和改造 1000 万幢（套），就可以消化 9000 万吨钢材[②]。

① 迟福林．推进以人为核心的新型城镇化 [N]．经济参考报，2017-04-27.

② 贺涛．推广农村钢结构住宅或可消化钢铁过剩产能 [N]．第一财经日报，2016-02-17.

（2）乡村振兴释放巨大消费潜力。

——消费最大潜力在近 6 亿农村人口。农村居民家庭消费水平滞后于城镇居民家庭 10~12 年。2016 年，我国城乡居民消费水平差距已经缩小到 2.72 : 1，近 3 个农村居民消费才相当于 1 个城镇居民消费。加快实施乡村振兴战略，打破城乡二元制度，缩小城乡收入差距，到 2020 年，如果农村居民消费提高到城市居民现有水平的 50%，农村新增消费规模将达到 2.3 万亿元左右，由此进一步增强消费拉动我国经济增长的主动力作用。

——未来中国农村消费将成为全球亮点。正是由于农村的巨大消费潜力，阿里巴巴、京东、苏宁等电商企业纷纷将农村作为未来发展战略之一。2017 年 1~9 月，全国农村实现网络零售额 8361.4 亿元，同比增长 38.3%，高出城市 5.6 个百分点[①]。苏宁云商董事长张近东预计，农村电商的市场空间在 10 万亿元级的规模，其中仅农产品销售的市场规模就超过了 5 万亿元[②]。

（3）乡村振兴为推进高质量发展注入强大动能。实施乡村振兴战略，并不意味着简单地加大投入，而是加大有利于破解农业发展不充分、培育农业农村发展新动能、推进农业农村现代化的有效投资；加大有利于提高农民收入、缩小城乡基本公共服务差距、满足广大农村居民对美好生活向往的必要投资；加大有利于释放城乡融合发展巨大动能、推进高质量发展的战略投资。

第二节　新时代实施乡村振兴重塑城乡关系

走中国特色社会主义乡村振兴道路，必须重塑城乡关系，走城乡融合发展之路。要坚持以工补农、以城带乡，推动新型工业化、信息化、城镇化、农业

① 商务部市场体系建设司．2017 年 1—9 月全国农村电子商务运行情况 [EB/OL]．商务部网，2017-10-27.

② 农村电商 10 万亿元蓝海 [N]．证券日报，2016-05-17.

现代化同步发展，加快建立健全城乡融合发展的体制机制和政策体系，形成工农互促、城乡互补、全面融合、共同繁荣的新型工农城乡关系。

一、城乡融合正处在历史关节点

当前，农业农村经济的基础条件和主要矛盾发生深刻变化，正处在转变发展方式、优化经济结构、转换增长动力的攻关期。这种转变是大势所趋，将倒逼城乡发展加快转型升级，城乡融合正处在历史关节点。

1．“三农”问题重大变化要求加快城乡融合

（1）农民和农民工结构发生重大变化。

——农业生产中青壮年劳动力缺乏。2016 年，全国农业生产经营人员，从年龄来看，36~54 岁的占 47.3%，55 岁以上的占 33.6%，35 岁以下的仅占 19.2%；从教育程度看，初中及以下的占 91.8%，高中学历以上仅占 8.3%（见表 7.2）[①]。在产量大县田地劳作的农民中，很少见到 20~30 岁年轻人的身影。“70 后”不愿种地，“80 后”不会种地，“90 后”不提种地已是普遍现象[②]。确保国家粮食安全，把中国人的饭碗牢牢端在自己手中，必须加快实施乡村振兴战略，推进城乡融合，激发中青年人种粮积极性，提高种粮农民职业水平。

表 7.2：农业生产经营人员结构（单位：%）

农业生产经营人员年龄构成	全国	东部地区	中部地区	西部地区	东北地区
年龄 35 岁及以下	19.2	17.6	18.0	21.9	17.6
年龄 36~54 岁	47.3	44.5	47.7	48.6	49.8
年龄 55 岁及以上	33.6	37.9	34.4	29.5	32.6
农业生产经营人员受教育程度构成					
未上过学	6.4	5.3	5.7	8.7	1.9

① 国务院第三次全国农业普查领导小组办公室，国家统计局．第三次全国农业普查主要数据公报 [EB/OL]．国家统计局网，2017-12-16．

② 蒋和平等．我国耕地普遍存在抛荒问题及对策建议 [J]．内部参阅，2017（47）．

续 表

农业生产经营人员年龄构成	全国	东部地区	中部地区	西部地区	东北地区
小学	37.0	32.5	32.7	44.7	36.1
初中	48.4	52.5	52.6	39.9	55.0
高中或中专	7.1	8.5	7.9	5.4	5.6
大专及以上	1.2	1.2	1.1	1.2	1.4

数据来源：国务院第三次全国农业普查领导小组办公室，国家统计局．第三次全国农业普查主要数据公报 [EB/OL]．国家统计局网，2017-12-16.

——“新生代”农民工逐渐成为农民工主体。目前，1980 年以后出生的新生代农民已逐渐成为农民工主体，占全国农民工总量的近半数（见表 7.3），我国半工半耕户占 70%。新生代农民工受教育水平不断提高，大多没有从事过农业劳动。农民工主体结构的变化，决定城乡融合进程需要提速。

表 7.3：2012—2015 年农民工年龄构成（单位：%）

年份 年龄	2012	2013	2014	2015
16~20 岁	4.9	4.7	3.5	3.7
21~30 岁	31.9	30.8	30.2	29.2
31~40 岁	22.5	22.9	22.8	22.3
41~50 岁	25.6	26.4	26.4	26.9
50 岁以上	15.1	15.2	17.1	17.9

数据来源：国家统计局．2016 年农民工监测调查报告 [EB/OL]．国家统计局网，2017-04-28.

（2）农业结构发生重大变化。

——随着我国居民消费结构不断升级和新技术革命的迅猛发展，城乡居民对农产品需求结构发生重大变化。例如，对绿色农产品、多样农产品等的需求快速增加。部分主要农产品，出现了阶段性的供给不足和供过于求的现象，深层次的原因主要是我国农业供给结构不适应需求结构变化。

——随着人口老龄化进程加快、生态环境变化，越来越多的城里人愿意到农村生活。农业生产正处在从增产转向提质的重要时期，产业融合、产城融合是构建现代农业产业体系、生产体系、经营体系的迫切要求，是促进农民持续较快增收的重要支撑，是培育农村新产业新业态新模式的有效途径，也是推动城乡融合发展的必然选择。

（3）乡村治理结构发生重大变化。我国乡村人口从2005年的近7.5亿人减少到2017年的5.8亿人，农业生产经营人员降至3.1亿人左右，农村空心化问题突出。随着农村人口结构、农业组织形式和生产方式的变化，乡村治理主体、客体、环境等因素也发生深刻变化，新的矛盾问题增多。如何建立适应农民结构变化、需求变化的新的农村组织和乡村治理模式，是城乡融合发展面临的重大问题。

2. 城乡融合发展空间巨大，重在“融”上下功夫

城乡经济、社会、文化、生态融合发展还有巨大空间。以产业发展为例，城镇化带来消费结构升级，新型城镇化和乡村振兴的融合，将形成产业结构变革的巨大空间。城镇化态势比较好的区域，大多能形成城乡联动、产业联动的新格局。以佛山为例，过去几年佛山的传统加工制造开始退出，以研发为重点的生产性服务业成为发展重点，这座城市开始从生产制造型城市向服务型城市转变。再以平均受教育年限为例，目前城乡劳动力受教育年限差距比较大。我国城镇学生上高中的比例达到93%，但农村仅为37%。把教育等公共基础设施建设的重点放在农村，优先发展农村教育事业，在加快城乡融合中提高农村劳动力受教育年限，还有相当大的空间。

3. 转向高质量发展的历史性要求

（1）决定全面小康社会目标的实现。到2020年，缩小城乡收入差距，实现全面脱贫目标，重点和难点都在农村。我国能不能跨越中等收入陷阱，顺利迈向高收入国家行列，很大程度上取决于城乡融合的进程。从国际经验看，进入高收入行列的国家，有一个共同特点就是成功解决了城乡二元结构问题，实现了城乡融合发展。相反，落入中等收入陷阱的国家，城乡存在明显差距，而且

长期得不到解决。在我国当前经济社会发展的诸多矛盾中，城乡二元结构矛盾最为突出。在发展的新时代，城乡矛盾的解决牵动影响其他矛盾的解决，决定我国能否顺利迈向高收入国家行列。

（2）决定经济转型的成败。城乡融合进程是我国转型中的一个大问题，是未来我国实现高质量发展的最大红利，直接决定我国经济转型的成败。无论是推动我国产业结构与消费结构变革，还是进一步扩大内需释放增长潜力，焦点均集中在乡村振兴、城乡融合上。可以说，城乡关系变革已处在历史关键节点。

4. 2020：城乡融合的新格局基本建立

（1）城乡基本权益平等化。到2020年，以土地财产权为重点实现城乡基本权益平等化。城乡基本权益平等化是实现城乡融合发展的重要前提条件，是打破城乡二元制度的关键因素。为此，以落实农民长期而有保障的土地使用权为重点，加快推进承包地、宅基地、集体经营性建设用地的物权化改革，赋予农民更多财产权利，增加农民财产收益。

（2）城乡基本公共服务均等化。到2020年，城乡基本公共服务均等化总体实现。把农村作为基本公共服务资源配置的重点，加强完善乡村基础设施建设，改善城乡道路连通状况，引导城镇资金向乡村投资，使乡村地区也能及时享受到城市的医疗、教育等较为先进的公共服务，共享发展成果，形成以城促农、农城融合的和谐局面。

（3）城乡居民收入均衡化。到2020年，城乡居民收入差距争取缩小到2.3∶1左右。这至少取决于四个重要条件：一是城乡基本公共服务均等化总体实现；二是农村产权制度尤其是深化土地制度改革实现更大突破，农民财产性收入明显提高；三是农业转移人口市民化进程加快，市民化程度显著提高；四是农业生产效率得到明显提升，农业多种经营收入明显提高。由此，城乡收入差距有可能缩小30%~40%。

（4）城乡要素配置合理化。到2020年，基本形成各类生产要素在城乡之间双向自由流动新格局。这是构建现代农业经济体系、完善社会主义市场经济体制的基本要求和目标。在制度设计上，加快推进农业生产要素价格的市场化改革，促进城乡要素自由流动、平等交换和合理配置，构建农业农村优先发展的要素配置制度体系，进而形成统一、开放、竞争、有序的城乡要素配置市场体系。

（5）城乡产业发展融合化。到2020年，基本建立城乡融合发展体制机制和政策体系，实现“城乡空间融合”、“城乡产业融合”、“城乡要素融合”、“城乡人文融合”、“城乡治理融合”、“城乡环保融合”，并由此释放新型城镇化与乡村振兴融合并进的新动能。

二、推进乡村振兴与新型城镇化的融合

乡村振兴和新型城镇化是解决“三农”问题的两个“轮子”。进入城乡融合发展新阶段，新型城镇化与乡村振兴将呈现融合并进的态势。新型城镇化是乡村振兴的助推器，乡村振兴是新型城镇化的基础。要坚持以工补农、以城带乡，加快形成工农互促、城乡互补、全面融合、共同繁荣的新型工农城乡关系。

1. 以乡村振兴夯实新型城镇化的重要基础

（1）乡村振兴是新型城镇化成功的重要标志。与欧美等先行完成城市化国家不同，我国的基本国情是农业农村人口多。2015年，美国农业人口占比约2%，欧洲农业人口占比不到10%。与之相比，2016年，我国农村常住人口为5.8亿人，农业就业人口占比达到27.7%。衡量我国新型城镇化成功的一个重要标志，就是它是否带动了乡村振兴，是否有效吸纳农业剩余劳动力等农业转移人口，并成功实现农业转移人口市民化。而实现这一目标的根本途径是就地、就近城镇化。第一，加快推进农业农村现代化，构建农村一二三产业融合发展体系，大力发展农村新产业新业态，增加农民就地就业渠道，提高农民多元化收入水平。第二，大力发展中小城市和小城镇，实现农业转移人口“离土不离乡”的就近城镇化。

（2）乡村振兴为新型城镇化转型带来“量”和“质”的巨大制度红利。数

据显示，我国人口红利在逐步衰减。外出农民工人数增长率已从2010年的5.5%下降至2016年的0.4%。实施乡村振兴战略，促进城乡融合，将明显增加城镇劳动力供给，并由此延长人口红利期。从实践看，农村劳动力向城市转移，不仅在数量上作出贡献，在质量上也作出了贡献。尽管农民工受教育程度总体低于本地城市居民，但随着年轻一代农民工成为主体，受教育程度明显提高，逐渐替代退休的城市老职工。另外，城市中一部分有专业技术、经营头脑和资金的返乡创业的农民工，不仅带动了农村非农就业，而且成为一支促进乡村振兴的新生力量。

2. 以新型城镇化带动乡村振兴

（1）以新型城镇化带动农业现代化。农业要强，离不开城镇化。2016年，我国第一产业就业人员占比高达27.7%。即使把农民工等因素剔除掉，我国农业劳动力比重仍达到18.3%[①]。与发达国家相比，高出8.3个百分点；与世界银行定义的进入高收入的“门槛国家”农业劳动力比重（12.8%）相比，还需要降低至少5~6个百分点。提高农业劳动生产率，必须依靠城镇化吸纳农村剩余劳动力；农业现代化所需要的科技服务和支撑，主要来源于城镇地区的科技机构和服务人员，也离不开城镇化。

（2）以新型城镇化带动更多农民进入中等收入群体。党的十九大报告提出“中等收入群体比例明显提高”的目标。农民要富，离不开城镇化。城镇化的重要标志是中等收入群体的扩大。由于工业与服务业收益远高于农业收益，发达国家历史上中等收入群体的形成，主要是通过城镇化及其经济结构的转型升级。从我国城镇化的历史来看，城市扩张和城镇人口增长为中等收入群体的扩大创造了良好条件。2012—2017年，我国城镇化率从52.57%提高到58.52%，5年时间我国城镇化率提高了近6%，每年进城人口约1700万人。更多的人口从农村转移到城镇，客观上带来了包括农民在内的整体收入水平的提高。到2020

① 蔡昉. 改革时期农业劳动力转移与重新配置[J]. 中国农村经济，2017（10）.

年，人口城镇化格局基本形成，对实现中等收入群体规模倍增将产生重要影响。

（3）以新型城镇化带动城乡社区管理一体化。目前，农村基本公共服务及基础设施水平，与城市相比还有较大差距，例如，“如厕难、排污难、垃圾粪便处理难”的“三难”问题并未完全解决，严重影响农村生态环境。解决这一现实问题，重要的是推进城乡社区管理一体化，把城市排污系统、垃圾粪便处理系统、厕所标准化改造系统等公共服务设施向农村延伸，努力补齐几块影响农民生活品质的短板，让农村居民享受城镇化带来的便利。

3．乡村振兴和新型城镇化“双轮驱动”高质量发展

（1）以“双轮驱动”提高全要素生产率。统筹推动乡村振兴和新型城镇化进程，由此形成高质量发展动力。2016 年，我国农民工接受高中及以上教育的数量占比 26.4%。破除城乡二元结构，提高农民工尤其是“80 后”、“90 后”等新生代农民工受教育程度和技能水平，人口红利将转型升级为人力资本红利，由此推动全要素生产率的提高。研究表明，2011—2020 年，如果每年的非农产业劳动参与率能增加 1 个百分点，潜在增长率将增加 0.88 个百分点；如果提高全要素生产率，其对应的潜在增长率几乎达到 1 个百分点[①]。

（2）以“双轮驱动”促进高质量增长。按照高质量发展要求，实施乡村振兴战略和推进新型城镇化，不仅将为我国转型发展带来巨大红利，也将为我国实现现代化强国目标注入巨大动力。初步估算，到 2020 年，乡村振兴取得重要进展，制度框架和政策体系基本形成，人口城镇化格局基本形成，由此将带来百万亿元的消费需求和投资需求，不仅能确保实现全面建成小康社会目标，也为 2035 年基本实现社会主义现代化奠定坚实基础。

三、城乡融合助推区域协调发展

以城乡融合为基础，提高城市群质量，推进大中小城市网络化建设，增强

---

① 蔡昉．改革时期农业劳动力转移与重新配置 [J]．中国农村经济，2017（10）.

对农业转移人口的吸引力和承载力，推动区域协调发展新格局建设。

1．城乡发展不平衡是区域协调发展的突出矛盾

区域发展差距有城市之间发展的差距，但更重要的是城乡之间发展的差距。比如，2016 年，广东珠三角人均 GDP 达到 11.43 万元，是贵阳市人均 GDP 的 1.81 倍，更是贵州以农村为主的毕节市（城镇化率仅为 30.90%）人均 GDP 的 4.6 倍。城乡发展不平衡、农村发展不充分成为区域协调发展的突出矛盾，这就需要明确以城乡融合推动区域统筹协调发展的大思路。

2．区域协调发展的基础在于城乡融合

城乡资源的自由流动以及公共服务的平等享受，是推动区域协调发展的重要因素。从我国情况来看，城乡融合发展在很大程度上决定了区域协调发展的进程。我国发展呈现“东中西”差距，相应的，城镇化与城乡融合进程也呈现出“东中西”差距。也就是说，区域发展程度越高，城镇化水平和城乡融合程度越高。2016 年，华北地区城镇化水平最高（68.03%），城乡差距较小（2.47 : 1），其人均 GDP 也最高（76781.80 元）；西南地区城镇化水平最低（46.11%，低于全国 57.35% 的平均水平），城乡差距较大（2.93 : 1），相应的其发展程度也最低（人均 GDP 仅为 39605.60 元，低于全国 53817 元的平均水平）。

表 7.4：2016 年不同区域内城乡收入差距、城镇化率与人均 GDP

区域	城乡居民人均可支配收入比	城镇化率（%）	人均 GDP（元）
华北	2.47 : 1	68.03	76781.80
华东	2.33 : 1	64.33	74538.00
东北	2.31 : 1	60.85	48363.67
华南	2.58 : 1	58.02	52130.00
华中	2.42 : 1	53.12	48207.33
西北	3.02 : 1	51.26	41989.40
西南	2.93 : 1	46.11	39605.60

续 表

区域	城乡居民人均可支配收入比	城镇化率（%）	人均 GDP（元）
全国	2.72 : 1	57.35	53817.00

数据来源：根据《中国统计年鉴 2017》相关数据计算得出。

3. 以城乡融合形成合理的区域协调新格局

改革开放以来，我国在推进区域协调发展上，更多的是以做大经济总量为导向，以鼓励地方竞争为途径，以产业布局为突破。结果是，城镇化和城乡一体化水平滞后于工业化水平，当前不足 60% 的城镇化水平与工业化后期应当达到的 70% 左右的城镇化水平有很大差距。

推进新阶段的区域协调发展，需要在城乡融合上做文章，形成以城乡融合为基础推动区域协调发展的新格局。在这个新格局下，尽管不同区域的城镇化水平会有差距，区域发展会有差距，但这是建立在不同要素禀赋、不同产业布局基础上的，以制度基本平等、公共服务水平大致相当为重要特征的区域经济发展新格局。这个格局能够满足不同群体的不同需求，能够保障人民对美好生活的追求。也就是说，未来几年，建立在城乡融合基础上的区域协调发展将是一个新形态。

第三节　新时代城乡融合的制度创新

实现乡村振兴，关键在于建立健全城乡融合发展体制机制和政策体系。强化乡村振兴制度性供给，要以完善产权制度和要素市场化配置为重点，加快推进城乡二元户籍制度、土地制度和基本公共服务制度“三大制度”变革，激活主体、激活要素、激活市场，着力增强改革的系统性、整体性、协同性。

一、让农民工成为历史

“农民工”是城乡二元户籍制度不公平的集中反映。2008年，中改院提出“让农民工成为历史”的改革主张。从现实问题来看，无论是乡村振兴、城乡融合，还是新型城镇化，都绕不过农民工这个坎儿。2020年，衡量城乡融合发展体制机制和政策体系是否建立健全的一个重要标志，就是看“农民工成为历史”是否实现。

专栏 7.1

中改院关于“让农民工成为历史”的建议

2010年8月7日“城乡一体化：趋势与挑战——中国‘十二五’时期的农村改革国际论坛”在海口召开。中改院院长迟福林在主旨演讲中首次提出“让农民工成为历史”。

“让农民工成为历史”，实现农民工市民化，既是推进城市化进程的重头戏，也是推进城乡一体化的突破口。农民工是我国经济社会转型时期形成的一个规模庞大的特殊群体。30年来，这个“特殊群体”为工业化、城市化作出历史性巨大贡献。当前，我国已进入城市化、城乡一体化加快推进的重要时期。无论是从现实需求还是从发展趋势看，都需要在“十二五”中实现农民工市民化，让“农民工”成为历史。

——《让农民工成为历史》，2010-08-23

加快推进农民工市民化，有助于释放农民工的消费需求，促进我国经济增长由主要依靠投资、出口拉动向依靠消费、投资、出口协调拉动转变，实现经济的可持续发展。

——《加快农民工市民化进程》，2010-09-15

农民工市民化是推进人口城镇化的基本内容。提高城镇化的包容性，重头戏是解决好农民工市民化问题。农民工市民化的过程实质上是基本公共服务均等化的过程。推进农民工市民化，让农民工在城镇安家，享受与城镇居民同等的权利和义务，不仅有利于经济社会稳定发展，而且会由此赢得转型发展的主动权。

——《积极推进人口城镇化》，2013-07-17

2015年8月，迟福林提出到2020年是“农民工”退出历史舞台的节点。这不仅是个经济问题，更是个重大的社会问题。

——《中国迈向高收入国家行列关节点在2020》，2015-08-28

随着越来越多的农业转移人口进入城镇，就业形态、收入来源日趋多元化，收入水平在不断提高。如果相关改革能够取得突破，估计2020年农民人均可支配收入有望达到城镇居民的40%以上，2030年有望达到60%左右。按照这个预测，未来5~10年，一部分农民和农民工有条件成为中等收入群体。

——《农民与农民工将成中等收入群体重要来源》，2017-03-28

1. 农民工市民化是城乡融合的“重头戏”

随着“80后”、“90后”成为农民工主体，他们中的多数人已经扎根于城市，很难再回到农村。数据显示，16~59岁的劳动年龄流动人口中，“80后”流动人口比重由2011年的不足50%升至2016年的56.5%；“90后”流动人口的比重由2013年的14.5%升至2016年的18.7%[①]。农民工主体结构变化、农民需求结构变化决定了推进农民工市民化的时间窗口，总的看很难再往后推10年。

2. 以户籍制度改革促进农民工市民化

按照中央要求，加快户籍制度改革落地步伐，加快农业转移人口市民化。总的看，2020年有条件、有必要让农民工退出历史舞台，将常住人口城镇化率与户籍人口城镇化率差距缩小到10%以下。对于山东、江苏、吉林、黑龙江、青海、宁夏等省份，常住人口城镇化率与户籍人口城镇化率差距已在10%左右，可以相应加快户籍改革落地步伐。在户籍人口与常住人口差距较大的地区，应完善相关政策制定，提高人口的综合承载力。例如，规划城市长远建设和预估城市规模，合理评价城市环境承载力，在此基础上逐步放开落户政策，让达到一定条件的外来居民变为市民，逐步试点，逐步实践，争取减少户籍的羁绊，提高城镇化规模和城市发展水平，最终实现农民工市民化。

① 国家卫生和计划生育委员会流动人口司. 中国流动人口发展报告2017[M]. 北京：中国人口出版社，2017.9.

3．农民工市民化带来高质量发展红利

以农民工及其家属消费为例，户籍制度是阻碍农民工成为消费增长动力的重要因素。在户籍制度的限制之下，在城市打工的农民工无法享受到与“户口”挂钩的医疗、教育、养老等基本公共服务，打工收入更多的是预防性储蓄。2.9 亿农民工及其家属，从农民工模式的消费，转向城市居民消费，消费潜力是巨大的，将成为世界上最大消费能力的跃迁。2015 年，农民工月均生活消费支出人均 1012 元，仅相当于城镇居民消费支出水平的 44.6%。打破户籍制度，使农民工能够享受与市民均等的基本公共服务，消费支出提高到城镇居民消费水平的 90%，由此将带来 6.9 万亿元的消费规模。

4．促进劳动力在城乡之间的双向流动

（1）防止农民工被动返乡。2000—2010 年，外出农民工年平均增速为 6.9%[①]，但 2014 年下降到 1.3%，2016 年仅为 0.3%（见图 7.4）。外出农民工增

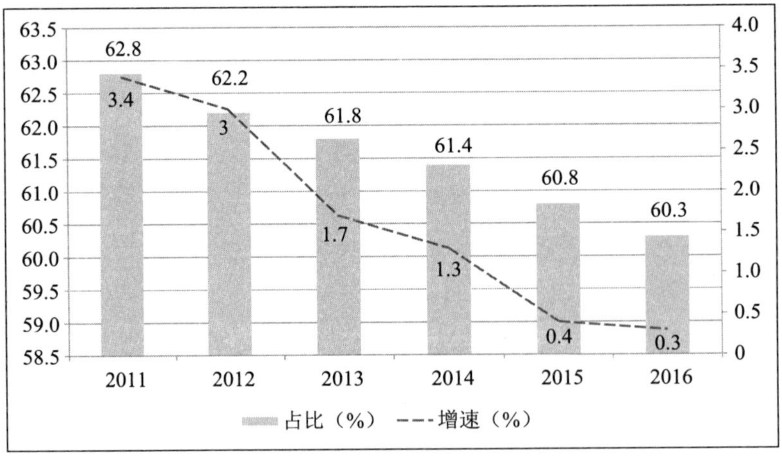

图 7.4：外出农民工增速及占农民工总量的比重

数据来源：国家统计局．2016 年农民工监测调查报告 [EB/OL]．国家统计局网，2017-04-28．

① 蔡昉．深化改革提升潜在经济增长率 [N]．中国证券报，2017-10-16．

速下降，有经济增速下滑的因素，但农民工市民化程度低是主要原因。一方面，由于城乡二元的户籍制度、基本公共服务制度，农民工40岁以后就可能返乡；另一方面，农村新增劳动力绝对数的下降，向城市转移的速度会减缓。

（2）鼓励农民工返乡创业。城乡融合就是城乡劳动力资源自由流动。近年来，随着农村电商、休闲农业、乡村旅游、共享农庄等农村新产业新业态快速涌现，以外出务工经商人员、大中专毕业生和企业为主体的返乡创业正逐步兴起，为带动乡村振兴、促进农村一二三产业融合发展注入新动能。目前我国返乡创业人员已超过700万，1个返乡创业者可带动近4个人就业；人社部对2000个村进行的监测显示，2017年第四季度返乡农民工中，选择创业的占10.9%，创业范围覆盖一二三产业①。适应这个趋势，要像当年抓乡镇企业发展一样抓“归雁经济”②，在用地、金融和培训等方面出台一些含金量高的实招、硬招，引导其成为农业农村发展的新增长点、城乡融合连接点。

二、让城乡二元户籍制度退出历史

我国城乡二元分割的户籍制度至今已有50多年的历史，成为横亘在城乡之间的一道制度“鸿沟”。2010年我们就提出“应该把城乡二元户籍制度转变为居民居住制度，让户籍制度退出历史”的改革主张。从现实情况来看，实施乡村振兴战略，推动城乡融合发展，提高人口城镇化质量，让传统的城乡二元户籍制度退出历史舞台，在全国范围内全面实行统一的居住证制度，需要中央加强顶层设计，下决心实现户籍制度改革突破。

专栏7.2

中改院关于“让城乡二元户籍制度退出历史”的研究建议

推进城乡一体化重在打破体制机制障碍。需要进一步打破城乡二元制度安排，改变城乡有别的户籍管理、劳动用工和社会福利制度，形成城乡居民在就业机会和社会福利

① 全方位支持农民工返乡创业[N]. 光明日报，2018-01-20.

② 韩俊. 返乡创业促进农村新产业新业态发展[N]. 学习时报，2017-02-30.

范围及水平上的公平。

——《城市化与城乡一体化》，2009-12-14

以农民工市民化为重点的户籍制度改革在1~2年需要破题。户籍制度改革可以分步推进：对城市常住人口放开户籍—实行居民登记制度—统一城乡户籍制度。

——《在破题改革中把握主动权——对十八大后转型改革的几点建议》，2013-01-14

人口城镇化结构变革是“十三五”转型发展的“最大红利”，释放人口城镇化潜力，关键是让传统的城乡二元户籍制度退出历史舞台，在全国范围内全面实行居住证制度。

——《转型闯关——“十三五”：结构性改革历史挑战》，2016-03

“十三五”，深化户籍制度改革，实现省际间居住证制度的相互衔接、基本公共服务制度城乡对接，通过户籍制度、基本公共服务制度改革，优化劳动要素配置，将明显增加城镇劳动力供给，并由此延长人口红利期。

——《“十三五”：中国经济转型趋势与增长前景》，2016-04-10

户籍人口城镇化率偏低是中国城镇化发展的“短板”，到2020年应以居住证制度全面取代城乡二元户籍制度。

——《中国的经济转型与结构性改革》，2016-05-26

把2020年作为让城乡二元户籍制度退出历史的时间节点。“十三五”深化户籍制度改革，不应在原有制度上修修补补，不能把“暂住证”换个牌子变成“居住证”，也不能长期实行户籍制度和居住证制度“双轨制”，而是要积极创造条件，到2020年让城乡二元户籍制度退出历史。

——《2020：让城乡二元户籍制度成为历史（5条建议）》，2017-03-04

到2020年基本建立以身份证号为唯一标识、全国统一的居住证制度；统筹推动户籍制度和农村土地财产权制度改革，让农民“带着土地财产权进城”。

——《2020：赢在转折点的改革行动（30条建议）》，2017-03-02

与居住证相配套实现人口管理的三个转变：由对人口的控制向对人口的服务与管理转变；由城乡二元户籍制度向居住证制度的转变；由治安部门的管理向人口服务部门的管理转变。

——《以落实农民土地财产权为重点推进城乡关系变革（8条建议）》，2017-03-02

让城乡二元户籍制度成为历史，是推进城乡一体化、扩大内需的最大潜力；让城乡二元户籍制度成为历史的时机条件成熟；与农村土地制度三权分置改革相结合深化户籍制度改革面临重要机遇。

——《以落实农民土地财产权为重点推进城乡一体化进程》，2017-04-07

1. 户籍制度形成的历史条件已发生深刻变化

（1）我国已经跨过刘易斯拐点，进入劳动力人口总量负增长时代。20世纪50年代逐步形成的城乡二元的户籍制度，目的之一是限制大量农业人口向城市涌入。一方面，可以保证源源不断的廉价劳动力供给，满足工业化收益和低成本的城镇化；另一方面，又保证了农业基础地位的稳固，通过“剪刀差”为工业化发展提供廉价资源、要素供给。但随着人口结构变化，我国已经跨过了刘易斯拐点，劳动力红利减弱将是一个大趋势。根据第六次人口普查数据，2010年，15~59岁劳动年龄人口的总量到达峰值9.4亿人①，之后开始负增长。预计到2020年将降低到9.1亿人左右。进入劳动年龄人口总量负增长时代，需要加快城乡二元户籍制度改革进程。否则不仅劳动力红利会加快消失，还会产生农民工被动返乡的“逆库兹涅茨现象”，即劳动力从生产率高的部门和地区向生产率低的部门和地区流动，这不利于我国经济增长。

（2）机器替代劳动力的进程在加快，户籍制度改革需要提速。近年来，机器人代替人，尤其是取代简单劳动力呈现明显加快趋势，“机器人工人”、“机器人厨师”、“机器人服务员”等已经在生活生产中大量应用。麦肯锡公司预测，到2030年，全球将有4亿~8亿人口的工作岗位被机器取代。2010—2015年，世界制造业机器人的密度增长了32%，中国增长了230%，远高于世界平均水平。在我国，机器人替代劳动力趋势不可阻挡。当前，在我国就业岗位还比较充足的条件下，户籍制度改革面临难得的历史机遇，但留给户籍制度改革的时间越来越紧迫。等到大量劳动力被机器人替代的时候再进行户籍制度改革，难度更大，风险也更大。

---

① 国务院人口普查办公室，国家统计局人口和就业统计司. 中国2010年人口普查资料[M]. 北京：中国统计出版社，2012.4.

2. 全面实施居住证制度的条件总体具备

（1）以人为核心的城镇化理念下，居住证制度设计标准发生深刻变化。突出表现在户籍制度与居住证制度背后的“含金量”差别在缩小。比较现行户籍制度与地方试点居住证制度所包括的具体规定，二者虽然还存在差别和不平等、不均等因素，但差距在不断缩小。以人的城镇化为核心的理念在深刻影响着制度设计，以身份为标准、通过城乡二元户籍制度来获取城市居民福利和权益在淡化，居住证制度更加注重提高人口城镇化质量，更加注重城乡基本公共服务均等化，更加强调以居住、就业和缴纳社会保险为标准来获取城市福利和权益。这为到2020年在全国范围内建立统一的居住证制度奠定了重要基础。

（2）基本公共服务均等化加快推进。《“十三五”推进基本公共服务均等化规划》提出，到2020年，基本公共服务体系更加完善，基本公共服务均等化总体实现[①]。从各地落实情况看，城乡居民子女教育、公共卫生、社会保障、住房保障、大病保险、职业培训、法律援助和法律服务等基本公共服务享有水平不断提高，覆盖面不断扩大，为到2020年全面实施居住证制度创造了有利的政策条件。

（3）信息科技手段提供技术保障。目前，身份证已经可以通过互联网进行管理，对流动人口的属地管理和跨区域管理已经基本实现，社会保障制度的跨地区转移接续正在加快推进。实践表明，“以证管人”的历史已经成为过去，完全有条件借鉴美国等国家和地区经验，利用大数据等现代信息技术，以个人身份证号或者社会保障号为核心形成新的居住证制度，用居住证对城乡居民记录一生、管理一生、服务一生。

① 国务院关于印发“十三五”推进基本公共服务均等化规划的通知 [EB/OL]. 中国政府网，2017-01-23.

3．关键在于建立激励相容的改革机制

近年来，户籍制度改革越来越触及到深层次问题，不仅仅是取消农业户口和非农业户口这个小本本，其背后的难点是公共服务支出责任将更多地落在地方政府头上。在地方政府财政能力和支出责任不匹配的情况下，只要存在户籍和非户籍人口之分，以农民工为主要构成的外来人口就不能充分地、均等地享受与普通市民相同的公共服务。即使许多城市采取了“居住证 + 积分制”的落户办法，但地方政府支出责任不对称导致了激励不相容的问题，难以真正调动地方政府为农民工提供公共服务的积极性。建立中央与地方改革激励相容机制，是实现户籍制度改革突破的关键点。

4．2020：全面实施居住证制度

（1）扩大覆盖范围。将非正规就业、长期居住（包括居住在棚户区、城中村、违章建筑）的流动人口纳入居住证体系；允许外来人口根据其所持有的暂住证作为连续居住证明免费换取居住证。

（2）降低申领门槛。按照“低门槛、阶梯制”的改革路径，细化相关规定，尽量扩大居住证政策的覆盖面，解决目前申领居住证条件过高的问题。

（3）提高服务水平。在保基本的前提下，增加居住证所涵盖的公共服务，使“居住”与“福利”挂钩，根据居住时间、缴纳社会保险和对本地的经济贡献，建立“累进制”福利模式。同时需要合理设计制度体系，防止地域间公共服务差距造成的“福利洼地”问题和城市内部新的社会分化。

（4）完善技术手段。建立统一数据平台，整合分散在计生、人社、民政、公安等部门的数据资源，建立全国联网、部门互联互通的国家人口“大数据网络平台”，为全面实施居住证制度提供完善的技术条件。

（5）推进制度并轨。一是推进居住证与户籍制度由双轨向单轨转变；二是推进省际间居住证制度衔接，到 2020 年基本建立以身份证号为唯一标识、全国统一的居住证制度。

5. 以提高人口质量为目标实现人口管理的“四个转变”

（1）从限制人口流动转变为引导和服务人口流动。一是建立人口无障碍流动的政策体系，重点是实现社会保障制度在城乡、区域间的无障碍转移接续；二是把解决已经在城镇就业、居住和参保达到一定年限的人员落户放到优先位置；三是把加快发展中小城镇作为优化城镇规模结构的主攻方向。

（2）从人口控制转变为公共服务。一是由应急管理向疏导管理转变，通过法律、政策等手段，构筑有效的谈判沟通和意见表达平台；二是由人口管制向人口服务转变，重点是通过建立多层次社会保障制度，努力实现基本公共服务常住人口全覆盖。

（3）从“以证管人”转变为“大数据”管理服务。从解决“人在证途”、“证明你妈是你妈”等城乡居民面临的现实问题出发，加快建立公民信息大数据库网，提供“一证走天下”的人性化服务。

（4）从治安部门管理为主转变为人口服务部门管理为主。探索建立以民政部门为主，由公安、统计、卫生、工商、教育、社保等部门共同参与的人口综合服务管理系统。

三、建立健全城乡一体的基本公共服务体系

提高保障和改善民生水平是推动高质量发展的重点任务。到2020年，基本形成城乡一体化的基本公共服务体制安排，总体实现城乡基本公共服务均等化，不断增强人民的获得感和幸福感。

1. 加快建立城乡统一的社会保障制度

（1）改革完善基本养老保险制度，加快实现养老保险全国统筹。按照“完善体系、制度对接、提高水平、财力保障”的总体思路，加快建立城乡统一、水平均等的社会保障制度。打破以身份为基础的社会保险制度设计架构，以建立更加公平的社会保障制度为目标，推进城乡社会保障制度统筹发展。进一步

扩大各类社会保险制度的覆盖范围，推动城乡居民养老保险、城镇居民医疗保险等制度全面覆盖，将还没有全面参保的城镇灵活就业人员、中小企业职工和农村进城务工人员纳入社会保险制度的保障范围。统一筹资渠道、统一基金管理、统一机构管理、明晰权益办法，各类城乡社会保险制度统筹发展。

（2）以解决好“看病难、看病贵”问题为重点，尽快提速医保制度对接。到 2020 年，实现居民医疗保险与职工基本医疗保险的并轨。同时，全面加快公费医疗制度向职工基本医疗保险制度的并轨。

（3）实现城乡居民大病医保全覆盖。从现实情况看，基本医疗保险的总体保障水平还较低，更多的是以保基本为主，一旦居民患上大病，基本医疗保险远不能抵销巨额花费，给家庭带来巨大的经济压力，“因病致贫、因病返贫”成为突出问题。2016 年，大病保险覆盖城乡居民 9.66 亿人，累计超过 800 万人直接受益，患者实际报销比例在基本医保的基础上普遍提高了 10~15 个百分点[①]。建议到 2020 年，实现城乡居民大病医保全覆盖。

2. 推进城乡人均公共财政支出的均等化

（1）把农村作为基本公共服务投入的重点。通过城乡人均公共财政支出的均等化，实现城乡基本公共服务的均等化，尽快弥补农村基本公共服务投入的欠账，尤其应当把教育、医疗、养老作为农村基本公共服务发展的重点。

（2）加大对县级政府的财政支持。在中央加大对省级财政转移支付力度的同时，省市级政府要按照缺口上移、财力下移的原则，加大对县级政府的转移支付力度，以提高县级财政对农业转移人口基本公共服务的保障能力[②]。

（3）完善基本公共服务转移支付制度。以流动人口变动为基础，政府财权和事权相协调，事权财权成正比，完善权责机制，保障转移支付的有效实施，实现居住人口的平等享有。进一步提高一般性转移支付占比，争取到 2020 年一

---

① 中国大病保险覆盖城乡 9.66 亿人 超 800 万人直接受益 [EB/OL]. 中国新闻网，2016-12-19.

② 迟福林. 扩权强县关键何在 [J]. 人民论坛，2009（04）.

般性转移支付占比不低于75%。在明确各级政府基本公共服务事权的基础上，尽快建立起公式化、集中化的转移支付制度。

3. 以公共资源配置均等化为重点振兴中小城市和小城镇

（1）改变公共资源配置的“三个向上集中”。我国中小城市和小城镇发展滞后，与公共资源短缺直接相关。

——公共财政资源向上集中。2015年，直辖市市辖区的人均公共财政收入是县和县级市的6.43倍；人均财政支出，前者是后者的近4.47倍（见表7.5）。与2013年相比，差距在扩大。

表7.5：2015年不同层级城市人均财政收支及比较

	县和县级市	地级市市辖区	省会城市市辖区	直辖市市辖区
人均财政支出（元）	6456	12395	14294	28877
人均财政收入（元）	3707	8131	12429	23831
人均财政支出比（县和县级市为1）	1	1.92	2.21	4.47
人均财政收入比（县和县级市为1）	1	2.19	3.35	6.43

数据来源：根据《中国城市统计年鉴2016》相关数据计算得出。

——土地指标分配向上集中。目前，土地建设用地指标绝大部分都集中在大中城市，县和县以下分到的非常少。例如，成都人口占四川总人口不到20%，但可以拿到全省50%的土地指标[①]。

——公共服务资源向上集中。大城市集中了我国70%的优质医疗资源，其中80%又集中在大医院。全国排名前50的医院主要分布在“北上广”。

（2）按照“四个优先”加大中小城市和小城镇公共资源配置。中小城市和小城镇在连接城市与农村、吸纳农业转移人口就业和返乡人员创业、促进农村一二三产业融合发展等方面，发挥着重要作用。要按照“在干部配备上优先考

① 联合国副秘书长：中国需紧密关注城镇化的金融风险[N]. 南方都市报，2017-07-21.

虑，在要素配置上优先满足，在公共财政投入上优先保障，在公共服务上优先安排”的要求，把更多的发展权下放到基层，加大中小城市和小城镇公共资源配置力度，增强就业的吸纳能力、生活的便利程度和优质公共服务的可获得性。

（3）重点改善中小城镇的公共基础设施。按照城市网络化建设的要求，用综合交通网络和信息化网络把大中小城市和小城镇连接起来，构建无缝对接的一体化综合交通、信息系统；推动大城市将公共服务设施、环境保护设施向周边中小城市和小城镇扩散，促进城乡社区管理一体化；加大财税、金融、土地政策支持，完善小城镇教育、医疗等公共服务，让更多的创新创业人才有意愿向小城镇转移。

四、关键是落实农民土地财产权

党的十八大以来，农村承包地“三权分置”取得重大进展，农村集体产权制度改革稳步推进，极大激发了“三农”活力。新形势下深化农村改革，实施乡村振兴战略，主线仍是处理好农民和土地的关系，关键是落实长期而有保障的土地财产权，为“三农”发展不断注入新的动力。

1. 落实农民土地财产权是乡村振兴的根本

（1）为农业现代化注入巨大动力。落实农民土地财产权，赋予农村土地使用权抵押权利，鼓励农户土地、集体资产入股，引导农村土地承包经营权流向专业大户、家庭农场，对于节约利用土地资源，解决农业生产资金难问题，提高土地使用权的流动性，促进农村土地流转和规模经营将产生重要推动作用，粮食安全将更加有保障。2016 年，我国农业劳动生产率仅为非农产业劳动生产率的 24.4%[①]。这样低的劳动生产率很难激发农民种粮的积极性，也很难让农民富起来。通过推进人口城镇化进程、农村产权制度改革等综合制度创新，到 2035 年，我国农业产业 GDP 占比可能下降到 5% 左右，农业从业人口占比下降

① 叶兴庆. 以改革创新促进乡村振兴 [N]. 经济日报，2017-12-31.

到 10% 左右[①]。这将使农业劳动生产率显著提高，也意味着城乡实现融合发展。

（2）释放农村土地市场的巨大活力。落实农民土地财产权，建立城乡平等的土地产权市场交易制度，在严格土地规划和严格用途管制下，发挥市场在资源配置中的决定性作用，在现有的科技水平下，农村土地市场将迸发出强劲的活力。有研究表明，仅农村承包耕地每年将撬动资金 1.3 万亿元；如果建立城乡统一的建设用地市场，农村建设用地的价格可能高达 130 万亿元[②]。

（3）拓展农民财产性收入的源泉。落实农民土地财产权，实现农村土地使用权长期化、物权化、资本化，将给每个农村家庭直接带来财富增值。初步估算，建立城乡统一的建设用地市场，农村居民人均将获得约 22 万元的土地增值收益，这相当于 2017 年农村居民人均可支配收入的 16 倍。这将为农民带着资本进城奠定重要基础，为返乡创业人员提供资金支持，也将推动相当比例的农民进入中等收入群体。

（4）唤醒农村沉睡的资产。截至 2016 年年底，全国农村集体账面资产（不包括资源性资产）总额为 3.1 万亿元[③]，一些农村拥有数额庞大的经营性资产，东部地区的村有近千万元。如果不尽早确权到户，就存在流失或者被侵占的危险；在市场经济体制下，如果不盘活整合资产，就难以发挥应有的作用，成为“僵化的资产”。因此，需要在保护农民利益的前提下，积极探索集体资产股份自由流转的路径，才能实现生产要素的优化组合，才能体现农民所持集体资产股份的价值，才能显现它们作为生产要素的潜在市场价值，也才能使量化的集体资产产生增值的效能。

① 党国英．乡村振兴的内在逻辑、基本保障和实现路径 [J]．农村工作通讯，2017（21）.

② 刘德炳，姚冬琴．让农民捧上金饭碗：农村建设用地价格或高达百万亿 [J]．中国经济周刊，2013（45）.

③ 农业部农村经济体制与经营管理司．对十二届全国人大五次会议第 3691 号建议的答复 [EB/OL]．农业部网，2017-09-27.

2. 在法律上明确农民土地使用权的物权属性

（1）明确农民土地用益物权主体地位。把农村土地使用权的“长期化、物权化、资本化”作为农村土地制度改革及相关法律法规修订的基本原则和立法、修法精神，从法律上明确农民土地用益物权主体地位。按照《物权法》规定，用益物权是指用益物权人对他人所有的不动产或者动产依法享有占有、使用、收益的权利。建议在《土地管理法》第二条中增加一款“赋予农村土地使用权人的土地用益物权，使其拥有对土地使用权依法享有占有、使用、收益的权利”。

（2）从法律层面落实土地承包关系保持稳定并长久不变。1998 年，十五届三中全会《中共中央关于农业和农村工作若干重大问题的决定》就提出了“赋予农民长期而有保障的土地使用权”；党的十九大报告进一步强调“保持土地承包关系稳定并长久不变，第二轮土地承包到期后再延长三十年”。从 1998 年到 2017 年的 20 年，“长久不变”是党和国家关于农村土地承包关系的基本精神。建议加快农村土地管理法律法规的修订，将《土地管理法》第十四条“土地承包经营期限为三十年”的规定，修改为“实现农村土地承包关系稳定并长久不变”。

（3）以“三权分置”改革为契机推进土地承包由合同管理向物权化管理转变。使村集体和农户之间的土地承包经营合同管理，变为物权化的“权证管理”，使其具有更强的法律效力，巩固完善农村基本经营制度，保护农民的土地承包权益，增加农民的财产性收入。

（4）改变农村土地承包权流转限于集体成员内流转的相关政策规定。农村土地承包权限于集体成员内流转，既不能反映市场均衡价格，也容易形成“新地主”。在政策上突破农村土地承包权只能在集体成员内部流转的规定，才能在提升农村土地价值、严格保护农民土地使用权的同时，吸引社会资本进入农业农村。

3. 赋予农民宅基地使用权的完整产权

（1）实现农民宅基地与城市住房建设用地同权同能。落实《物权法》第三条提出的“国家实行社会主义市场经济，保障一切市场主体的平等法律地位和发展权利”，赋予农村宅基地包括使用、收益、处分、继承等在内的完整权能，使农村住宅建设用地使用权具有与城市住宅建设用地使用权同等的用益物权。

（2）探索宅基地的“三权分置”改革。探索推进宅基地所有权、资格权、使用权“三权分置”，落实宅基地集体所有权，保障宅基地农户资格权，适度放活宅基地和农民房屋使用权。

（3）突破只允许宅基地使用权在本集体经济组织内部流转的限制。农村现有 19.12 万平方公里集体建设用地中，70% 以上是宅基地。如果仅允许其中 1/3 闲置的农村宅基地进入城市建设用地市场，就可以使城市建设用地由原来的 9.16 万平方公里增加到 13.62 万平方公里[①]。这不仅能大大缓解城市房价居高不下的问题，也为解决“小产权房”找到了出路。更为重要的是，找到了一条增加农民财产性收入、促进城乡融合的渠道。在严格规划管理和用途管制的前提下，尽快建立开放竞争、统一有序的宅基地使用权流转（交易）市场，不应限制买方的市场主体；允许农房抵押、担保、转让，并允许因房地不可分离、随房屋流转而必然产生的宅基地使用权流转，结束转让限于本村村民之间的半商品化状况，村民可以继承和有偿退还给集体，也可以在集体经济组织内部和外部出租、转让、抵押、担保。

4. 加快建立城乡统一的建设用地市场

（1）不同所有制土地平等参与市场竞争。不同权属的土地，在建设用地方面应统一推向市场，让市场决定其价值高低；对于其受益群体，应按国家相关

① 全国人大代表蔡继明：建议赋予农民宅基地使用权完整物权 [N]. 第一财经日报，2017-03-04.

法律法规均等对待。

（2）打破地方政府行政独家垄断供地的格局。尽快建立公开、公正、公平的统一交易平台和交易规则，实现市场主体平等，让市场供求关系决定价格形成，实现同一交易平台、不同主体平等供地的局面；进入城乡统一的建设用地市场的农村集体建设用地与国有建设用地“同地同权同价”。

（3）让增减挂钩后的集体建设用地直接入市。按照建立城乡统一的建设用地市场要求，允许农村集体建设用地指标在村集体之间流转，即通过城乡统一的建设用地市场，使增减挂钩结余土地实现跨市县、跨省域流转。例如，允许偏远地区的村集体将其节省的建设用地复垦后得到的建设用地指标，转让给城镇周边的村集体，或自主开发利用，或通过城乡统一的建设用地市场进行交易[①]。

5. 推进集体资产股份合作制改革

（1）从法律上赋予农民完整的集体资产权能。

——全面赋予农民对集体资产股份的占有权和收益权。在所有开展股份合作制改革、将资产折股量化到人、落实到户的地区，全面赋予农民对集体资产股份的占有权和收益权，建立健全农村集体资产股权证书管理、台账管理和收益分配制度[②]。

——在集体资产确权的基础上，赋予集体资产股份的有偿退出权和继承权。目前，现行法律对农村集体资产股份的有偿退出权和继承权没有明确规定，各地实践中也存在一定差异。改革的思路是：以确定“集体成员”为突破口，在确定公平起点的基础上，发展完善股权制，激励保护产权，充分发挥各要素的价值所在，突出技术、管理、资本等方面的贡献作用，提倡契约精神，赋予有偿退出的权能，最大限度地盘活和发挥集体资产的作用，让农民能够带着集体

① 蔡继明．让“增减挂钩”后的集体建设用地直接入市 [EB/OL]．财新网，2017-06-20.

② 方志权．完善农村集体资产股份权能的实践与探索 [N]．东方早报，2016-03-15.

资产进城。

（2）允许农村集体经营性资产股份在更大范围内流转。目前，农村集体经营性资产的股份合作制改革“只能在农村集体经济组织内部进行”。在市场经济体制下，只有集体资产股权自由流转和有偿退出，才能实现生产要素的优化组合和配置效率的提高。如果集体资产股份只能在本集体经济组织范围内流转，则有限范围必然导致流转价格偏低，难以真正反映市场价格，这实质上是对农民作为权利所有人“处置权”的限制；如果允许在更大范围内流转，则农民可能获得更高的收益。未来农村集体经济的发展方向应是从封闭走向开放，从固化走向流动。为充分发挥集体资产股份自由流转的效应，建议在试点基础上，赋予其在更大范围内流转、继承、有偿退出、抵押、赠送等权能，逐步打破封闭性的股权管理模式。

（3）鼓励并引导工商资本、人才下乡。实行乡村振兴战略，必须鼓励城里的工商资本、专业人才下乡，加快形成工农互补、城乡互补格局，由此带动农村集体经营性资产实现保值增值。有人担心工商资本下乡带来“非农化、非粮化”，甚至用来“种房子”。这不是资本的问题，而是土地用途管制和规划管制没有做好产生的乱象。在“两个严格”的前提下，工商资本和人才下乡可以带来积极效应，不仅为农业农村带来稀缺资金，而且带动农业技术、专业人才、先进管理等要素向农村配置，促进农业产业链的延伸，有利于提高农业生产效率，有利于提高农民收入。

（4）引入现代企业制度，完善集体经济资产股份权能。实现农村集体资产股份权能是一个长期过程，要积极探索引入现代企业制度，实现小农户和现代农业发展有机衔接。力争用 3 年左右时间基本完成集体所有的各类资产全面清产核资，有序推进经营性资产股份合作制改革；力争用 5 年左右时间基本完成既定的改革任务[①]。在此期间，完善相关法律法规，引入现代企业制度和市场主

---

① 中央全面部署农村集体产权制度改革 农村集体经营性资产股份合作制改革力争 5 年完成 [N]. 经济参考报，2016-12-30.

体，赋予集体经济资产股份更加充分的权能，规范股份合作经济组织运行机制，在组织结构、资产运行模式、资产监管机制、收益分配等方面实现向现代股份公司制的转变[①]。

6. 以“共享农庄”为平台促进农村产权制度改革

（1）创新农村土地开发模式。在控制农村建设用地总量、不占用永久基本农田前提下，加大盘活农村存量建设用地力度。在符合总体规划和村庄建设用地范围内，允许通过村庄整治、宅基地整理等方式节约的建设用地采取入股、联营、整合、置换等方式，重点支持发展共享农庄和乡村休闲旅游养老等产业及农村三产融合发展。在不改变农村集体土地所有权和农民宅基地使用权的前提下，允许农村居民与城镇居民合作建房、租赁合作经营房产，共享收益。

（2）以土地、房屋股份合作为重点建立农民共建共享机制。农民以土地经营权、房屋使用权等入股给企业或者农民合作社，由企业或农民合作社将土地、房屋等进行统一规划建设运营，利益分配采取“保底收益 + 按股分红”方式，农民获得土地和房屋股份收益。针对有土地、无资金、无技术的贫困户，可把闲置、撂荒土地入股加入企业或农民合作社，领取分红。通过构建股份合作、财政资金股权量化等模式，创新农民利益共享机制，让农民分享产业增值收益。

（3）利用多层次资本市场融资发展共享经济。创新乡村共享经济投融资模式，形成政府、企业、银行、第三方融资担保、农民等构成的多元投融资主体，激活市场活力。各类投资主体以信用贷款、抵押贷款和担保贷款为主要方式进行债权融资；各类投资主体通过出让部分所有权，引进新的股东实现增资；各类投资主体可采取农产品众筹、民宿建设众筹、农产品预售等创新融资模式，让消费者直接参与到共享农庄、田园综合体建设中来，解决农庄建设的资金问题；由政府、企业、投资机构共同发起设立共享农庄投资基金，参与农庄投

---

① 方志权．完善农村集体资产股份权能的实践与探索 [N]．东方早报，2016-03-15．

资建设。

（4）以农村集体经济组织为主体创新共享经济运营机制。把发展共享农庄作为探索发展集体经济的一个重要途径。发展多种形式的股份合作，组织村集体成员参与共享农庄建设，增强和壮大集体经济发展活力和实力，让农民通过参与共享农庄建设，分享集体经济发展和农村改革成果。按照“农民合作社＋农民”的模式，由农民合作社以股份合作、租赁等方式，整合农民的土地、房屋等资源，进行共享农庄的开发建设经营。按照“企业＋农民”或“企业＋农民合作社＋农民”的模式，由企业以股份合作、租赁等方式，整合农民的土地、房屋等资源，或利用企业自身土地、房屋资源，进行共享农庄的开发建设经营。

专栏 7.3

海南建设共享农庄的基本思路

“共享农庄”是指以农民合作社、农村集体经济组织等为主要载体，以各类资本组成的混合所有制企业为建设运营主体，以信息技术为支撑，以农业和民宿共享为主要特征，集循环农业、创意农业、农事体验、服务功能于一体的农业综合经营新业态。

2017年，海南省人民政府出台《海南省人民政府关于以发展共享农庄为抓手建设美丽乡村的指导意见》，提出要深入推进农业供给侧结构性改革，大力发展农业分享经济，支持有条件的村庄、农场、基地加强基础设施、产业支撑、公共服务、环境风貌建设，实现农村生产生活生态“三生同步”、一二三产业“三产融合”、农业文化旅游“三位一体”，积极探索发展以农民合作社、农村集体经济组织等充分涵盖农民利益的经济组织，以各类资本组成的混合所有制企业为建设运营主体，让农民充分参与和受益，以移动互联网、物联网等信息技术为支撑，以农业和民宿共享为主要特征的“共享农庄”，使农民转变成为股民、农房转变成为客房、农产品现货转变成为期货、消费者转变成为投资者，实现农民增收、农业增效、农村增美。

资料来源：海南省人民政府关于以发展共享农庄为抓手建设美丽乡村的指导意见 [EB/OL]. 海南省人民政府网，2017-08-15.

Striving for More
Robust Drivers

第八章

绿色转型推动高质量发展

绿色转型是推动高质量发展的时代要求。以建设美丽中国为目标，以绿色转型为主线深化生态文明体制改革，以“绿水青山就是金山银山”的绿色发展理念为指导，推动形成绿色生产方式和生活方式。

所谓绿色转型，是指由传统资源环境依赖型发展方式向资源节约、环境友好型发展方式转型。以绿色转型推动形成“绿水青山就是金山银山”的绿色发展理念、绿色生产方式和生活方式，既是我国走向可持续发展的时代特征和重要标志，又是满足人民群众对美好生态环境需求的迫切要求。党的十九大报告明确提出，到 2035 年“生态环境根本好转，美丽中国目标基本实现”。以建设美丽中国为目标推进绿色转型，将为我国转向高质量发展提供重要动力。

第一节　绿色转型：高质量发展的时代需求

改革开放 40 年来，我国经济增长方式带有粗放型的突出特征，对资源环境的依赖性比较大。由高速增长阶段转向高质量发展阶段，面临着生态环境治理的重大挑战。随着广大人民群众对美好生态环境的需求日益增大，绿色转型成为高质量发展的时代要求，也成为经济转型升级的重大任务。

一、绿色转型是全球趋势

以绿色转型推动高质量发展，是当今世界各国促进经济转型升级的重要方向和时代特征。尤其是伴随着新能源革命，21 世纪的绿色转型不仅是过去的保护生态环境、实现可持续发展，更是一场发展理念、生产方式与生活方式的深刻变革，并成为一个国家实现高质量发展的重要驱动力。

1. 绿色转型是推动高质量发展的重要引擎

（1）以绿色转型形成绿色发展方式。基于传统经济发展模式耗竭资源、破坏环境的严重后果，探索形成绿色发展新模式，是21世纪人类发展的历史性任务。这一任务的实现，不是简单被动地保护环境，而是积极进取，实现传统发展方式向绿色发展方式转型。

（2）绿色转型与经济转型升级交织融合、相互促进。例如，产业结构由工业主导向服务业主导转型、要素投入结构由物质资本为主向人力资本为主转型、能源结构由传统石化能源为主向新能源为主转型、消费结构由传统消费向绿色低碳消费转型等，既是绿色发展的重要内容，又是经济转型升级的重要方向。

（3）以绿色转型支撑可持续发展。以绿色转型形成绿色发展的新需求、新供给、新业态、新结构、新模式，会为全球经济增长带来新的增长点，会释放出高质量增长的巨大潜能。正如经济合作与发展组织（OECD）《迈向绿色增长》所指出的，“绿色转型具有解决经济和环境挑战的潜力，并成为新的增长来源”①。

2. 绿色转型是全球新一轮经济增长的重要推动力

绿色转型既是保护生态环境的根本途径，又是世界经济发展的重要动力。通过绿色转型寻求经济增长的新动力，是世界各国尤其是发达国家实现可持续发展的战略选择。早在2000年，欧盟就开始积极推行大幅减少碳足迹的政策；2007年5月，欧洲议会宣布把以新能源革命为主要特征的第三次工业革命作为长远的经济规划以及欧盟发展的路线图②；2009年，OECD发布《绿色增长宣言》，其成员国设定了全面的绿色增长战略。欧盟出台的“欧洲2020”，将创新

① *Towards Green Growth* 中文概要 [EB/OL]. OECD中文官网，2011-05-25.

② 从理论到实践：欧盟发展路线图 [N]. 经济参考报，2012-06-08.

和绿色增长作为提高欧洲国家竞争力的核心战略[①]。2009 年，美国颁布一项为期 10 年的清洁能源战略和绿色发展计划。2011 年 5 月，德国宣布争取成为第一个实现向清洁能源完全转化的工业化国家。2012 年 6 月，“里约 +20”联合国可持续发展会议将“绿色增长”作为核心议题之一。

专栏 8.1

部分发达国家的绿色增长战略

（1）美国：以发展低碳产业为重点的绿色增长

2007 年 7 月，美国参议院提出《低碳经济法案》，把新能源开发、低碳经济发展作为应对危机、重振美国经济的战略取向。将促进就业、推动经济增长作为短期目标；将摆脱对外国石油的依赖，促进经济战略转型作为长期目标。

2009 年 1 月，奥巴马呼吁两党尽快通过“美国复苏与再投资计划”。这个计划将发展新能源作为投资重点，计划投入 1500 亿美元，用 3 年时间使美国新能源产量增加 1 倍，到 2012 年，新能源发电占比提高到 10%，到 2025 年，这一比例将增至 25%。

2009 年 2 月，《美国复苏与再投资法案》正式出台，投资总额达 7870 亿美元，主要用于新能源的开发和利用，包括发展高效电池、智能电网、碳储存和碳捕获、可再生能源（风能和太阳能等）。

（2）日本：以提高能源效率为重点的绿色增长

2006 年，日本推出《节能法》，旨在将其 2030 年的能源效率在 2006 年基础上再提升 30%。该计划的实施促进了节能技术的发展，并开发了用于监测节能的基准方法。将最先进的技术引入整个能源部门的同时，该计划还在 2020 年之前设立零能耗房屋目标（2030年前在全国推行这一标准）。日本还推出“领跑者计划”，针对21 种产品进行测试。日本最新的创意是“智能社区”概念，即最大化地利用社区的可再生能源，并依靠智能电网来应对类能源的间断特性。

（3）韩国：以发展可再生能源为重点的绿色增长

为摆脱对进口能源依赖度过高的情形，韩国立志在 2030 年之前将能源强度降低 46%，将一次性能源中可再生能源的比例由 2007 年的 2.4% 提高到 11%。此外，2009 年 7 月，韩国制定《绿色增长国家战略及五年计划》，要将其 2% 的 GDP 投入十个绿色增长战略中，每个战略都有量化的目标，都将执行明确的项目。韩国的目标是将绿色技术出口

---

① 辜胜阻．新能源汽车要坚持技术金融双轮驱动 [N]．中国证券报，2014-08-07.

所占的全球份额由2009年的2%提高到2020年的10%。

（4）德国：以实施新能源计划为重点的绿色增长

2011年5月，德国确定在2022年完全放弃核电目标，在可再生能源和提高能效领域加大投资和研发，力争成为第一个完成新能源转型的工业化国家。目前，核能占德国能源总量的22%。为满足弃核能后的能源缺口，德国提出大力发展风能、太阳能和生物能，出台新的建筑保温标准，以及在整个大陆建立超级智能电网等计划。

资料来源：世界银行. 2030年的中国：建设现代、和谐、有创造力的高收入社会[R]. 2012.

3. 绿色转型推动人类第三次能源革命

绿色转型开启第三次能源革命，是当前世界经济转型升级和转向高质量发展的重要标志。世界经济的每一次转型升级，都伴随着能源开发利用的革命性变革。人类历史上经历过两次大的能源转型。第一次是在18世纪末到19世纪，以蒸汽机的发明和煤炭的大规模利用为主要标志，人类从薪柴时代迈入了煤炭时代；第二次是在19世纪70年代到20世纪初，以发电机、内燃机等的发明与使用为标志，石油、天然气在一次能源消费结构中的占比超过了煤炭，成为人类生产和生活的主要能源①。

进入21世纪以来，尤其是在2008年国际金融危机以来，随着绿色转型成为发达国家的重要战略，以新能源与信息技术融合为重要特征的第三次能源革命初见端倪。新一轮能源革命主要有三大特征：一是能源的绿色、低碳化。风、光为主的非石化能源成为主要能源形式，在生产和消费过程中零污染、零碳排放；二是能源以信息技术为依托，是“互联网＋新能源”的智慧能源；三是能源可再生。如风力和太阳能，在大自然中“取之不尽、用之不竭”。

① 时家林. 能源革命新时代：中国如何作为？[N]. 学习时报，2017-07-12.

专栏 8.2

人类社会的三次能源革命

（1）第一次能源革命（化石能源推动工业化）

18世纪，人类利用煤炭等化石能源为原料，通过燃烧所产生的热量形成蒸汽，用汽轮机推动大型机器运转，煤炭随之成为推动第一次能源革命和人类第一次工业革命的“动力源”。蒸汽机十分笨重，效率又低，因此人类又发明了内燃机。内燃机的使用引起能源结构的又一次变化，石油登上历史舞台。

（2）第二次能源革命（电气化时代改变生活）

19世纪下半叶，人类解决了能源长距离传输问题，水电的大规模开发利用，石油、天然气的发现与利用，开启了能源利用的网络化时代。电的发现与使用彻底改变了人类的工业化进程，一大批使用电力的装备随之产生，大幅提高全社会生产力，使人类文明进程不断提速，同时加快了全球工业化的进程。

（3）第三次能源革命（低碳智能塑造新格局）

目前正在酝酿中的第三次能源革命，以新能源和信息技术融合为标志，开启了高效化、清洁化、低碳化、智能化为主要特征的能源时代。其目标是消除化石能源消费所引发的环境问题，塑造一个经济、可持续的能源供应新格局。

资料来源：世界银行和国务院发展研究中心联合课题组. 2030年的中国：建设现代、和谐、有创造力的高收入社会 [R]. 2012.

4. 绿色转型提升国家经济竞争力

（1）第三次能源革命条件下的绿色转型成效显著。据测算，一个以新能源为主的能源体系，将使全球总体能源利用率由目前的 14% 左右提高到 40% 左右，生态环境恶化和气候变暖的态势将得到有效遏制 ①。

（2）围绕新能源革命的绿色转型竞争加剧。世界绝大多数国家把新能源革命作为提升国际竞争力的利器。2015 年，全球可再生能源发电新增装机容量首次超过常规能源发电装机。全球 173 个国家制定了新能源发展目标，新能源在

① 时家林. 能源革命新时代：中国如何作为？ [N]. 学习时报，2017-07-12.

全部能源消费中的比例不断上升。欧盟计划到 2050 年，非化石能源在能源消费中的比重达到 75%。瑞典等国家明确提出到 2040 年前后，电力消费 100% 来自可再生能源[①]。

（3）围绕新能源革命的绿色转型能够有效提升国家经济竞争力。以美国为例，凭借成熟的开发生产技术以及完善的管网设施，美国成为世界上唯一实现页岩气大规模商业性开采的国家，由最大的石油进口国迅速转变为石油出口国，不再受制于中东等石油出口国，实现了国家能源独立、安全，重塑了全球能源利用格局。

二、以绿色转型建设美丽中国

党的十九大报告明确把建设“美丽中国”纳入“新两步走”战略目标。以绿色转型建设美丽中国，成为我国走向现代化的国家战略。

1. 建设美丽中国成为高质量发展的重要目标

党的十八大以来，以习近平同志为核心的党中央直面严峻的生态环境形势，将生态文明建设纳入国家发展战略，形成了包括经济建设、政治建设、文化建设、社会建设、生态文明建设在内的“五位一体”总体布局，并明确提出建设美丽中国的战略目标。

2. 建设美丽中国反映了广大人民群众对美好生态环境的向往和追求

我国进入中高收入阶段，随着经济发展和人民收入水平的不断提高，老百姓的需求发生了变化，从过去的“盼温饱”、“求生存”，到现在的“盼环保”、“求生态”，对清新的空气、干净的水、优美的环境等要求越来越高，优美生态环境成为衡量人民美好幸福生活的重要标志。

建设美丽中国贯穿现代化全过程。作为生态文明建设的战略目标，建设美

---

① 时家林．新能源时代将加速到来 [J]．财经，2017（14）.

丽中国要融入经济建设、政治建设、文化建设、社会建设各方面和全过程。按照中央部署，建设美丽中国大致可以划分为三个阶段：第一阶段，到2020年，打好污染防治攻坚战，补齐生态环境短板，确保到2020年建成得到人民认可、经得起历史检验的小康社会；第二阶段，到2035年，生态环境根本好转，美丽中国目标基本实现；第三阶段，到本世纪中叶，建设美丽中国的目标全面完成。

3. 建设美丽中国是一场深刻的绿色变革

（1）绿色发展理念的变革。习近平总书记在浙江工作期间就提出“既要绿水青山，也要金山银山，其实绿水青山就是金山银山”的思想。习近平总书记对“两山论”进行了深刻、系统阐释：“我说的绿水青山和金山银山的关系，是实现可持续发展的内在要求，也是我们推进现代化建设的重大原则。”“金山银山固然重要，但绿水青山是人民幸福生活的重要内容，是金钱不能代替的”[①]。

（2）绿色生产方式的变革。改变以高资源消耗、高环境损耗和高碳排放为主要特征的传统生产方式，形成以低碳、节约、高效、生态为主要特征的绿色生产方式，才能真正处理好经济、资源、环境的关系，不断降低对资源环境的依赖和破坏。

（3）绿色生活方式的变革。过去几年，我国湖南长株潭等地区试点“两型社会”建设，在绿色生活上出现新气象。建设美丽中国，推动生活方式的绿色化转型，不仅对我国可持续发展具有重要意义，而且对世界也有重要影响。

（4）绿色发展政策体制的变革。我国经过40年改革开放所形成的一套政策体制，主要与高速增长阶段相适应，在多方面与绿色发展的要求不相适应。比如，环境产权尚未确立，环境成本难以计入企业成本，传统能源生产不会被自

---

① 中共中央文献研究室．习近平关于社会主义生态文明建设论述摘编 [M]．北京：中央文献出版社，2017.9.

动淘汰，新能源消费市场面临制度“高墙”，还没有用市场手段治理生态环境等。这就需要通过政策体制转型形成建设美丽中国的长效机制。

三、以绿色转型打赢污染防治的攻坚战

党的十九大报告把打好“污染防治的攻坚战”作为与“防范化解重大风险”、“精准脱贫”相并列的三大攻坚战之一。到2020年打好污染防治攻坚战，根本出路在于绿色转型。

1. 到2020年打好污染防治攻坚战

过去5年，我国生态环境状况明显好转，推进生态文明建设决心之大、力度之大、成效之大前所未有，大气、水、土壤污染防治行动成效突出。“污染防治攻坚战”事关全面小康成败。到2020年，打好大气、水、土壤三大攻坚战，是我国实现高质量发展的重大任务。

专栏8.3

到2020年中国污染防治“三大战役”

（1）打赢蓝天保卫战。到2020年，我国空气质量得到根本好转。地级及以上城市空气质量优良天数大于80%；细颗粒物未达标地级及以上城市浓度相比2005年累计下降18%；我国单位国内生产总值二氧化碳排放比2015年下降18%，碳排放总量得到有效控制；京津冀及周边地区秋冬季大气污染综合治理取得明显成效，煤炭消费量得到严格控制。

（2）打好水污染防治攻坚战。到2020年，全国水环境质量得到阶段性改善。饮用水安全保障水平明显提升，地级及以上城市集中式饮用水水源水质达到或优于Ⅲ类比例总体高于93%①，安全且符合标准的农村自来水普及率达到80%②；污染严重水体较大幅度减少，地下水超采得到严格控制，地下水污染加剧趋势得到初步遏制。

（3）打好土壤污染防治攻坚战。到2020年，全国土壤污染加重趋势得到初步遏制，

① 国务院关于印发水污染防治行动计划的通知[EB/OL]. 中国政府网，2015-04-16.

② 我国农村自来水普及率到2020年将达到80%以上[EB/OL]. 中国政府网，2016-01-12.

土壤环境质量总体保持稳定，农用地和建设用地土壤环境安全得到基本保障，土壤环境风险得到基本管控。受污染耕地安全利用率达到90%左右，污染地块安全利用率达到90%以上[①]。

资料来源：国务院关于印发“十三五”生态环境保护规划的通知 [EB/OL]. 中国政府网，2016-12-05.

2. 我国掀起史上最强“环保风暴”

经过2015年12月在河北试点，以及2016年、2017年两年间分四批在全国实施进驻督察机制，中央环保督察实现了对全国31个省（区、市）的全覆盖。中央环保督察从以查企业为主转变为“查督并举，以督政为主”。2017年7月，中办国办联合发布通告，包括3名副省级领导在内的一批领导干部被问责。这次“环保风暴”问责范围不仅涵盖环保系统内部人士，还包括地方党政、国有企业、基层社区、国土、林业、水利、住建、农业、城管、安监、工信、交通、公安、发改、旅游等各个与环保相关的部门[②]。据环保部通报，首轮环保督察共受理群众信访举报13.5万余件，累计立案处罚2.9万家，罚款约14.3亿元；立案侦查1518件，拘留1527人；约谈党政领导干部18448人，问责18199人[③]。

3. 以绿色转型实现污染防治的“标本兼治”

（1）实现绿色转型才能根治环境污染。2000—2016年，我国环境治理投资总额从1014.90亿元增长至9219.80亿元，年均增长14.8%；2016年我国环境治理投资总额占GDP比重为1.24%[④]。生态环境得到明显改善。但总体上看，我国

① 国务院关于印发土壤污染防治行动计划的通知 [EB/OL]. 中国政府网，2016-05-28.

② 31封环保督察意见发出后 引发关注的高层问责开始出现 [N]. 北京青年报，2018-01-15.

③ 首轮中央环保督察情况全反馈 31省份有这些通病 [EB/OL]. 中国新闻网，2018-01-04.

④ 2018年中国环保产业及细分领域市场前景预测 [EB/OL]. 中国环境网，2018-01-16.

环境污染形势依然严峻。2016年，全国338个地级及以上城市中，有254个城市环境空气质量超标，占75.1%[①]，PM2.5超标范围覆盖中国版图绝大部分地区。从源头防治污染，关键在于绿色转型。

（2）推动能源结构绿色转型。以煤为重点的传统化石能源比重依然过高，是近年来我国雾霾难以根治的重要原因。2016年，原煤占能源消费总量的比重高达62%，而天然气占能源消费总量的比重仅为6.4%[②]（见图8.1），煤炭的过度依赖给生态环境带来严重污染。这就需要实质性降低对传统化石能源的过度依赖，扩大新能源的供给。

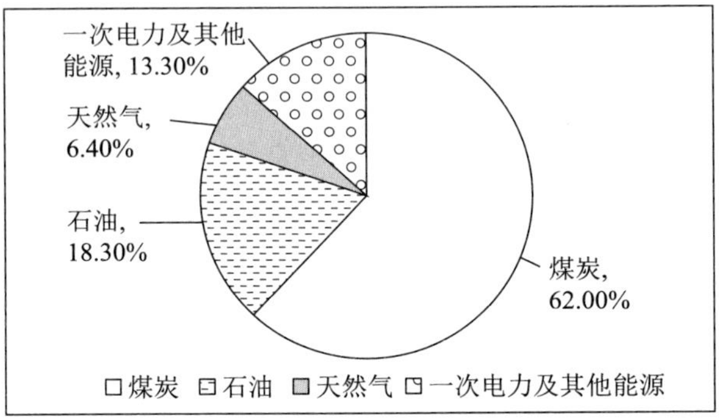

图8.1：2016年全国能源消费结构

数据来源：国家统计局．中国统计年鉴2017[M]．北京：中国统计出版社，2017.10.

（3）推动工业结构绿色转型。重化工业比重过高是导致环境问题频发的重要因素。2015年，我国工业排放二氧化硫占二氧化硫排放总量的90%，工业能源消耗占能源消费总量的70%[③]。从行业污染情况来看，2015年废气排放和废水排放最高的行业主要集中在传统工业（见图8.2、图8.3）。初步估算，2020年如果服务业占比不低于55%，我国的能源消耗量有望下降14%左右，二氧化硫有望减排18%左右[④]。这就需要加快现代服务业发展，并通过发展智能制造、

① 2016中国环境状况公报[EB/OL]．环境保护部网，2017-06-05.

② 国家统计局．中国统计年鉴2017[M]．北京：中国统计出版社，2017.10.

③ 绿色制造工程实施指南（2016—2020年）[EB/OL]．工业和信息化部网，2016-09-14.

④ 迟福林：经济转型升级中的中国与世界[N]．浙江日报，2017-11-07.

服务型制造，改变以重化工业为主的工业结构。

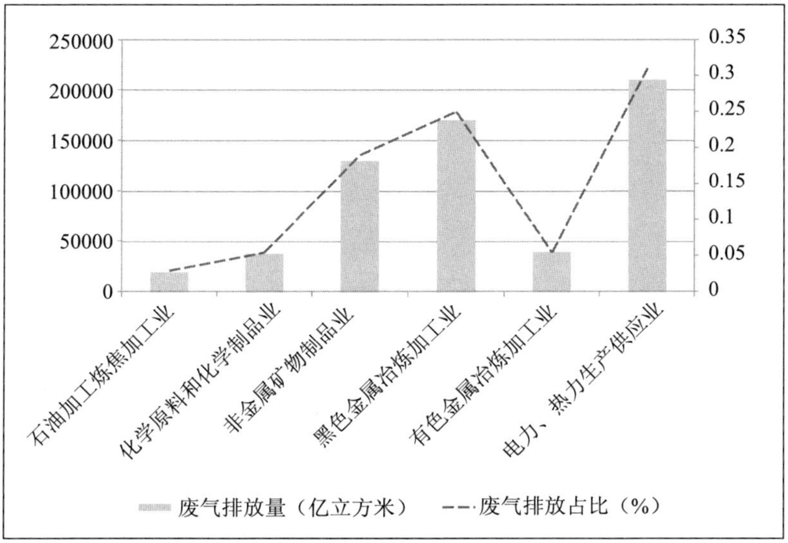

图 8.2：2015 年废气排放强度最高的 6 个行业

资料来源：国家统计局环境保护部．中国环境统计年鉴 2016[M]．北京：中国统计出版社，2016.

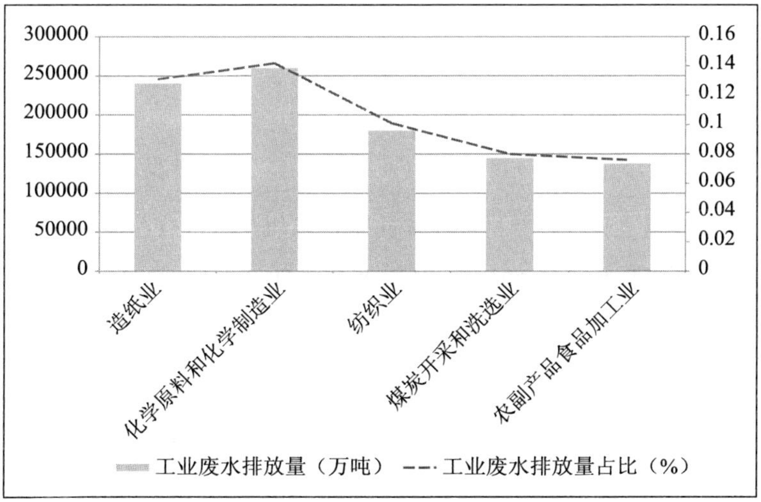

图 8.3：2015 年废水排放强度最高的 5 个行业

资料来源：国家统计局环境保护部．中国环境统计年鉴 2016 [M]．北京：中国统计出版社，2016.12.

（4）推动传统农业结构绿色转型。我国农业资源长期透支，过度开发，农业面源污染严重，农业生态环境亮起“红灯”。目前，水果、蔬菜、茶叶等产品的化肥用量大体上占农用化肥用量的40%[①]，化肥、农药等投入品过量使用不仅带来土壤污染等环境问题，还严重威胁到人体健康。我国是全球化肥用量最高的国家。我国每年农膜使用总量高达260多万吨，但回收率不足2/3[②]，带来了“白色污染”。这就需要把发展绿色农业作为乡村振兴的重大任务。

（5）推动城镇化发展的绿色转型。根据《中国机动车环境管理年报（2017）》数据显示，2016年，全国机动车保有量达到2.95亿辆，排放污染物初步核算为4472.5万吨[③],主要集中在大中城市。机动车污染已成为引发我国城市雾霾等环境问题的重要因素。这就需要实现城市交通运输体系的绿色转型，加快形成智慧城市新格局。

4. 以绿色转型释放绿色发展的巨大潜力

（1）环境治理投资空间巨大。2016年，我国环境治理投资占GDP比例为1.24%。根据国际经验，当治理环境污染的投资占GDP的比例达到1%~1.5%时，可控制环境恶化的趋势；当该比例达到2%~3%时，环境质量可有所改善。发达国家在20世纪70年代环境保护投资占GDP的比例已达2%。《全国城市生态保护与建设规划（2015—2020年）》提出，到2020年我国环保投资占GDP的比例不低于3.5%[④]，环保投资仍有很大空间。随着“大气十条”、“水十条”、“土十条”的落地实施，我国环保投资规模保持快速增长。

（2）大气、水、土壤环境治理市场潜力巨大。2015年，我国工业污染治理

---

① 牵住绿色发展“牛鼻子”推动农业可持续发展——农业部举行新闻发布会解读农业绿色发展五大行动[EB/OL]. 农业部网，2017-05-10.

② 农业部就农业绿色发展五大行动有关情况举行发布会[EB/OL]. 中国网，2017-05-09.

③ 环境保护部发布《中国机动车环境管理年报（2017）》[EB/OL]. 环境保护部网，2017-06-03.

④ 住房城乡建设部 环境保护部. 全国城市生态保护与建设规划（2015—2020年）[EB/OL]. 住房和城乡建设部网，2016-12-06.

的投资额为773.68亿元，其中，废气治理占比67.44%，是所有污染物治理中投入最大的领域[①]。根据有关测算，完成“水十条”的全社会投资额需达到4.6万亿元[②]。

（3）以新能源为重点的绿色产业发展空间巨大。2014年和2015年，新能源汽车产销量均实现了300%以上的增长[③]。我国已经成为全球新能源汽车最大的市场，2016年累计产销已达到50万辆以上，累计推广超过100万辆，在全球市场份额超过50%[④]（见图8.4）。照此趋势发展，预计到2020年，我国新能源汽车销量将达到200万辆，新能源汽车等绿色低碳产业总产值将突破10万亿元，成为支柱产业[⑤]。

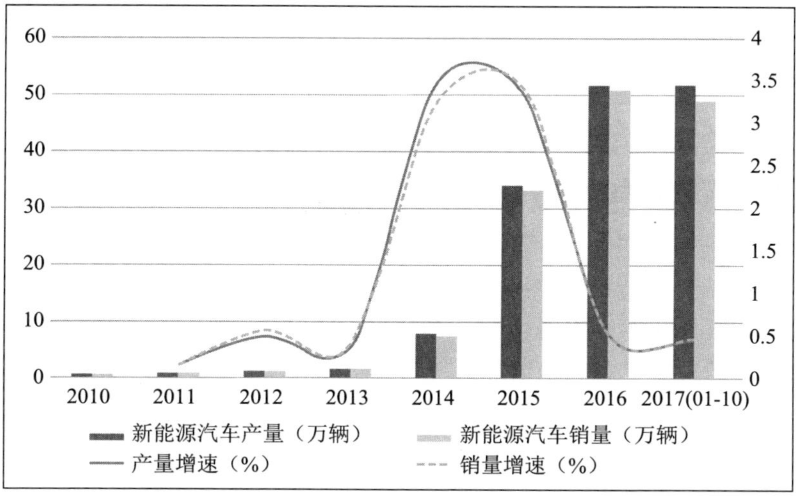

图8.4：2010—2017年我国新能源汽车产销量

资料来源：根据中国汽车工业协会公布数据整理得出。

---

① 2017年我国环境污染治理行业发展现状分析及发展趋势预测[EB/OL]. 中国报告网，2017-10-23.

② 水污染治理大年引爆万亿级市场[N]. 经济参考报，2017-07-03.

③ 穆晓菲. 交通部出台新规助绿色交通发展，新能源汽车为主要动力前景广阔[EB/OL]. 前瞻产业研究院，2017-12-21.

④ 工信部：中国新能源汽车产销量居世界第一[EB/OL]. 工业和信息化部网，2017-04-25.

⑤ 新能源汽车市场掀扩张热潮 2020年销量有望达到200万台[N]. 经济参考报，2017-11-24.

5. 环境治理将进一步释放绿色消费

日益严重的资源环境问题，凸显转变传统消费方式和生活方式的迫切性。绿色消费等新型消费方式具有巨大的发展潜力。例如，适应人民对优美环境的需求，加强对环境的综合治理，有助于进一步释放国人的旅游消费潜力；加强土壤污染防治，改善土壤资源环境，将有助于释放人民对有机、绿色、健康食品的消费需求；加强大气污染防治将倒逼人们出行方式、居住方式的转型，更多的人会选择购买新能源汽车，乘坐公共交通；加大水污染防治，使人们更加注重保护和节约使用水资源，并释放净水器市场的消费潜力。

第二节　以绿色转型推动绿色发展

当前，全球新能源革命蓄势待发，为全球应对气候变化、改善生态环境、走向绿色发展提供全新的解决方案。我国作为世界上最大的能源生产国和消费国，推动绿色发展，需要把握新能源革命的主动权，以新能源生产和消费革命带动产业结构的绿色转型，走出一条构建绿色产业体系的新路子。

一、新能源革命为绿色发展提供技术条件

面对全球第三次能源革命浪潮，加快科技创新和产业创新，抢占能源生产和消费革命的制高点，是我国实现绿色发展的战略选择。正如习近平总书记强调的，“推动能源生产和消费革命是长期战略，必须从当前做起，加快实施重点任务和重大举措”[①]。

---

① 习近平主持召开中央财经领导小组会议强调 积极推动我国能源生产和消费革命加快实施能源领域重点任务重大举措 [N]. 人民日报，2014-06-14.

1. 全球新能源革命的加速

（1）新能源增长势头迅猛。2006—2015年，全球可再生能源年均增长5.7%，远高于化石能源1.5%的增速。2015年，全球可再生能源发电量已占总发电量的23%；全球可再生能源投资达3289亿美元，远高于化石能源1300亿美元的投资额。预计未来15年，全球风电装机将增加3倍，太阳能发电装机将增加5倍，可再生能源越来越成为新增能源供应的主力能源，呈加速发展趋势①。

（2）新能源成本快速下降。随着可再生能源技术进步和大规模应用，陆上风电和太阳能光伏发电成本近5年已分别下降20%和60%，预计未来10年还将分别下降25%和60%左右。美国能源部预计2020年光伏发电成本可下降到6美分/千瓦时，2030年下降到3美分/千瓦时，成为最有经济竞争力的发电技术②。

（3）2040年将是世界“新能源替代”的临界点。全球新能源替代传统化石能源将经历三个阶段：第一阶段是“增速替代”，化石能源和新能源绝对数量都在增长，但新能源增速大于化石能源。第二阶段是“增量替代”，新能源在增长的绝对数量上高于化石能源。第三阶段是“主体替代”，即新能源最终成为主体能源③。国际能源署（IEA）《世界能源展望2014》报告指出，到2040年，新能源在世界能源供应结构中的占比将与石油、天然气、煤炭平分秋色④。就是说，届时全球将有50%的传统能源被新能源替代。

2. 建设美丽中国重在推动新能源革命

（1）2035年美丽中国目标基本实现需要达到或接近世界“新能源替代”的平均水平。比照目前世界新能源发展的进程，在美丽中国目标基本实现的2035

---

① 何建坤. 实施能源革命战略促进绿色低碳发展[J]. 科学中国人，2017（10）.
② 何建坤. 实施能源革命战略促进绿色低碳发展[J]. 科学中国人，2017（10）.
③ 李河君. 中国领先一把：第三次工业革命在中国[M]. 北京：中信出版社，2013.12.
④ 戴炜轶. IEA发布《世界能源展望2014》[N]. 中国科学报，2014-12-02.

年，我国应当有接近40%的传统能源被新能源替代。

（2）"新能源替代"有赖于新能源革命。我国的"新能源替代"若要赶上世界平均水平还面临很大挑战。在我国能源结构中，煤炭长期以来占总能耗比例在70%左右，尽管2015年已下降到64.4%，但仍处于较高水平。

（3）降低二氧化碳排放强度有赖于新能源革命。我国在《巴黎协定》框架下提出到2030年单位GDP的二氧化碳强度比2005年下降60%~65%，2030年左右二氧化碳排放达到峰值并努力早日达峰[①]。这一目标的实现，同样有赖于新能源革命的加速推进。

3．我国拥有加快推动新能源革命的独特优势

《第三次工业革命》的作者杰里米·里夫金认为，运用互联网技术利用新能源是新能源革命的基本趋势，他曾预言，中国将成为21世纪新能源革命的领导者[②]。事实上，我国已经在多方面具备了推动新能源革命的优势。第一，建设美丽中国成为国家发展的战略目标，政府、企业、社会各个层面都在集聚新能源发展的动力。第二，我国拥有世界上最大的新能源市场，可以为技术创新提供巨大空间。第三，我国的互联网经济在多方面领先世界，可以为"互联网＋新能源"提供巨大发展空间。第四，我国正处在产业结构的重大转型时期，转型压力迫使许多企业纷纷向新能源新兴产业找出路，并形成了不少新能源发展上的领先优势。

专栏8.4

我国在新能源革命上已经形成独特优势

2010年，我国太阳能光伏产量占据全球47.8%的市场份额，取代日本成为第一。在此之前，我国只是光伏生产产量第一，从2013年开始，我国新增装机容量为11.3GW，也成为世界第一，其次是日本6.9GW，排在第三位的是美国4.8GW。在光伏发电领域，我

① 强化应对气候变化行动——中国国家自主贡献[EB/OL]．新华网，2015-06-30．

② 李河君．中国领先一把：第三次工业革命在中国[M]．北京：中信出版社，2013.12．

国不仅仅是制造业上的优势，而且已经显示出技术的优势。在光伏技术上，中国不仅是世界第一阵营的成员，而且在许多关键技术上已经占据世界领先地位。

资料来源：张孝德．“十三五”经济转型升级新思维 [J]．国家行政学院学报，2015（02）．

二、以能源结构变革推动绿色发展

把推动能源生产和消费革命作为基本国策，以调整和改善能源结构为重点，以建设绿色能源体系为目标，争取到 2020 年初步建立高效、安全、清洁、低碳的能源供应体系和消费体系。

1．把推进能源生产和消费革命作为供给侧结构性改革的重大任务

近几年，我国政府高度重视推动新能源革命。先后出台了《能源生产和消费革命战略（2016—2030）》《能源技术革命创新行动计划（2016—2030 年）》，明确提出了我国推动新能源革命的战略目标和阶段性任务。落实规划要求，有利于削减各种污染物排放，有效防治水、土、大气污染，改善生态环境质量；有利于带动加快建设绿色低碳循环经济体系。建议把推进能源生产和消费革命作为供给侧结构性改革的重大任务，在有效控制化石能源总量、优化能源结构上取得重要突破。

2．以节约高效为目标推进能源消费革命

（1）严格实施能源消费总量和强度“双控”。把能源消费总量、强度目标作为经济社会发展重要约束性指标；实施差别化总量管理，大气污染重点防控地区严格控制煤炭消费总量，实施煤炭消费减量替代，扩大天然气替代规模；加强重点行业、领域能源消费总量管理；严格节能评估审查，从源头减少不合理能源消费。

（2）优化能源消费结构。提高市场准入标准，限制高能耗、高污染产业发展及煤炭等化石能源消费；依法依规淘汰环保、能耗、安全生产不达标和生产

不合格落后产能，促进能源消费清洁化。推动产业结构调整与能源结构优化互驱共进，使能源消费结构更加绿色、高效。

（3）深入推进节能减排。把节能贯穿于经济社会发展全过程和各领域，完善节能评估制度，全面提高能源利用效率；推动完善污染物和碳排放治理体系。强化主要污染物减排，重点加强重工业企业污染控制，实施工业污染源全面达标排放，控制移动源污染物排放，全面推进大气中细颗粒物防治，构建机动车船和燃料油环保达标监管体系。

（4）推动城乡电气化发展。结合新型城镇化、农业农村现代化建设，优先使用可再生能源电力；大幅提高城镇终端电气化水平，切实提升农村电力普遍服务水平，缩小城乡生活用电差距；加速推动电气化与信息化深度融合，通过信息化手段，全面提升终端能源消费智能化、高效化水平。培育基于互联网的能源消费交易市场。

3. 以清洁低碳为目标推进能源生产革命

（1）推动煤炭清洁高效开发利用。煤炭是我国主体能源和重要工业原料，支撑了我国经济社会快速发展，还将长期发挥重要作用。实现煤炭转型发展是我国能源转型发展的立足点和首要任务。实现煤炭集中使用，大力推广煤改气、煤改电；推动实现集中利用、集中治理，大力推进煤炭清洁利用；促进煤炭绿色生产；严控煤炭新增产能，做好新增产能与化解过剩产能衔接，完善煤矿正常退出机制，实现高质量协调发展。

（2）大力发展清洁能源。大幅增加清洁能源的生产供应，是优化能源结构、实现绿色发展的必由之路。大力发展风能、太阳能，不断提高发电效率，降低发电成本；积极推动天然气国内供应能力倍增发展；在具备条件的建筑、产业园区和区域，充分利用分布式天然气、分布式可再生能源。

（3）优化能源生产布局。综合考虑能源资源禀赋、水资源条件、生态环境承载力以及能源消费总量和强度“双控”等因素，科学确定能源重点开发基地；结合全国能源生产供应布局，统筹多种能源输送方式；加快能源输送网络转型，扩大可再生能源有效利用，推动能源输送网络升级提效。

（4）建设“互联网 +”智慧能源。促进能源与现代信息技术深度融合，增强发展新动力；推进可再生能源的智能化生产和传统能源智能化改造；推动多种能源的智能定制，合理引导电力需求，鼓励用户参与调峰，培育智慧用能新模式。构建基于大数据、云计算、物联网等技术的能源监测、管理、调度信息平台、服务体系和产业体系。

4. 大力推动能源技术革命

（1）依托成熟先进技术创新产业模式。按照到 2030 年建成与国情相适应的完善的能源技术创新体系的目标要求，大力推动能源技术革命，以扩大成熟先进技术的推广和使用，带动产业升级；降低能源新技术进入市场的门槛，推广技术成熟、有市场需求、经济合理的技术与产业创新结合。

专栏 8.5

中国能源技术革命的总体目标

《能源技术革命创新行动计划（2016—2030 年）》明确提出我国能源技术革命的总体目标：到 2020 年，能源自主创新能力大幅提升，一批关键技术取得重大突破，能源技术装备、关键部件及材料对外依存度显著降低，我国能源产业国际竞争力明显提升，能源技术创新体系初步形成；到 2030 年，建成与国情相适应的完善的能源技术创新体系，能源自主创新能力全面提升，能源技术水平整体达到国际先进水平，支撑我国能源产业与生态环境协调可持续发展，进入世界能源技术强国行列。

资料来源：国家发展改革委国家能源局关于印发《能源技术革命创新行动计划（2016—2030 年）》的通知 [EB/OL]. 国家发展和改革委员会网，2016-04-07.

（2）依托创新平台建设完善创新体系。在能源领域依托重点能源企业、科研院所和高等学校开展协同创新，建成集“产—学—研—用”于一体的研发基地作为联合创新平台，加速科技创新成果转化应用；在重大技术方面依托国家科技专项计划，实现关键技术攻关；提高人才、资本、技术和知识流动效率，构建更加高效的能源科技创新体系。

（3）依托国际合作破解技术“空心化”难题。推进能源技术领域国际合作，广泛开展双边、多边合作与交流，加强与优势国家和地区在先进核能、高效储能领域的合作，提高我国在相关领域的技术水平；引进、消化、吸收国外先进能源技术和装备，提升国产化水平和市场竞争力；结合“一带一路”建设，利用沿线国家和地区的资源优势开展能源技术领域务实合作。

三、加快形成绿色生产方式

实现传统产业绿色化改造是有效改善资源环境问题、释放潜在增长动力、提升国际竞争力的必要途径。以制造业和农业的绿色化改造为重点，加快构建科技含量高、资源消耗低、环境污染少的绿色工业和生态农业体系。

1. 大力发展绿色制造产业

（1）建立健全绿色工业标准。制定、修订能耗、水耗、物耗、污染控制、资源综合利用及绿色制造管理体系等标准规范，完善产品从设计、制造、使用、回收到再制造的全生命周期绿色标准，制定绿色工厂、园区、供应链标准，加强与国际标准对接互认。

（2）搭建绿色工业载体。按照厂房集约化、原料无害化、生产洁净化、废物资源化、能源低碳化的原则分类创建绿色工厂。鼓励企业使用清洁原料和清洁生产技术，提高工厂清洁和可再生能源的使用比例。推进绿色工业园区建设，促进园区内企业之间废物资源的交换利用，提高资源利用效率，发展园区信息、技术、商贸等公共服务平台。

（3）建立绿色供应链。以汽车、电子电器、通信、机械、大型成套装备等行业的龙头企业为依托，带动上游零部件供应商和下游回收处理企业，在保证产品质量的同时践行环境保护责任；构建以资源节约、环境友好为导向，涵盖采购、生产、营销、回收、物流等环节的绿色供应链。建立绿色原料及产品可追溯信息系统。

（4）培育壮大绿色企业。引导企业建立集资源、能源、环境、安全、职业卫生为一体的绿色管理体系，将绿色管理贯穿于企业研发、设计、采购、生产、营销、服务等全过程，实现生产经营管理全过程绿色化；培育一批具有自主品牌、核心技术能力强的绿色龙头企业，发挥大型企业集团示范带动作用，在绿色发展上先行先试。

（5）提升工业绿色智能水平。利用移动互联网、云计算、大数据、物联网及分享经济模式促进生产方式绿色转型，推动研发设计、原材料供应、加工制造和产品销售等全过程精准协同，强化生产资料、技术装备、人力资源等生产要素共享利用，实现生产资源优化整合和高效配置。

2. 大力发展生态循环农业

（1）优化调整种养结构。大力发展草食畜牧业，开展粮改饲技术创新和种养结合型循环农业试点。开展稻田综合种养技术示范，推广稻鱼共生、鱼菜共生等新模式。借力“互联网 +”，开发农业多种功能，促进一二三产业融合发展；因地制宜开展生态型复合种植，促进种地养地结合。探索实行耕地轮作休耕试点。

（2）资源利用节约化。稳步推进退耕还林还草工作，开展草原自然保护区建设和南方草地综合治理。加强水生生物自然保护区和水产种质资源保护区建设，推进水产养殖生态系统修复。加强野生动植物自然保护区建设，开展濒危动植物物种专项救护，完善野生动植物资源和农业外来入侵生物监测预警体系。

（3）生产过程清洁化。加快节水农业技术应用，提高自然降水和灌溉用水利用率；推进测土配方施肥，加大施肥方式改良，鼓励使用有机肥、生物肥和种植绿肥；推广生物农药和先进施药机械；开展畜禽规模养殖场改造和畜禽清洁养殖。因地制宜发展沼气工程，大力推广清洁能源。

（4）废弃物利用资源化。坚持循环利用。大力推行标准化规模养殖，探索规模养殖污染的第三方治理、PPP 模式等机制。启动一批秸秆全量化利用试点县建设，开展农田残膜回收区域性示范，逐步健全回收加工网络。

3. 推进旅游业的绿色转型

（1）建立旅游产品与服务绿色标准体系。在旅游活动各环节涉及的空气质量、环境卫生、食品卫生安全、设施设备安全、噪声及旅游产品生产过程产生的废水、废气、废渣、废油、垃圾等方面统一衡量标准；建立以绿色景区、绿色酒店、绿色建筑、绿色交通为核心的绿色旅游标准体系，推行绿色旅游产品、绿色旅游企业认证制度。

（2）全面推进旅游产业的绿色化改造升级。大力发展健康养生旅游、文化旅游、乡村旅游、森林旅游，推进旅游自循环模式向开放的“旅游 +”融合发展模式转变；加快形成促进生态旅游发展的政策环境。

（3）建立健全绿色旅游发展约束和惩罚机制。实施“旅游环境污染通报制度”，对旅游地污染环境的旅游企业进行曝光并追究相应的责任、给予相应的惩罚；对旅游过程中出现的毁坏自然环境等旅游行为给予相应惩处。

4. 创新发展节能环保产业

（1）注重提升节能环保产业。提升节能环保产业不仅有利于补齐资源环境短板、改善生态环境质量，也有利于培育发展新动能、提升绿色竞争力。以节能环保领域科技创新为核心，以系统节能、环境污染治理、资源循环利用为三大重点，充分发挥市场在节能环保产业资源配置中的决定性作用，实现绿色发展的新突破。

（2）提升节能技术装备供给水平。加大余能回收利用、节能技术研发；发展钢铁、有色行业、石化和化工行业、煤化工行业等行业能量系统优化的重点节能技术；形成贯通整个工业企业生产流程的综合性节能工艺技术路线。

（3）提升环保技术装备供给水平。重点加大对大气污染防治、水污染防治、土壤污染防治、城镇生活垃圾和危险废物处理处置等环保技术的研发投入；加强工业废水处理、生活污水处理等关键技术研发力度；加强环境物联网与大数据建设，实现环境监测数据模型化、精细化、准确化。

（4）提升资源循环利用技术装备水平。加大对资源循环利用、节约利用的技术研发和投入；开发以工业废渣为原料的高附加值产品和低成本利用技术；开展农业废弃物资源化利用；开发新型废弃物的资源化利用技术。

四、倡导简约适度、绿色低碳的生活方式

杜绝铺张浪费、限制不合理需求，形成生活方式绿色化的大环境，促进绿色化融入生产领域和消费领域，减少资源严重浪费与过度消费现象，遏制攀比性、炫耀性、浪费性行为日益增长，实现生产方式和生活方式的绿色转型。

1. 推动绿色生活和消费理念深入人心

（1）开展全民绿色消费教育。将勤俭节约、绿色低碳的理念融入家庭教育、各类学前和中小学教育教学体系。把绿色消费作为家庭思想道德教育、学生思想政治教育、职工继续教育和公务员培训的重要内容。

（2）广泛推进主题宣传。把绿色消费纳入全国节能宣传周、科普活动周、全国低碳日、环境日等主题宣传活动；各主要新闻媒体和网络媒体要积极宣传绿色消费的重要性和紧迫性，在黄金时段、重要版面制作发布公益广告，及时宣传报道绿色消费的理念经验和做法，加强舆论监督，曝光奢侈浪费行为，营造良好社会氛围。

（3）推进生态文化成为主流文化。开展以绿色生活、绿色消费为主题的环境文化活动。鼓励将绿色生活方式植入各类文化产品，利用影视、戏曲、音乐及图书漫画等形式传播绿色生活科学知识和实践方法，以及传统生态文化思想、资源和产品，提升公众生态文明意识和道德素养。

2. 推进衣、食、住、行等领域绿色化

（1）服装绿色化。禁止将珍稀野生动物毛皮作为服装原料；限制含有毒有害物质的服装材料等的生产与使用；鼓励研发和推广环境友好型服装材料。

（2）饮食绿色化。鼓励餐饮行业减少提供一次性餐具，更多提供可降解打

包盒。鼓励餐饮企业对餐厨垃圾实施分类回收与利用。加强对餐饮企业的环保监管，使餐饮服务业油烟达标排放，防止对附近居民的正常生活环境造成污染。

（3）居住绿色化。推广绿色建筑，引导家具等行业采用环保型原材料，切实提升清洁生产水平。完善相关环境标志产品技术要求。推动完善节水器具、节电灯具、节能家电等产品的推广机制，鼓励公众购买绿色家具和环保建材产品。

（4）出行绿色化。倡导低碳出行、绿色出行，大力发展城市公共交通，提高公共交通的可及性、便利性，为合理控制燃油机动车保有量创造条件。采取财政、税收、政府采购等措施推广应用节能环保型和新能源机动车。加强机动车污染防治，严格执行机动车大气污染物排放标准。在重污染天气等特殊情况下，鼓励公众主动减少机动车使用。重污染天气预报预警信息发布后，通过电视、广播、网络、短信等途径告知公众，指导公众出行。

3. 全面推进公共机构带头绿色消费

（1）全面推行绿色办公。提高办公设备和资产使用效率，鼓励纸张双面打印。推进信息系统建设和数据共享共用，积极推行无纸化办公。完善节约型公共机构评价标准，合理制定用水、用电、用油指标，建立健全定额管理制度。使用政府资金建设的公共建筑全面执行绿色建筑标准。

（2）完善绿色采购制度。严格执行政府对节能环保产品的优先采购和强制采购制度，扩大政府绿色采购目录范围。鼓励有条件的公共机构利用内部停车场规划建设电动汽车专用停车位和充电桩；从财税政策上支持社会资本利用存量停车位参与充电桩建设，提供新能源汽车应用服务。

第三节　以绿色转型为主线的生态文明体制改革

以绿色转型推动高质量发展，关键在于深化生态文明体制改革，突破制约我国环保治理的体制机制障碍，构建政府为主导、企业为主体、社会组织和公众共同参与的环境治理体系，把生态文明建设纳入制度化、法治化轨道，为美丽中国建设提供制度保障。

一、以资源环境产权制度改革为重点建立环境治理的市场机制

从国际经验看，建立资源环境产权制度，有利于将资源环境成本内部化，由此激励企业推进资源有效利用和环境保护。

1. 资源环境产权改革滞后掣肘绿色转型

（1）自然资源产权制度改革滞后。目前，我国已经建立起包括土地、水、山林、矿产为主要内容的资源价格制度，但现有自然资源产权制度改革滞后，不仅造成部分自然资源的掠夺性开采与使用，而且导致诸多领域自然资源价格无法反映其实际价值。从实践看，当前生态环境恶化，在很大程度上和自然资源的无序开发与利用相关。

（2）环境产权制度改革滞后。我国生态环境整体不佳，虽然有环境保护不到位的原因，但深层次的原因在于我国环境产权制度尚未建立，新能源消费市场发展缓慢，传统能源生产与消费难以退出历史舞台。

（3）加快资源环境产权制度改革的紧迫性凸显。一方面，经济转型升级对资源环境的约束全面增强；另一方面，以绿色转型引领高质量发展，不仅取决于绿色、低碳等技术创新，更取决于资源环境产权制度创新，由此推动资源环

境成本内部化。

2. 健全自然资源产权制度

（1）加快健全自然资源统一确权登记制度。目前，法律上已经明确规定了公司、法人和其他组织所拥有各种自然资源的权利，但如果权利不登记在案，这项权利就是不完整的，也难以真正受到法律保护。在这个背景下，2016年12月，国土资源部等多部委印发《自然资源统一确权登记办法（试行）》，明确要求“对水流、森林、山岭、草原、荒地、滩涂以及探明储量的矿产资源等自然资源的所有权统一进行确权登记，界定全部国土空间各类自然资源资产的所有权主体”。并提出试点工作的时间表、路线图①。这件事情越早完成越主动，建议在试点的基础上尽快向全国推广，加快形成全国自然资源统一确权登记制度。

（2）建立健全自然资源资产有偿使用制度。改革开放以来，我国自然资源资产有偿使用制度逐步建立，在促进资源有效利用、维护所有者权益等方面发挥了重要作用。但从实际情况看，这项制度与经济转型升级的现实需求不相适应，尤其是自然资源资产使用过程中的市场机制尚未全面建立，导致部分自然资源资产配置效率不高。为此，2016年年底，国务院出台《关于全民所有自然资源资产有偿使用制度改革的指导意见》，对国有土地资源、水资源、矿产资源、国有森林资源、国有草原资源、海域海岛等自然资源有偿使用作出明确要求②。自然资源既具有经济属性，又具有生态属性，在有偿使用中要充分发挥市场在资源配置中的决定性作用和更好发挥政府作用，保证自然资源的配置效率与公平性。

（3）全面开展用能权有偿使用和交易。用能权是经核定允许用能单位在一定时期内消费各类能源量的权利，是控制能源消费总量的有效手段和长效机制。

---

① 七部委关于印发《自然资源统一确权登记办法（试行）》的通知[EB/OL]. 国土资源部网，2016-12-24.

② 国务院关于全民所有自然资源资产有偿使用制度改革的指导意见[EB/OL]. 中国政府网，2016-12-29.

《中华人民共和国国民经济和社会发展第十三个五年规划纲要》明确提出“建立健全用能权、用水权、排污权、碳排放权初始分配制度，创新有偿使用、预算管理、投融资机制，培育和发展交易市场”[①]。2016年7月，《国家发展改革委关于开展用能权有偿使用和交易试点工作的函》要求浙江、福建、河南、四川四省积极开展用能权有偿使用和交易试点，并提出了明确的试点方案[②]。建议适时扩大试点范围，及时总结试点经验，尽快在全国推广。

3. 加快建立环境产权制度

（1）全面启动环境产权制度改革。加快建立完善的现代环境产权制度，有效保护环境投资者的合法利益，做大做强环保产业。一是促进环境产权公平交易。凡享受环境保护外部经济正效应的地区、企业或个人，需要向环境产权所有者支付相应的费用；二是实施环境产权严格保护。凡对环境造成损害的地区、企业或个人，特别是高污染、高耗能产业，除督促整改外，还应加大经济赔偿额度或行政处罚力度；三是加大对环保投资的政策扶持力度，鼓励社会资本进入。努力把环保产业打造成为新的国民经济支柱产业。

（2）加快建设全国碳排放权交易市场。从国际经验看，利用市场机制实现节能减排能取得比较好的效果。例如，按照《京都议定书》要求，欧盟为了履行减排承诺，制定了排放交易体系，并于2005年年初开始试运行。欧洲碳排放交易体系成为世界上最大的碳排放交易市场，有数据显示，2010年成交额达到1198亿美元，占全球碳交易成交额的84%[③]，为全球减少碳排放作出了重要贡献。我国从2013年开始在7个省份陆续进行碳交易试点，到2017年，全国碳

① 中华人民共和国国民经济和社会发展第十三个五年规划纲要[EB/OL]. 新华网，2016-03-17.

② 国家发展改革委关于开展用能权有偿使用和交易试点工作的函[EB/OL]. 国家发展和改革委员会网，2016-07-28.

③ 全球主要碳交易市场一览[N]. 中国建材报，2014-12-17.

交易试点的碳交易价格在3~7美元/吨，交易额约为6.8亿美元①。为进一步加大减排力度，推进经济转型升级，实现高质量发展，2017年12月，国家发改委印发《全国碳排放权交易市场建设方案（发电行业）》，标志着我国开始启动全国碳排放权交易体系建设。在这个基础上，建议尽快由发电行业向所有行业推广，最终建立起覆盖全行业、全国统一的碳排放权交易市场。

（3）全面推行排污权有偿使用和交易制度。从国际经验看，美国是最早实施排污权交易制度的国家，从而有效解决酸雨、湿地保护和气候变化等问题。我国从2007年开始在天津、河北、内蒙古等11个省（区、市）开展排污权有偿使用和交易试点，取得了一定进展。2014年，国务院办公厅出台《关于进一步推进排污权有偿使用和交易试点工作的指导意见》。现在来看，试点工作已经基本完成，试点地区排污权有偿使用和交易制度也基本建立。在这个基础上，需要总结经验，尽快在全国全面推行排污权有偿使用和交易制度。

4. 构建有竞争、有活力的能源市场体系

（1）加快形成企业自主经营、消费者自由选择、商品和要素自由流动的能源市场体系。减少政府对能源市场的干预，减少对能源资源直接分配和微观经济活动的行政管理，抓紧构建基础性制度，保障资源有序自由流动。全面推进能源行政审批制度改革，完善负面清单，鼓励和引导各类市场主体依法平等参与负面清单以外的能源领域投资运营。

（2）推动能源市场主体多元化。在新能源领域积极稳妥发展混合所有制，支持非公有制发展，建立完善的油气、煤炭、电力以及用能权等能源交易市场，确立公平开放透明统一的市场规则。打破地区封锁、行业垄断，加强市场价格监管和反垄断执法，严厉查处实施垄断协议、滥用市场支配地位和滥用行政权力等垄断行为。

（3）全面推进能源企业市场化改革。着力推动能源结构、布局、技术全面

① 孙珂．全国碳排放权交易市场正式启动[N]．国家电网报，2017-12-27．

优化。实施国有能源企业分类改革，坚持有进有退、有所为有所不为，着力推进电力、油气等重点行业改革。按照管住中间、放开两头的原则，有序放开发电和配售电业务。

（4）实现能源价格主要由市场决定。全面放开竞争性环节价格，凡是能由市场形成价格的，都要交给市场。加强对市场价格的事中事后监管，规范价格行为。推动形成由能源资源稀缺程度、市场供求关系、环境补偿成本、代际公平可持续等因素决定的能源价格机制[①]。

二、实现城乡环境同治

城乡二元环境保护体制是城乡二元结构的重要表现。从现实情况来看，城乡分治的环保体制既不利于全国一盘棋推进绿色转型，也不利于城乡融合进程，成为实现高质量发展的重要掣肘。以城乡环境同治推进绿色转型，成为实现高质量发展的重要内容，也是新时代乡村振兴的重大举措。

1. 绿色转型对城乡环境同治的需求全面增强

我国进入高质量发展阶段，推进绿色转型，不仅要加强城市环境治理，更要加强农村环境治理。长期以来，我国环境治理“重城市、轻农村”的特点突出，农村环境治理尚未引起高度重视。目前，全国城市基本上都建有垃圾回收处理站、污水处理厂等一整套环保基础设施，但农村基础设施落后，尚未全面建立统一的垃圾、污水处理系统，严重污染了农村空气、水源和土地，恶化农村生活环境，影响了农村居民健康。更重要的是，城市生活污染有专门的卫生环卫部门管理，而农村生活污染缺乏相应的管理部门，由此导致城乡环境治理长期难以统一。

① 国家发展改革委 国家能源局关于印发《能源生产和消费革命战略（2016—2030）》的通知 [EB/OL]. 国家发展和改革委员会网，2016-12-29.

2. 城乡环境同治的重点在农村，难点也在农村

（1）农村环境污染程度较深。由于人们长期关注城市环境，农村环境污染被忽视。实际上，农村环境污染较为严重，尤其是农村污染点多、面广、类杂、集中无害处理难。农村平均每人每天产生生活垃圾 0.8 千克①。按照全国 5.8 亿农村常住人口测算，我国每年产生农村生活垃圾 1.69 亿吨。在这个背景下，2014 年，我国启动农村生活垃圾治理专项行动，提出用 5 年左右实现全国 90% 村庄的生活垃圾得到治理的目标。据统计，2016 年全国农村生活垃圾处理率达到 60%。与此同时，农村生活污水处理率增速加快，2016 年达到 22%，较 2015 年提高了 4%，年增幅是“十二五”期间的 4 倍②。但总的来看，这与城市生活垃圾和生活污水处理率相比还存在较大差距。

（2）农村环境治理难度较大。由于农村环保历史欠账多，农村环保基础设施建设总体滞后，积累的矛盾与问题相当多。一方面，农村环保基础设施投入需要大量资金。根据环保部研究，目前全国约有 60 万个行政村，按照其中 1/3 迫切需要治理，每个行政村治理需要 100 万元，中央和地方各投资 50% 测算，共需中央财政投入 1000 亿元③。另一方面，传统生产生活方式的改变是一个长期过程，需要加大农村居民环境保护的教育宣传力度。

3. 建立城乡环境同治的体制机制

（1）推进城市环保基础设施向农村延伸。一是加快推进农村环境综合整治。推进乡镇污水处理厂建设、农村垃圾收处体系建设和畜禽污染治理三个“全覆盖”工程；二是加大农村垃圾处理设施和生活污水处理设施资金投入，完善农村环保基础设施；三是加大农村畜禽污染治理投入，防止农村面源污染。

---

① 我国每年产生农村生活垃圾 1.75 亿吨 [N]. 中国环境报，2017-03-10.

② 2016 年全国农村生活垃圾处理率达 60%[N]. 光明日报，2017-01-20.

③ 十二五农村污水治理缺口千亿 1 亿多农民喝污水 [N]. 21 世纪经济报道，2011-10-31.

（2）建立农村环保工作机制。长株潭城市群在建设两型社会过程中建立了一套农村环保工作机制，实现了城乡环境同治。建议借鉴湖南经验，加快建立农村环保工作机制。

——建立农村垃圾处理体系。逐步探索“分户收集、分类处理、政府补贴、村民自治、合作社运营”的垃圾处理模式，加快建立“村收集、镇中转、市处理”的农村垃圾处理体系。

——建立农村环保合作社。采取市场化运作和行政管理相结合的方式，在条件较好的中心镇分别成立农村环保合作总社，各行政村设立分社，专门负责农村垃圾收集转运。建立“镇干部包村、村干部包组、组干部包户”的责任体系，形成“农户—组保洁员—合作社”的组织形式。

——建立农村环保工作机制。配备专门人员，在全国率先组建乡镇一级农村环保办公室，各行政村配备相应的环保工作人员，建立类似于计生系统的农村环保工作系统，专门负责农村环境保护。

（3）建立城乡统一的环保管理体制。一是将农村环保纳入城市环保规划统一制定；二是将农村环境基础设施建设标准、农村环境监测标准与城市统一，建立城乡统一的环保标准；三是在不改变环保垂直管理的条件下，将新建立的农村环保工作系统纳入城市环保系统统一管理，将城市环保部门向农村延伸。

三、构建绿色财税金融体制

无论是支持绿色产业发展，还是加强生态环境治理，对绿色财税、绿色金融的需求不断扩大。尽快构建绿色财税金融体制，发挥财政、金融政策对绿色发展的制度保障作用。

1. 绿色转型需要构建绿色财税金融体制

（1）推进价、税、财、金联动改革，形成绿色转型的体制合力。构建绿色财税金融体制，从财税金融层面形成激励企业保护生态环境的制度安排，是发达国家推进绿色转型的重要经验和有效途径。在建设美丽中国的大背景下构建绿色发展的制度体系，需要把新一轮价、税、财、金等各方面改革联动起来，以形成绿色转型的体制合力。目前我国在资源税征收上已经取得阶段性成果。2016 年 8 月，人民银行等七部委出台了《关于构建绿色金融体系的指导意见》。下一步，要把绿色财税金融体系建设纳入生态文明制度的整体框架内加快推进落实。

（2）绿色转型推动财税体制重构。改革开放 40 年来，为了经济发展，我国形成了以经济总量为导向的中央地方财税关系。我国进入经济转型升级的历史关口，经济发展对资源环境的约束越来越强。在这个特定的历史阶段，转向经济高质量发展，越来越依赖于绿色转型，这对改革现行财税体制与政策提出了客观需求。例如，适应绿色消费的发展，需要加快出台促进绿色消费的税收政策；国家主体功能区建设，需要财政加大对生态保护区的转移支付等。2018 年，我国全面开征环境保护税，标志我国在税收体系中正式建立了生态环境保护税种，为税收绿色转型奠定了重要基础。

（3）绿色金融制度是实现绿色转型的重要制度基石。2016 年 8 月，习近平总书记在中央全面深化改革领导小组第二十七次会议上指出，发展绿色金融，是实现绿色发展的重要措施，也是供给侧结构性改革的重要内容[①]。我国开始走向以生态文明建设为目标的绿色发展道路，对现有金融体制的绿色转型提出了新要求。无论是发展以节能环保为重点的绿色产业，还是推进绿色城镇化、加快培育新的经济增长点，都需要政府加快构建绿色金融制度，由此形成我国绿色转型的重要推动力。要通过创新性金融制度安排，引导和激励更多社会资本投入绿色产业，同时有效抑制污染性投资。

2. 构建绿色财税体制

（1）加快构建绿色税收制度。一是全面推进资源税改革，加快对森林、草场、滩涂等自然资源开征资源税，合理确定资源税税率，提高资源综合利用效

① 习近平：加快突破推进改革 发展绿色金融 [EB/OL]. 新华网，2016-09-01.

率；二是适应消费主导的经济转型，加快推进消费税改革，把消费税作为地方主体税种，调整消费税征收范围，将一些高污染、高能耗商品纳入消费税征税范围，调整消费税率，将消费税由价内税改为价外税，实现消费税价税分离。

（2）建立健全生态保护补偿机制。按照主体功能区建设的要求，坚持保护优先，坚守生态环境保护红线，让城乡居民切实感受到保护绿水青山就是保护金山银山。为此，一是完善重点领域的生态保护补偿机制。到2020年，实现森林、草原、湿地、荒漠、海洋、水流、耕地等重点领域生态保护补偿全覆盖；二是完善重点生态区域补偿机制。到2020年，实现禁止开发区域、重点生态功能区等重要区域生态保护补偿全覆盖；三是建立以地方补偿为主、中央财政给予支持的横向生态保护补偿机制。

（3）加大对绿色产业发展的税收支持。在增值税方面，将重大节能、环保设备和产品纳入增值税减免范围；对于购进环保设备的单位或个人进行税额抵扣；在所得税方面，将企业所得税的优惠范围扩大到全部环保产业，并对研发开发有利于环保的新能源、新技术的产业实行专项税收优惠。

3．推进绿色金融体系建设

（1）建立绿色信贷体系。近年来，部分发达国家的银行把环境因素纳入其贷款、投资和风险评估程序中，环境报告已经从会计报表的边缘内容变为主要内容，绿色会计报表逐步得到广泛应用。为支持企业绿色低碳发展，环保产品生产企业、节能减排服务公司可以得到优惠贷款，良好环保记录的普通企业也可以得到银行贷款支持；而对于那些造成环境污染的企业，在贷款时征收惩罚性高利率或缩短贷款期限。2007年以来，原国家环保总局和银监会就制订了“绿色信贷”计划，对环境污染违法企业限制贷款。建议尽快建立切实可行的环境风险评估标准和“绿色信贷”指导目录，制定实施细则。

（2）探索发行绿色债券。可考虑鼓励企业发行“绿色企业债券”或“绿色金融债券”，对于节能减排企业、环保项目和生态工程在发行债券方面提供“绿色通道”，简化审批手续，缩短审批时间。

（3）成立专项环保基金。可以通过财政收入划拨或向中央银行申请再贷款的方式，成立国家级“环保专项基金”，专门用于环境保护事业以及对环境污染重大事件的受害人进行赔偿。各级地方政府设立类似的绿色专项基金。

四、创新生态环境监管体制

当前，我国生态环境多头监管的特点突出，难以适应经济转型升级对加强环境监管的现实需求。这就需要加快建立统一的生态环境监管体制，加强对生态文明建设的总体设计和组织领导。

1. 绿色转型对创新生态环境监管体制提出了新要求

从国际经验看，环境保护监管部门多采取“大部制”模式。例如，意大利的环境、领土与海洋部，将国土、海洋、河流、山林等环境资源统一管理；法国的生态、能源、可持续发展和海洋部；俄罗斯的自然资源和生态部；英国的环境、食品和农村事务部等（见表 8.1）。从我国的情况看，环境监管职责分散在环境保护部、国土资源部、水利部、建设部等相关部门，这样既不利于职能的统筹协调，还容易导致部门间相互推诿扯皮。以绿色转型为重点建设生态文明，需要相关部门统一行使环境保护职能。

表 8.1：部分国家“大环保部”机构设置与职能列举

国家	机构名称	具体职能与机构设置
意大利	环境、领土与海洋部	负责保护国土、海洋、河流、湿地、山林等环境资源，拟定环保政策、规划，起草相应的法律法规草案，制定部门规章，组织各类环保标准、规范的制定并监督执行
俄罗斯	自然资源和生态部	负责相应国家政策和规范性文件的制定和落实。下设联邦自然利用监督局、联邦生态、技术和原子能监督局、水利署、水资源署、水文气象和环境监测局
法国	生态、能源、可持续发展和海洋部	在组织构架上合并了住宅、城市规划、交通、能源、生物多样性、水资源、科研等多个部门职责，内设有防治环境污染与风险管理司、自然与风景管理司、温室效应部际委员会

续 表

国家	机构名称	具体职能与机构设置
印度	环境与林业部	主要负责污染控制、环境教育与研究、林业保护、动物福利、自然资源保护等多个方面，促进采取认知、保护和恢复环境的原则和战略，可持续使用自然资源，在制定和执行公共政策中贯彻可持续发展等
美国	国家环境保护署	制定和执行依照法律制定的环境法规，促进环保意识的加强。主要由以下部门组成：空气和辐射办、环境信息办、环境司法办、环境巡查办、污染、杀虫剂和有毒物质办、固体废弃物和应急反应办、水办等
德国	联邦环境、自然保育及核能安全部	职能涉及气候保护、环境与能源、可再生能源、国际合作；核能设施安全、辐射防护、核燃料循环；水资源管理、废弃物管理、土壤保护；环境健康、注入控制、装置安全与运输、化学安全；自然保育及自然资源永续使用等。每项环境保护方面都有一个局长负责
英国	环境、食品和农村事务部	由原来的房屋与地方行政部、交通部、公共建筑部合并而成，统一协调城乡规划、交通运输、污染防治与环境保护等工作

资料来源：谭波. 论环保“大部制”的构建及其法治反思——决策与执行的二元视角［J］. 生态经济，2015（01）.

2. 推进环境保护“大部制”改革

（1）在中央层面，探索建立大环保部。借鉴发达国家经验，考虑将分散在不同部门的环保职能进行归并统一，赋予环保部门更大的监管权。

（2）加快组建国有自然资源资产管理和自然生态监管机构。该机构统一行使全民所有自然资源资产所有者职责，统一行使所有国土空间用途管制和生态保护修复职责，统一行使监管城乡各类污染排放和行政执法职责。

（3）尝试在地方推进跨行政区划的环保“大部制”改革。例如，长沙、株洲、湘潭 3 市共饮一江水，需要把长株潭作为一个完整的环境单元进行整治。建立统一的区域环境治理指挥部，全面负责调度所辖区域环境治理，在地方政府部门内部可将涉及环境治理流程的所有职能部门进行整合，成立统一协调委员会，负责环境资金划拨、预算、用途等决策。

3．实现从中央到地方的垂直环境监管治理体系

加大对环保监管的投资，资金由中央财政直接拨付，避免地方环保部门开支受限于地方财政；加强对有关部门和地方政府执行国家环境法律法规和政策的监督，特别是纠正地方政府对环境保护的不当干预行为，是我国环境保护工作发展的方向。

第四节　推动绿色转型的国际合作

党的十九大报告明确提出，“引导应对气候变化国际合作，成为全球生态文明建设的重要参与者、贡献者、引领者”。近年来，随着美丽中国建设进程的不断加快，我国逐渐由全球绿色转型的跟随者向推动者、引领者转变。推动绿色转型的国际合作，既有利于形成我国绿色发展的外部动力，又有利于我国为全球绿色发展贡献“中国方案”。

一、我国已成为绿色发展的重要推动者

在全球环境问题依然严峻、全球环境治理格局发生深刻变化的背景下，我国加强环境治理、建设生态经济、加大政策扶持，推动国内绿色发展，也为世界经济绿色转型贡献中国力量。

1．全球环境仍面临巨大挑战

近年来，面对全球生态环境的恶化，加大环境保护力度成为全球有史以来最具共识的议题之一，多个国家共同签署了《联合国气候变化框架公约》《京都议定书》《巴黎协定》等一系列具有法律效力的环境治理框架协议。但从现实情况来看，全球环境质量恶化并未得到根本遏制，全球环境问题依然严峻。目前，

全世界每年因户外空气污染引起的过早死亡人数为300万人，到2040年这一数值将增加至450万人[①]。此外，在现有化石能源占85%的能源消费格局下（见图8.5），全球经济复苏将进一步带来生态环境压力，全球绿色发展仍将面临巨大挑战。

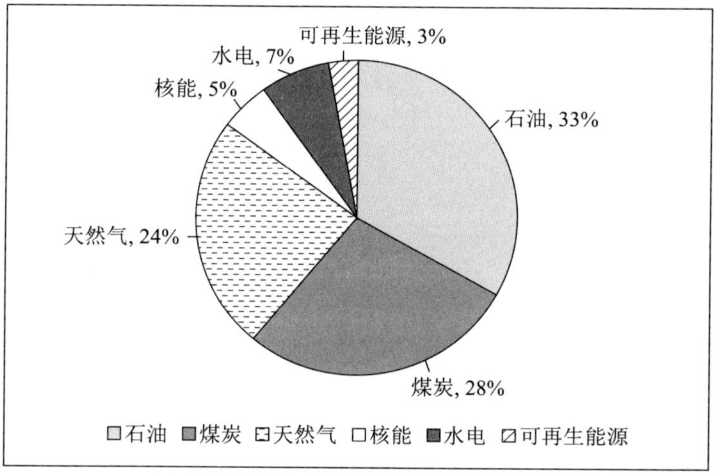

图 8.5：全球能源消费构成

资料来源：BP中国. BP世界能源展望2017版[R]. 2017.

2. 美欧等发达国家在全球环境治理中的作用下降

在"美国优先"思维导向下，作为世界碳排放大国与推动《巴黎协定》达成的主导力量，美国宣布退出《巴黎协定》，并大幅削减与气候政策和科研项目相关的预算，不仅挫伤了各国应对气候变化的信心，更增加了其他国家的减排负担。此外，随着近年来英国脱欧、难民危机、恐怖袭击和经济衰退等问题的影响，使得作为长期全球气候变化治理倡导者和先行者的欧盟，在应对气候变化工作方面显得力不从心。与此相对应的是，国家主席习近平代表中国政府承诺，中国争取到2020年实现碳强度降低40%~45%目标[②]，同时还将推动"中国

① 国际能源署：全球每年650万人死于空气污染[EB/OL]. 新华网，2016-06-28.

② 我国争取到2020年碳强度降低40%~45%[N]. 上海证券报，2015-09-29.

气候变化南南合作基金”尽快落地，支持其他发展中国家应对气候变化。

3. 我国正成为全球绿色发展与环境治理的引领者

（1）我国绿色发展进程具有全球影响力。随着绿色发展进程的不断加速，我国在推动全球大气与环境治理、实现全球绿色发展方面扮演着越来越重要的角色。以碳排放为例，2016 年全球碳排放与往年基本持平，这与 10 年前碳排放每年 2.5% 的增长形成了强烈的对比。其中，我国在这一变化中扮演着至关重要的角色。继过去 10 年碳排放增长超过 75% 以后，我国的碳排放在过去两年中已经有所下降[①]（见图 8.6）。

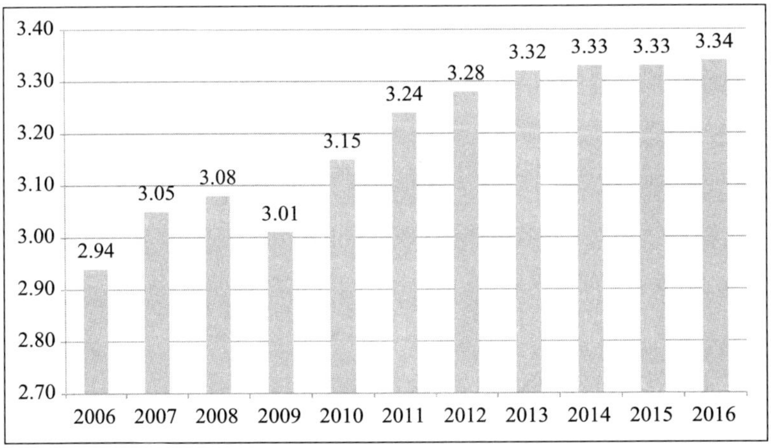

图 8.6：2006—2016 年全球碳排放量（单位：百万吨）

资料来源：BP 中国. BP 世界能源展望 2017 版 [R]. 2017.

（2）我国成为全球清洁能源发展的引领者。2016 年，我国清洁能源消费量达到 397.4 百万吨油当量，比 2015 年增长 11.9%；占全球消费量的 20.7%，比 2015 年提高 1.3 个百分点。其中，在全球可再生能源发展缓慢的情况下，我国继续引领可再生能源增长，2016 年，我国贡献了全球可再生能源增长的 40%，

① 引领能源转型 中国成为全球最大可再生能源生产国 [EB/OL]. 新华社新媒体专线，2017-07-11.

增长超经合组织总增量，超越美国成为全球最大的可再生能源生产国[①]。

（3）为全球绿色发展贡献“中国方案”。近年来，我国不仅在生态环境治理方面积极作为，逐渐走出了一条保护与发展并举的新路。更重要的是，我国在绿色发展领域的新模式新业态方面进行了一系列创新，为全球绿色发展提供了中国方案。例如，作为中国原创的共享经济新模式，共享单车正加速在全球各大城市落地生根，成为支撑民众绿色出行的主要力量。目前共享单车已在英国、美国、新加坡等海外国家开始运营，2017 年还将进入全球 20 个国家，引领这些国家的绿色出行风潮[②]。

4．主动扛起引领全球绿色发展的大国责任

为更好地保护自身发展权益，更好地履行环境大国责任，随着全球绿色发展与环境治理格局的不断变化，我国应以更加积极的姿态参与全球环境治理，提升自身在议程设置、规则制定、机制创设等方面的能力。以更大的力度推进经济绿色化转型与绿色产业发展，提升我国在全球绿色发展中的话语权与影响力。以“一带一路”建设为重点推进绿色发展的全球合作，推动形成全球绿色发展新格局。

专栏 8.6

中国在绿色转型上创出多项全球第一

（1）绿色债券：中国成为世界最大绿色债券市场

2016 年中国绿色债券在境内外发行总量达 2300 亿元人民币，成为世界最大的绿色债券市场。

（2）碳市场交易：中国将成为全球第一大碳市场

目前，中国有 7 个省份试点碳市场交易，2015 年度碳市场交易总量约 1.01 亿吨，形成全球第二大碳交易体系。随着今年中国统一碳市场的初步建成，中国将成为全球第

① BP 中国．BP 世界能源展望 2017 版 [R]．2017.

② 展望 2018：共享经济全球领跑人工智能弯道超车 [N]．人民日报（海外版），2018-01-01.

一大碳市场。

（3）电动汽车：中国电动汽车发展指数跃居全球第一

据咨询公司罗兰贝格与德国汽车研究机构亚琛汽车工程技术公司共同发布的《2017年第二季度全球电动汽车发展指数》报告，中国首次在电动汽车发展指数整体排名中跃居全球第一，未来将引领全球电动汽车行业与市场，美国与德国分居第二位、第三位。

（4）核电：中国在建核电机组规模世界第一

目前，中国大陆在运核电机组36台、在建机组20台，总装机容量约5693.5万千瓦。到2020年，中国核电运行和在建装机容量将达到8800万千瓦。

（5）风能：中国仍保持全球最大的风能市场地位

根据全球风能理事会最新报告，截至2016年年底，中国仍保持全球最大的风能市场地位不变，装机容量占全球34.6%的份额。全球第二大风能市场是美国，装机容量占全球16.9%的份额。德国以10%的份额排全球第三。

资料来源：中国在这些绿色发展领域引领世界 [EB/OL]. 中国日报网，2017-07-18.

二、发挥全球绿色发展的大国作用

作为全球第一大能源消费国与第二大经济体，我国绿色发展具有全球性影响。未来，我国将在构建绿色经济体系、全球气候治理体系、全球能源治理体系等方面发挥越来越重要的作用。

1. 进一步发挥好构建绿色经济体系的大国作用

（1）加快推进绿色制造的全球合作。目前，制造业能源消费量占全球能源消费总量的38%左右，其中二氧化碳排放占全球的24%左右，制造业的绿色化转型是全球实现绿色发展的首要任务。从现实进展来看，我国已成为全球制造业第一大国，《中国制造2025》把绿色发展确定为把我国建设成为引领世界制造业发展的制造强国的基本方针之一。因此，我国有条件、有必要推动全球制造业绿色转型。例如，加大力度推动绿色制造先进技术装备引进来和走出去的有效结合，实现国内外绿色制造理念、技术、标准、管理等方面的优势互补，共同服务全球工业绿色发展。

（2）加快推进绿色消费的全球合作。消费处于经济活动下游，其减少一个单位的产品消耗，在上游就能减少数十倍、数百倍甚至数千倍的资源投入。近年来，绿色消费已渐成趋势。2011—2015 年，阿里零售平台绿色篮子消费金额年均复合增长率超过 80%（见图 8.7），占消费金额的比重由 4.7% 上升至 11.5%[①]。未来，随着近 14 亿人消费结构快速升级与环保意识的不断普及，我国将成为全球最大的绿色消费市场，并在引领全球绿色消费方面发挥更大的作用。

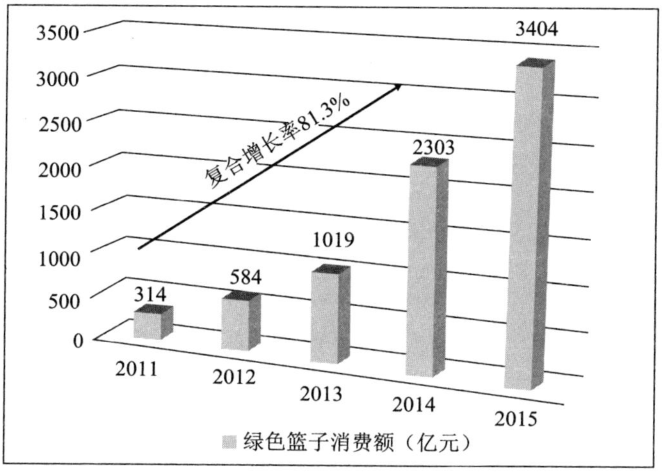

图 8.7：2011—2015 年阿里平台绿色篮子消费增长金额

资料来源：阿里研究院. 2016 年度中国绿色消费者报告 [R]. 2016.

（3）加快推进以新经济为重点的绿色产业全球合作。在新一轮工业革命的大背景下，各国对应用新型数字技术改造传统产业、实现绿色发展具有巨大需求。未来，依托我国新经济、新业态、新模式的现实基础，加快实现全球以新经济为重点的绿色产业合作，实现绿色发展的同时促进全球产业升级。

2. 进一步发挥好全球气候治理的大国作用

（1）落实全球减排承诺。近年来，我国在持续推进产业结构调整、降低温室气体排放方面取得重要进展。在耶鲁大学等单位发布的 2016 年全球环境绩效

① 阿里研究院. 2016 年度中国绿色消费者报告 [R]. 2016.

指数排名中，中国减缓气候变化的绩效表现良好，在气候和能源政策领域上的表现超过了加拿大[①]。与其他同类发展中经济体相比，我国是唯一减缓过去10年碳排放增长率的国家。但从现实情况来看，目前减排任务的落实仍然以政府推动为主，有利于碳减排的制度体系仍不完善，我国落实《巴黎协定》的减排承诺仍具有较大挑战。未来，加快建立减排的经济政策激励与体制变革、实现全国碳排放权的自由交易机制等将成为我国全面落实减排承诺的首要任务。

（2）开展气候变化的南南合作。由于发达国家与发展中国家的条件、发展阶段不同，气候治理中的南北合作效果并不理想。开展南南合作则为全球气候治理提供了新的思路。南南国家发展阶段相似，相互间的经验更有参考意义和借鉴价值，对于实现共同减排、绿色发展有较大的推动作用。因此，加快推动气候南南合作是我国发挥好全球气候治理的大国作用以及推动全球气候治理合作的重大任务。未来，南南气候合作的体制机制变革、南南绿色贸易发展及技术合作等方面将成为我国推动并引领南南合作的突破口。

（3）推动完善全球气候治理机制。气候治理机制关乎全球各国切身利益，其合理性直接影响到治理进程能否顺利推进和能否达到预期治理目标。美国“退约”行为表明，《巴黎协定》强调国家自主、序贯决策，有务实理性的一面，但也将带来气候治理碎片化的问题。未来，以共同但有区别的责任为原则，综合考虑西方发达国家自工业化早期至今累积的碳排放量，发展中与欠发达国家在全球气候治理协议议定中的劣势地位，并兼顾发达国家长、短期利益及相关约束条件的变化，推动全球气候治理机制进一步完善，进一步发挥好我国在完善全球气候治理机制中的大国作用。

3. 进一步发挥好全球能源治理体系建设中的大国作用

（1）积极推动构建全球能源互联网。能源互联网是未来推进能源消费结构

---

① 美国耶鲁大学. 2016年环境绩效指数报告（Environmental Performance Index: 2016 report）[R]. 2016-01.

变革、提升能源使用效率、提高能源产业发展质量的主攻方向，存在巨大的市场需求。预计 2016—2050 年，全球电力需求将从 24 万亿千瓦时增长至 73 万亿千瓦时，年均增长 3.1%，其中 20% 以上需要跨国跨洲配置①。未来，依托我国积累的跨区域联网的技术与经验，加快推动并引领全球能源互联网建设，将释放巨大生态效应。专家预测，到 2050 年，全球能源互联网初步建成，清洁能源比重将达到 80%，每年可替代相当于 240 亿吨标准煤的化石能源，减排二氧化碳 670 亿吨。届时，全球温升控制在 2℃以内的目标有望实现②。

（2）构建新的国际能源治理新秩序。目前全球能源治理机制仍是局部治理，尚无法有效解决能源领域的既有安全风险和新安全风险。例如，IEA 主要是石油消费国的组织，治理手段主要是释放储备；OPEC 是石油输出国组织，治理手段主要是限产保价，均为局部治理，难以适应全球治理的需求。为此，我国可在现有机制上，通过国际性、专业性和多边性的机制选择来构建新的全球能源治理新秩序，从而进一步加深参与全球能源治理的程度。例如，依托 G20 的全球性机制构建国际能源治理机制，实现应对国际能源贸易中存在的普遍性问题。

（3）深化已有多边和双边合作机制。重点发挥中俄能源合作委员会、中美能源政策对话等 46 个双边合作机制的积极作用，用好亚太经济合作组织(APEC)、G20 等 28 个多边合作机制，以高层互访为引领，依托政府间合作平台，以编制双边能源合作规划为基础，以签订政府能源合作协议为保障，以重大能源合作项目落地为目标，深化和扩大与重点国家的能源务实合作。建立完善双边联合工作机制，研究共同推进能源合作的实施方案、行动路线图。共建“一带一路”能源合作机制，扩大各国间能源智库的合作与交流，推动各国人才交流和信息共享。

---

① “全球能源互联网中国倡议”已成为各国共识 [N]. 经济日报，2017-11-01.

② 构建绿色低碳的全球能源治理格局 [N]. 人民日报，2016-09-30.

表 8.2：中国五年能源规划中的能源国际合作

文件	提及全球能源治理	涉及国际能源合作的内容
能源发展“十五”计划[①]	否	➢ 积极支持海外油气开发建设 ➢ 对海外石油勘探开发给予积极的扶持政策，如对运往国内加工利用的海外份额应取消或优先获得进口配额和许可证，建立海外石油勘探开发基金和信贷支持等
能源发展“十一五”规划[②]	否	➢ 扩大对外开放，加强国际合作 ➢ 按照平等互利、合作双赢的原则加强能源国际合作
能源发展“十二五”规划[③]	是	➢ 完善国际合作支持体系 ➢ 鼓励国内保险机构开展“国油国保”和境外人身、财产保险 ➢ 积极稳妥参与国际能源期货市场交易，合理规避市场风险 ➢ 积极参与全球能源治理，充分利用国际能源多边和双边合作机制，加强能源安全、节能减排、气候变化、清洁能源开发等方面的交流对话 ➢ 推动建立公平、合理的全球能源新秩序、协同保障能源安全
能源发展“十三五”规划[④]	是	➢ 大力拓展能源国际合作 ➢ 以重要双边多边机制为平台，大力推进能源国际合作 ➢ 务实推进“丝绸之路经济带”和“21 世纪海上丝绸之路”能源合作，延伸合作项目，拓展合作领域、带动装备制造业、建造施工、服务贸易产业发展 ➢ 巩固和完善西北、东北、西南和海上四大油气战略进口通道，积极推进孟中印缅经济走廊和中巴经济走廊相关的能源通道建设 ➢ 积极参与国际能源治理及规则制定，推动构建公正合理的全球能源治理机制，提升我国在国际能源领域的话语权

① 国民经济和社会发展第十个五年计划能源发展重点专项规划 [EB/OL]. 国家能源局网，2011-08-19.

② 国家发展改革委 国家能源局. 能源发展“十一五”规划 [EB/OL]. 国家发展和改革委员会网，2007-04-11.

③ 国务院关于印发能源发展“十二五”规划的通知 [EB/OL]. 国家能源局网，2013-01-01.

④ 国家发展改革委 国家能源局关于印发能源发展“十三五”规划的通知 [EB/OL]. 国家发展和改革委员会网，2016-12-26.

三、以绿色合作引领“一带一路”建设

《推动共建丝绸之路经济带和21世纪海上丝绸之路的愿景与行动》明确指出，要“在投资贸易中突出生态文明理念，加强生态环境、生物多样性和应对气候变化合作，共建绿色丝绸之路”。建设绿色“一带一路”是分享生态文明理念、实现可持续发展的内在要求；是参与全球环境治理、推动绿色发展的重要实践；是沿线国家实现产业结构调整的重要机遇。

1. 绿色“一带一路”建设蕴藏巨大潜力

“一带一路”合作范围覆盖已超过44%的世界人口，生产总值超过23万亿美元，占全球生产总值22%[①]。但与此同时，“一带一路”沿线国家和地区仍面临巨大的绿色发展需求。统计数据显示，“一带一路”沿线国家和地区排放了世界55%以上的二氧化碳和温室气体，单位GDP钢材、水泥、有色金属、水和氧层的消耗都超过世界平均水平的2倍。大数据分析显示：28%的“一带一路”沿线国家和地区，减排潜力尚未达到全球平均水平[②]。未来，我国与“一带一路”沿线国家和地区间的绿色产业合作日益深入，将释放巨大的生态效益。例如，根据全球环境研究所预测，到2020年，“一带一路”沿线主要65个国家和地区，将建成6.5亿千瓦的新能源装机，年发电量将达到1.4万亿度，相当于14座三峡电站的年发电量[③]。

2. 推进绿色基础设施互联互通

（1）加大绿色基础设施建设力度。推动“一带一路”基础设施建设环境规范和标准的制定与完善，在推进“一带一路”沿线基础设施项目的同时，推广

① 一带一路倡“绿”共赢[N]. 中国环境报，2017-05-19.

② 陈劭锋. “一带一路”沿线38个国家的环境绩效评估[N]. 21世纪经济报道，2015-06-01.

③ 让绿色点亮“一带一路”[EB/OL]. 央视网，2017-05-13.

绿色交通、绿色建筑、清洁能源行业的技术和环保标准，为项目落地提供生态环保服务和生态技术支持。将沿线国家和地区的水、大气、土壤、生物多样性的保护与“一带一路”基础设施建设相结合，促进基础设施绿色化、低碳化、生态化的建设和运营。在交通基础设施建设方面，充分考虑对沿线国家和地区生态环境的影响，大力发展能耗较少、环境友好的运输方式，推进畅通安全、环保高效的运输“绿色大动脉”建设。

（2）以绿色金融助力绿色基础设施建设。例如，推动亚投行、丝路基金等机构设立专门的绿色金融事业部，鼓励发展沿线绿色产业基金，制定高标准的多边环境风险管理指引。大力发展多方共赢的PPP模式，以政府为主导开展“一带一路”绿色金融合作，弥补绿色产业投资周期长、回报率较低的缺陷，引导私人经营企业在绿色项目上，以政府信用为支撑、以PPP为主要模式实现与投资者的相互协调，降低环境金融风险，实现绿色基础设施的高效建设。

3. 深化“一带一路”沿线国家和地区能源合作

“一带一路”沿线国家和地区在全球能源供应中占据核心地位，但合作潜力尚未充分释放。为此建议，一是加快推动与俄、蒙、中亚、西亚、北非全方位战略合作，重点加强与俄罗斯、哈萨克斯坦、土库曼斯坦、西亚、北非国家在油气领域全面合作，顺畅油气资源交易，确保通道安全；二是推动与东南亚、南亚地区在水电、煤炭、天然气等重点领域对接，以点带面开展合作，发挥我国基础设施建设优势，提升目标国能源生产与利用水平；三是推动建立“能源合作伙伴关系”，构建能源利益共同体，加强我国与“一带一路”沿线国家和地区在能源合作中的政策沟通与协调力度。

4. 大力发展以服务贸易为重点的绿色贸易

服务贸易已成为“一带一路”建设的重点。从现实情况来看，绿色技术等服务贸易发展滞后于“一带一路”沿线国家和地区的绿色发展及项目建设需求。为此需要：一是将环保要求融入自由贸易协定，做好环境与贸易相关协定谈判和实施；二是推动“一带一路”沿线国家和地区进一步扩大环保产业开放水平，推动环保技术、绿色产品和服务的进出口；三是主导建立绿色产品评价标准体系，加强国际交流和合作，提升我国在绿色标准制定中的话语权和影响力；四是加强绿色供应链管理，推进绿色生产、绿色采购和绿色消费，加强绿色供应链国际合作与示范，带动产业链上下游采取节能环保措施，以市场手段降低对生态环境的影响[①]。

5. 创新绿色环保的国际合作机制

（1）以形成绿色发展理念共识为基础。加强“一带一路”绿色环保国际合作，要在推广、传播绿色发展理念上发力，形成绿色发展理念共识。例如，通过加强绿色贸易、环保产品、环保服务等方面的国际合作，推动构建“一带一路”区域生态环境责任共同体。

（2）以构建“一带一路”绿色发展统一标准为重点。当前，不同国家、地区间在绿色发展要求、标准方面不统一，相关信息沟通不畅，对国家和地区间绿色国际合作产生一定制约。针对这一问题，建议尽快形成统一的生态保护标准。可考虑在 ISO14000 环境管理体系基础上，结合各国国情，协商制定一套规范、统一、覆盖面广、充分考虑不同国情的生态保护标准，为跨区域生态治理提供信息支撑。

（3）以打造绿色命运共同体引导多方发力。基于“一带一路”沿线国家和地区多种族、多民族、多宗教、多文化的实际，务实推进“一带一路”绿色发展国际合作，必须充分发挥政府、社会、企业、个人等各方力量的作用，增进绿色发展理念共识，形成共建绿色丝绸之路的合力。

---

① 环境保护部．关于推进绿色一带一路的指导意见 [EB/OL]．环境保护部网，2017-04-26.

Striving for More

Robust Drivers

第九章

创新是高质量发展的第一动力

创新在引领经济发展中的全局性、战略性地位日益凸显。发展新时代的动力变革，重在建设创新型国家，加快形成以创新为引领和支撑的现代化经济体系，让创新真正成为高质量发展的第一动力。

创新是一个民族进步的灵魂，是一个国家兴旺发达的不竭动力，也是中华民族最深沉的民族禀赋。在激烈的国际竞争中，唯创新者进，唯创新者强，唯创新者胜。党的十九大报告明确指出，“创新是引领发展的第一动力，是建设现代化经济体系的战略支撑。”由高速增长阶段转向高质量发展阶段，最大的动力变革，就是把建设创新型国家作为重大战略，坚定不移实施创新驱动发展战略，加快形成以创新为引领和支撑的现代化经济体系，让创新真正成为引领高质量发展的第一动力。

第一节　建设创新型国家的大国战略

我国进入高质量发展阶段，创新在经济发展中的全局性、战略性地位凸显：转变发展方式、优化经济结构、转换增长动力关键取决于创新；把握第四次工业革命的历史机遇，发展以数字经济为重点的新经济、新业态，关键也在于创新；由经济大国走向经济强国，全面提升综合国力，根本途径还是创新。

一、我国开始进入创新驱动新时代

过去 5 年，创新在推动经济发展中的引擎作用不断增强，从总体上看，我国开始进入创新驱动发展的新时代。

1. 我国正由制造大国走向创新大国

（1）创新能力快速提升。党的十八大以来，我国创新能力大幅增强，已成为具有全球影响力的科技大国，国家创新能力排名从2012年的第20位升至第17位①。世界知识产权组织、美国康奈尔大学和英士国际商学院共同发布的《2017年全球创新指数》报告显示，在全球127个经济体中，我国全球创新指数排名从2012年的第34位跃升至2017年的第22位，成为唯一与发达国家创新差距不断缩小的中等收入国家。其中，在本国人专利申请数量、国内市场规模、知识型工人、创意产品出口在贸易总额中的占比等多项指标排名上，我国均居全球首位②。

表9.1：2017年全球创新指数25强国家或经济体

国家/经济体	2017（2016）年排名	国家/经济体	2017（2016）年排名
瑞士	1（1）	日本	14（16）
瑞典	2（2）	法国	15（18）
荷兰	3（9）	中国香港	16（14）
美国	4（4）	以色列	17（21）
英国	5（3）	加拿大	18（15）
丹麦	6（8）	挪威	19（22）
新加坡	7（6）	奥地利	20（20）
芬兰	8（5）	新西兰	21（17）
德国	9（10）	中国	22（25）
爱尔兰	10（7）	澳大利亚	23（19）
韩国	11（11）	捷克	24（27）
卢森堡	12（12）	爱沙尼亚	25（24）
冰岛	13（13）		

数据来源：《2017年全球创新指数》[EB/OL]. WIPO（世界知识产权组织），2017-06-15.

① 2018年全国科技工作会议在京召开[EB/OL]. 中国政府网，2018-01-09.

② 《2017年全球创新指数》报告发布：中国上升3位名列第22位[N]. 中国知识产权报，2017-06-16.

（2）主要创新指标逐步接近世界领先水平。

——我国成为世界第二大研发投入国。2012 年以来，我国研发经费投入快速增长。2017 年，全社会研发经费投入达到 1.76 万亿元，比 2012 年增长 70.9%，成为仅次于美国的世界第二大研发经费投入国；全社会研发经费投入占 GDP 比重由 2012 年的 1.91% 提高到 2017 年的 2.15%（见图 9.1），超过欧盟 15 国 2.1% 的平均水平①。全球研发投入最高的 2500 家企业中，我国有 376 家，居全球第三；2017 年我国“独角兽”企业数量仅次于美国，居全球第二②。

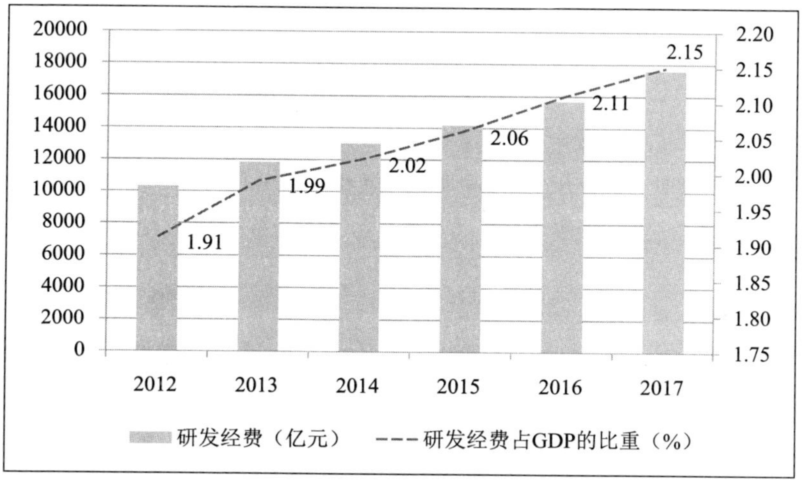

图 9.1：2012—2017 年研发经费及占 GDP 的比重情况

数据来源：国家统计局. 中国统计年鉴 2017[M]. 北京：中国统计出版社，2017.10；2018 年全国科技工作会议在京召开 [EB/OL]. 中国政府网，2018-01-09.

——我国成为世界第二大知识产出国。2017 年，我国国际科技论文总量比 2012 年增长 70%，居世界第二；国际科技论文被引用量首次跃居世界第二，发明专利申请量和授权量居世界第一，有效发明专利保有量居世界第三③。2012—

① 2018 年全国科技工作会议在京召开 [EB/OL]. 中国政府网，2018-01-09.

② 我国主要创新指标进入世界前列国家创新能力排名升至第 17 位 [N]. 经济日报，2018-01-11.

③ 2018 年全国科技工作会议在京召开 [EB/OL]. 中国政府网，2018-01-09.

2016年，我国境内专利申请受理数量由188.6万件上升到328.1万件，年均增长18.5%，中兴、华为在全球PCT专利申请量最大的公司中高居第一位、第二位①。

（3）我国将成为全球创新大国。近年来，我国科技创新成就引起国际社会高度关注，成为世界科技创新版图中一个突出亮点。瑞银集团《亚洲创新浪潮是否创造全球新秩序》研究报告认为，"中国当前的经济模式正在从'中国制造'向'中国创造'快速转变，中国将在众多领域成为全球技术的领导者。中国将在数年内成为重要的全球创新大国"②。

专栏9.1

我国科技创新成就引发全球瞩目

中欧数字协会主席路易吉·甘巴尔代拉表示，近年来，大数据技术、智能制造正作为中国经济提质增效、转型升级的新引擎加速转动，中国必将是未来数字时代的领跑者。

巴西里约天主教大学教授保罗·罗贝尔认为，中国在一些领域已达到与世界科技前沿并肩前行的水平，如在先进制造、交通和环保等；中国在有些领域已成为领头羊，如航空航天、海洋科学、生物技术、信息技术等。

新加坡南洋理工大学拉惹勒南国际研究院副教授、中国项目主任李明江表示，中国过去5年在一些尖端科技领域已经取得了全球领先的成就，这主要是基于中国政府对科技领域的巨大投入和市场竞争带来的积极成果。

澳大利亚罗伊国际政策研究所研究员蔡源表示，创新在中国正蓬勃发展，中国的移动支付已经走在世界前列，在美国有40%的人还在签支票。此外，像华为、阿里巴巴这样的中国公司已经在5G通信、电子商务等领域占据重要地位。

墨西哥前驻华大使李子文认为，中国的技术正在影响世界。中国是全球专利申请最多的国家之一，覆盖各行各业。阿里巴巴、高铁、滴滴打车、共享单车、华为手机等都是中国对世界的贡献。

资料来源：创新驱动点燃中国发展新引擎——国际社会积极评价中国创新型国家建设成果[N]. 人民日报，2017-10-25.

---

① 我国主要创新指标进入世界前列国家创新能力排名升至第17位[N]. 经济日报，2018-01-11.

② 中国创新发展成就令人瞩目[N]. 经济日报，2017-10-10.

2. 创新成为推动经济发展的新引擎

（1）新经济发展成为产业变革的突出亮点。中国社科院调查显示，2007—2016 年，我国新经济年均增长 16.1%，是同期全国经济增长率的 1.9 倍；2016 年，新经济占国民经济的比重达到 14.6%[①]。

（2）科技创新推动“中国制造”走向“中国智造”。随着《中国制造 2025》的全面实施，大数据、云计算、人工智能、机器人等快速发展，科技进步推动制造业转型升级步伐明显加快。2016 年，我国高技术制造业增加值增长 10.8%，占规模以上工业增加值的比重为 12.4%，比 2012 年提高 3 个百分点[②]。

（3）科技进步对经济增长的贡献明显增强。2012—2017 年，我国科技进步贡献率从 2012 年的 52.2% 升至 57.5%[③]。

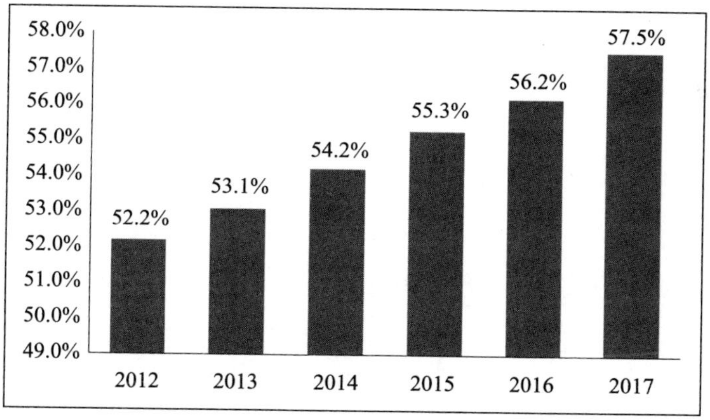

图 9.2：2012—2017 年我国科技进步对经济增长的贡献率

数据来源：国家统计局. 中国科技统计年鉴 2016[M]. 北京：中国统计出版社，2016.11；2016 年我国科技进步贡献率达 56.2%[N]. 科技日报，2017-01-11；王志刚：今年科技进步对经济增长的贡献率或达 57.5%[N]. 中国经营报，2017-12-23.

注：2017 年为预计数。

---

① 社科院：过去十年中国新经济年均增速超 16%[N]. 中国经济导报，2017-12-23.

② 国家统计局. 中华人民共和国 2016 年国民经济和社会发展统计公报 [EB/OL]. 国家统计局网，2017-02-28.

③ 王志刚：今年科技进步对经济增长的贡献率或达 57.5%[N]. 中国经营报，2017-12-23.

3.“新四大发明”提升发展质量[①]

（1）高铁改变的不仅是速度，更是人们的生活方式。我国高铁从技术引进到全球领先仅仅用了 10 年时间。截至 2016 年年底，我国高速铁路营运总里程达 2.2 万公里，占世界高铁运营总里程 60% 以上，运营总里程世界第一[②]。当前，从广州到北京全程仅要 8 个小时，从郑州到北京只要两个半小时，高铁开始成为国人日常出行的重要交通工具。

（2）支付宝有望使我国率先迈入无现金社会。随着支付宝等移动支付工具在各领域的广泛运用，人们出门可以不带钱包，但不能不带手机。有数据显示，2016 年，我国移动支付的市场规模达 5.5 万亿美元，是美国的近 50 倍[③]，成为全球移动支付规模最大、增速最快的市场。目前我国互联网消费者中有 40% 的人每周都使用移动支付，而过去曾使用过移动支付的互联网消费者人数比例高达 77%[④]。由于移动支付技术领先于欧美发达国家，我国有可能率先迈入“无现金社会”。

（3）共享单车打通城市出行的“最后一公里”。我国发明的共享单车作为一种新型环保共享经济，不仅在一定程度上减少了汽车使用量和缓解了城市拥堵，而且让人们的出行方式更加绿色、环保。

（4）网购让人们足不出户“逛超市”。我国已成为全球最大的网购市场。截至 2016 年 12 月，我国网民规模达 7.31 亿人，网络购物用户规模达到 4.67 亿人，占网民总数的 63.8%[⑤]。据《2017 年中国网络经济报告》显示，2016 年，我

---

① 熊丽．高铁、网购、支付宝和共享单车被选为最想带回国的生活方式——“中国式生活”令留学生着迷 [N]．经济日报，2017-05-19．

② 麦婉华．中国高铁：运营总里程世界第一 [J]．小康，2017（23）．

③ 陈秋圆．我国移动支付发展引领世界或率先建成无现金社会 [N]．国高新技术产业导报，2017-12-13．

④ 移动支付迎来中国世纪 [N]．人民日报（海外版），2016-12-12．

⑤ 我国网购用户达到 4.67 亿人占网民比例为 63.8%[N]．北京晚报，2017-01-24．

国网络经济营收规模达到14707亿元，同比增长28.5%[①]。

二、以建设创新型国家推动高质量发展

建设创新型国家是我国进入高质量发展阶段的战略选择。无论是改变资源要素驱动型增长模式还是推动产业迈向中高端，都有赖于加快建设创新型国家进程。

1. 建设创新型国家是实现高质量发展的根本途径

（1）创新型国家以科技创新为主要驱动力。所谓创新型国家，是指以技术创新为经济社会发展核心驱动力的国家。其主要特征是整个社会对创新活动的投入较高，重要产业的国际技术竞争力较强，投入产出的绩效较高，科技进步和技术创新在产业发展和国家的财富增长中起重要作用[②]。

（2）科技创新提升经济发展质量。作为创新型国家，经济发展质量具有“三高”的突出特征：一是创新投入高，国家的研发投入占GDP的比例一般在2%以上；二是科技进步贡献率高，达70%以上；三是自主创新能力高，对外技术依存度指标通常在30%以下[③]。目前世界上公认的创新型国家有20个左右，包括美国、日本、韩国等。

（3）我国与世界上主要创新型国家还有明显差距。与欧洲、美国、日本等一些创新型国家和经济体相比，我国还有较大的差距。2017年我国全球创新指数世界排名进入前25强，创新指数得分为52.54分，比美国低8.86分，比德国低5.85分，比日本低2.18分。

① 艾瑞咨询集团. 2017年中国网络经济年度监测报告[R]. 2017-05-25.

② 中国创新型国家建设体系正加快成型[N]. 经济参考报，2017-10-31.

③ 屈一平. 中央布局强化企业创新主体地位[J]. 瞭望新闻周刊，2012（29）.

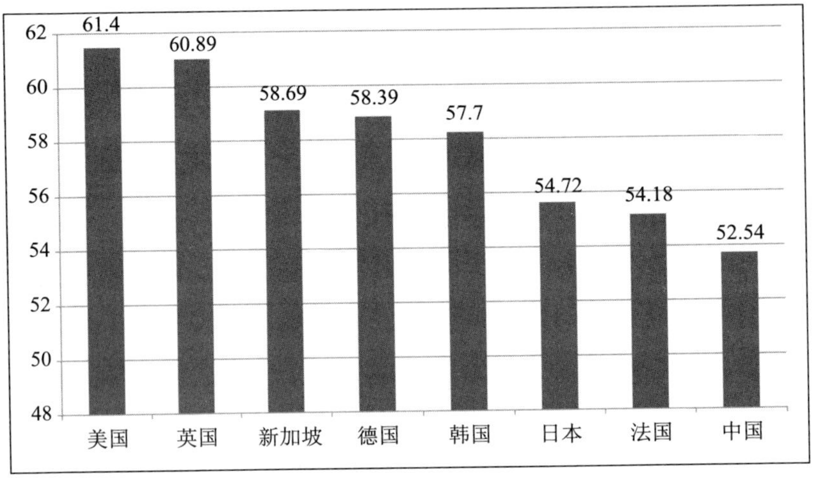

图 9.3：2017 年中国与部分国家全球创新指数比较（单位：分）

数据来源：《2017 年全球创新指数》[EB/OL]. WIPO（世界知识产权组织），2017-06-15.

（4）我国确立了建设创新型国家三步走的战略目标。2016 年，中共中央、国务院印发《国家创新驱动发展战略纲要》，提出建设创新型国家的“三步走”目标。2017 年，党的十九大报告再次强调“加快建设创新型国家”，并将“跻身创新型国家前列”纳入新时代“两步走”的新目标之中。

专栏 9.2

我国建设创新型国家“三步走”的战略目标

2016 年，《国家创新驱动发展战略纲要》将建设创新型国家提出分三步走的目标：

第一步，到 2020 年进入创新型国家行列，基本建成中国特色国家创新体系，有力支撑全面建成小康社会目标的实现。

第二步，到 2030 年跻身创新型国家前列，发展驱动力实现根本转换，经济社会发展水平和国际竞争力大幅提升，为建成经济强国和共同富裕社会奠定坚实基础。

第三步，到 2050 年建成世界科技创新强国，成为世界主要科学中心和创新高地，为我国建成富强民主文明和谐的社会主义现代化国家、实现中华民族伟大复兴的中国梦提供强大支撑。

资料来源：中共中央、国务院. 国家创新驱动发展战略纲要 [EB/OL]. 科技部网，2016-05-19.

2．推动经济增长由资源依赖向创新驱动转型

（1）彻底摆脱资源依赖型的经济增长模式。以建设创新型国家实现高质量发展，重要目标之一是以科技创新取代传统的资源要素投入模式，使科技创新成为经济增长的主要驱动力，改变单位 GDP 综合能耗仍然处在世界较高水平的局面。如果按照 2015 年的美元价格和汇率来测算，2016 年我国每创造 1 万美元的 GDP 需要消耗 3.7 吨标准煤，是世界平均水平的 1.4 倍，是发达国家的 2 倍左右①。

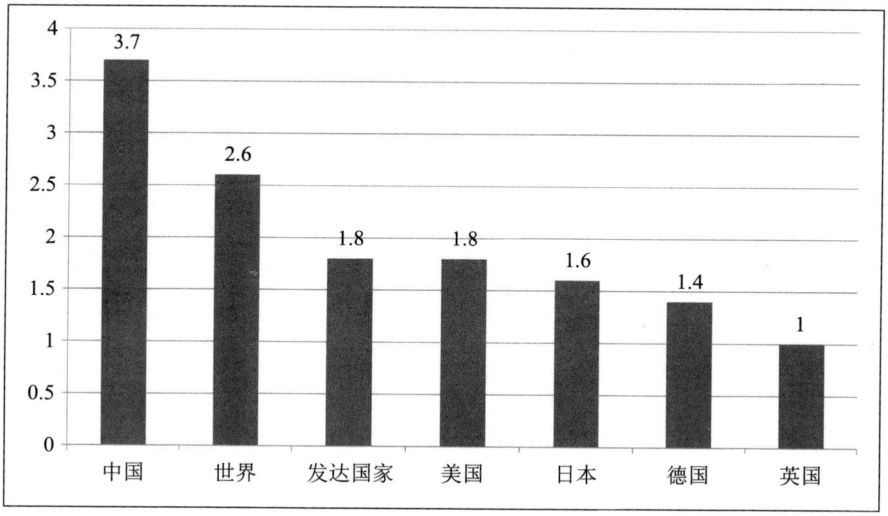

图 9.4：2015 年单位 GDP 能耗国际比较（单位：吨标准煤 / 万美元）

数据来源：能源消费数量根据 BP Statistical Review of World Energy 2015 的数据折算，2015 年 GDP 数据来源于 IMF《世界经济展望》。

（2）提升科技创新对经济增长的贡献率。由于我国在许多领域的科技创新与国际先进水平有较大差距，直接从国外获取关键技术非常困难，这就使要素的规模驱动力减弱。2017 年，我国科技进步对经济增长的贡献率为 57.5%，距离创新型国家 70% 以上的水平还有很大差距。争取到 2020 年科技进步贡献率

① 我国能源生产现新世纪以来首次负增长 [N]．中国电力报，2017-01-13.

达到 60%，知识密集型服务业增加值占 GDP 的比例达到 20%，使新产业、新经济成为创造国民财富和高质量就业的重要动力。

3．以创新驱动引领产业迈向中高端

（1）我国制造业大部分仍处于全球产业链的中低端。由于技术创新能力薄弱，我国相当多的制造业企业仍处于全球产业链的中低端，很多出口产品的科技含量不高，导致企业在整个产业链上获得的利润份额较低。相关数据表明，2016 年，美国名列世界 500 强中的制造企业平均利润率高达 12.2%，法国虽不属先进行列，但也达到了 7.1%。我国是世界制造业第一大国，占据全球制造的 25%，我国同时也是世界最大的消费市场，然而我国 500 强企业中的 245 家制造企业，平均利润率仅为 3.3%①。由于缺乏核心技术和自主知识品牌，很多国内企业往往成为跨国公司的代工厂。

（2）科技成果转化率偏低制约产业升级。长期以来，科技与经济存在着脱节和“两张皮”的问题。数据显示，我国科技成果转化率不足 30%，高校科技成果转化率为 15%~20%，远低于发达国家 60%~70% 的水平②。科技成果与市场需求脱节，导致许多科技成果并没有转化为产业升级的新动力。

（3）加快提升科技成果转化率。以深化科技体制改革促进科技成果转化，争取到 2020 年，科技成果转化率提高到 40% 左右；到 2035 年，提高到 60% 以上，形成科技创新引领产业迈向中高端的新动能。

三、以建设创新型国家走向经济强国

由经济大国走向经济强国，是我国实现“两个一百年”奋斗目标的战略要求。从我国的基本国情看，走向经济强国，关键是加快建设创新型国家，实质性提升综合国力。

---

① 孟珂．新时代新引擎高端制造成中国经济靓丽风景线 [N]．证券日报，2017-12-26.

② 沈慧．有关数据显示我国科技成果转化率不足 30%[N]．经济日报，2016-01-25.

1. 创新能力决定经济强国进程

（1）经济强国的主要特征。从国际经验看，经济强国的主要标志大致有六个方面：第一，经济规模位居世界前列，人均收入水平达到高收入国家标准。第二，拥有国际领先的科技创新能力，掌握一大批核心关键技术。第三，拥有高端化的产业结构，在全球产业分工中处于价值链的高端。第四，拥有较高的城镇化发展水平，拥有世界级发达的城市群。第五，拥有可自由兑换的国际货币和发达的金融体系。第六，拥有开放型经济体系，在全球经贸合作中具有举足轻重的影响力。

（2）科技创新能力是经济强国的决定性因素。科技创新能力强是经济强国最显著的特征，也是一个国家成为经济强国的核心要素和先决条件。人均收入水平、高端化的产业结构、较高的城镇化发展水平、发达的金融体系，以及全球影响力等，很大程度上取决于科技创新能力，很大程度上是科技创新能力强的结果。

（3）世界经济强国的崛起首先源于领先国际的科技创新。以蒸汽机为先导的科技创新，曾经促成英国成为全球经济强国；美国成为19世纪电气革命和20世纪电子信息革命的发源地，为其领先于全球奠定了坚实的基础；德国、日本成为经济强国，主要基于其强大的科技创新能力。新工业革命蓬勃兴起，智能制造成为新一轮全球产业竞争的制高点。如今，我国与老牌科技强国站在同一起跑线上，并在多项技术上处于领先水平，有条件在未来10~30年成为科技强国、经济强国。

2. 创新能力不足是建设经济强国的突出短板

按照世界银行的标准，2016年，我国国内生产总值折合11.2万亿美元，占世界经济总量的14.8%，比2012年提高3.4个百分点，稳居世界第二位[①]。比照

① 统计局：2016年中国人均国民总收入8260美元世界排名第93位[EB/OL]. 中国经济网，2017-10-10.

经济强国水准，在经济总量规模上达标没有问题，但由于我国的科技基础仍然薄弱，科技创新能力特别是原创能力还有很大差距，关键领域核心技术受制于人的局面没有从根本上改变。科技创新程度的落后在相当大程度上影响到服务业、金融等其他指标进入经济强国的量化“门槛”①。

表 9.2：经济强国指标体系

经济强国指标	标准值	中国（2016）
GDP 占全球的比重（%）	＞6	14.84
科技创新指数世界排名（名）	5	22（2017）
服务业占比（%）	＞70	51.6
城镇化率（%）	＞70	57.35
国际储备货币占比（%）	＞4	1.07

资料来源：张占斌. 开启从经济大国走向经济强国的新征程 [N]. 北京日报，2014-12-29.

3. 以建设创新型国家提升全球竞争力

一个国家是否是经济强国，主要的参照系是这个国家在全球竞争格局中处于什么样的位置。因自主创新能力不足，核心技术对外依存度比较高等导致“中国制造”大而不强，制约了我国国际竞争力的提高。根据世界经济论坛发布的《2017—2018 年全球竞争力报告》显示，2017 年我国的竞争力排名比上年上升 1 位，全球排名第 27 位。但从总体上看，与世界第二大经济体的地位相比，我国的国际竞争力仍不强，与欧美发达国家有着较大的差距②。

① 张占斌. 开启从经济大国走向经济强国的新征程 [N]. 北京日报，2014-12-29.
② 世界经济论坛.《2017—2018 年全球竞争力报告》[R]. 2017-09-27.

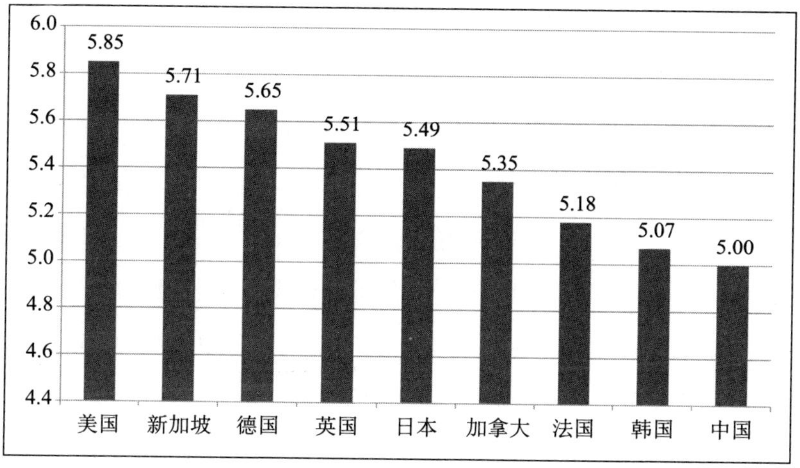

图 9.5：2017 年中国与部分国家竞争力比较（单位：分）

数据来源：世界经济论坛.《2017—2018 年全球竞争力报告》[R]. 2017-09-27.

四、2035：跻身创新型国家前列

产业创新与科技创新并举，形成功能完备的国家创新体系，争取到 2035 年跻身全球创新型国家前列，实现由创新跟跑者、并跑者向领跑者的提升，为推动高质量发展打下坚实基础。

1. 主要产业进入全球价值链中高端

（1）形成制造业服务化的新格局。实现高质量发展首要的是产业结构迈向中高端。从国际经验看，制造业服务化是产业迈向中高端的必经之路。尤其是进入工业化后期，需要通过强化创意设计、销售服务等生产性服务业推动制造业转型升级。根据国家统计局统计科学研究所的研究，2016 年，我国生产性服务业占 GDP 的比重仅为 25.75%，占第三产业的比重为 50% 左右①。进入“互联网 +”时代，要推动大数据、云计算、物联网、移动互联网在生产性服务业中的广泛应用。到 2035 年，以研发、金融、物流等为重点的生产性服务业占服务

① 何强，刘涛. 我国生产性服务业与制造业协同发展研究 [J]. 调研世界，2017（10）.

业的比重将从现在的35%左右提升至70%左右，基本实现倍增。

（2）实现智能制造的新突破。智能制造是全球制造业发展的新趋势，也是我国制造业转型升级的主攻方向，代表着新一代信息技术与传统制造的深度融合，是经济实现高质量发展的重要支撑。由于我国制造业长期走代工的发展模式，从而导致一些核心部件和高端精密设备严重依赖进口。根据相关调查，我国目前智能制造实现程度不到30%①。全面提升我国智能制造水平，需要这些制造业领域关键性技术在自主创新上尽快实现突破。争取到2035年，基本建立智能制造支撑体系，重点产业初步实现智能化转型，智能制造程度达到70%左右。

（3）培育一大批全球知名品牌。良好的品牌是产业迈向中高端的主要标志之一。习近平总书记高度重视品牌建设，强调要“推动中国产品向中国品牌转变”。改革开放以来，我国制造业持续快速发展，建成了门类齐全、独立完整的工业体系，但由于缺乏大国工匠精神，与世界制造强国相比，质量、品牌、创新等方面的差距较大。在2017福布斯全球品牌价值100强中，我国只有华为入围，而美国以56家公司入围独占鳌头，德国、法国和日本分别以11家、7家和6家公司紧随其后②。面对这个形势，要加快培育一批具有国际竞争力的国产品牌，推动中国品牌走向世界。

2. 实现科技创新由“跟跑”为主向“领跑”为主转变

（1）科技创新长期处在跟跑、模仿的地位。改革开放以来，尽管我国经济长期保持高速增长，但由于多种因素影响，我国科技创新能力不强，在许多高精尖领域，我国长期在“跟跑”，科研攻关进展缓慢。例如，在航空航天领域，尽管我国第一架大飞机已经成功试飞，但大飞机还处在追赶阶段；航天领域成就突出，但成果的民用转化率较低，由此制约了产业升级。

---

① 《2016中国制造业竞争力调研报告》发布[N]. 21世纪经济报道，2016-10-14.

② 华为位列2017福布斯全球品牌价值100强第88位，成为唯一入围中国企业[N]. 齐鲁晚报，2017-05-26.

（2）部分科技“领跑”与“并跑”并存。党的十八大以来，围绕国家战略需求部署的重大科技成果不断涌现，有效提升了国家竞争力。例如，神舟十一号载人飞船与天宫二号空间实验室成功交会对接，航天员实现中期驻留；“海斗号”无人潜水器最大潜深达 10767 米，我国成为第三个研制出万米级无人潜水器的国家；首颗量子科学实验卫星“墨子号”、首颗微重力科学实验返回式卫星“实践十号”、首颗全球二氧化碳监测科学实验卫星成功发射等。

（3）产生更多领跑全球的原创性科技成果。未来 10~20 年，瞄准世界科技前沿，在航天、网络、交通、数字经济、智慧产业等领域加快科技创新步伐，从根本上扭转我国科技创新以“跟跑”为主的局面，为建设科技强国、质量强国、航天强国、网络强国、交通强国、数字中国、智慧社会提供有力支撑。

专栏 9.3

我国科技在哪些领域能领跑全球？

综合分析，在以下五个重要领域我国科技有可能率先实现从跟跑到领跑的跨越。

一是智慧数据。我国拥有全球最大的数据体量，而且具有相当的复杂性和不确定性，这是发展智慧数据科学的土壤；我国具有强烈的对超大数据进行智慧发掘的需求，这是发展智慧数据科学的驱动力。同时，我国还具有发展智慧数据科学的人才基础。

二是新物理。我国在低维物理方面人才济济，在低维超导、低维器件等方面孕育着新突破，在暗物质科学的实验手段和空间探测上已经占有先机。此外，我国在中微子物理上也有人才、装置和国际合作的优势。

三是合成生命。化学生物学领域我国已快速地从跟踪走向并行，基因编辑的横空出世、对生命结构探测手段的大规模运用，都可能促进我国升级为合成生命研究的强国。

四是量子跃迁。量子通信方向是我国在该领域领跑的首选之路，量子计算则可能带来计算机技术的颠覆式发展而紧随其后。在量子化学、量子限域和单原子催化领域，我国学者目前已非常活跃，是另一个有希望的方向。

五是人机网共融。对人工智能的研究是这一领域的主流方向，我国科学家已经吹响向以人工智能 2.0 为标志的科技前沿挺进的号角，在互联网、物联网、务联网、智慧网联动下的人网共济研究是人工智能的新方向。

资料来源：杨卫. 从跟跑到领跑的历史性转身 [N]. 人民日报，2017-06-04.

3. 形成功能完备的国家创新体系

（1）形成以企业为主体的产业技术创新体系。企业是技术创新和产业转型升级的主体，实现高质量发展必须强化企业在技术创新体系中的主体地位。从近几年的情况看，创新资源进一步在企业中集聚。2012—2016 年，我国研发经费中企业资金由 7842 亿元增加到 12144 亿元，年均增长 11.6%；占全社会研发经费支出的比重由 76.1% 上升到 77.5%。问题在于，我国企业的创新能力仍然薄弱，许多领域缺乏核心技术，企业尚未真正成为研发投入、创新决策和成果应用的主体。为此，需要充分发挥企业在研发投入、技术创新决策、科研成果转化中的主体作用，吸纳企业参与国家重大科技项目的决策和组织实施，力争到 2035 年，建成以企业为主体、市场为导向、产学研深度融合、功能完备的产业技术创新体系。

表 9.3：2012—2016 年我国研发经费中企业资金占比情况（单位：亿元、%）

年份	企业研发经费支出	全社会研发费用支出	企业研发经费支出占比
2012	7842.2	10298.4	76.2
2013	9075.8	11846.6	76.6
2014	10060.6	13015.6	77.3
2015	10881.3	14169.9	76.8
2016	12144.0	15676.7	77.5

数据来源：根据 2012—2016 年《全国科技经费投入统计公报》相关数据整理得出。

（2）形成科研与高等教育相结合的知识创新体系。建设创新型国家，实现经济高质量发展，需要更多原创性的知识创造，更依赖于基础性的科学研究。这就需要高校和科研机构在原创性的基础研究上发挥主力军的作用：一是加快一流大学和一流学科建设，发展研究型大学，推动一批高水平大学和学科进入世界前列；二是建设世界一流科研机构，加强应用基础研究，拓展实施国家重大科技项目，在若干优势领域形成一批具有鲜明特色的世界级科学研究中心；三是发展一大批面向市场的新型研发机构，推动知识创新和知识应用的有机结合，形成相互促进的新格局。

（3）形成各具特色和优势的区域创新体系。强大的区域创新能力是地区高质量发展的重要基础。根据《中国区域创新能力评价报告 2017》显示，东部地区仍然是创新能力最强的地区，中西部地区依然较弱，且各个地区的创新实力、创新潜力和创新效率差异较大①。我国区域创新能力与区域经济发展水平直接相关，区域创新能力不平衡与区域经济发展不平衡的矛盾同时存在。未来 10 年，要聚焦国家区域协调发展战略，优化区域创新布局，推动区域创新能力和竞争力全面提升。一是东部地区要注重提升原始创新和集成创新能力，加快推动北京、上海、深圳等优势地区建成具有全球影响力的科技创新中心；二是中西部地区要走差异化和跨越式发展道路，加快先进适用技术的推广和应用，培育壮大区域特色经济和新兴产业；三是构建跨区域创新网络，打造区域协同创新共同体。

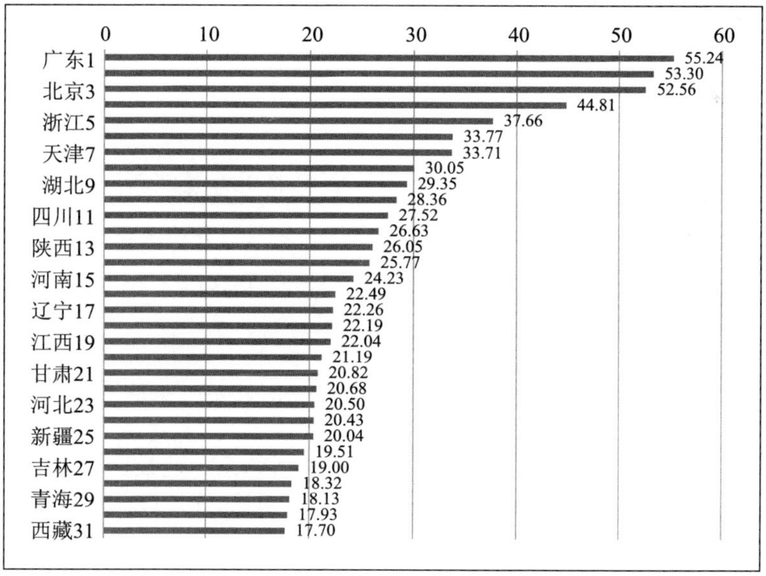

图 9.6：2017 年我国区域创新能力排名及得分（单位：分）

资料来源：《中国区域创新能力评价报告 2017》发布：粤苏京居前三 [N]. 经济日报，2017-11-25.

① 《中国区域创新能力评价报告 2017》发布：粤苏京居前三 [N]. 经济日报，2017-11-25.

第二节　以发展中小企业为重点培育创新主体

实现高质量发展需要千千万万的企业作为支撑。企业是创新的主体，中小企业是创新主体中的主体。加快发展中小企业，对于促进全民创新、增强经济发展活力、推动经济高质量发展具有重要的战略意义。

一、中小企业是创新的主体

无论是从国际经验看，还是从我国改革开放的实践看，科技创新与产业创新融合发展的载体主要是中小企业，科技创新和产业创新成果的转化需要企业特别是中小企业来完成。

1. 中小企业是创新的主体

（1）从国际经验看，中小企业比传统大企业更容易创新。以服务业为例，中小服务业企业更能够灵敏地反映市场需求。美国服务业大都是从小企业开始成长的，大资本的优势并不明显，亚马逊、谷歌、Facebook 等国际服务业巨头，大都是在车库中创业。相反，一些传统大企业，如诺基亚、雅虎、柯达等，由于受资源、价值观等束缚，未能适应时代潮流及时转型，最终走向衰落。

（2）从我国的实践看，中小企业是创新的主力军。改革开放以来，中小企业已经成为我国经济社会发展的重要支撑力量。据统计，近年来，中小企业创造了 60% 以上的 GDP，贡献了 50% 以上的税收，提供了城镇 80% 以上的新增就业岗位。与此同时，中小企业还是我国创新的主要力量。有数据显示，我国 65% 的发明专利、75% 以上的技术创新、80% 的新产品是由中小企业完成[①]。

（3）从现实发展看，新经济领域的创新主要在中小企业。我国进入“互联

---

① 张来明．中小企业必须创新发展 [N]．经济日报，2015-06-18．

网+”时代，中小企业在创新创业上的优势更为明显。以网上创业为例。据调查，2014年，全国个人和企业网店规模分别为1.6人和6.93人。由此推算，全国通过开设网店直接创业就业的人员1003.72万人①。从中小企业成长起来的阿里巴巴不仅仅为广大创业者提供了一个平台，更重要的是它充分利用大数据不断延伸产业链，陆续进入金融、医疗和车联网等领域，从而在推动产业创新中发挥更大作用。

2. 直面中小企业创新发展面临的挑战

（1）中小企业缺乏技术创新人才。目前，我国科技研发人员超过7000万人，超过美国成为世界第一科技人力资源大国②。这些科技研发人员60%分布在企业，但绝大多数集中在大企业③。中小企业科技研发人员严重缺乏，直接影响了中小企业的创新能力。

（2）中小企业融资难、融资贵。根据《2017中小企业融资发展白皮书》显示，2016年，中小企业利税贡献稳步提高，并成为带动就业的主渠道，但是98%的中小企业主要问题仍然是融资难，融资贵，在新三板市场上仍有57.4%的企业没有交易④。融资难使中小企业创新资金严重不足，对中小企业转型形成巨大掣肘。

（3）中小企业发展缺乏公平竞争的市场环境。中小企业发展在我国经济转型升级中的作用日益凸显，但其成长与发展并不稳定：一是中小企业平均寿命短，仅有2.5年⑤；二是近两年来民间投资增速出现大幅下滑。缺少公平竞争的市场环境是中小企业发展不稳定、投资下降的原因之一。例如：尽管国家从政策

---

① 中国就业促进会研究项目组．中国就业促进会发布《网络创业就业统计和大学生网络创业就业研究报告》[J]．中国就业，2015（08）.

② 我国科技研发人员总量世界第一[N]．光明日报，2015-06-26.

③ 欧新黔．提高中小企业自主创新能力[N]．经济日报，2013-10-28.

④ 报告显示：中小企业融资难融资贵仍是主要问题[EB/OL]．证券时报网，2017-04-26.

⑤ 刘兴国．中国企业平均寿命为什么短[N]．经济日报，2016-06-01.

上规定了民营企业可以进入法律未禁止的领域，但许多领域投资准入仍实行严格的前置审批和“牌照管制”；一些领域尽管实行了投资备案制，但实际上仍是变相审批。中小企业发展的制度性交易成本难以真正降下来，也制约了中小企业创新发展的能力。

3. 产业创新对激发中小企业活力提出新要求

我国进入工业化后期，由工业主导走向服务业主导的产业结构变革，需要更大范围发挥社会资本和中小企业的作用。从国际经验看，大企业经过多年的成长，创新有“船大难掉头”的突出特点。不少国际上知名的服务型制造业是从中小企业成长起来的，如苹果、微软等。我国部分走向国际化的大企业，如华为、腾讯、百度等，也无一不是从中小企业成长起来的。目前中小企业发展不充分成为我国创新能力不足的突出因素。有数据显示，我国拥有 23% 的世界 500 强企业[①]，但在全球最具创新力企业 50 强中却仅占 4%[②]。

二、以发展中小企业为重点激发创新活力

破解中小企业发展难题，激发创新活力，关键在于形成中小企业公平竞争的市场环境，切实降低中小企业的制度性交易成本，让中小企业轻装上阵。

1. 积极扶持中小企业发展

（1）创新中小企业服务方式。由重服务个体转变到服务体系建设，建立中小企业公共信息平台，鼓励中小企业通过资源整合、资产重组，形成产业联盟；鼓励有条件的大型民营企业研发机构向中小民营企业开放实验仪器、装备和设施。

（2）创新中小企业融资方式。为中小企业提供多元化的融资渠道，不断扩大企业信贷抵押担保物范围；鼓励地方政府设立各类创业投资基金等新的融资

---

① 115 家中国企业上榜 2017《财富》世界 500 强 [EB/OL]. 新华网，2017-07-20.

② 根据《2016 全球最具创新力企业 50 强》相关数据计算得出。

模式，支持草根创业。

（3）支持中小企业做大做强。积极支持有条件的企业向规模化、网络化、品牌化发展；鼓励支持企业通过连锁经营、特许经营等方式扩大经营规模；支持一批有实力的中小企业走出去，布局海外市场。

2. 降低中小企业制度性交易成本

（1）实施企业自主登记制度。进入“互联网+”时代，实现企业自主登记注册的技术条件和时机已经成熟。建议借鉴新加坡、中国香港的经验，争取在“十三五”时期，全面实施企业自主登记制度，充分运用大数据，最大限度地实现企业注册登记便利化，进一步缩短企业注册登记时间，切实降低企业制度性交易成本，使企业集中精力开展生产经营活动。

（2）适时取消企业一般投资项目备案制。我国实行备案制的初衷是尽可能减少行政审批环节，缩短企业到政府相关部门的办事时间，提高政府办事效率。从实践看，企业一般投资项目备案制仍属于前置性的行政控制，并不能有效减少企业的不正当竞争和违法行为。在政府严格管理城乡规划、土地利用、环境保护等事项的前提下，除涉及国家安全、某些重大国有投资项目之外，建议企业的一般项目一律由企业依法依规自主决策，不再要求备案。

（3）推广企业法人承诺制。2014 年，海南在食品药品监管行政审批领域试行“法人承诺制”，取得了比较好的效果。建议总结海南经验，进一步完善推广法人承诺制，形成以企业信用为基础的事后监管：对必须保留审批的事项，由监管部门向申请企业提供责任承诺书和审批要件清单，企业法人签署对材料真实性负责和对虚假材料承担责任的法人承诺书后，审批部门可当场或当天发放批件和许可证。事后，监管部门在规定时间内组织现场核查，如发现企业造假，再对其进行严厉惩处。

3. 以反垄断为重点建立公平竞争的市场环境

（1）组建国家中小企业发展促进机构。促进中小企业发展相关政策的落实，涉及众多的部门，如果没有一个政府部门牵头推进落实，中小企业发展很难取得预期效果。适应中小企业发展对公平竞争市场环境的现实需求，建议在市场监管部门组建国家中小企业发展促进机构，主要职能是依据《中小企业促进法》，制定和实施改善营商环境的监管规则，形成并维护中小企业发展的公平竞争的市场环境。

（2）建立统一的反垄断体制。从现实情况看，无论是传统经济领域，还是新经济领域，都面临着不同程度的市场垄断和不正当竞争的挑战。由于反垄断职能分散在不同机构，反垄断缺少统筹协调，实际效果并不理想。完善公平竞争的市场环境，重在建立统一的反垄断体制，要尽快整合分散在不同机构的反垄断职能，并作为市场监管机构的重要职责。应当说，解决这个问题的总体条件比较成熟，不宜再拖。

（3）将反行政垄断纳入市场监管范畴。当前，我国尚未将反行政垄断纳入《反垄断法》，建议尽快改变这一现状，在《反垄断法》中增加反行政垄断的内容。根据不同行业的特点形成不同的反行政垄断措施，在放开竞争性业务、推进公共资源配置市场化方面取得重要突破。

三、形成激励中小企业创新发展的体制机制

进一步强化中小企业创新主体地位和主导作用，加强对中小企业创新的支持，促进科技成果转化，让各种创新要素聚合共振、创新活力竞相迸发、创新源泉充分涌流。

1. 强化中小企业创新主体地位和主导作用

（1）优先支持科技型中小企业发展。以华为、联想、百度等创新型企业为榜样，加快培育一批有国际竞争力的创新型领军企业，支持科技型中小企业健康发展。

（2）形成企业、高校、科研院所的合力。企业、高校和科研院所是科技创新的三支队伍，依托企业、高校和科研院所建设一批国家技术创新中心，真正

实现产学研深度融合。

（3）促进中小企业科技成果转化。加强技术和知识产权交易平台建设，建立从实验研究、中试到生产的全过程科技创新融资模式，促进科技成果资本化、产业化。

2. 积极发展众创空间等新型创新创业服务平台

（1）积极发展新型众创空间。充分利用互联网、大数据、云计算等现代信息技术，重点依托各地高新技术产业开发区、科技企业孵化器、小企业创业基地、高等院校、科研院所等，发展新型创业服务模式，构建“孵化＋创投”的创业模式，形成一批创新创业、线上线下、孵化投资相结合的新型众创空间。

（2）支持社会力量创办众创空间。鼓励行业领军企业、服务业龙头企业，创办各类特色鲜明、需求指向明确的众创空间，实现创新创业载体建设由“量”向“质”的转变；鼓励开展商业模式创新，引导社会资本参与建设面向中小企业的技术创新公共服务平台。

（3）利用闲置资源为众创空间提供场所。支持有条件的地区利用现有的闲置办公楼、商业设施、老旧厂房等资源进行改造提升，为众创空间提供专门场所，打造一批低成本、公益性、社会化、开放式运作的众创空间。

3. 加快国家重要科研基础设施向社会开放

（1）发挥科研设施与仪器对科技创新的支撑作用。2014 年，国务院出台了《关于国家重大科研基础设施和大型科研仪器向社会开放的意见》，建议尽快出台相应的实施办法，加快推进科研设施与仪器向社会开放，鼓励社会创新，明显提高科技资源利用效率，避免科研设施与仪器闲置浪费。

（2）对符合开放条件的科研设施与仪器实行统一管理。科研设施与仪器管理单位按照统一的标准和规范，建立在线服务平台，公开科研设施与仪器使用办法和使用情况，实时提供在线服务；鼓励国防科研单位在不涉密条件下探索开展科研设施与仪器向社会开放服务。

（3）建立促进开放的激励机制。管理单位对外提供开放共享服务，可以按照成本补偿和非营利性原则收取材料消耗费和水、电等运行费，还可以根据人力成本收取服务费，但要建立公开透明的收费和服务标准。

4．完善支持创新创业的风险投资体系

（1）建立和完善创业投资引导机制。支持各地设立战略性新兴产业创业投资引导基金，引导基金以母基金为形式，主要通过参股投资和跟进投资等方式运作，支持创业投资企业投资处于初创期和早中期创新型企业。

（2）拓宽创业投资资金供给渠道。鼓励社会资本进入创业投资领域，发展国有资本创业投资，支持创业投资企业创新融资方式，拓展融资渠道，提升融资能力，形成多元化的创业投资资金来源。

（3）健全创业投资风险补偿机制。目前，一些地方政府已经出台了创业投资风险补偿管理办法，对鼓励创业投资起到很好的促进作用。建议各地设立本地区创业投资风险补偿专项资金，并制定相应的管理办法，推进创业投资可持续发展。

（4）完善创业投资退出渠道。优先支持符合条件的企业在国内外资本市场上市，积极推动创新型企业进入中小企业股份转让系统，进行股权转让，支持多层次资本市场建设，加快完善区域性产权交易平台，实现投资成功后能顺利退出。

第三节　以科技创新为重点的国家创新体系

建设国家创新体系是创新型国家建设的基础工程，核心任务在于科技创新。抓住全球新一轮科技革命机遇，适应和引领我国经济发展新常态，以打造科技强国为目标，以强化原创性战略科技力量为导向，以建设国家实验室为重点，加快形成现代化经济体系的科技支撑，依靠科技创新转换发展动力，把科技创新潜力更好释放出来。

一、科技创新引领国家创新体系建设

全球新一轮科技革命不断催生新经济、新产业、新业态、新模式，成为推动人类生产生活方式乃至思维方式变革的根本力量。建设国家创新体系，目的是面向未来建设科技强国。

1. 全球科技创新发展的新趋势

（1）科技创新引领产业变革。在全球新一轮科技革命中，物联网、机器人、人工智能、生物科技、新材料等一系列颠覆性科技，不断创造新产品、新需求、新业态，不仅推动全球产业形态发生重大变革，而且推动生产生活方式、商业模式、学习方式等发生深刻变革。毕马威（KPMG）发布的《2017 年全球技术创新报告》指出，美国和中国发现物联网、机器人、人工智能 / 认知运算和生物特征识别技术属于颠覆性技术，这些技术将会推动业务和行业的转型①。

（2）科技创新深刻改变人类生活方式。科技创新在满足人们日益增长的多样化、个性化需求方面表现出色。例如，服务机器人、智能穿戴设备、智能家居等步入普通家庭，让人们的生活变得更加智能、安全和便捷；基因测序、干细胞与再生医学、远程医疗等技术的广泛运用，让人们能够享受到更加精准的诊疗；可再生能源的开发与利用将深刻改变世界的能源结构，从而改善人类的生存环境。

（3）科技创新从发达国家向新兴经济体扩散的步伐加快。根据毕马威调查显示，“43% 的全球受访者表示，全球的技术创新中心在今后 4 年有可能会从硅谷转移到另一个国家。受访者中 26% 的人选择上海作为挑战硅谷 / 旧金山的主

---

① KPMG. The changing landscape of disruptive technologies, Global technology innovation hubs[R]. 2017.

要技术创新中心，其后依次为纽约、东京、北京和伦敦”[①]。未来一段时期内，尽管欧美在科技创新上仍将处于领先地位，但这种优势正在缩小，我国与俄罗斯、印度等新兴经济体正日益成为全球科技创新的活跃地带。

2. 我国科技创新步伐全面加快

（1）政府推进科技创新的力度全面加大。过去 5 年，我国密集出台了《国家重大科技基础设施建设中长期规划（2012—2030）》《国家创新驱动发展战略纲要》等一系列推进科技创新的政策文件，改革力度前所未有。同时，财政对科技创新的扶持力度不断增大。2016 年，国家财政科学技术支出 7760.7 亿元，比 2012 年增长 38.6%；财政科学技术支出占当年国家财政支出的比重为 4.13%[②]。

（2）面向产业需求的科技创新成果不断涌现。随着国家重大科技计划的顺利实施，我国在载人航天、国产航母、大飞机制造、三代核电、新能源汽车、量子通信、量子计算机等基础和前沿领域取得了一批具有国际影响力的科技成果。这些科技创新成果的取得为我国开辟新的产业奠定了重要基础。

（3）科技创新能力不足的矛盾仍比较突出。科技领域自主创新能力还不强，与全球新科技革命和产业变革的大趋势仍不相适应。主要表现为：原创性科技创新成果仍然偏少、核心技术自给率低、核心技术仍受制于人的局面远未打破。

3. 把科技创新作为建设国家创新体系的重中之重

（1）从世界经济发展历史来看，全球经济中心的转移往往是以科技创新为先导。从古罗马帝国时代到 20 世纪中期，全球经济中心一直朝着西方转移，过去英国、美国作为全球经济中心，主要在于其科技创新处于领先地位。

---

① KPMG. The changing landscape of disruptive technologies, Global technology innovation hubs[R]. 2017.

② 根据国家统计局、科学技术部、财政部发布的 2012 年和 2016 年《全国科技经费投入统计公报》相关数据计算得出。

（2）我国成为全球经济中心是个大概率事件，但取决于科技创新的程度。世界经济中心几度迁移，背后的重要力量就是科技创新。也就是说，科技创新在哪里兴起，经济发展制高点就转向哪里。近年来，不少研究机构认为，全球经济浪潮已经开始从美国退潮，并正在朝着我国的方向运动。

二、以打造科技强国为目标建设国家创新体系

科技强国是建设现代化强国的主要标志。习近平总书记强调："科技是国之利器，国家赖之以强，企业赖之以赢，人民生活赖之以好。"未来10~20年，围绕国家重大战略需求，抢占事关国家发展全局的科技战略制高点，将对我国实现高质量发展产生决定性影响。

1. 抢占全球新一轮科技竞争的制高点

（1）科技创新成为国际竞争的新赛场。在全球新一轮科技革命和产业革命面前，美国、日本、欧盟等发达经济体将科技创新作为国际竞争的焦点，通过科技创新培育新经济增长点，抢占发展制高点。例如，美国颁布《美国创新战略：确保经济增长与繁荣》、日本内阁每年发布《日本科学技术创新综合战略》、德国发布《新高科技战略——德国创新》、法国发布"未来工业"计划、欧盟委员会正式公布欧盟"地平线2020"计划（2014—2020年）最后3年（2018—2020年）的创新研发资金分配方案等。

（2）面向2030年的科技创新。从长远来看，科技创新牵动影响我国发展全局。在世界各国科技竞争日益激烈的新形势下，我国政府启动了一系列科技创新项目与工程，《"十三五"国家科技创新规划》的出台，提出了我国面向2030年的科技创新战略，为我国未来10~20年科技创新指明了方向。第一，科技创新瞄准世界科技前沿。只有这样才能创造出引领世界潮流的科技成果，抢占科技制高点。第二，科技创新推动经济发展。只有这样才能将科技成果转化为现实的生产力，从而推动经济持续健康发展。第三，科技创新要服务于国家重大战略需求。只有这样才能赢得战略主动权，提高我国综合国力。

（3）围绕产业变革实现产业技术的重大突破。技术创新是推动产业变革的根本动力。未来5~10年，适应我国经济转型升级的大趋势，抓住全球新一轮科技革命和产业革命的新机遇，加快产业关键核心共性技术研发和转化，重点在现代农业技术、新一代信息技术、智能制造技术、新材料技术、能源技术、现代交通技术与装备、生物技术、现代食品制造技术、现代服务技术，以及引领产业变革的颠覆性技术等方面取得实质性进展，不断突破产业转型升级的技术瓶颈，推进我国产业迈向全球价值链中高端。

2. 加大服务于经济社会发展的科技供给

（1）依靠科技创新建设健康中国。适应人们对健康生活的需要全面快速增强，以提升全民健康水平为目标，加快医学科技发展，重点在疾病防控、精准医学、生殖健康、康复养老、药品质量安全、创新药物开发、医疗器械国产化、中医药现代化等领域，加快推进医研企协同开展创新性和集成性研究，加强重大疾病防治技术普及和临床新技术新产品转化应用，为健康中国建设提供坚实的科技支撑。

（2）依靠科技创新建设美丽中国。改变日益严峻的环境问题，关键在于加大资源环境领域核心关键技术攻关和应用，重点在大气、土壤和水污染防治、清洁生产、生态修复、环保产业技术等方面取得重大科技突破，为美丽中国建设提供科技支撑。

（3）依靠科技创新保障国家安全。近年来，我国能源安全、粮食安全、网络安全、生物安全、国防安全等风险压力不断增大，给经济社会稳定发展带来严峻挑战。为此，需要加快海洋、空天以及深地极地空间拓展关键技术的突破，提升战略空间探测、开发和利用能力，为保障国家安全提供技术支撑。

3. 优化科技资源配置，全面提升创新效率

科技资源的合理配置能够有效激发创新活力，提高创新效率。更加注重通过优化科技资源配置最大限度地调动各类科技创新主体的积极性。一是优化财

政科技资金投入结构，加大科研院所、高校基础研究投入和企业研发投入；二是完善技术创新市场机制，强化企业技术创新主体地位，加大企业研发的政策支持，提升企业技术创新能力；三是支持企业与科研院所、高校组成技术创新联盟，推动基础研究与应用研究紧密结合；四是推动公共科技资源向中小企业开放共享，鼓励中小企业创新创业。

三、加快形成强化战略科技力量的前瞻性布局

党的十九大报告提出，“瞄准世界科技前沿，强化基础研究，实现前瞻性基础研究、引领性原创成果重大突破。”强化国家战略科技力量，是国家创新体系建设的重大任务，是我国走向科技强国的重要标志。

1. 我国有望成为 21 世纪的世界科学中心

科学发展的研究表明，如果某个国家的科学成果数占同期世界总数的 25% 以上，这个国家就可以称为“世界科学中心”。世界科学中心到 21 世纪能否转移到我国，成为多方面关注的焦点。当前，我国比历史上任何时期都接近世界科学中心。以我国发表的国际科技论文被引次数排名为例，2008 年为世界第 10 位，2013 年提升至第 5 位，2017 年跃升至第 2 位。我国科技的全球影响力提升速度相当快，已经处于起飞状态。

2. 聚焦国家战略重点领域布局战略科技力量

党的十九大报告提出，“加强应用基础研究，拓展实施国家重大科技项目，突出关键共性技术、前沿引领技术、现代工程技术、颠覆性技术创新，为建设科技强国、质量强国、航天强国、网络强国、交通强国、数字中国、智慧社会提供有力支撑。”这为我国成为世界科学中心提供了重要的指导。未来 5~10 年，聚焦航空、航天、海洋、资源能源、信息安全、交通运输、智能制造、卫生健康等国家战略重点领域，加强基础科学研究，壮大国家战略科技力量，将为我国成为 21 世纪世界科学中心创造有利条件。

3．以提升自主创新能力为目标培育壮大战略科技力量

（1）建设高水平的国家科研机构。国家科研机构作为重要的战略科技力量，担负着服务国家重大战略的历史使命，在国家创新体系中发挥着核心作用。建设一批国际一流的科研机构，夯实自主创新的物质技术基础，加快形成结构完整、功能完备的国家科研体系。

（2）着力打造区域创新高地。立足我国区域发展不平衡的基本国情，充分发挥地方在区域创新中的主体作用，优化科技创新资源区域配置，集中科技优势资源，打造区域创新高地。从现实情况看，北京、上海等国际性大都市集中了国内一流的科技创新资源，有条件建设具有全球影响力的科技创新中心，打造全球科技创新的引领者。

（3）形成一批创新型科技人才队伍。科技人才是最重要的战略科技资源，培育战略科技力量，关键在于培养一批具有国际竞争力的创新型科技人才队伍。为此，需要深入实施人才优先发展战略，坚持把人才培养放在培育国家战略科技力量的重要位置，不断优化科技人才结构，努力培养造就一大批具有国际水平的战略科技人才、科技领军人才、青年科技人才和高水平创新团队。

4．加快构建以国家实验室为核心的国家科研创新体系

从全球来看，国家实验室已成为主要发达国家抢占科技创新制高点的重要载体。对我国而言，国家实验室是提升自主创新能力和国际竞争力的重要载体，是国家科研创新体系的核心。在全球科技创新的新趋势下，要瞄准世界科技前沿，充分借鉴国际经验，率先在航空发动机、量子通信、智能制造和机器人、深空深海探测、重点新材料、脑科学、健康保障等方面向2030年的重要领域布局一批体量更大、学科交叉融合、综合集成的国家实验室，进行集中式科研攻关，强化国家战略性科技力量。

四、以科技体制改革激活创新要素

2014年6月，习近平总书记指出，“如果把科技创新比作我国发展的新引擎，那么改革就是点燃这个新引擎必不可少的点火系。我们要采取更加有效的措施完善点火系，把创新驱动的新引擎全速发动起来”①。也就是说，实施创新驱动发展战略，一方面，要瞄准世界科技前沿，缩小关键领域差距，形成自主创新能力；另一方面，要坚持问题导向，通过制度创新突破发展瓶颈，最大限度地释放创新活力。

1. 破除一切制约科技创新的思想障碍和制度藩篱

（1）科技体制改革进入新阶段。党的十八大以来，我国明确提出实施“创新驱动发展战略”，把科技创新摆在国家发展全局的核心位置；2015年8月，中办、国办印发《深化科技体制改革实施方案》，提出到2020年需要完成的10个方面143项改革任务；2017年10月，党的十九大报告提出“加快建设创新型国家”等，标志着我国科技体制改革开始进入一个全新的阶段。

专栏9.4

我国科技体制改革历程

改革开放以来的40年，我国各行各业的现代化建设迈出了更大步伐，其中科技事业更为明显。

（1）科技体制改革的启动与部署。改革开放以后，科技领域成为先行开放的前沿，在国际合作中融入全球科技发展大趋势。我国科技事业率先在国际合作中迈开步伐，并融入全球科技发展的大趋势。1978年，党中央召开了全国科学大会。向全国发出了“树雄心，立大志，向科学技术现代化进军”的号召，明确提出了“四个现代化，关键是科学技术现代化”“知识分子是工人阶级的一部分”等重大论断，重申了“科学技术是生产力”这一马克思主义基本观点。

① 中共中央文献研究室．习近平关于科技创新论述摘编[M]．北京：中央文献出版社，2016.1.

1985年，中共中央作出了《关于科学技术体制改革的决定》，确定了“经济建设必须依靠科学技术，科学技术工作必须面向经济建设”的战略方针。

（2）科技体制改革深化推进阶段。20世纪90年代中期以后，国家根据国际国内形势，面向国计民生和科技事业发展，作出了一系列有针对性的深化科技体制机制改革的安排。

例如：1995年，中共中央、国务院召开全国科技大会，作出《关于加速科学技术进步的决定》，提出实施科教兴国战略——坚持教育为本，把科技与教育摆在经济、社会发展的重要位置。

1997年，党的“十五大”把科教兴国战略和可持续发展战略确立为跨世纪的国家发展战略。

1999年，中共中央、国务院召开全国技术创新大会，部署和贯彻《关于加强技术创新、发展高科技、实现产业化的决定》，提出进一步实施科教兴国战略、构建企业技术创新主体、推动应用型科研机构企业化转制、建设国家知识创新体系。

2006年，中共中央、国务院召开全国科学技术大会，作出了《关于实施科技规划纲要增强自主创新能力的决定》，发布了《国家中长期科学和技术发展规划纲要（2006—2020）》，提出了到2020年使我国进入创新型国家行列的战略目标。

（3）科技体制改革进入新时代。

例如：2012年，中共中央、国务院召开全国科技创新大会，作出《关于深化科技体制改革加快国家创新体系建设的决定》。同年，党的十八大报告提出，要大力推进创新驱动发展战略，要以全球视野谋划和推动创新发展，要牢牢把握新时期科技改革发展的战略任务，促进科技与经济结合。

2015年，中央深化改革领导小组发布实施《深化科技体制改革实施方案》，提出了143项重大改革任务。

2016年8月，召开全国科技创新大会、全国两院院士大会、中国科协第九次全国代表大会，发布了《国家创新驱动发展战略行动纲要》，提出了面向未来建设科技强国的宏伟目标。

资料来源：刘琦岩．以自主创新不断增显中国道路的内涵和特色——我国科技改革开放40年的探索和实践 [J]．全球化，2017（11）．

（2）科技体制改革滞后掣肘创新型国家建设。从现实情况看，我国技术创新能力不强，主要不是投入不足的问题，而是集中反映在科技创新体制改革滞后导致的科技成果转化能力低。一方面，我国研发经费快速增长；另一方面，由于产学研用脱节，我国科技成果转化率一直偏低，成为制约我国科技创新的突出“短板”。目前，我国企业的研发投入、研发力量、研发成果均已占全社会的70%以上，与发达国家的水平相当。但是企业创新多是引进后的消化吸收，缺乏原创性，而且大部分企业对技术研发的重视程度不够、投入不足。例如，在大中型企业中，有研发和试验活动的企业所占比重不到50%，大部分企业仍没有自己的技术专利①。

（3）最为紧迫的是加快科技体制改革步伐。在当前形势下，我国抓住第四次工业革命的机遇加快建设创新型国家，关键在于形成充满活力的科技管理体制。正如习近平总书记2013年9月强调的：“实施创新驱动发展战略是一项系统工程，涉及方方面面的工作，需要做的事情很多。最为紧迫的是要进一步解放思想，加快科技体制改革步伐，破除一切束缚创新驱动发展的观念和体制机制障碍。”②打通从科技强到产业强、经济强、国家强的通道，以改革释放创新活力，加快建立健全国家创新体系，让一切创新源泉充分涌流。

2. 建立科技成果转化的有效机制

（1）下放科技成果使用、处置和收益权。除国防、国家安全、国家利益及重大社会公共利益的科技成果外，一般科技成果的使用权、处置权和收益权，全部下放给符合条件的项目承接单位，科技成果转移转化所得收入全部留归单位，纳入单位预算，实行统一管理。

（2）提高科研人员成果转化收益分享比例。加快推进科技成果产权制度改革，提高科研人员成果转化收益分享比例，对科研单位科技成果转化、转让的收益，用于奖励科研负责人、骨干技术人员等重要贡献人员和团队的比例，可

① 郑新立. 加快形成以创新为主要引领和支撑的经济体系和发展模式[J]. 求是，2015（21）.

② 中共中央文献研究室. 习近平关于科技创新论述摘编[M]. 北京：中央文献出版社，2016.1.

以不设上限，让创新者“名利双收”。

（3）加大对科研人员的股权激励。例如，华为公司把 98.58% 的股权开放给员工，在推动技术创新中的成效显著。建议赋予领军人才更大的人财物支持权、技术路线决策权，鼓励并支持各类企业、高校、科研院所通过股权、期权、分红等激励方式，全面激发科研人员创新创业的积极性。

3. 完善技术创新的市场机制

（1）发挥企业在国家创新决策中的重要作用。吸收更多企业参与研究制定国家技术创新规划、政策和标准，提高专家咨询组中企业家的比重，竞争类产业技术创新由企业依据市场需求自主决策。

（2）完善以企业为主体的技术创新机制。鼓励企业根据市场需求和长远发展建立研发机构，支持企业加快科技成果产业化；大力培育科技型中小企业，支持科技型企业开展技术融资；鼓励构建以企业为主导、产学研相互合作的产业技术创新战略联盟。

（3）提高普惠性的政策支持力度。加大结构性减税，逐步将国家对企业技术创新的投入方式转变为以普惠性财税政策为主，加大创新产品和服务的政府采购力度。

4. 深化科技评价和奖励制度改革

（1）根据科技活动类型采取不同的评价标准和方法。根据不同科技活动的特点，制定科学的评价标准。例如，基础研究以同行评价为主，尤其是加强国际同行评价；应用研究以用户和专家等第三方评价为主，重点评价技术成果的突破性和成果转化情况；产业化开发则由用户和市场来评价。

（2）加快完善中国特色的科技奖励体系。一是改革完善国家科技奖励制度。完善国家自然科学奖、技术发明奖、科技进步奖的评审制度，完善提名制，增强奖励的公开透明度；二是鼓励地方科技创新。支持省级政府设立高质量的科学技术奖，并制定相应的评奖办法；三是支持和规范社会力量设立科学技术奖。

鼓励学术团体、行业协会、基金会等社会力量设立科学技术奖，突出公益性、非营利性，提升社会力量科技奖励的影响力。

第四节　形成开放创新的新格局

习近平总书记指出，“我国的经济体量到了现在这个块头，科技创新完全依赖国外是不可持续的。我们毫不动摇坚持开放战略，但必须在开放中推进自主创新。”[①] 开放创新能够使一个国家充分整合和利用全球的创新资源迅速提升创新能力。未来几年，把握自身优势形成开放创新的新格局，将为我国建设创新型国家、实现经济高质量发展提供强大的动力来源。

一、开放创新的大趋势

创新由封闭转向开放，创新无国界，是当今世界科技创新发展的重要趋势。开放创新正在为后起国家实现快速追赶提供历史性机遇。把形成开放创新的新格局作为我国对外开放的重要目标，我国完全有条件在多个领域实现创新发展的“后来者居上”。

1. 开放创新是一个大趋势

（1）创新由封闭转向开放。与以往的创新有很大的不同，第四次工业革命背景下的创新已经跨越国界，成为一个全球现象，已经不再是一个国家内部的“闭门造车”。第四次工业革命正在开启创新 2.0 时代，主要特征是开放式

① 习近平考察中科大：要在开放中推进自主创新 [EB/OL]. 新华网，2016-01-27.

创新[①]。所谓封闭式创新，就是一个国家和一个企业仅仅利用内部的组织资源实现创新。所谓开放式创新，就是一个国家和一个企业不仅利用内部组织资源，而且充分利用外部组织资源实现创新。

表 9.4：封闭式创新和开放式创新的比较

要素	封闭式创新	开放式创新
人才	自己公司拥有最优秀的人才	自己公司不一定拥有最优秀的人才，可以不局限于公司内外与优秀人才进行合作
研究开发	为从研发获得收益，自己公司包揽从研发到销售的一切	能从外部研发创造附加值；内部研发也可以享受一部分成果
市场化	能将创新快速投入市场的企业处于优势地位	相比市场化，构筑商业模式更为优先
想法	能将最好的创意进行最多产品化的话，就可以建立优势地位	关键在于能否有效活用公司内外部的创意
知识产权	严格保护自己公司的知识产权	与其他公司之间积极进行知识产权的授权 / 引进交易

资料来源：（美）亨利·切萨布鲁夫. 开放式创新：进行技术创新并从中赢利的新规则 [M]. 北京：清华大学出版社，2005.4.

（2）创新越来越表现为整合和利用全球创新资源。开放创新是“让全世界聪明人聚集起来”提供解决方案，从而实现较高的经济效益。以海尔为例，海尔收购通用电气的家电业务的交易在美国时间 2016 年 6 月 6 日正式完成，最终金额定为 55.8 亿美元[②]。海尔在收购 GE 家电后进一步推进了开放创新，效益显现，实现营收和净利润双增长。

（3）通过开放创新成为全球企业创新中心。近 14 亿人的大市场给我国企业开放创新提供巨大空间。例如，阿里巴巴提出，其未来 20 年的目标是打造世界

① “开放式创新（open innovation）”一词最初进入公众视野，源自美国加州大学伯克利分校哈斯商学院加伍德公司创新中心主任亨利·切萨布鲁夫（Henry Chesbrough）教授于 2003 年出版的专著《开放式创新》。“开放式创新”是指：为了促进组织内部的创新，有意图且积极地活用内部和外部的技术及创意等资源的流动，其结果是增加将组织内创新扩展至组织外的市场机会。

② 海尔完成通用家电收购交易最终定价 55.8 亿美元 [N]. 每日经济新闻，2016-06-09.

第五大经济体，为世界创造 1 亿个就业机会，服务跨国界的 20 亿人，为 1000 万家企业创造盈利的平台。2017 年 10 月 11 日，阿里宣布成立“达摩院”，投入 1000 亿元人民币，启动冲刺人类未来的技术远征。当天，超过 3 位中国两院院士、5 位美国科学院院士的科技界泰斗宣布加入①。在第四次工业革命的背景中，如果开放创新能够取得实质性进展，我国有望在打造全球企业创新中心上有新的突破。

专栏 9.5

我国企业开放创新的几个案例

（1）阿里巴巴的开放创新。达摩院由三大主体组成，一是在全球建设的自主研究中心；二是与高校和研究机构建立的联合实验室；三是全球开放研究项目——阿里巴巴创新研究计划（AIR计划）②。达摩院已经开始在全球各地组建前沿科技研究中心，包括亚洲达摩院、美洲达摩院、欧洲达摩院，并在北京、杭州、新加坡、以色列、圣马特奥、贝尔维尤、莫斯科等地设立不同研究方向的实验室，初期计划引入 100 名顶尖科学家和研究人员③。

（2）华为的开放创新。华为作为全球化的跨国公司，2015 年以来业务遍及全球 170 多个国家和地区，58% 的销售收入来自海外市场，海外员工本地化率达到了 72%④。华为的许多高管来自海外，例如，华为创意总监金峻绪（JoonSuh Kim）曾经设计过三星 Galaxy 系列智能手机；华为首席设计师 Abigail Sarah Brody，在苹果工作了将近 10 年；华为巴黎设计研发中心负责人马蒂厄·雷阿奴（Mathieu Lehanneur）、华为消费者 BG 执行副总裁赵科林（Colin Giles）等都是外国人。

（3）海尔的开放创新。海尔开放创新平台（Haier Open Partnership Ecosystem，简称 HOPE），由海尔开放式创新中心开发并运营，是目前我国最大的开放创新平台。海尔 HOPE 平台致力于打造全球最大的创新生态系统和全流程创新交互社区，面向全球所有

① 港媒关注阿里巴巴云栖大会成立“达摩院”专注前沿创新研究 [EB/OL]. 参考消息网，2017-10-12.

② 阿里巴巴成立“达摩院”三年将投千亿 [EB/OL]. 中国日报网，2017-10-12.

③ 阿里成立达摩院：未来三年对基础科学研发将超 1000 亿 [EB/OL]. 澎拜新闻，2017-10-12.

④ 华为. 2016 年年报 [EB/OL]. 华为网，2017-03-31.

的创新者和企业。依托于海尔的全球五大研发中心和平台自身所整合的全球领先资源，HOPE 可实现多方用户、多维度、并联式交互，让技术供需求双方零距离对接，为技术持有者寻找合适的客户、为技术需求者嫁接技术解决方案①。

（4）科大讯飞的开放创新。科大讯飞目前已向 15 万家企业开放了它的技术和接口，间接催生出数十万个 App。先进的语音技术对接上车联网，为大众的购车用车提供便利；医生的超声波检查结果也能使用语音记录，代替现在的听写和打字；而诸如京东这样的大型电商也在寻求合作，用人工智能为客户服务等②。

（4）通过开放创新成为全球科技创新中心。加快开放创新的步伐，我国有条件成为全球科技创新的高地：第一，加大与发达国家的科技合作，利用全球科技创新人才的智慧加快科技创新。第二，充分利用我国近 14 亿人的大市场优势，通过加快高科技领域的商业转化，吸引集聚海外人才加入我国的高科技前沿技术研究。第三，我国近年来科技领域留学生回国逐渐增多，加大开放创新力度，有望形成利用全球杰出人才集聚创新资源的新优势。

2. 在开放中提升自主创新能力

当今世界的科技强国都能比较好地处理开放创新与自主创新之间的关系，在科技强国的路径选择上确立了全球视野。我国多年来的实践表明，以开放促进创新确实有成效，开放减少了我国的学习成本，但并非简单的“市场换技术”。发达国家的核心技术不会拱手相让，我们也很难通过“市场换技术”的途径来获得，关键核心技术仍然要立足于自主创新。同时，开放创新服务于自主创新，以开放创新促进自主创新。广泛吸收全球科学成果，积极引进国外先进技术，必须立足于充分消化吸收和再创新。

---

① 海尔开放创新平台打造全球最大开放式创新生态系统 [EB/OL]. 中国网，2017-01-12.

② （美）亨利 · 切萨布鲁夫，（比）维姆 · 范哈弗贝克，（美）乔 · 韦斯特. 开放式创新：创新方法论之新语境 [M]. 上海：复旦大学出版社，2016.6.

3. 尽快形成开放创新的新格局

高质量发展阶段的对外开放与过去高速发展阶段有很大的不同，不单是引进外资促进经济总量增长，而且要把侧重点放在促进国内创新发展上。坚持以全球视野谋划和推动创新，实施科技创新国际化战略，在全球范围内优化配置创新资源，积极融入和主动布局全球创新网络，探索科技开放合作新模式、新路径、新体制，促进创新资源双向开放和流动，全方位提升科技创新的国际化水平。一是把促进开放创新作为新阶段对外开放的重要目标，实现引进来和走出去两条腿走路；二是形成科技领域开放创新的新格局，实现部分科技计划对外开放；三是形成区域开放创新高地，在部分发达地区建成全球一流的区域创新中心。

二、以开放利用全球创新资源

以开放利用全球创新资源提升自主创新能力，是我国作为后起建设创新型国家的捷径。习近平总书记强调："要深化国际交流合作，充分利用全球创新资源，在更高起点上推进自主创新，并同国际科技界携手努力，为应对全球共同挑战作出应有贡献。"

1. 推动国家科技计划对外开放

（1）科技计划对外开放是发达国家利用全球创新资源的重要途径。由于国情不同，科技发展水平也不同，其科技计划开放程度也不同。总的来看，这些国家的科技开放程度主要有三个层次：一是完全对外开放。例如，哈萨克斯坦的科技计划对外国政府、机构或个人给予国民待遇，允许其申请承担国家科技计划相关项目；二是有限开放。例如，美国、日本、德国等国家，对国外机构参与本国科技项目存在部分限制。除了涉及军事安全、敏感技术及对国计民生有重大影响的科研项目不对外，美国大部分科技计划对外开放，利用全球科技资源；三是完全不开放。例如，新加坡、丹麦等国家的科技计划项目完全不对外开放。

表 9.5：主要国家科技计划对外开放情况

开放程度	开放限制	开放国家
完全开放		哈萨克斯坦
有限开放	允许独立申请，但有协议限制条件	墨西哥、泰国
	要求本国有合作者	美国、韩国、以色列、挪威
	要求境内机构与个人，成果利用有限制	日本、德国、奥地利、瑞士等
	要求境内机构与个人，资金利用、商品化有限制	意大利
	只对特定国家开放	法国、捷克
	个别计划开放，且成果利用有限制	加拿大、澳大利亚、希腊、西班牙等
	专项国际科技合作计划或科学研究中心	如印度尼西亚国际合作研究计划（RUTI）、印度与法国、俄罗斯等国共同出资建立的科学中心
	只允许合作形式参与	俄罗斯、英国、荷兰、新西兰、瑞典、埃及等
完全不开放		新加坡、丹麦、乌克兰等

资料来源：张换兆．关于深化和扩大我国科技计划开放的思考 [J]．高科技与产业化，2011（03）．

（2）我国科技计划对外开放相对滞后。从实践看，我国比较早的在个别科技计划中对外国专家开放，例如，863 计划、973 计划和国家科技支撑计划。问题在于，现有科技计划开放限制条件较多：一是在 2011 年之前，我国 863 计划、973 计划等要求承担者为境内注册具有法人资格的高校、研究机构等事业法人和中方控股的企业法人；2011 年，新的 863 计划、973 计划和国家科技支撑计划均要求课题承担单位是在中国大陆境内注册的、具有独立法人资格的企业、科研院所、高等院校等。二是科研成果要求优先在国内转化。例如，国家 863 计划明确提出科研成果优先在境内转化。三是要求外方合作单位具备较强的科研实力和相关的人员、设备和资金投入。例如，国家 973 计划在对外开放领域中要求合作国家进行资金配套。

（3）加快推进国家科技计划开放进程。一是加大科技计划开放力度，最大限度地吸引拥有全球先进技术的外资研发机构、研发人员参与我国科技计划的实施，缩短我国相关技术领域的研发周期。二是借鉴国际经验，实行分类开放。例如，对于涉及国家安全、敏感领域的科技计划，如航空航天、军事工业等完全不能开放；对于基础研究领域的科技计划，应该扩大开放范围；对于能源、环保等领域的科技计划，应该加大开放力度，逐步取消相关限制。三是制定并完善国家科技计划对外开放管理制度。尽快制定国家科技计划对外开放的指导意见和实施细则，对外资机构和人员参与我国科技计划的准入条件、经费使用、科研成果转化、知识产权管理等方面作出明确规定。

2. 主动开展高水平的国际科技合作

（1）国际科技合作是创新发展的加速器。随着我国深度参与全球化，国际科技合作呈现快速发展的态势。截至 2017 年年初，我国已经与 158 个国家、地区和国际组织建立了科技合作关系，签订了 111 个政府间科技合作协定，加入了 200 多个政府间国际科技合作组织。据《中国国际科技合作现状报告》显示，2006—2015 年，我国的科研合作中心度由全球第 10 位上升到第 7 位，我国在全球科研合作的规模由第 6 位上升到第 4 位[①]。通过国际科技合作，不仅推动我国科技水平再上新台阶，而且吸引了一批全球顶尖人才，由此为我国实现高质量发展奠定重要基础。

专栏 9.6

我国科技国际合作与交流的发展历程

恢复期（1978—1985 年）。在 1978 年 3 月召开的全国科学大会提出“加强国际科技合作和技术交流”“邀请外国科学家、工程技术专家来华讲学”“加强我驻外机构的科技调研工作”等。在此时期，中国确定了该阶段国际科技合作的具体方针，调整了对科技外事工作的归口管理，建立了引进人才工作管理体制，加强了驻外机构的科技调研。

全面发展期（1985—2000 年）。《1986—2000 年科技发展规划》提出了进一步加强

① 过去五年，中国国际科技合作取得丰硕成果 [EB/OL]. 人民网，2017-10-17.

国际科技合作和技术引进的政策措施，指出要进一步抓紧组织制定统一的技术引进政策和规划等。在这一时期，国际科技合作政策进一步加强和规范了技术引进工作；加强对合办研究开发机构的指导和管理；作出了积极加入国际科技组织的决定；规范了国际科技合作交流中的知识产权保护问题等。

大幅跃升期（2000年至今）。我国确立了“互利共赢”，全方位、多层次、宽领域开展国际科技合作的政策方针。在此时期，国际科技合作政策表现出四大特点：从国家战略层面上推动国际科技合作；加大国际科技合作力度，设立国际科技合作专项经费；积极参与并牵头组织国际大科学大工程计划；加强对发展中国家的技术援助。

资料来源：中国科技国际合作成绩斐然[N]．人民日报（海外版），2017-06-10.

（2）加强与欧美发达国家的科技合作。欧美发达国家在一些重要领域或行业仍掌握着核心关键技术。未来很长一段时间，与欧美发达国家的科技合作仍是我国国际科技合作的重点。一是在信息技术、人工智能、高端装备制造、海洋资源开发等领域，与相关领域具有创新优势的国家合作建设一批联合研究中心和国际技术转移中心；二是支持国内高校、科研机构、企业与国外相关机构开展科技合作，通过委托研发、合作研究、联合开发等形式，实现重大关键技术突破；三是重点加强中欧创新合作对话、中美创新对话、中法创新对话、中国与德国“工业4.0”深度对接、中国高新区与意大利产业集群对接合作等。

（3）加强与“一带一路”沿线国家和地区的科技合作。“一带一路”建设不仅推动产能合作，更重要的是通过科技合作提升“一带一路”沿线国家和地区的软实力。目前，我国政府与“一带一路”沿线国家和地区签署了46项政府间科技合作协定，涵盖信息技术、生命科学、新能源等领域。未来几年，加快推进“一带一路”建设，突出科技合作在“一带一路”建设中的重要地位。一是适应沿线国家和地区科技合作的需求，全面提升科技合作层次与水平，打造“一带一路”协调创新共同体；加强与“一带一路”沿线国家和地区人文交流，扩大科技人员往来，与沿线国家和地区共同培养科技人才。二是鼓励国内科研机构与沿线国家和地区相关机构合作，围绕重点领域共建联合实验室。三是鼓励科技型企业在沿线国家和地区创新创业，推进新技术、新商业模式合作。

3. 全面推进技术贸易快速发展

（1）全球技术贸易迅猛发展。技术贸易是提升经济发展质量的重要保障。随着经济全球化与科技全球化交叉融合，全球技术贸易发展日益活跃。有数据显示，在20世纪70年代，国际技术贸易额在国际贸易总额和国际服务贸易总额中的比重分别为1/30和1/10，到本世纪初，这一比例分别提高至1/20和1/6[①]。最近几年，全球知识产权贸易出口额由2012年的2739.6亿美元提高到2016年的3140.6亿美元，占全球服务贸易出口总额的比重由6.0%上升到6.4%。

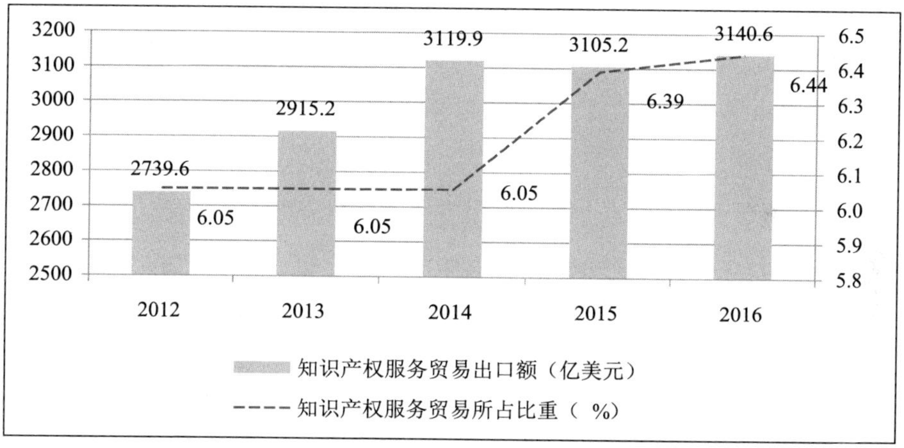

图9.7：2012—2016年全球知识产权服务贸易增长情况

数据来源：根据联合国贸易和发展会议（UNCTAD）数据库相关数据计算得出。

（2）我国技术贸易发展面临严重壁垒。严重的技术贸易壁垒给我国企业造成严重损失。据统计，2016年我国有40%的企业遭遇过技术贸易壁垒，直接损失高达933.8亿美元，新增成本247.5亿美元，二者相加超过千亿美元[②]。

（3）加快技术贸易市场双向开放。一方面，以新兴经济体为重点，加快双

---

① 专家分析国际贸易呈现六大新趋势[EB/OL]. 新华网，2014-01-03.

② 去年我国40%企业遭技术贸易壁垒碰壁损失超千亿美元[N]. 第一财经日报，2017-05-24.

边、多边自由贸易谈判，并将技术贸易、知识产权使用等作为自由贸易谈判的重点，尽快实现市场相互开放；另一方面，以欧美发达国家为重点，加快中美、中欧投资贸易谈判，督促美国和欧盟尽快承认我国市场经济地位，给予我国的企业和投资与其他国家同等的地位与待遇，不单独设置针对我国企业的技术壁垒、国家安全审查制度等。

4. 打造“中国硅谷”

（1）中关村成为“中国硅谷”。为了加快科技创新步伐，我国于2000年开始建设北京中关村软件园，就是希望通过建设类似美国的“硅谷”来提升科技水平。经过近20年的发展，中关村已经成为我国名副其实的“硅谷”。据美国商业资源企业“专家市场”公司公布了2017年度全球最大科技城市排名显示，北京被评为2017年度全球最大科技城市第一名[①]。

（2）我国有能力打造多个“硅谷”。我国作为一个发展转型中的大国，实现经济转型升级需要更多的“硅谷”做支撑。目前，北京、上海、广州、深圳、成都等中心城市已经成为我国科技创新中心。2016年，我国政府宣布将投资15亿美元改造中关村[②]，推动这一地区成为国际企业的所在地。随着经济实力的增强，我国完全有条件建设多个“硅谷”，加快形成全球科技创新的洼地。美国麦肯锡公司董事华强森（Jonathan Woetzel）认为，在中国出现15~20个硅谷是完全可能的。

（3）打造符合我国实际的“硅谷”。从全球来看，实现全球资源配置是当今世界全球城市的基本功能，也是中心城市提升竞争力的必然要求。从我国的情况看，以中心城市为重点，建设全球科技资源配置中心是打造“中国硅谷”的现实选择。建议：一是依托国家中心城市，对标国际领先水平，优先在科技基础条件较好的北京、上海、广州等城市建设全球科技资源配置中心，提升全球

---

① 美媒：中关村取代硅谷获评全球最大科技中心 [EB/OL]. 参考消息网，2017-11-04.

② 独角兽扎堆之地，就在中国“硅谷”[N]. 中国经济导报，2017-11-15.

资源配置能力；二是各中心城市根据自身资源条件进行差异化定位，实行错位发展，避免恶性竞争。例如，北京定位为“全国科技创新中心”，上海定位为“建设具有全球影响力的科技创新中心”，广州定位为“建设全球科技创新资源配置中心”，等等。

三、构建“一带一路”开放创新网络

“一带一路”倡议为全球治理带来全新的“中国方案”，主要在于它是一个开放创新的方案，能够使沿线各国人民联结在一起实现合作共赢、创新发展。新时代的“一带一路”建设，需要适应全球科技革命和产业变革的新形势，把搭建沿线国家和地区之间的开放创新网络作为重中之重。

1. 开放创新为“一带一路”建设提供新动力

（1）以开放创新加快发展是“一带一路”沿线国家和地区的共同愿望。目前，与我国签署共建“一带一路”合作协议的国家涵盖了南亚、东南亚、西亚、北非、中东欧等世界大部分地区，包括中国在内，该地区的国土面积占全球的38%，人口总量占全球的62%，而国内生产总值却只占全球GDP总量的31%[①]。按照世界银行以人均国民生产总值为标准的划分，目前“一带一路”沿线国家和地区绝大多数为中等收入国家，仅有18个国家跻身发达国家行列。伊拉克、不丹、东帝汶、老挝、孟加拉、柬埔寨、尼泊尔、缅甸、巴基斯坦、阿富汗等国，是当今世界除非洲以外的不发达国家。“一带一路”倡议之所以在全球范围内引起广泛影响，很重要的原因在于它能够以开放创新的姿态包容不发达国家，并能够高度聚焦不发达国家发展问题。

（2）以开放创新提供科技创新和产业变革的“中国方案”。当今世界已经进入数字经济时代，但“一带一路”沿线不少国家的很多地区还处于“工业1.0”的时代。例如，一些落后国家通信事业严重滞后。依托我国在数字经济领

① 聂莹.“一带一路”沿线国家社会发展[J]. 经济研究参考，2017（15）.

域的发展优势，完全可以推动这些国家和地区越过传统发展阶段，直接进入移动互联网时代，从而实现数字经济领域的跨越式发展。就是说，推进“一带一路”建设，构建人类命运共同体，可以为发展中国家提供科技创新和产业变革的“中国方案”，通过开放创新，使不同发展水平的国家把握住第四次工业革命历史机遇，在相互学习中提升各自的发展水平。

2. 构建“一带一路”数字经济开放创新网络

（1）面向“工业 4.0”构建 21 世纪的数字丝绸之路。构建 21 世纪数字丝绸之路是“一带一路”面向“工业 4.0”的战略选择，是“一带一路”走向开放创新的重大举措，将为政策沟通、设施联通、贸易畅通、资金融通、民心相通“五通”的实现提供强有力的现代化技术支撑；有助于帮助“一带一路”沿线国家和地区在数字革命中找准自身定位、突出自身优势、扮演重要角色；可以通过有效的贸易联结带动科技领域的创新合作，使得“一带一路”沿线国家和地区有条件在科技领域的开放创新中广泛受益，并找到适合本国产业创新的有效路径。

（2）以发展“一带一路”跨境电商为突破口。根据天猫国际统计，2016 年，超过 50 个“一带一路”沿线国家和地区的商品通过跨境电商走进了中国；我国通过跨境电商平台自泰国、新加坡、以色列三国进口的商品总额分别比 2015 年增长了 152%、183%、371%，马来西亚更是增长了 140 倍[①]。为此，需要以发展跨境电商为突破口，推动“一带一路”沿线国家和地区贸易畅通。

（3）全面扩大数字经济领域的开放合作。在第四届世界互联网大会上，中国、老挝、沙特、塞尔维亚、泰国、土耳其、阿联酋等国家相关部门共同发起《“一带一路”数字经济国际合作倡议》。该《倡议》标志着以中国为主导引领“一带一路”数字经济合作迈出重要步伐。以落实该《倡议》为重点，建议尽快出台 21 世纪的数字丝绸之路建设行动方案，加强我国区域数字经济发展与

---

① 阿里“出海”试水“一带一路”以色列跨境进口增速 371%[EB/OL]. 北京时间，2017-04-22.

“一带一路”沿线国家和地区之间的对接，支持鼓励我国数字经济领域领军企业“走出去”扩大业务范围，为“一带一路”沿线国家和地区提供发展数字经济的“中国方案”，吸引更多国家加入中国主导的数字经济开放创新网络中来。

专栏 9.7

《“一带一路”数字经济国际合作倡议》的 15 项任务

（1）扩大宽带接入，提高宽带质量。

（2）促进数字化转型。

（3）促进电子商务合作。

（4）支持互联网创业创新。

（5）促进中小微企业发展。

（6）加强数字化技能培训。

（7）促进信息通信技术领域的投资。

（8）推动城市间的数字经济合作。

（9）提高数字包容性。

（10）鼓励培育透明的数字经济政策。

（11）推进国际标准化合作。

（12）增强信心和信任。

（13）鼓励促进合作并尊重自主发展道路。

（14）鼓励共建和平、安全、开放、合作、有序的网络空间。

（15）鼓励建立多层次交流机制。

资料来源：多国共同发起“一带一路”数字经济国际合作倡议 [N]. 光明日报，2017-12-04.

3. 多种方式推进“一带一路”开放创新网络建设

（1）深化科技人文交流。与“一带一路”沿线国家和地区合作共同培养科技人才，扩大杰出青年科学家来华工作计划规模，建设一批不同类型的培训中心和培训基地，广泛开展先进适用技术、科技管理与政策、科技评估、科技创业等培训。

（2）搭建“一带一路”产学研开放创新平台。鼓励我国科研机构、高等学校和企业与“一带一路”沿线国家和地区相关机构合作，围绕重点领域共建一批联合实验室（联合研究中心），共建一批技术转移中心，共建一批先进适用技术示范与推广基地。

（3）促进科技资源互联互通。促进科研仪器与设施、科研数据、科技文献、生物种质等科技资源互联互通。以先期面向国际试点开放共享的大型研究基础设施为基础，推动数据、文献等科技资源共享。

（4）共建科技创新中心。推动我国国内的中关村等科技创新中心与“一带一路”沿线国家和地区对接，围绕各国科技创新和产业变革的共性难题进行联合攻关，促进科技同产业、科技同金融深度融合，优化创新环境，集聚创新资源。

专栏 9.8

“一带一路”科技创新合作的战略目标

近期目标。用 3~5 年时间，夯实基础，打开局面。科技人员交流合作大幅提升，来华交流（培训）的科技人员达到 150000 人次以上，来华工作杰出青年科学家人数达到 5000 名以上；与沿线国家就深化科技创新合作、共同走创新驱动发展道路形成广泛共识，与重点国家合作规划、实施方案基本形成，并签署合作备忘录或协议；建设一批联合实验室（联合研究中心）、技术转移中心、技术示范推广基地和科技园区等国际科技创新合作平台，鼓励企业在沿线国家建成若干研发中心，重点项目实施初见成效。

中期目标。用 10 年左右的时间，重点突破，实质推进。以周边国家为基础、面向更大范围的协同创新网络建设初见成效，形成吸引“一带一路”沿线国家科技人才的良好环境，重点科技基础设施建设、联合实验室（联合研究中心）、平台网络建设等投入使用并发挥成效，重大科技合作项目取得重要成果，重点产业技术合作推动下的国际产业分工体系初步形成，“一带一路”创新共同体建设稳步推进。

远期目标。到 21 世纪中叶，“一带一路”两翼齐飞，全面收获。科技创新合作推动“五通”目标全面实现，建成“一带一路”创新共同体，形成互学互鉴、互利共赢的区域协同创新格局。

资料来源：科技部发展改革委 外交部 商务部关于印发《推进“一带一路”建设科技创新合作专项规划》的通知 [EB/OL]. 科学技术部网，2016-09-14.

Striving for More

Robust Drivers

第十章

人才是高质量发展的第一资源

创新驱动，本质是人才驱动。实施创新型国家战略，要以建设人才强国为目标深化教育变革，切实转变教育发展方式，培育一大批创新型人才和世界一流人才，建设一支规模宏大、结构合理、素质优良的创新人才队伍。

2014 年 5 月，习近平总书记在上海考察时指出，“人才是创新的第一资源。没有人才优势，就不可能有创新优势、科技优势、产业优势。”党的十九大报告明确提出，“培养造就一大批具有国际水平的战略科技人才、科技领军人才、青年科技人才和高水平创新团队。”建设创新型国家，要以建设人才强国为目标，以转变教育发展方式为主线，深化教育体制改革，培育一大批创新型人才和世界一流人才，形成充足的人才储备。

第一节　人才强国的战略目标

建设创新型国家，需要建设一支规模宏大、结构合理、素质优良的创新人才队伍。到 2020 年，初步实现从人才大国向人才强国的转变，是我国跻身创新型国家前列的先决条件。

一、创新在于人才

人才驱动是全球新一轮科技革命和产业变革的时代特征。人才资源作为经济社会发展第一资源的特征和作用更加明显，人才竞争已经成为综合国力竞争的核心。以人才强国支撑创新发展，成为提升国家竞争力的战略选择。

1. 人才最本质的特征是创新

所谓人才，是指具有一定的专业知识或专门技能，进行创造性劳动并对社会作出贡献的人，是人力资源中能力和素质较高的劳动者。人才最本质的特征是创新，人才是支撑创新型国家的核心要素。从前三次工业革命的历史看，一个国家能否占领世界新一轮科技革命和产业变革的战略制高点，关键取决于能否培养造就一大批世界水平的科学家、科技领军人才、卓越工程师和创新型企业家。马克思曾经高度评价作为引领人类进入机器时代的标杆人物瓦特："蒸汽大王在前一世纪中，翻转了整个世界。"

2. 第四次工业革命需要多维度、全方位的人才

（1）第四次工业革命不仅需要杰出的科学家和发明家，还需要协同创新。以数字革命为代表的第四次工业革命，需要杰出的科学家和发明家进行团队协同创新。例如，2016 年 3 月，战胜世界围棋冠军李世石的智能机器人阿尔法狗，由英国伦敦谷歌旗下 DeepMind 公司的戴维・西尔弗、艾佳・黄和戴密斯・哈萨比斯及其团队开发。以机器人为代表的人工智能之所以能取得突破，依靠的是多学科科学家和发明家共同参与协作。

（2）第四次工业革命需要创新型企业家。数字革命迅猛地改变世界，凸显了创新型企业家的作用。以乔布斯为例，他不仅是杰出企业家，也是杰出的发明家，懂得如何创造出令人惊叹的伟大产品，作为计算机业界与娱乐业界的标志性人物，缔造的 iPad、iPhone 等产品风靡全球，深刻地改变了现代通信方式、娱乐方式乃至生活方式。我国的任正非、马云、马化腾等企业家，都在推动数字革命中扮演了开拓者的角色。

（3）第四次工业革命需要多数人成为创造性人才。在人工智能大潮的推动下，许多非创造性的职业将被机器人取代或永久性消失。以电子支付的普及为例，当无人超市到来时，售货员和收银员等都将失去工作岗位。BBC 基于剑桥大学研究者的数据体系分析了 365 种职业的"未来淘汰概率"，电话推销员、打

字员、会计、保险业务员、银行职员、底层政府职员、接线员、前台、客服、人事、保安、房地产经纪人等 12 种职业被取代的概率都在 86% 以上[①]。

3. 以打造人才强国为目标把握第四次工业革命主动权

抓住第四次工业革命机遇，实现“弯道超车”，关键是在人才强国上有超前布局。党的十九大报告对以创新型人才培养为重点的人才强国进行了前瞻性、战略性的布局。例如：“培养造就一大批具有国际水平的战略科技人才、科技领军人才、青年科技人才和高水平创新团队”、“激发和保护企业家精神，鼓励更多社会主体投身创新创业”、“建设知识型、技能型、创新型劳动者大军，弘扬劳模精神和工匠精神，营造劳动光荣的社会风尚和精益求精的敬业风气”。

专栏 10.1

党的十九大报告对人才强国提出新要求

人才是实现民族振兴、赢得国际竞争主动的战略资源。要坚持党管人才原则，聚天下英才而用之，加快建设人才强国。实行更加积极、更加开放、更加有效的人才政策，以识才的慧眼、爱才的诚意、用才的胆识、容才的雅量、聚才的良方，把党内和党外、国内和国外各方面优秀人才集聚到党和人民的伟大奋斗中来，鼓励引导人才向边远贫困地区、边疆民族地区、革命老区和基层一线流动，努力形成人人渴望成才、人人努力成才、人人皆可成才、人人尽展其才的良好局面，让各类人才的创造活力竞相迸发、聪明才智充分涌流。

资料来源：习近平. 决胜全面建成小康社会 夺取新时代中国特色社会主义伟大胜利——在中国共产党第十九次全国代表大会上的报告 [M]. 北京：人民出版社，2017.10.

二、从人才大国走向人才强国

改革开放 40 年以来，在经济实力快速增长的条件下，我国逐步完成了由人口大国向人才大国的转变。把握住我国人才规模全球最大的突出优势，实现高

① 10 年后 365 种职业“被淘汰概率”最新出炉 [N]. 广州日报，2017-11-04.

质量发展，关键是加快形成与跻身创新型国家前列相适应的高质量人才供给体系，实现从人才大国向人才强国的历史性跨越。

1. 我国已成为人才大国

（1）就业规模全球第一。我国就业总人数 1990 年末为 6.5 亿人，2016 年末约为 7.8 亿人①（见图 10.1）。目前，我国不仅人口总量在全球排名第一，就业人口规模也排名第一。与我国人口差距不大的印度，2017 年 1 月的就业人口数量仅为 4.1 亿②。

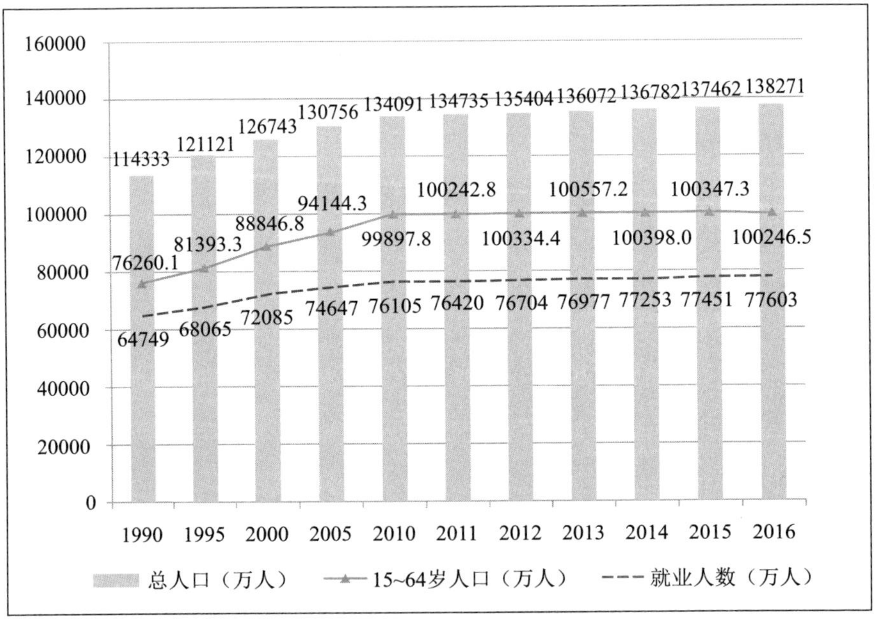

图 10.1：1990—2016 年我国总人口与就业人数变化

数据来源：国家统计局. 2017 中国统计摘要 [M]. 北京：中国统计出版社，2017.5.

（2）新增劳动力平均受教育年限高于世界平均水平。改革开放以来，我国劳动力受教育水平大幅提高。普通本专科毕业人数，1978 年为 16.5 万人，到了

① 国家统计局. 2017 中国统计摘要 [M]. 北京：中国统计出版社，2017.5.

② 报告显示：印多数失业青年未投身于找工作大潮 [EB/OL]. 环球网，2017-08-10.

2016年，则达到704.2万人，增加了约42倍；研究生毕业人数，1978年仅为9人，2016年为56.4万人，扩张了6.2万倍；学成回国留学人员1978年仅为248人，2016年为43.3万人，扩张了1744倍[①]。目前，我国劳动年龄人口平均受教育年限达到10年左右，高于世界平均水平；新增劳动力平均受教育年限达到13年左右，接近中等发达国家平均水平[②]。

表10.1：1978—2016年我国专科以上毕业人数变化（单位：万人）

年份	普通本专科毕业人数	研究生毕业人数	学成回国留学人员
1978	16.5	0.0009	0.0248
1980	14.7	0.0476	0.0162
1985	31.6	1.7004	0.1424
1990	61.4	3.544	0.1593
1995	80.5	3.1877	0.5750
2000	95.0	5.8767	9.1221
2005	306.8	18.9728	3.4987
2010	575.4	38.3600	13.4800
2011	608.2	42.9994	18.6200
2012	624.7	48.6455	27.2900
2013	638.7	51.3626	35.3500
2014	659.4	53.5863	36.4800
2015	680.9	55.1522	40.9100
2016	704.2	56.3938	43.2500

数据来源：国家统计局．2017中国统计摘要[M]．北京：中国统计出版社，2017.5.

（3）科技人力资源总量位居世界第一。近几年，我国科技人力资源的总量和研发人员规模已经稳居世界第一。截至2014年年底，我国科技人力资源总量达到8114万人。其中大学本科及以上学历的科技人力资源总量达2960万人，同时我国科技人力资源中全时投入研发活动的人数也位居世界第一位，2014年

① 国家统计局．2017中国统计摘要[M]．北京：中国统计出版社，2017.5.

② 统计局报告：中国劳动生产率仅是美国7.4%但增速远超世界平均水平[N]．光明日报，2016-09-18.

达到 371.1 万人[①]。

2．我国尚未成为人才强国

（1）人才投入与发达国家仍存在较大差距。世界经济论坛发布的《2016 全球人力资本报告》对全球 130 个国家的“人力资本指数”进行的评估报告显示，作为新兴经济体，中国在全球排第 71 名[②]，与欧美日等发达国家和地区差距很大。从人力资本投资占国内生产总值比重看，2010 年，我国是 12%，2020 年规划达到 15%。2006 年，美国已经达到 23.14%，法国为 19.02%，德国为 17.80%，英国为 15.60%，日本为 15.14%[③]。推进人才强国战略，要以政府为主导，加快形成多元化人力资本投资新格局。

（2）人才素质与发达国家存在较大差距。2015 年，我国主要劳动年龄人口受过高等教育的比例为 15.83%，2020 年规划达到 20%[④]。而 2005 年，这一指标美国为 55.8%，日本为 54.9%，加拿大为 54.0%，英国为 38.2%，澳大利亚为 37.5%，法国为 35.7%，德国为 33.9%，意大利为 32.6%，韩国为 27.6%[⑤]。

（3）人才竞争力与发达国家存在较大差距。法国巴黎的英士国际商学院 2017 年版的《全球人才竞争力报告》显示，在被统计的 118 个国家中，瑞士、新加坡、英国、美国分列全球人才竞争力指数排行榜的前 4 位，而我国排在第 54 位[⑥]。

---

① 中国科协调研宣传部，中国科协创新战略研究院．中国科技人力资源发展研究报告（2014）[M]．北京：中国科学技术出版社，2016.3.

② 《2016 全球人力资本报告》：中国人力资本发展潜力巨大 [EB/OL]．新华网，2017–03–17.

③ 石金涛．人才投资是效益最大的投资 [N]．中国组织人事报，2012–06–15.

④ 教育部．国家中长期教育改革和发展规划纲要（2010—2020 年）[EB/OL]．教育部网，2015–06.

⑤ 人才投资是效益最大的投资 [N]．中国组织人事报，2012–06–15.

⑥ Adecco 集团发布 2017 全球人才竞争力指数，中国领跑金砖国家 [J]．国际人才交流，2017（2）.

3. 高质量发展要求与人才供给结构的矛盾突出

（1）高端人才、创新型人才偏少。科技部一项统计资料显示，我国高层次科技创新人才仅有 10000 名左右，高层次自主创业人才在全部创业人才中仅占 20%。在 158 个国际一级科学组织及 1566 个主要二级组织中，参与领导层的我国科学家为 206 人，仅占总数的 2.26%，其中在一级科学组织担任主席的仅 1 名，占 0.4%；在二级组织担任主席的仅 24 人，占 1.1% [①]。面对新科技革命的新形势，世界级科技大师缺乏，领军人才、尖子人才不足。截至 2017 年，我国获得诺贝尔奖的仅有莫言和屠呦呦两人，与发达国家差距甚大（见表 10.2）。

表 10.2：全球各国诺贝尔奖获得者人数排名（截至 2016 年）

排名	国家	累计人数（个）
1	美国	324
2	英国	108
3	德国	73
4	法国	49
5	日本	30
6	瑞士	18
7	加拿大	13
8	荷兰	12
9	瑞典	11
10	俄罗斯	10
11	澳大利亚	9
12	奥地利	8
13	西班牙	7
14	南非	7
15	丹麦	7
16	波兰	6
17	以色列	5

① 张雅光. 加快推进拔尖创新型人才队伍建设 [J]. 中国国情国力，2014（11）.

续 表

排名	国家	累计人数（个）
18	意大利	4
19	挪威	3
20	阿根廷	3
21	中国	2

（2）战略性新兴产业人才匮乏。例如，第五代移动通信技术是实现“万物互联”、无人驾驶、虚拟现实等产业创新的重要条件，但我国 5G 领域人才缺口达到 2000 万人①。

（3）发展高端制造业与现代服务业缺乏高技能人才。以人工智能为例，据领英发布的《全球 AI 领域人才报告》显示，截至 2017 年一季度，基于领英平台的全球人工智能领域技术人才数量超过 190 万人，其中美国相关人才总数超过 85 万人，中国只有 5 万多人，而且国内供求比例仅为 1∶10，中国人工智能人才缺口超过 500 万人②。

（4）发展现代农业缺乏专业化人才。乡村振兴和发展现代农业需要专业化人才支撑，但具有现代农业知识技能的技术人才、生产人才和规模经营人才奇缺。到 2020 年我国约需要农业企业经营人才 150 万人，各类技术服务型人才 150 万人等，农村实用人才需求总量在 1800 万人以上③。但根据第三次全国农业普查主要数据公报，2016 年全国农业生产经营人员中，具有高中学历的不到 10%④。

4. 确立人才强国的战略目标

（1）2020：初步建成人才强国。形成与第四次工业革命相适应的人才供给

① 未来我国 5G 技术人才缺口将达 2000 万 [N]. 南京日报，2017-10-12.

② 中国人工智能人才缺口超 500 万供求比例仅为 1∶10[N]. 人民日报（海外版），2017-07-14.

③ 农业发展需复合型人才 [N]. 中国经济时报，2015-03-27.

④ 国务院第三次全国农业普查领导小组办公室，国家统计局. 第三次全国农业普查主要数据公报 [EB/OL]. 国家统计局网，2017-12-16.

体系，创新型人才、高技能人才短缺的矛盾基本缓解，涌现一批数字经济领域创新发展的领军人才。

（2）2035：跻身人才强国前列。服务于我国到2035年跻身创新型国家前列的目标，人才结构和人才质量大大优化，涌现出更多具有世界影响力的科学家、发明家、工程领军人才、企业家。

（3）2050：成为世界一流的人才强国。人才质量达到世界一流，形成一大批引领新科技革命和新工业革命的杰出人才，形成全球最具竞争力的人才制度，进入世界人才强国第一阵营。

三、深入实施人才优先发展战略

从国际经验看，由于人才有较长的培养周期，人才超前发展是人才强国的显著特征。适应第四次工业革命和创新型国家建设的需要，形成人才优先发展的战略布局，充分发挥人才在引领高质量发展中的基础性、战略性作用。

1. 人才资源优先开发

（1）告别以物质资源开发为主的传统增长模式。我国过去中高速阶段的发展模式带有重物质资源开发、轻人才资源开发的突出特点，这种发展模式在传统产能过剩的新形势下已经难以支撑中高速增长。总体来看，以物质资源开发为主支撑中高速发展的历史阶段已经终结。第一，以物质资源开发为主的传统发展模式对自然资源和生态环境产生了巨大消耗，在绿色发展成为共识的新形势下已经难以为继。第二，由于缺乏创新，产业处于中低端而导致严重的产能过剩。第三，由于缺乏创新，导致许多产业利润微薄，靠扩大投资增加收益，最终导致企业债务居高不下，形成新的系统性风险。

（2）形成人才资源开发为主的软价值创造模式。进入大数据时代，以知识、信息服务为主的软价值创造，逐步取代以物质生产为主的硬价值创造成为产业变革的大方向。以苹果手机为例，苹果手机价值中80%是软价值。和诺基亚、摩托罗拉等手机不同，苹果价值主要不在于硬件，而在于它能够提供更好的服务。软价值创造时代与过去硬价值创造时代有很大的不同，主要不是靠自然资源消耗，其价值源泉是人类的创造性思维，主要来自于研发、设计和高技能人才的智慧和创造。

专栏 10.2

追求美好生活需要的软价值时代

所谓软价值，它有一个简单的定义：它不以消耗地球资源为主要的财富源泉，其价值源泉是人类的创造性思维，满足人们追求美好生活的精神需求。我们经常喝的茅台酒，1000 多元一瓶，它的物质成本到底有多少呢？你花一两千元钱喝一瓶茅台酒，你喝的是那两斤粮食吗？

软价值服从二八定律，比如说茅台酒 80% 是软价值，20% 是硬价值；又比如苹果手机，80% 是软价值。未来的世界软财富与硬财富的规律也是二八定律，在美国知识产业、信息产业、文化产业、金融产业和其他服务业五大软产业占 GDP 比重已经达到 79%，在中国的北上广深这样的城市里面，这五大产业的占比也超过了 80%。当前，整个社会是软价值时代。

资料来源：滕泰. 软价值 [M]. 北京：中信出版社，2017.9.

（3）以人才资源优先开发实现高质量增长。以人才资源开发为主的软价值创造模式有利于克服原有发展模式的弊病。第一，能够摆脱经济发展对自然资源和生态环境的过度依赖，实现绿色发展。例如，以色列是一个干旱缺水的国家，每一万人里面就有 150 个科学家或工程师，他们可以将“不毛之地”变成“粮果之乡”，成为举世闻名的农业强国[①]。第二，能够摆脱对传统制造业和房地产业的依赖，形成高质量供给体系，从根本上化解产能过剩。第三，能够使企业主要通过创新获得利润，而非通过高负债获得利润，从而有利于从根本上化解系统性金融风险。第四，能够使实体经济获得新生，为民间投资找到新的出路。

---

① （美）丹·塞诺，（以）索尔·辛格. 创业的国度：以色列经济奇迹的启示 [M]. 北京：中信出版社，2010.9.

（4）把开发人才资源置于经济社会发展的突出位置。在各类发展规划制定中首先考虑人才规划，把人才发展作为经济社会发展的约束性指标，实质性加大人才投入、培养、引进力度。

2. 人才投入优先保证

（1）人才的成长离不开人力资本投资。所谓人力资本，是指劳动者受到教育、培训、实践经验、迁移、保健等方面的投资而获得的知识和技能的积累。增加人力资本投资，是现代社会培养人才的主要途径。在新科技革命和产业变革的新形势下，以人力资本投入加快人才培养，是基业常青的投入，是赢得未来的战略性投入。

（2）改变经济发展对物质资本的过度依赖。从全球来看，经济增长与产业变革对传统物质资本的依赖程度不断降低，对人力资本依赖程度不断提高。目前作为当今世界“财富引擎”的人力资本约占全球财富总量的65%[①]，已经远远超过物质资本占比。我国进入工业化后期，靠物质资本投入拉动经济增长的效应越来越低。

（3）确立人力资本投资优先的新理念。世界银行的一项研究表明，劳动力受教育的时间每增加一年，就能提高劳动生产率9%。与没有受过教育的人相比，一个小学毕业生可以提高劳动生产率68%，中学毕业生提高181%，而一个大学毕业生则提高297%[②]。

（4）以质量型人力资本红利取代规模型人口红利。第一，与物质资本投入边际收益递减不同，人力资本投资会产生规模报酬递增效应，可以抵消劳动人口数量减少带来的潜在增长率下降。第二，人力资本投资是产业变革的重要驱动力，加大人力资本投资，可以促使产业结构由中低端迈向中高端，使潜在增长率重拾升势。第三，人力资本投资带来劳动者报酬的提高，又会进一步激励

① 图说2017[EB/OL]. 世界银行网，2017-12-16.

② 岳文厚. 人才是最好的投资对象[J]. 财经国家周刊，2017（08）.

人力资本投资，使质量型人力资本红利的形成步入一个良性循环。

（5）确保人力资本投入的“两个不低于”。目前，全国人才资源总量达 1.75 亿人，占人力资源总量的比例达 15.5%，基本实现 2020 年 1.8 亿人、15% 的规划目标[①]。建设人才强国，需要确保每年人力资本投入增长速度不低于 GDP 增长速度，不低于财政收入增长速度。争取到 2035 年，人才资源总量增加到 3.8 亿人，占人力资源总量的比例达 30%；主要劳动年龄人口受过高等教育的比例达到 40%，每万劳动力中研发人员达到 90 人，高技能人才占技能劳动者的比例达到 56%；人力资本投资占国内生产总值比例达到 30%，人力资本对经济增长贡献率达到 60%，人才贡献率达到 60%[②]。

我国国家财政性教育经费支出占国内生产总值的比例，在 2012 年达到 4%，并连续 5 年保持在 4% 以上，2016 年首次突破 3 万亿元。建议未来 10 年，继续加大教育支出，使国家财政性教育经费支出占国内生产总值的比例不低于 5%。

3. 人才结构优先调整

（1）通过优先调整人才结构带动经济结构调整。当前，我国发展新经济的主要矛盾不是缺资金，而是缺人才。建议尽快形成人才结构调整的相关规划，提出适应第四次工业革命、加快调整人才结构的中长期目标。

（2）把调整优化人才结构作为提高供给体系质量的重点。第一，在“大智云移物”等诸多领域培养扶持以创新创业为特征的战略性新型产业人才，着力解决制造业领域高技能人才短缺问题。第二，把现代服务业人才发展作为人才结构优先调整的重点，加快培育大健康、养老、信息、教育、文化等领域的高技能人才，强化人力资本服务人才培养。第三，围绕乡村振兴战略实施，推动科技人才下乡、工商资本下乡，大量培养现代化、专业化、产业化、高效化的农业生产人才、农业技术人才和农业经营人才。

---

① 中共中央组织部．中国人才资源统计报告 2015[M]．北京：党建读物出版社，2017.6.

② 根据《国家中长期人才发展规划纲要（2010—2020 年）》相关数据整理计算得出。

（3）出台并实施2025创新型人才倍增计划。考虑到我国产业创新对创新型人才的依赖性全面提升的现实性、紧迫性，建议在《国家中长期人才发展规划纲要（2010—2020年）》的基础上，与《中国制造2025》相衔接，尽快出台并实施《2025创新型人才倍增计划》，以赢得产业创新上的主动权。

专栏10.3

实施2025创新型人才倍增计划

（1）科技人才。到2020年，研发人员总量达到380万人，高层次创新型科技人才总量达到4万人左右；2025年，研发人员总量达到760万人，新型科技人才总量达到4万人左右。

（2）专业技术人才。到2020年，专业技术人才总量达到7500万人，占从业人员的10%左右；2025年，达到1.5亿人，占从业人员的20%左右。

（3）高技能人才队伍。到2020年，高技能人才总量达到3900万人，其中技师、高级技师达到1000万人左右；2025年，高技能人才总量达到7800万人，其中技师、高级技师达到2000万人左右。

（4）农村实用人才。到2020年，农村实用人才总量达到1800万人；2025年，达到3600万人。

资料来源：根据《国家中长期人才发展规划纲要（2010—2020年）》相关数据整理得出。

4. 人才制度优先创新

（1）人才制度是人才强国的决定性因素。实施人才强国战略，核心问题是人才价值实现，决定因素是制度。美国、日本、德国等人才强国都有一个共同的特征，就是人才在本国的价值实现比较充分，而且能够吸引国外的人才移民到本国。美国之所以能够超越英国成为全球第一经济大国，重要原因在于美国比英国更能够充分实现人才价值。在美国超越英国之前的殖民时代，美国就奉行高工资政策，工资比欧洲大陆高1/3以上。

（2）以人才价值实现为导向创新人才制度。尽管我国有全球规模第一的科技人才总量，但主要的科技人才集中在机关、高校和科研院所、国有企业，科研人员过多地分布在体制内。例如，我国规模以上工业企业设立研发机构的比例平均仅为 12%[①]。全国研发人员中，博士毕业的只有 13.4% 在企业，占企业研发人员总数的 1.1%[②]。现有人才没有创造出应有的市场效益，是我国走向人力资本强国面临的首要问题。为此，建议从人才价值实现入手，以促进人才优化配置为目标创新人才制度：到 2020 年，初步形成与经济转型升级和产业变革相适应的人才制度；到 2025 年，在国内人尽其才的同时，能够广泛集聚全球人才参与国内经济建设；到 2035 年，成为全球最具有人才竞争力的国家之一。

（3）建立科学、合理的人才价值评价机制。多年来，中高级人才的人力资本价值评价主要采取行政主导的职称评定，由此导致“唯学历、唯职称、唯论文”等现象比较突出，而不少真正对经济社会产生较大影响，但学历、职称、论文达不到要求的人才难以得到充分地发展。在这个背景下，2016 年 3 月，中共中央出台《关于深化人才发展体制机制改革的意见》，充分体现了实现人才价值的客观规律，使我国人才价值评价机制改革步入快车道。在这个基础上，建议加快人才价值评价机制改革：一是区分不同类别的人才，形成多元化的价值评价标准；二是将人才价值评价权力下放到专业组织和用人单位；三是坚持在党管人才的原则下，完善人才评价配套法律法规。

（4）打通中高级人才向企业集聚的制度通道。从发达国家的经验看，大量的中高级人才走向企业，面向市场开展科技创新，是一个国家快速实现经济转型升级和产业变革的“秘诀”。以美国硅谷为例，依托斯坦福大学，从教育、科研机构走出了大批人才，他们带着大量世界领先的科技成果进入了大大小小的企业，帮助企业生产出最具竞争力的产品，成就了惠普、英特尔、苹果、谷歌、Facebook 等一大批优秀企业。从我国实践看，中高级人才资源配置效率低的突出矛盾是市场价值实现不充分，这也是导致我国中高级人才不愿意到企业工作、

① 广东规模以上工业企业研发机构比例仅 7% 全国达 12%[N]. 信息时报，2016-07-07.

② 国家技术创新工程部际协调小组成立并召开首次会议 [EB/OL]. 中国政府网，2013-06-19.

科技成果转化率低、产业处于中低端等问题的重要体制根源。为此，建议尽快出台推动中高级人才向企业集聚的专项改革方案，鼓励更多中高级人才带着成果创业或到企业工作，通过实现专业职称评定和社会保障体制内外平等等举措打通中高级人才向企业集聚的制度通道。

四、完善开放创新的人才政策

未来10~20年，我国由科技大国走向科技强国，需要实施更加开放的人才政策，形成“聚天下英才而用之”的体制安排。

1. 全球人才竞争日益加剧

随着经济全球化的加速，人才的跨国流动越发频繁，同时各国围绕创新型人才的国际竞争也在加剧。以美国、德国、日本为代表的人才强国，都把人才问题上升到国家战略的层面谋划，竞相采取各种手段来吸引、集聚和留住掌握先进知识技术、具有发展潜能的高素质人才。从国际经验看，“绿卡”和入籍制度成为引进并留住高层次人才的重要保障，欧美发达国家都规定优先考虑高科技人才和经济移民，移民制度完全服务于人才战略。例如，2000年德国正式实施“绿卡工程”；2007年法国实施《优秀人才居留证》；2008年英国正式实施“记点积分制”移民制度。

2. 组建国家移民局

通过技术移民等手段提升国际竞争力，是发达国家参与全球化的重要经验。从美国的经验看，硅谷之所以能成为全球科技创新的发动机，一个重要原因就在于美国对高科技人才实行移民政策，吸引全球高科技人才来美国工作。我国已成为全球性人才大国，但还没有一个统一管理国际移民的行政机构，国际移民管理职能分散在多个部门。为此，建议组建国家移民局，整合分散在不同部门的国际人才管理职能，专司入境外国人的管理事务，降低国际人才移民中国的门槛，建立我国国际移民体系。

3. 放宽海外高层次人才签证政策

H–1B 签证曾为美国吸纳了大量全球人才，许多外国人才因此在硅谷创业，并实现了美国梦。特朗普上台后开始对美国移民政策实施收紧策略，并声称要对 H–1B 政策进行重大改革，这为我国吸引和汇聚全球高科技人才提供了重要机遇。在这个背景下，国家外国专家局、外交部、公安部联合印发《外国人才签证制度实施办法》，对符合条件的外国人才可签发最高 10 年的签证，为我国吸纳全球高层次人才打开通道。为此，建议进一步对海外高层次人才放宽签证限制，适时向全国推广北京中关村“绿卡”制度，最大限度地吸引全球高层次人才，不断简化海外华人回国及国外高层次人才来华工作的手续和流程。

专栏 10.4

特朗普的 H–1B 签证改革

早在 2016 年，特朗普就抨击过 H–1B 工作签证计划。他表示，这一签证并没有发给专业技能人士或移民，却给了外国临时工人，目的很明显，就是用这些低工资的外国工人来替代美国工人。

2017 年 4 月 18 日，特朗普签署鼓励联邦政府机构“买美国货、雇美国人”的行政令，加强对“美国货”的保护，要求联邦机构审查 H–1B 签证方案，抨击这类签证被“大范围滥用”，要求联邦政府机构拿出改进 H–1B 签证的报告。新行政令的出台将可能终结过去美国企业通过 H–1B 签证雇佣廉价外国员工的渠道。同时，据特朗普政府提出的监管改革计划，在美国持有工作签证（H–1B）的外国专业技能人才的配偶将不再享有在美国合法工作的权利。根据相关数据显示，美国政府每年向外籍人才及优秀毕业生发出合计 8.5 万个 H–1B 临时工作签证。

资料来源：H-1B 工签恐生变 [N]. 大众日报，2017-04-21.

4. 以“一带一路”为载体推动人才利用国际化

近年来，我国企业参与“一带一路”建设中涌现出越来越多的全球公司。这些全球公司在“一带一路”沿线国家和地区采取人才利用本土化的办法，不仅有利于企业中长期发展，又能够实现民心相通，受到东道国的欢迎。建议以“一带一路”为载体搭建产学研联合的国际服务平台，推动人才利用国际化。

第一，把与东道国一道培养既通晓国际规则，又懂得本国国情的国际化、本土化复合型人才作为“一带一路”建设的重大任务。第二，建立跨国的校企联盟，鼓励国内高校设立专项奖学金，打造订单式人才培养模式，建设海内外“一带一路”国际人才培养基地。第三，建立“一带一路”国际人才数据库，拓宽出海中资企业的本地人才招聘渠道，提升学校的来华留学品牌。第四，推动有条件的高校“走出去”，在“一带一路”沿线国家和地区培养和造就一批具有国际视野、专业化、本土化的人才队伍。

第二节　人才强国呼唤教育变革

党的十九大报告强调，“建设教育强国是中华民族伟大复兴的基础工程，必须把教育事业放在优先位置，深化教育改革，加快教育现代化，办好人民满意的教育。”在现代社会，教育不仅能够提高人才数量，也是培养高素质人才的“摇篮”。建设人才强国，首先要实现教育强国。我国进入高质量发展阶段，教育的角色、地位、使命发生历史性新变化，迫切要求加快推动教育变革。

一、以建设人才强国为目标深化教育变革

我国是一个发展中的教育大国，也是一个变革中的教育大国。改革开放以来，教育变革在我国走向人才大国中扮演了重要角色。随着我国迈向高质量发展阶段，教育变革的主要目标是建设人才强国，通过提供优质教育服务发展好人民满意的教育。

1．建设人才强国重在扩大优质教育服务供给

（1）“望子成龙”的文化是我国建设人才强国的突出优势。中国自古以来就有“望子成龙”的文化，随着我国进入中高收入阶段，家长在孩子教育上更是不惜重金投入。根据《2017中国家庭教育消费白皮书》，我国教育支出占家庭年收入的20%以上，在从幼儿园到高中，教育支出占家庭年收入的26.39%，30%的家庭愿意支付超出消费能力的学费，61.20%的家长有送孩子出国留学的意愿[①]。优质教育需求的全面快速增长带动我国教育市场井喷式增长。例如，2010年我国教育市场总规模为7800亿元，2015年达到1.64万亿元，预计2020年将超过2.92万亿元[②]。短短10年内，增长超过3.7倍。

（2）建设人才强国的主要矛盾在于优质教育服务短缺。在教育需求升级的大背景下，优质教育服务供给不足，是当前教育发展面临的主要矛盾。教育结构不合理、教育领域供求不匹配，主要的问题是广大社会成员需要的优质教育服务供给不足。以最近几年的择校热为例，从高中择校热，蔓延到中小学择校热，甚至幼儿园择校热；由一二线城市择校热蔓延到三四线城市择校热；与此同时，为了增加以后去国外高校就读的机会，国际学校择校热也不断升温。

（3）扩大优质教育服务才能真正实现教育公平。进入中高收入阶段，尤其是随着中高收入群体的增长，教育公平的主要矛盾不在于没有上学机会，也不在于学费太贵，而在于上优质学校难。在进不了优质公立学校的情况下，近年来不少民众愿意付出更高的学费让孩子上优质的民办学校。在国内教育满足不了需求的条件下，更多的中高收入者则选择让孩子出国留学。

2．重在加快推进教育供给侧结构性改革

（1）人才供给的结构性矛盾突出。我国经济转型升级对多元化、多层次、

① 新浪教育．2017中国家庭教育消费白皮书[R]．2017-12．

② 智研咨询．2017—2022年中国教育市场运行态势及投资战略研究报告[R]，2016．

创新型的人才供给提出了迫切要求。从现实看，人力资源富余与人力资本短缺现象并存，反映出人才供给结构的严重失衡，也反映出教育结构与经济社会发展趋势不相适应。突出表现在“用工荒”与“就业难”并存、学历与薪酬倒挂、技能型人才短缺与结构性失业并存等问题。例如，人力资源和社会保障部的数据显示，目前技能劳动者数量只占全国就业人员总量的20%左右，高技能人才比重仅为5%[①]。有的企业家反映，找100个大学生不难，找个高水平钳工、电焊工很难。

（2）人才供给结构性失衡主要源于教育结构不合理。人才供需的结构性矛盾，本质上是教育结构与经济社会结构变化不匹配，由此导致教育发展与经济社会转型升级对人才需求“脱节”的内在矛盾全面凸显。我国当前的高技能人才缺乏，反映了教育结构不合理和优质职业教育的匮乏。我国的大学难以培养创新型人才，也在很大程度上反映了高等教育发展方式转变的滞后和优质高等教育的匮乏，这是企业“用工荒”的重要原因。

（3）以教育供给侧结构性改革破解结构性矛盾。破解人才供给结构性矛盾，关键在于加快教育结构调整。例如，适应人口老龄化趋势和城乡居民对健康、养老等服务型需求快速增长趋势，大力发展健康管理、健康服务、养老照护等职业教育，提高技术应用型高校发展质量；大力弘扬“工匠精神”，需要培养、造就一批高水平的“高级钳工”“高级电焊工”等技能型人才；适应国际化人才竞争需要，加大职业教育开放力度，引进国际先进水平职业培训课程。

3. 把扩大优质教育服务作为深化教育变革的目标追求

（1）2020：教育质量基本满足社会需求。以扩大优质教育为重点推动城乡义务教育一体化发展，推动优质教育资源向农村和落后地区倾斜，学前教育、高中教育纳入义务教育，发展免费职业教育，努力让每个孩子都能享受公平而有质量的教育；加快一流大学和一流学科建设，一大批的高校教育质量与发达

---

① 尹蔚民．提高技术工人待遇[N]．经济日报，2015-12-14．

国家差距明显缩小，初步实现高等教育内涵式发展。

（2）2035：教育质量达到发达国家平均水平。教育现代化是引领整个国家现代化的关键，教育现代化应当适度超前。到2035年，我国基本实现社会主义现代化的时候，也将迈入高收入国家行列，教育质量应当不低于发达国家的平均水平。

（3）21世纪中叶：教育质量位居世界前列。到21世纪中叶，我国将成为综合国力和国际影响力领先的国家，从中华民族伟大复兴目标基本实现的角度看，教育质量应当进入世界一流国家行列。

二、提升教育支撑创新型人才培养的战略能力

创新型人才成为当今世界最重要的战略资源，决定了一个国家在创新发展上能够走多远。从创新发展的现实需求出发建设人才强国，需要把发展创新型教育作为建设教育强国的战略目标之一，在培养创新型科技人才上取得重要突破。

1. 创新发展对创新创业型人才的依赖性全面增强

（1）创新型人才在推动创新发展中的作用凸显。所谓创新型人才，具有很强的好奇心和求知欲望；具有自我学习与探索的能力；在某一领域或某一方面拥有广博而扎实的知识，同时具有良好的道德修养，能够与他人合作或共处以及良好的心理素质①；能够提出创造性的解决方案。

（2）创新型人才在科技革命和产业变革中的作用凸显。在特定历史条件下，不同类型的创新型人才在科技革命和产业变革中发挥重要作用。例如：瓦特是一个工程技术人员，在特定背景下成为引领第一次工业革命的标杆性人物；牛顿和爱因斯坦，引领了科技创新，为工程技术创新创造了必要的前提；乔布斯作为企业家，改变了当代人类生活方式。

---

① 奚洁人. 科学发展观百科辞典 [M]. 上海：上海辞书出版社，2007.10.

（3）创新型人才在创新型国家建设中的作用凸显。以袁隆平为例，在国际上被誉为“杂交水稻之父”，其水稻科研成果在我国大面积推广应用后，从1976年到1998年就累计增产粮食3.5亿吨，按每吨1000元计算，累计增收3500亿元；按每年人均口粮450公斤计算，仅增产部分每年就可解决6000多万人口的吃饭问题[①]。再以任正非为例，在创办华为时初始资金仅有2万余元，2016年首次成为全球利润最高的Android智能机厂商；197家世界500强企业、45家世界100强企业选择华为作为数字化转型的合作伙伴，全球份额突破10%，稳居全球前三[②]。

2. 着力提升教育支撑创新创业型人才培养的战略能力

（1）我国创新型教育发展滞后。改革开放40年来，我国的教育发展从中低收入阶段一路走来，在很大程度上将学生就业谋生作为重心，带有重视知识传授、忽视学生创新思维培育的突出特点，加上教育发展与经济社会发展实践脱节、教学方式方法单一等矛盾比较突出，难以培养出引领产业变革的创新型人才。

（2）教育在支撑创新创业型人才培养中的作用远未发挥。以大学毕业生创业为例，近年来，我国大学毕业生创业率达到3%，超过发达国家近一倍；但是大学生创业平均成功率不足5%，和欧美发达国家之间的差距巨大，欧美国家和地区大学生创业成功的平均水平为20%[③]。

（3）提升教育支撑创新创业型人才培养战略能力是大趋势。尽管我国的人才素质普遍需要提高，但从新科技革命与产业变革的现实需求看，培养创新创业型人才是关键。第一，党的十九大报告对我国建设现代化强国的部署，是站在打造人类命运共同体、为解决人类问题贡献中国智慧和中国方案的高度，这

① 姚宝刚．人力资本投资与经济增长[J]．工业技术经济，2004（04）．

② 华为全年销售收入预计约6000亿元 手机发货量1.53亿台[EB/OL]．凤凰科技，2017-12-29．

③ 中国大学毕业生创业率5年翻一番平均成功率不足5%[J]．中国经济周刊，2017（39）．

样的发展目标，决定了我国需要更多的世界级创新型人才。第二，“要瞄准世界科技前沿，强化基础研究，实现前瞻性基础研究、引领性原创成果重大突破”，实现这一目标，需要产生更多的创新型科技人才。第三，“促进我国产业迈向全球价值链中高端，培育若干世界级先进制造业集群”“培育具有全球竞争力的世界一流企业”，这就要求我国产生一批具有世界影响力的创新创业型企业家队伍。

3. 把发展创新型教育作为教育变革的重大任务

培育创新型人才要求创新型教育。创新型人才的成长，离不开创新型教育。以美国为例，硅谷企业 60%~70% 由斯坦福大学的师生创办，1986—1996 年，硅谷收入中至少有一半是由这所学校的师生创办企业创造的。在美国，大学生创业的比重高达 20%~23%[①]。2015 年 10 月美国国家经济委员会和科技政策办公室联合发布的新版《美国国家创新战略》，在多方面突出了教育在保持国家创新领导力的支撑作用，包括培养发明家、技术人才和创业者、形成世界水平的研究性大学、构建富有成效的研发中心等。

4. 确立发展创新型教育的战略目标

（1）2020：创新型教育的体系框架基本建立。以高等学校创新创业教育改革为起点，重点提升高等教育创新能力，改革基础教育发展方式，围绕第四次工业革命重点领域，培养造就一大批具有国际水平的战略科技人才、科技领军人才、青年科技人才和高水平创新团队。

（2）2035：创新型教育达到发达国家水平。构建包括基础科学领域创新教育、工程技术领域创新教育、企业管理创新教育在内的体系完备的创新型教育体系，创新型教育在多数领域达到发达国家水平。

（3）21 世纪中叶：创新型教育跻身世界一流。与我国建设现代化强国相适应，再通过 15 年左右的努力，创新型教育接近或达到德国、日本等国家水平。

---

① 寇文淑．美国政府扶持大学生创业的政策及启示 [J]．学园，2015（23）．

5. 实现培育创新型科技人才的新突破

（1）我国培育创新型科技人才队伍潜力巨大。党的十八大以来，我国在强化科技人才队伍上取得明显成效。截至 2016 年年底，我国有两院院士 1500 多人，享受政府特殊津贴专家 17.7 万人，国家百千万人才工程入选者 5300 多人。博士后科研工作站设站总数达到 3396 个，累计招收培养博士后 16 万多人[①]。作为近 14 亿人的大国，我国在科技人才队伍上有很大的规模优势。随着国家科技教育投入的快速增加，加上创新型国家建设所创造出的政策体制新动能，我国完全有条件在推动世界前沿重大科技上取得一大批新成果。

（2）把培育创新型科技人才队伍作为发展创新型教育的重大任务。2015 年 5 月，国务院《关于深化高等学校创新创业教育改革的实施意见》的出台，是我国开启发展创新型教育的重要探索。党的十九大报告提出，“加快一流大学和一流学科建设，实现高等教育内涵式发展”，是我国新时期培育创新型科技人才队伍的重要指导方针。

（3）适应新科技革命趋势，实现培育创新型科技人才队伍的新突破。一是瞄准基础研究和高技术研究领域的世界前沿，培养具有原始创新能力的科学家队伍；二是培育优秀科技创新团队，在战略性新兴产业领域形成一批能够在重大和关键共性技术领域取得国际领先、获得重大突破性成果的研究团队；三是系统培养大批产业关键领域紧缺工程技术人才、复合型的工程技术领军人才和优秀创新团队；四是落实青年科技创新人才推进计划，3~5 年内，重点支持和培养 3000 名具有发展潜力的中青年科技创新领军人才。

三、破解“钱学森之问”

2005 年 7 月 29 日，著名科学家钱学森对时任国务院总理温家宝说：“现在

① 2016 年度人力资源和社会保障事业发展统计公报 [EB/OL]. 人力资源和社会保障部网，2017-05-31.

中国没有完全发展起来，一个重要原因是没有一所大学能够按照培养科学技术发明创造人才的模式去办学，没有自己独特的创新的东西，老是‘冒’不出杰出人才。这是很大的问题[①]。”

1. 发展创新型教育仍需要破解“钱学森之问”

“钱学森之问”当时主要是针对科学研究，特别是自然科学研究，在社会各界热烈讨论后，问题被扩展到各个领域，演变为“为什么在我们教育体制下培养不出创新型人才？”“钱学森之问”提出至今已有12年时间，尽管近年来我国教育改革取得很大成就，但“钱学森之问”并未完全回答和解决。仅从规模上看，我国近年来培养的大学生、硕士生、博士生都稳居全球第一。但我国培养的在国际上有影响力的顶尖创新型人才缺乏，与发达国家相比存在明显差距。《自然》杂志引用的数据显示，2006—2016年的10年间我国处于世界前1%的高被引论文为1.69万篇，占世界份额为12.8%，全球排名第三[②]。然而，我国国际论文总体被引用率低于世界平均线。

2.“钱学森之问”反映了教育应当遵循人才培养规律

改革开放以来，我国培养拔尖人才的努力一直没有停止。无论是“文革”后恢复高考，还是后来的“211工程”、“985工程”、“2011计划”，都是国家集中有限的财力办大事，寄希望于通过重点支持一批院校培养拔尖人才。以“211工程”为例，是新中国成立以来直接投资最大的高等教育项目，到2012年总计投入近500亿元。问题在于，我国高校管理行政化的特点突出，一些高校行政人员的权力高于教授的学术权力，由此在一定程度上淡化了学术色彩。尽管设置了不少量化指标，如论文数量等来评估学校和分配教育资源，但容易导致“计划学术”、“量化学术”。破解“钱学森之问”，关键是要让学校回归教育本

---

① 亲切的交谈——温家宝看望季羡林钱学森侧记[EB/OL]. 新华网，2005-07-30.

② 我国高被引国际论文数量首居世界第三仅排在美英之后[N]. 人民日报，2016-10-13.

位，按教育规律办学。

3. 重在“让教育家办教育”

破解“钱学森之问”，主要在于真正落实让教育家办教育，真正形成尊重创新型人才成长规律的体制环境。为此建议：第一，落实和扩大高校办学自主权，加快推动高校与政府部门理顺关系和去行政化，逐步取消行政级别。第二，形成“让教育家办教育”的大环境，鼓励教师和校长在实践中大胆探索，创新教育思想、教育模式和教育方法，形成教学特色和办学风格。第三，推进政校分开、管办分离，建立依法办学、自主管理、民主监督、社会参与的现代学校制度。第四，探索向社会公开招聘各级各类学校校长的有效形式，建立科学的选聘机制，让具有教育家素质的学者担任大学的主要领导，实行大学主要领导职级制，打破级别、资历等条条框框的限制。

4. 探索推进学校行政权力和学术权力相对分开

发挥行政权力和学术权力各自的积极性，提供优质教育服务，是破解“钱学森之问”的现实出路。党的十八届三中全会《决定》要求，“逐步取消学校、科研院所、医院等单位的行政级别”，这为我国新时期遵循教育发展规律办教育提供了重要的指导思想。从我国教育发展的现实需求看，需要在党的统一领导下，探索实行学校行政权力和学术权力相对分开：第一，坚持党对教育工作的统一领导，是我国解决教育发展不平衡不充分的政治保障。第二，教育去行政化不是不要行政管理，而是在解决教育公平的领域内，教育部门应当充分发挥政府教育部门的战略规划和宏观管理优势，形成高质量发展的相关法律法规和政策，推动教育资源向农村和落后地区倾斜。第三，在人才培养的环节，要彰显学术权力，充分发挥教师的专业优势。第四，关键问题是明确界定学术人员和行政人员的权力界限，避免二者的混淆。第五，把扩大学术权力作为高等教育改革的重要方向，在党的统一领导下完善校长负责制，赋予高校学术委员会更大职权。

四、构建具有全球竞争力的教育体系

当今世界，教育竞争力成为国家综合国力的重要组成部分，是国家竞争力的重要标志。面向世界推进教育现代化，需要把提高教育的国际竞争力作为重要的战略目标。

1. 围绕提高国家竞争力深化教育变革

新时期深化教育变革，就是要让教育在提高国家竞争力中扮演新的角色，发挥新的作用。全球化进程中的国家核心竞争力，主要由国家经济实力、企业管理和科学技术三大要素构成。其中，三大要素都与一个国家的教育水平直接相关。良好的教育体系往往能够为一个国家或地区提供创新型人才，从而获得超常发展能力。“二战”后美国、德国、日本等国家的崛起，重要原因在于确立了教育优先发展的战略，能够为国家创新源源不断地提供人才支撑。世界经济论坛《2017—2018 年全球竞争力报告》，用基础条件、效能提升和创新成熟度三个层面的 12 项指标来衡量全球 137 个经济体的竞争力。根据报告，排名前 10 位的国家，几乎都有良好的国民教育体系，对国家经济发展的基础条件、效能提升和创新成熟度构成强大的支撑。中国位居第 27 位，继续领跑金砖国家，是全球最具竞争力的新兴经济体之一，但与发达国家仍有不小的差距 [①]。

2. 关键是提高教育的国际竞争力

（1）教育的国际竞争力不强，是我国建设人才强国的突出短板。教育的国际竞争力，是国家软实力的重要组成部分。人才强国，往往拥有较强国际竞争力的教育体系，能够吸引大批国际优秀学生到本国留学。2012—2016 年，我国自费出国留学人数不断增加，5 年时间增加 12.37 万人，累计增长 33%。2016

① 世界经济论坛发布《2017—2018 年全球竞争力报告》[EB/OL]. 中国经济网，2017-09-28.

年我国出国留学人员总数为54.45万人，其中，自费留学49.82万人，同比增长3.40%，自费留学人员占出国留学人员总数91.50%[①]。从全世界高等教育的分布看，欧美的高等教育最为发达，我国超过九成留学人员赴美国、英国、澳大利亚等10国留学[②]，欧美国家的学生选择来华留学较少，相对真实地反映了我国高等教育的国际竞争力。相对于欧美国家的大学来说，我国大学还缺乏竞争力，我国高等教育的质量和国际影响力还有待提升。

（2）缺乏世界大学排行榜名列前茅的高校。按照2018年泰晤士高等教育（THE）世界大学排行显示，从全球范围来看，牛津大学依旧蝉联第1；剑桥大学上升了两位，跃居至第2位；北京大学为中国排名最高的大学，并列第27名，清华大学排第30名[③]。

（3）中国高校毕业生就业的国际竞争力不强。按照英国《泰晤士报高等教育》发布的2017年全球大学毕业生就业竞争力排行榜，美国大学在前10名中占据7席。其中加州理工学院、哈佛大学和哥伦比亚大学依次位列前三名，英国剑桥大学排名第5位，德国慕尼黑工业大学排名第8位，日本东京大学排名第9位，在亚洲高校中排名第1位。中国高校中，香港科技大学排名全球第12位、亚洲第1；北京大学排名全球第14位、亚洲第3；上海交通大学全球排名第30位[④]。

3. 形成具有全球竞争力的教育体系

建设世界一流大学和一流学科，是我国进入发展新时代的重大战略决策。与过去实施的“211工程”、“985工程”等重点高校和重点学科建设有很大的不

① 教育部公布2016出国54.45万人，来华留学44万人[EB/OL]. 教育部国际合作与交流司，2017-03-01.

② 熊丙奇. 国家教育国际竞争力要与综合国力同步提升[N]. 北京青年报，2017-10-23.

③ 2018Times世界大学排名Top100完整榜单[EB/OL]. 中国国际教育网，2017-09-06.

④ 泰晤士高等教育发布2017年全球大学毕业生就业能力排行榜，你的学校上榜了么？[J]. 留学，2017（23）.

同，发展新时代的高等教育建设瞄准国际一流，用国际一流的目标对高等教育强国进行顶层设计。未来几年，面向经济社会发展需要，面向世界科技发展前沿，以一流为目标、以学科为基础、以绩效为杠杆、以改革为动力，推动一批高水平大学和学科进入世界一流行列，将为我国建设创新型国家提供有力支撑，为我国提高国家竞争力创造新的动力来源。

专栏 10.5

建设“双一流”大学的总体目标

推动一批高水平大学和学科进入世界一流行列或前列，加快高等教育治理体系和治理能力现代化，提高高等学校人才培养、科学研究、社会服务和文化传承创新水平，使之成为知识发现和科技创新的重要力量、先进思想和优秀文化的重要源泉、培养各类高素质优秀人才的重要基地，在支撑国家创新驱动发展战略、服务经济社会发展、弘扬中华优秀传统文化、培育和践行社会主义核心价值观、促进高等教育内涵发展等方面发挥重大作用。

——到 2020 年，若干所大学和一批学科进入世界一流行列，若干学科进入世界一流学科前列。

——到 2030 年，更多的大学和学科进入世界一流行列，若干所大学进入世界一流大学前列，一批学科进入世界一流学科前列，高等教育整体实力显著提升。

——到 21 世纪中叶，一流大学和一流学科的数量和实力进入世界前列，基本建成高等教育强国。

资料来源：统筹推进世界一流大学和一流学科建设总体方案 [EB/OL]. 中国政府网，2015-11-05.

五、以教育开放提高教育的国际竞争力

教育强国的重要标志是能够提供具有国际品质的教育服务。随着国内学生对具有国际品质教育服务的需求全面增强，以教育开放促进教育国际化，成为提高教育质量的重大任务。

1. 教育国际化的迫切要求

（1）我国低龄出国留学生增长迅速。根据 IIE *Globally Mobile Youth* 报告数据，2016 年在美留学的中学生中来自中国的学生达到 33275 人，占美国该学年国际中学生总量的 41%，较 2012—2013 学年增长了 48%，超过了学位学生和交换学生总数 12%的增长速度。中国中学留学生在加拿大、英国和澳大利亚国际中学生的数量占比分别为 55%、23% 和 54%；我国当前国际中学生增速已经超过了美国中学学生的平均增速[①]。据胡润百富《2016 留学趋势特别报告》表明，2015—2016 年，中国小学出国人数已赶超研究生人数（6.11%），所占比为 8.30%[②]。

（2）教育强国需要瞄准国际一流水平办教育。留学低龄化的现象表明，国内教育只有向国际一流看齐，国家教育发展才能适应我国进入高收入阶段的现实需求。

2. 以扩大对外开放提升教育发展水平

（1）我国教育国际化水平偏低。有数据显示，中国重点高校平均每校外国留学生占在校生总数的比例大约为 3.7%，与欧美发达国家 10%~20% 的平均水平仍有较大差距[③]。此外，中国高校外籍教师的比例也偏低，重点高校中外籍专任教师平均每校不到 40 人，占专任教师总数的 2.3%，而日本达到 3.4%，德国达到 9.5%[④]。为适应教育国际化的大趋势，需要通过教育市场的双向开放，整合境外优质资源，鼓励教育“引进来”和“走出去”，推动教育市场双向开放，吸引境外教育消费回流，提高教育的国际化水平。

---

① 王辉耀，苗绿. 中国留学发展报告（2017）[M]. 北京：社会科学文献出版社，2017.12.

② 留学低龄化意味着什么？[EB/OL]. 中华网，2017-03-15.

③ 程莹，张美云，俎媛媛. 中国重点高校国际化发展状况的数据调查与统计分析 [J]. 高等教育研究，2014（08）.

④ 学位含金量和汉语成为来华留学最大障碍 [J]. 留学，2015（32）.

（2）在教育市场对外开放上解放思想。与其让中国的孩子付出更大的成本到国外读书，不如把发达国家的优质教育资源“引进来”。在教育市场对外开放上，需要超越传统思维，站在人才强国的高度来看问题，在党的统一领导下，以教师市场的有序开放带动我国教育水平的提高。

（3）支持发达国家优质教育资源“引进来”。积极引进世界知名院校开展中外合作办学，允许并支持国外和港澳台地区知名大学、职业教育机构以控股方式在国内设立合资分校，在特定地区设立独资分校。建议建立教育国际合作交流综合改革试验区和高等教育国际化示范区，实施更大程度的教育开放政策。

3. 允许更多的国际机构到中国办学

（1）我国国际教育发展已经积累了多年的经验。从 1969 年第一所国际学校（北京巴基斯坦使馆学校）创办至今，我国的国际学校发展已有近 50 年的历程，如今的国际学校已经不再只是传统意义上“为在华外籍子女提供教育”的学校，更多地体现了社会对于优质、国际化教育的需求。截至 2016 年 7 月，我国的国际学校大约有 739 所，其中公立学校国际部 224 所，民办国际化学校 392 所以及外籍学校 123 所①。

（2）中外合作办学热情不减。截至 2016 年 7 月，经教育部批准的本科中外合作办学机构（含内地与港澳台地区合作办学机构）共有 66 个②；截至 2016 年 9 月，包括美国、英国、法国、德国在内的 31 个国家和地区、500 多所高校与中国的高校开展了合作办学，经审批或复核通过的中外合作独立大学、二级机构和项目共计 2411 个；目前各级各类中外合作办学在校生总数约 55 万人③。而且，有些中外合作大学的高考录取分数线已经与国内“985”、“211”高校齐平，

---

① 中国国际学校发展简史 [EB/OL]. 中关村互联网教育创新中心，2016-10-26.

② 中外合作办学政策变迁：监管逐步加强 [N]. 21 世纪经济报道，2016-08-10.

③ 关于政协十二届全国委员会第四次会议第 3964 号（教育类 418 号）提案答复的函 [EB/OL]. 教育部网，2016-09-18.

竞争不亚于国内名校。

（3）打破“中外合作办学机构中境外资金的比例应低于50%”的限制。增加境外资金在中外合作办学中的比重，允许更多境外知名学校、教育和科研机构以及企业来我国合作设立教育教学、实训、研究机构或项目；鼓励学校开展多形式、多层次、宽领域的国际交流与合作，拓宽国外优质教育资源的利用方式。

（4）积极探索并放开国际机构独资办学的限制。适时调整修改《中外合作办学条例》中“中外合作组织或者个人不得在中国境内单独设立以中国公民为主要招生对象的学校及其他教育机构”等规定，进一步扩大教育对外开放，吸引更多优质国际教育机构到中国办学，进一步提高我国教育的国际化水平，培养更多具有国际一流水平的创新型人才。

（5）加强中外合作办学的监管。进一步强化对中外合作办学的准入制度，确保引进国外优质的教育资源，把好“源头关”，切实保障受教育者的合法权益；有效转变当前中外合作办学“多头管理”的弊端，吸收国际上有关国家教育质量保障标准的优点，结合我国的实际情况，建立统一的质量认定和监管标准，建立和完善相应的质量评估机制；加强信息监管和督查，建立问责制度，委托独立第三方定期开展中外合作办学机构、项目信息公开质量的监测和评价，进一步指导、推动完善信息公开的保障体系和运行机制；借鉴国外有益的教学和管理经验，设立专门的监管机构，加强中外合作办学的监管力度，维护我国的教育主权。

第三节　重在转变教育发展方式

发展优质教育，建设人才强国，关键是转变教育发展方式。我国进入高质量发展阶段，教育的社会需求、教育的社会角色、教育在经济社会发展中的定位都呈现历史性变化，需要把推动教育发展方式转变作为深化教育变革的核心任务。

一、从规模型教育转向质量型教育

我国作为人口大国办教育，追求教育规模是一个必经阶段。随着建设人才强国成为教育变革的基本目标，教育变革需要把提高教育质量作为中心环节。

1. 规模型教育面临转型

（1）穷国办大教育与规模型教育的形成。改革开放之初，我国作为一个低收入和人口众多的国家，办教育的主要目的是让更多的人能够有机会上学。在这个历史背景下，快速扩大学校数量和招生人数，成为教育发展的首要问题。在这种思想指导下，我国不断扩大各阶段教育招生规模，由此形成了典型的规模型教育模式。

（2）规模型教育在特定历史条件下发挥了重要作用。新中国成立时，全国人口文盲率 80%，农村高达 95%，人均受教育年限只有 1.6 年[①]。1986 年全国人大颁布的《义务教育法》，加快了基础教育在全国范围内的普及。从高等教育看，1999 年之前，高校扩招年均增长只有 8.5% 左右。1999 年，当年招生人数增加 51.32 万人，增长速度达到史无前例的 47.4%，之后每年我国高校都保持两位数的扩招比率[②]（见图 10.2）。教育的规模扩张，普遍提高了我国的国民素质。不少专家认为我国多年来比印度发展快，很大原因在于我国培养了更多接受过教育的劳动力。教育的快速发展，为我国“早出人才、快出人才、出好人才”提供了重要保障。

① 教育部：目前我国教育规模位居世界首位 2.6 亿学生在校 [EB/OL]. 人民网，2013-10-15.

② 普通本科 13 年扩招终叫停 扩招凸显三大弊端 [N]. 北京日报，2012-04-26.

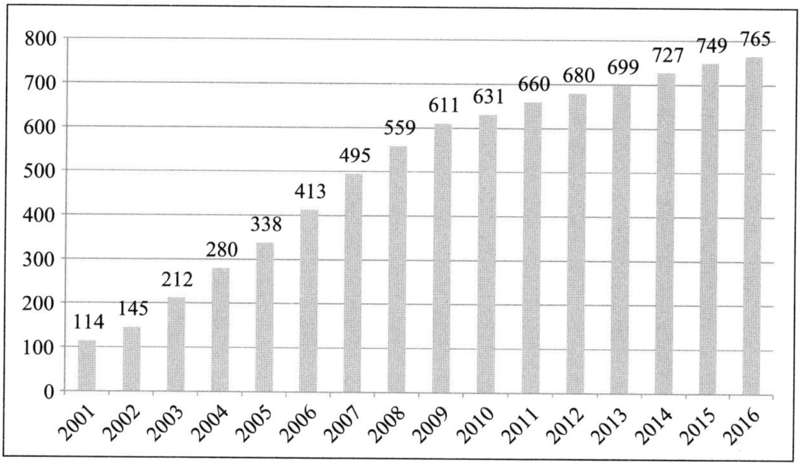

图 10.2：2001—2016 年全国高校毕业生人数（单位：万人）

数据来源：根据国家教育部 2001—2016 教育统计数据整理得出。

（3）教育规模扩张的历史任务基本完成。尽管农村和欠发达地区仍需要一定的教育规模扩张，但从总体情况看，即使是农村和落后地区的学生也想上好的学校，教育的外延式扩张的需求逐步弱化。

2. 转向质量型教育

（1）高质量发展要求高质量教育。新阶段教育变革，需要在培养与经济转型升级相适应的人才上扮演重要角色。而在规模型教育模式下，在一定程度上忽视了教育的内涵发展和效益提高，教育资源、师资力量、专业设置跟不上经济转型升级对人才的需求，导致大学生综合素质、技能水平与产业发展需求不相适应，“就业难”问题的结构性特点突出。

（2）质量型教育更突出以学生为本。从国际经验看，高质量的教育不在于建了多少所学校，也不在于学校的硬件设施多么齐全，而在于是否以学生为本。在规模型教育发展条件下，学校在某种程度上是一个按照标准流程培养学生的“加工厂”，忽视了学生的个性化发展，难以做到因材施教。进入发展新时代，适应经济社会转型对人才的需求，教育应当承认不同学生有不同的天赋，有不同的特点，可能发展成为不同的人才。为此，提高教育质量，首先需要改变

“千人一面”的传统教育模式，采取个性化的教育模式，既满足社会对不同人才的需求，又满足不同学生的个性化发展。

（3）立足培养优秀人才发展高质量教育。教育的本质是培养人和发展人，关键是培养优秀人才。如果不能培养优秀人才，基础设施条件再好的学校都很难称为好学校。在规模型教育模式下，学校领导和教师往往把主要精力放在入学率、升学率、就业率等方面，忽视了优秀人才成长的规律。为此，应当把培养优秀人才作为教育发展的首要目标，尊重、培养、发展学生的个性，把教育的中心放在唤醒学生的能动性、主动性、创造性上。

（4）把改善师资条件作为发展高质量教育的重点。高质量的教育需要高质量的师资条件。在规模型教育模式下，由于多种因素影响，不同地区、不同学校教师的社会地位和待遇不高，优秀人才往往不愿意做教师，导致优秀教师短缺。2017 年 11 月 20 日，十九届中央全面深化改革领导小组第一次会议审议通过《全面深化新时代教师队伍建设改革的意见》，对培育优秀教师作出了顶层设计。未来几年，我国需要遵循教育发展规律和教师成长规律，全面提升教师素质能力，深入推进教师管理体制机制改革，形成优秀人才争相从教、教师人人尽展其才、优秀教师不断涌现的良好局面。

3. 鼓励多元主体办学

（1）办学主体多元化是改善教育质量的关键。从发达国家教育发展的经验看，只允许同一类办学主体办学，会使教育体制变得僵化且难以适应个性化的教育需求，既难以创新，又难以适应经济社会发展的需求。多元竞争主体办学，能够给学生对办学质量差的学校“以脚投票”的机会，从而促使各类学校都能够有足够的压力不断改善教育质量，能够调动全社会参与的积极性，进一步激发教育活力。

（2）大力支持社会力量办教育。从实践看，社会力量办教育更能够克服公立学校千篇一律的办学模式，增强办学活力，更能够适应多元化的教育需求，将学校办出特色，提高办学效益。《中国教育发展报告（2017）》显示，学生家长对民办学校的教育评价高于公办学校。重要原因在于民办学校办得更加灵活，无论在硬件环境、学校管理，还是课程体系、课外活动，民办学校更能赢得参与调查的家长好评[①]。

（3）保障民办学校办学自主权。第一，鼓励出资、捐资办学，鼓励社会力量以多种形式兴办教育。第二，支持民办学校创新育人模式、创新体制机制，办好一批有特色、高质量的民办学校。第三，保障落实民办教育与公办教育平等的法律地位，制定完善的优惠政策，厘清纠正歧视政策，促进民办教育高质量发展。第四，为调动民办学校在促进高等教育发展中的积极性，赋予更多民办学校学士、硕士和博士学位授予权。

二、从应试型教育转向能力型教育

我国进入高质量发展阶段，经济转型升级对应用型、技能型人才的需求全面增加。这就需要适应新形势，加快推进由应试型教育向能力型教育的转变。

1. 以应试为中心的传统教育方式面临转型

（1）应试型教育在改革开放后发挥了重要作用。所谓应试教育，通常被视为一种以提升学生应试能力为主要目的，且十分看重考试成绩、背诵能力与解题的教育制度。改革开放初期，高考制度的恢复改变了许多青年人的人生轨迹。在我国高等教育资源相对短缺的时代，通过高考选拔优秀学生，可以集中有限的财力把教育资源用在最有前途的学生身上，最大限度提高教育资源配置效率。而且，在应试型教育下，许多农村孩子可以通过高考获得更多的发展机会。

（2）应试型教育的弊端越来越突出。一是应试型教育难以培养出经济转型升级所需要的创新型人才；二是高等教育进入大众化阶段，将考试作为唯一标准决定谁该上大学的必要性降低了；三是以应试为中心不仅不利于青少年的健康成长，而且让很多学生的兴趣爱好和探求未知的热情淹没在应试教育中，也

---

① 杨东平．中国教育发展报告（2017）[M]．北京：社会科学文献出版社，2017.4.

难以培养出创新型优秀人才；四是许多考试成绩差的学生可能有别的天赋，在应试教育下可能被埋没。

2. 转向以创新能力为中心的新型教育方式

（1）经济转型升级对应用型、创新能力型人才的需求全面增加。以近年来高技能人才工资超过大学生为例，在经济转型升级背景下，“高分低能”的教育将逐步失去市场，教育更需要在提高学生实践能力上扮演重要角色。

（2）推行以创新能力为中心的教育发展理念。把优化学生知识结构、丰富社会实践、强化能力培养摆在教育发展的首要位置。在学生综合评估中淡化考试成绩的比重，突出学生的学习能力、思考能力、实践能力、创新能力培养。注重学生全面发展，教育学生学会知识技能，学会动手动脑，学会生存生活，学会做人做事，促进学生主动适应社会。

（3）注重因材施教，培育学生的独特才能。让更多的优秀教师参与教学，根据不同学生的天赋实现精准教育，培养各方面的人才。进一步推进课程改革，在保证学生完成通用文理各门课程学习的同时，创造条件开设丰富多彩的选修课，为学生提供更多选择，促进学生全面而有个性地发展。

（4）着力提高学生的实践能力。推进办学机制创新，构建以职业发展和就业为导向的校企合作人才培养模式。强化实践环节教学，根据专业能力培养的要求，提高实践课程比重。推进职业教育课程内容与职业标准相衔接，尊重学生对学科专业设置和选择的意愿，实现政府、高校、教师、学生和市场在专业学科设置上的权力共享①。鼓励大型企业、科研机构和行业协会举办人才培养和职工培训融为一体，产教、科教融合发展，专业特色鲜明的特色学院。

---

① 赵应生，钟秉林，洪煜．转变教育发展方式：教育事业科学发展的必然选择 [J]．教育研究，2012（01）.

3. 建立以创新能力为中心的教育管理体制

（1）建立以创新能力为中心的教育质量评价体系。推行学业水平考试和综合素质评价相结合的教育质量评价制度，更加注重学生实践能力的评价，彻底改变高考“一考定终身”的弊端，让每个学生都有展现自我、提升自我的机会。

（2）改革考试评价制度和学校考核办法。建议废除以学生考试成绩考核学校和教师的传统管理办法。提高教师业务素质，改进教学方法，建立学生课业负担监测和公告制度，减少作业量和考试次数。废除以升学率对地区和学校进行排名、划分重点学校的做法，教育管理部门不得向学校下达升学指标。义务教育阶段入学与升学不以考试成绩为依据。

（3）加快推进考试招生制度分类改革。按照到 2020 年，基本建立中国特色现代教育考试招生制度的要求推行分类改革：一是在小升初，采取九年一贯制直升或学区化的办法，废除以考试为依据上重点初中的做法；二是中考采取“学业水平考试 + 综合素质评价”的办法，废除重点高中；三是高考采取“学业成绩考试 + 综合素质评价 + 统一高考成绩”，为了适应不同学校的学科要求和定位，符合不同学科人才的培养选拔目标，普通高校（本科）可逐步推行高考成绩和学业水平相挂钩的综合录取评价机制；四是实行考试与招生相对分离、学生考试可多次选择、学校依法自主招生、专业机构组织实施的运行机制；五是构建衔接沟通各级各类教育、认可多种学习成果的人才成长“立交桥”，促进各级各类教育纵向衔接、横向沟通，提供多次选择机会，满足个人多样化、多层次的学习和发展需要。

三、从封闭型教育转向开放型教育

从封闭型教育转向开放型教育，是全球教育创新的大势所趋。尤其在大数据时代，未来的学校将不再是传统的“象牙塔”，而是要面向全社会开放，在与全社会的开放互动中实现创新发展。如何把握时代潮流，加快形成开放型教育的新模式，是我国教育创新发展面临的重大课题。

1. 封闭型教育模式面临转型

（1）传统教育模式带有封闭型的突出特点。从全球来看，现代教育制度的形成起源于过去的“工业 1.0”时代，带有封闭型的突出特征。为了适应过去机器大生产对同一规格人才的需要，学校往往有特定招收和培养的学生、专门的教师、专门的课程、专门实施教育的教室，可以批量培养同质化的专业人才。我国的教育模式尽管结合基本国情有所创新，但从总体上看，在学校架构上沿袭了传统教育模式，绝大多数学校教育具有统一的课程设置、统一的课程表、统一的教材、统一的备课、统一的教案、统一的作业、统一的考试。

（2）改变封闭型教育模式是教育现代化的大趋势。随着时代的发展，封闭型教育模式的弊端越来越突出：第一，在传统封闭型教育模式下，学校作为一个实体存在，主要表现在它与社会之间有一面“围墙”作为界限，是教育学生的“象牙塔”，由此导致教育与经济社会发展实践相脱节。第二，标准化的教育难以满足学生个性化的需求，难以培养出具有创新特质的人才。第三，特定的教师只面向特定的教育对象，师生与产业发展实践互动比较少。第四，产学研相互隔离的“孤岛现象”仍然存在，教育难以在国家产业创新中发挥重要作用。

（3）封闭型教育模式不转变，人才供需的结构性矛盾难以化解。这几年出现的大学生毕业后的“二次回炉”的现象，反映出长期以来高校封闭性教育模式与经济社会发展需求脱节的深层次问题。高校的封闭性体现在专业设置、课程开设、教学模式等多个方面。例如，一些高校专业建设更多是以学科自身逻辑发展和学校需要为依据，而不是以经济社会发展实际需要为主要依据，在学科分类基础上的专业设置制度严重限制了专业种类的扩展。特别是在服务业加快发展的趋势下，封闭性的专业设置模式难以适应多元化的人才需求，难以改变人才供给的结构性矛盾。

2. 转向开放型教育

（1）开放型教育才能培养出创新型人才。当今世界一流的大学，施行的几乎都是开放型的教育模式。大学不是关起门来在学术的殿堂里自娱自乐，而是在与产业界互动、与世界优秀人才互动中不断增强自身的创新能力。只有在开放型教育模式下，学校才能把握时代进步的脉搏，在引领前沿技术进步的同时，引领商业模式创新，并成为诞生思想家、企业家和发明家的摇篮。例如，2017年全球最具创新力大学排行榜冠军——斯坦福大学，其成功主要来自于其开放型的办学理念和办学模式：大学对产业界开放，推动产学研融合、资源共享，使大学和产业形成一种共生关系，逐渐形成了硅谷“大学—科研—产业”三位一体的模式。

（2）教育面临向全社会开放的革命性变革。当前，数字革命不仅推动产业变革，同时也推动学校向全社会开放的革命性变革、颠覆与重构。第一，固定教师传授固定学生的状况正在被颠覆，学校为全社会服务的特征日益明显。例如，作为一种新的教育形态，慕课在过去几年快速发展。第二，以教师课堂对外开放为先导，各类教育资源对全社会开放将是一个趋势。第三，教师将从与社会互动中汲取创新资源，以改善教育效果。第四，各类产学研融合的平台将在教育与全社会互动中产生。第五，未来的学校概念将不是硬性的实体，而是更加适应社会需求变化的软性学校。

专栏 10.6

大数据时代的未来学校

大数据时代的未来学校具有以下特征：（1）学校不是孤立存在的而会成为学习共同体；（2）没有固定的时间开学或者毕业；（3）弹性化的学习时间；（4）来源、角色多样化的教师；（5）政府和学习者付费将并存；（6）学校主体机构与网络教育一体化；（7）网络学习地位上升；（8）游戏在学习中发挥更加重要的作用；（9）学习内容个性化、定制化；（10）学习中心小规模化；（11）文凭的重要性被课程证书取代；（12）考试评价从鉴别走向诊断；（13）家校合作共育；（14）课程指向生命与真善美；（15）幸福完整的教育生活。

资料来源：朱永新．未来学校将变学习中心 有15个变革可能 [EB/OL]．中国新闻网，2016-12-02.

3. 加快构建开放型教育新模式

（1）适应大数据时代的趋势构建开放型教育体系。充分利用大数据手段促进教育创新，实现优质教育资源共享，打破学校之间由于利益和地位等因素形成的歧视和壁垒；打通学校与社会、学校与企业、政府与学校、学习与创业之间互联互通的渠道；让教育更好服务社会，充分发挥学校正面积极的影响，让教育在与社会互动中成长进步。

（2）重点推动产学研相互开放和资源共享。突出教育引领创新的作用，推动教育资源对产业界开放、对研究机构开放，实现教育资源的优化配置，提高教育资源的使用效率，推动产学研深度融合，形成产学研三者之间相互促进、协同创新的新格局。

（3）推动教育与互联网的跨界融合。以全面实现教育信息化、数字化为目标，让信息技术退到幕后为教学服务，实现高品质、高效率的智慧教学新模式；鼓励开办互联网学校，积极发展远程教育、在线教育等，扩大优质教育的覆盖面，让更多的社会成员能够从优秀教师那里获得最前沿的知识以及掌握最实用的技能。

（4）推动教育向市场放权、向社会放权、向地方放权、向学校放权。形成开放型教育模式，需要发挥市场、社会、地方、学校等各主体的积极性，以形成更具弹性、更具灵活性的办学模式，提供个性化的优质教育服务。例如，推广部分省市的教学和学籍管理制度改革经验，建立创新创业学分累积与转换制度，高等学校在校学生休学创业的，允许调整学业进程，为其提供保留学籍、休学创业的机会；通过相互贯通的不同层次的办学模式，有效满足不同求学者渴望得到知识和技能的需求。

图书在版编目（CIP）数据

动力变革：推动高质量发展的历史跨越 / 迟福林主编. —北京：中国工人出版社，2018.1

ISBN 978-7-5008-6922-1

Ⅰ.①动… Ⅱ.①迟… Ⅲ.①中国经济—经济增长—研究 Ⅳ.①F124.1

中国版本图书馆CIP数据核字（2018）第018562号

动力变革：推动高质量发展的历史跨越

出 版 人	芮宗金
责任编辑	左 鹏
责任校对	董春娜
责任印制	黄 丽
出版发行	中国工人出版社
地 址	北京市东城区鼓楼外大街45号 邮编：100120
网 址	http://www.wp-china.com
电 话	（010）62005043（总编室） （010）62005039（出版物流部） （010）62379038（社科文艺分社）
发行热线	（010）62005049 （010）62005042（传真）
经 销	各地书店
印 刷	北京市密东印刷有限公司
开 本	710毫米×1000毫米 1/16
印 张	30
字 数	450千字
版 次	2018年2月第1版 2019年3月第3次印刷
定 价	78.00元